LEAN COMPANY

Más allá de la manufactura

Luis Socconini

Colección: Gestiona
Director: David Soler

LEAN COMPANY. Más allá de la manufactura
1.ª edición, 2019

© 2019, Luis Vicente Socconini Pérez Gómez
© de esta edición, ICG Marge, SL

Edita: Marge Books
València, 558 – 08026 Barcelona
Tel. 931 429 486 - marge@margebooks.com
www.margebooks.com

Gestión editorial: Adrià Gibernau
Edición: Ester Vidal Cayró
Compaginación: Mercedes Lara
Impresión: Prodigitalk, SL (Martorell, Barcelona)

ISBN edición impresa: 978-84-17313-98-2
ISBN edición digital: 978-84-17313-99-9
Depósito Legal: B 15843-2019

El papel empleado en este libro no ha sido blanqueado con cloro elemental (CI_2).

Índice

Parte II. ¿Cómo se implementa Lean Company?

Parte III. Implementación Lean en la dirección

Parte IV. Implementación de Lean Company

El autor

LUIS SOCCONINI

Es ingeniero industrial por el ITESM, campus Guadalajara. Tiene una maestría en Calidad y Productividad y es Master Black Belt.

Está Certificado en *Strategic Management* por la Universidad de Stanford, en *Leading Product Innovation* por la Universidad de Harvard y en *Industry 4.0* por el MIT.

Ha trabajado para la escuela de negocios de Wharton (Pensilvania), como consultor de empresas; en la Cervecería Grolsch, en Holanda, como ingeniero de procesos, y en IBM, como ingeniero de manufactura.

Como director de Lean Six Sigma Institute, desarrolla proyectos de alto impacto en empresas como Abbott Laboratories, Kraft Heinz, Coca Cola, BMW, Bimbo y Fender, entre otras. Desarrolla constantemente aplicaciones de productividad en sectores como la construcción, la minería, la agricultura, la administración pública, la energía, los servicios, etc.

Ha sido catedrático distinguido en varias universidades de prestigio en México.

Es autor de los libros:
- *Lean Company. Más allá de la manufactura*
- *Lean Manufacturing. Paso a paso*
- *El proceso de las 5 S en acción*
- *Certificación Lean Six Sigma Green Belt para la excelencia en los negocios*
- *Certificación Lean Six Sigma Yellow Belt para la excelencia en los negocios*

Es asimismo coautor de:
- *Lean Six Sigma. Sistema de gestión para liderar empresas*
- *Lean Energy. Guía de implementación.*

Prólogo

El objetivo de Lean Company es maximizar el potencial de las personas y empresas, logrando así los objetivos deseados.

Quiero compartirle la gran oportunidad que he tenido de ayudar a desarrollar mejores empresas de manufactura y servicios. En este camino fascinante, he descubierto que la gran mayoría de los problemas se deben a la manera a nuestra educación, al diseño de los procesos y sistemas y, sobre todo, a la comunicación entre las personas.

Cuando fuimos a la escuela por primera vez nos sentaron en un pupitre y, generalmente, la educación se dio de maestro a alumno más que de maestro a equipo de alumnos. Después, cuando fuimos a la universidad o a una escuela superior, volvieron a separarnos por especialidad: algunos fuimos a estudiar ingeniería, otros contabilidad y otros comercio, diseño o administración, entre otras profesiones y oficios. Fuimos preparados para «tocar instrumentos musicales diferentes».

Cuando por fin vamos a trabajar a una empresa u organización, nos encontramos con que nadie nos enseñó a ser parte de un sistema, de un equipo; es decir, solo nos prepararon como excelentes profesionales en cierto tipo de proceso, pero no en la interacción con todos los miembros del grupo. Entonces, regresando al ejemplo de la música, si nos hubieran contratado en una orquesta sinfónica, aunque fuéramos virtuosos con nuestro instrumento, solo se escucharía ruido, jamás una hermosa melodía.

Lo cierto es que observo personas sufriendo en ambientes de trabajo hostiles, donde no hay un diseño adecuado de los procesos clave ni mucho menos un sistema que integre todos esos procesos. Por ello vemos que producción no entiende a finanzas; ventas tiene problemas con planificación; producción y calidad tienen conflictos continuos con diferentes áreas (compras, producción); mantenimiento no se entiende con nadie; contabilidad genera datos que no siempre se utilizan para tomar buenas decisiones, y algo mucho más importante: no todas las personas están satisfechas con su trabajo ni tienen la oportunidad de colaborar en una empresa para desarrollarse profesionalmente, como alguna vez soñaron, cuando decidieron estudiar y trabajar como parte de su realización personal.

Es realmente triste ver que personas tan capaces y preparadas buscan de forma continua nuevas oportunidades de trabajo porque en cada empresa a la que llegan encuentran ambientes tóxicos con alta sobrecarga, poco entendimiento de los objetivos del sistema y de su responsabilidad, así como un bajo sentido de logro y reconocimiento.

En este apasionante camino, he descubierto que hay elementos básicos con los que las empresas deben ser diseñadas o rediseñadas continuamente. Se trata de elementos muy sencillos que pueden ponerse en práctica en cualquier tipo y tamaño de organización.

Lean Company tiene como objetivo integrar las mejores metodologías, herramientas y prácticas en un solo modelo con el que, de manera muy sencilla y práctica, lograremos acelerar el desarrollo de empresas e instituciones para hacerlas más eficientes y productivas y, por lo tanto, con resultados de negocio insuperables, especialmente por su competencia.

El sistema Lean Company le dará herramientas para medir a su compañía en base a los resultados; además, su equipo de trabajo desarrollará acciones que permitan mantener y elevar el desempeño. Para ello, le daremos una caja de herramientas y una metodología de aplicación para desarrollar ciclos de aprendizaje y reaprendizaje, con los que su equipo logrará la habilidad de mejorar continuamente en un ciclo sin fin.

En este libro encontrará un manual de ideas innovadoras acerca de estrategias tales como el diseño de las estructuras organizacionales para mejorar la comunicación y la toma de decisiones, así como la manera de capacitar a cada persona para lograr su máximo potencial en el ámbito laboral y personal.

Presentación

Capítulo 1
Unas palabras para comenzar

Vivimos un momento crítico en el desarrollo de las empresas porque, generalmente, las seguimos administrando como en el pasado, cuando las necesidades y los productos ahora son totalmente diferentes.

Las empresas que actualmente siguen siendo lentas para entregar sus productos o servicios, con calidad inconsistente, constantes quejas y rechazos, precios y costos altos y comunicación deficiente están desapareciendo.

Este es un libro que servirá no solo para entender cómo implementar una mejor manera de hacer las cosas en las empresas e instituciones, sino también como una forma de entender el comportamiento humano y conseguir que los cambios perduren y se conviertan en nuevos hábitos de trabajo. De esa manera, contribuimos a una mejor sociedad, con personas que realmente disfruten su trabajo y logren que sus colegas también lo hagan.

En el siglo xx, hacer cambios era una opción. Ahora se ha convertido en un requisito para mantenerse trabajando y, además, estos cambios no pueden ser lentos como en el pasado. Las empresas deben aprender y reaprender para ajustarse al ritmo vertiginoso de las necesidades de un mercado altamente demandante, si quieren sobrevivir y superar a sus competidores.

Este libro está dedicado a todos esos líderes que han tenido la intuición de iniciar cambios radicales en sus empresas para permitirse descubrir una nueva y mejor forma de hacer el trabajo, y darse cuenta de que ahora, con los retos a los que se enfrentan, tiene sentido diseñar un sistema sencillo y ágil en lugar de mantener sistemas complejos y lentos.

Un directivo de alto nivel, en una presentación de resultados, tras varios meses de implementación, definió a Lean Company como la manera en la que las empresas siempre debieron ser, o la forma en que deberían ser diseñadas si fueran de nueva creación.

Es importante que ahora que inicia la lectura de este libro sepa que solo del 7 al 10 % de las empresas que comienzan este camino hacia el éxito de forma radical logran un cambio cultural y resultados a largo plazo. Mi trabajo será explicarle cómo lograr posicionar esta filosofía como forma de vida y, para ello, utilizaremos ejemplos que han sido construidos con el aprendizaje y experiencia de cientos de implementaciones en diversos giros y tamaños de empresas.

Solo le pido que piense que las empresas tienen problemas complejos y, con la adaptación cada vez más rápida que se les exige, esta situación aumenta. Las soluciones que presentaremos en este libro son realmente sencillas; de hecho, no le sorprenda lo poderosas que son aun con su simplicidad.

Comúnmente cuando hablo con empresarios y directivos de alto nivel, y les pregunto cómo van sus resultados en los últimos años y meses, obtengo dos tipos de respuesta:

«Bien, mis ventas van en aumento y la eficiencia también». Sin embargo, cuando les pregunto si eso también significa que están ganando más dinero o tienen mayor flujo de efectivo, me dicen que «no; al contrario, como más venden, menos dinero tienen en la caja, pero no siempre saben por qué».

«Mis ventas han bajado, los costos han subido y he llegado a pensar en cerrar la empresa». Generalmente, lo atribuyen a una competencia feroz.

En mi experiencia he tenido la gran fortuna de trabajar para empresas micro, medianas, grandes y multinacionales, en departamentos de compras, ventas, desarrollo de nuevos productos, almacenes, producción, logística, servicio, etc. y con ello, la gran oportunidad de aprender de personas excepcionales por su conocimiento, liderazgo y gran calidad humana. Así, también he podido enseñar estos temas en cátedras de universidades importantes, en las que he conocido personas de las que he aprendido más de lo que he enseñado. Además, también he aprendido de personas y empresas la forma en la que no se debe gestionar un negocio, y esa comprensión me ha llevado a hacer esta reflexión y este planteamiento de un enfoque sistémico que le mostraré, gracias a todos estos personajes que han hecho de mi vida un depósito de experiencias.

Creo que una motivación para implementar Lean Company es que las empresas ya no están tan preocupadas por vender más, sino por generar mayores beneficios. Así, podría asegurarle que Lean Company está generando más beneficios que cualquier otra iniciativa, incluso que vender más.

Es importante que, antes de que decida implementar Lean Company, sepa que este es un sistema exigente, que requiere mucha dedicación y disciplina para ser implementado y que el compromiso directivo es el principal ingrediente para asegurar el éxito a largo plazo, ya que la ausencia del mismo es la principal causa de fracaso, seguida de la resistencia al cambio. Aun cuando éste es un comportamiento humano normal, que debe ser superado con experiencias de éxito.

Para que este cambio tenga impacto, le pido que piense en Lean Company como un sistema integral que requiere que todos en la empresa participen y sean protagonistas del cambio. Esto no es una iniciativa solo de arriba hacia abajo. Es una filosofía que se implementa de arriba hacia abajo y de abajo hacia arriba; es decir, que habrá tareas para todos los niveles de personal en la empresa y de todas las áreas.

También quiero explicarle la manera en la que el sistema trabaja para generar más dinero para la organización.

En el pasado, cuando una compañía quería ganar más dinero, simplemente aumentaba su precio y con ello sus ganancias, y mientras el cliente soportara estos cambios, siempre había lugar para incrementar los beneficios.

Estas decisiones fueron en su momento la mejor forma de solucionar el problema de los bajos beneficios o de superar las pérdidas.

Después, el mismo mercado fue definiendo cuánto estuvo dispuesto a pagar, dado que comenzaron a existir más opciones y la competencia aumentó; entonces, para aumentar las ganancias, la única forma de hacerlo fue reduciendo los costos. Es aquí cuando Lean Company adquiere sentido, ya que no permite que haya más gasto del que realmente se necesita para entregar valor.

En el siguiente nivel de evolución, las empresas deben diseñar sistemas para que, aunque reduzcan los precios, mantengan sus niveles de beneficio, ya que ahora los que dominan este concepto son los únicos que están logrando quedarse con el mercado. Entonces, el control de los costos y la relación que tienen con los precios debe ser muy bien comprendida y evaluada de forma constante.

Aunque hemos hablado de ganar más dinero, me gustaría decirle que uno de los mayores beneficios en un sistema Lean Company es que las personas disfruten de una mejor calidad de vida, ya que para muchos ir a trabajar es como ir a la guerra, porque se trata de sufrir, pelearse, enfrentarse a burocracia interna, angustiarse, discutir, protegerse, demostrar que se es mejor que otros y en algunos casos, hasta morir, literalmente.

Lean Company viene acompañado de una mejor calidad de vida en esas ocho horas (si de verdad fuera así), que pasamos en el trabajo; es decir, ¡un tercio de nuestras vidas! Que debería ser un tiempo que valga la pena vivir en las mejores condiciones, ya que es ahí donde podemos ver realizados nuestros sueños profesionales, que son parte fundamental de nuestra existencia.

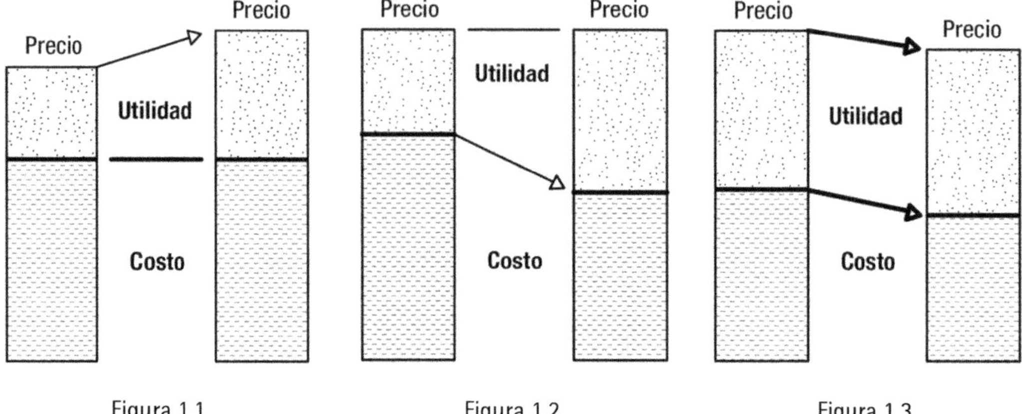

Figura 1.1   Figura 1.2   Figura 1.3

Así, podemos esperar que una buena implementación de esta filosofía nos dé muchas satisfacciones como directivos, ya que tendremos más tiempo para pensar y planificar; como gerentes podremos concentrarnos en lo más importante en lugar de resolver continuamente pequeños grandes problemas; en los niveles operativos nos dará un mejor entendimiento de por qué hacemos las cosas y de los retos de cada día para saber si lo que hacemos nos da el privilegio del deber cumplido.

¡Disfrute la lectura y disfrute el cambio!

Capítulo 2
Antecedentes e historia

El desarrollo de las empresas, ya sean de servicios o manufactura, generalmente sigue un proceso evolutivo en su diseño y establecimiento, y cuando estas empiezan a funcionar deben ajustarse continuamente a los cambios que las hacen madurar y ser competitivas. Dichos ajustes son acciones de corrección, prevención, mejora o innovación ante las situaciones a las que se enfrentan. Prácticamente cualquier empresa lleva a cabo un proceso de planificación, ejecución, análisis y actuación, tanto para su creación como para su desarrollo.

1 Historia

Desde el comienzo de la humanidad han existido necesidades, por ello la producción de bienes y servicios inicia su evolución desde que habitamos este planeta.

La historia de la mejora contemporánea cuenta con momentos clave que han destacado a lo largo de la evolución. Podemos nombrar algunos episodios notables que nos ayudarán a entender el valor aportado a Lean Company:

1776
La división del trabajo
Adam Smith publica el libro *La riqueza de las naciones*, en el que hace una investigación muy profunda de la economía y destaca elementos clave tales como:

- La división del trabajo, entendida como la especialización de las tareas para reducir los costos de la producción, lo que también contribuye al diseño de las estructuras departamentales dentro de las empresas.

- La predicción de conflictos con los trabajadores cuando sienten que su compensación no es justa, lo que comporta un trabajo poco satisfactorio, mala calidad y una sociedad dividida por el nivel socioeconómico.
- La diferenciación entre precio, costo y valor, que constituye un elemento clave en la percepción de los clientes.

La máquina de vapor y la Revolución Industrial

El inicio de la evolución de la manufactura moderna lo marca James Watt con la invención de la máquina a vapor de doble acción. Con este hecho, estaba poniendo en marcha la Revolución Industrial, periodo comprendido entre la mitad del siglo XVII y principios del siglo XIX, cuando el trabajo manual se sustituyó por la mecanización, simplificando las tareas y logrando que cualquier persona pudiera realizar algunas labores, ya que las actividades complejas las harían las máquinas. Sin embargo, hubo implicaciones como la migración de los agricultores a las ciudades y a los países industrializados, la producción en serie que daría fuerza al capitalismo y la clasificación social marcada por las clases según su estatus económico.

1798

Estandarización de piezas

Eli Whitney, con su ingeniosa maquinaria de piezas intercambiables, dio mayor ímpetu a la producción masiva, sembrando con ello las bases de la actual estandarización. Inició fabricando una máquina que podía separar el algodón de la planta, y con ello lograr gran cantidad de producto en poco tiempo; posteriormente empezó a fabricar armas, pero como veía que, para reparar una pieza, a veces se tenía que reemplazar el rifle completo porque no existían piezas exactamente iguales, ideó la forma de producirlas. Esto fue una idea revolucionaria que daría a muchos productos esa flexibilidad de servicio.

1878

Administración científica del trabajo

Frederick Taylor creó una revolución al determinar estándares mediante la medición científica para crear mejores métodos de trabajo y remuneración. Analizaba cada trabajo y lo separaba en elementos, y luego medía las operaciones y sus componentes para determinar el tiempo que se tardaba en completar cada ciclo. Así, llegó a la conclusión de que cada ciclo debería tener un tiempo mínimo y un tiempo máximo, y que podría ser factible estudiar el trabajo de cada proceso y cada operación para obtener lo

mejor de las personas, estableciendo tiempos y parámetros de producción, lo que daría la oportunidad de definir las actividades y esperar un producto o servicio en un tiempo determinado. Esto permitió colocar el trabajo en un sistema medible y comprensible para diseñar nuevos y mejores métodos de producción y de servicios, así como de remuneración.

1923
Sistema de manufactura en línea

Henry Ford demostró cómo aumentar la capacidad de producción y reducir significativamente los costos mediante la producción secuencial o línea de producción, diseñando un método para hacer que el automóvil se deslizara por rieles para avanzar en cada una de las operaciones. Así, evitó que los obreros se trasladaran al auto transportando los materiales y herramientas, cosa que generaba demasiadas esperas, búsquedas y tiempos de producción muy prolongados. Con este sistema se demostró que muchas empresas podían lograr grandes turnos de producción, y con ello economías de escala que harían que los productos fueran menos costosos, y así más personas podrían tener la posibilidad de adquirirlos. Su sistema fue altamente revolucionario en su tiempo y también lo fue el hecho de que, a finales de 1930, muchos obreros podían comprar su propio automóvil, lo que indicaba que se estaba democratizando la posibilidad de adquirir más bienes y con ello más comodidades.

1940 – 1960
Control total de calidad

Se desarrolla el concepto del control total de calidad, inspirado por la revolución industrial, la manufactura en masa de Henry Ford, el pensamiento científico del trabajo de Frederick Taylor y las enseñanzas de Walter Shewhart, William Deming, Joseph Juran, y muchos otros maestros de la calidad. La industria militar aceleró el desarrollo de estos procesos, debido a la necesidad de prepararse para la guerra y de mantener un suministro adecuado durante la misma.

Al terminar la Segunda Guerra Mundial, se inicia la reconstrucción. Japón pide ayuda a Estados Unidos para mejorar la calidad en la producción de bienes y servicios. Tras firmarse el tratado de paz, Estados Unidos ayuda a la reconstrucción de Japón.

Después de la Segunda Guerra Mundial, Japón enfrentó enormes dificultades para reconstruir sus ciudades y empresas. Estados Unidos y sus aliados no querían que las fuerzas militares resurgieran. Bajo esta condición, el general Douglas MacArthur, comandante de las fuerzas ganadoras, estableció el objetivo de reconstruir la economía y la infraestructura, pero controlando que la fuerza militar no lo hiciera. MacArthur consiguió que algunos expertos ayudaran en la reconstrucción e invitó a personalidades

como Homer Sarasohn, ingeniero del Instituto Tecnológico de Massachussets (MIT) y responsable de la reconstrucción del sistema de comunicaciones en Japón en tiempos en los que la sociedad pensaba que Estados Unidos seguía siendo un enemigo ocupando su territorio.

Desafortunadamente, no existían radios para poder enviar esos mensajes al pueblo japonés y por ello se estableció la manufactura de estas. Las primeras radios eran de muy mala calidad. Entonces, se estableció un laboratorio de pruebas para inspeccionarlas. Aunque esto ayudó, no era una solución a largo plazo, por lo que adoptaron la estrategia de entrenar a los directivos japoneses en técnicas de administración, entre las que se incluía el control estadístico del proceso, originado por el trabajo de Walter Shewhart.

La Sección de Comunicación Civil (CCS), en coordinación con la Unión de Científicos e Ingenieros Japoneses (JUSE), fue responsable de la educación técnica y vocacional. La JUSE quería más entrenamiento en control estadístico y pidió a la CCS que le recomendara a un experto para continuar con el aprendizaje. Walter Shewhart era la mejor opción, pero no estaba disponible; la siguiente opción era un profesor de la Universidad de Columbia, llamado Edwards Deming, que había aprendido y aplicado las metodologías de Shewhart. Así, pues, por recomendación de Homer Sarasohn, Deming entró en la historia de la manufactura japonesa. Deming ya era conocido en Japón, ya que, en 1947, había hecho una visita en una misión de censo. En 1950 la JUSE pidió a Deming hacer una formación exhaustiva durante dos meses, en los que enseñó a muchas personas de las áreas de ingeniería y gerencia, y a estudiantes.

En las visitas realizadas, los japoneses aprendieron mejores métodos de producción y de capacitación, tal es el caso del sistema TWI *(training within industry)* que Estados Unidos puso en práctica durante la Segunda Guerra Mundial, pero que dejó olvidado al terminar el conflicto.

Círculos de calidad

En Japón se desarrollaron los círculos de calidad para que los trabajadores aportaran ideas y trabajaran en equipos para implementarlas, lo que daría lugar, junto con el control total de calidad, a la administración por calidad total (administración total de la calidad). Esta lograría un enfoque de compromiso directivo a la calidad y no solo a un departamento de esta.

Administración por calidad total (administración total de la calidad)

La administración por calidad total (administración total de la calidad) se convirtió a partir de la década de 1970 en el concepto clave, inspirado por expertos en calidad como el doctor W. Eduard Deming, el doctor Joseph Juran, el doctor Philip Crosby y por el doctor Armand Feigenbaum, que le da el nombre de Administración por calidad total al publicar un libro, en la década de 1940, con el mismo nombre (Total Quality Management). Esto le dio un enfoque sistémico, con el que todas las personas de todas las áreas de la empresa son responsables de la calidad.

1945 – 1973
Just in time

Kiichiro Toyoda, entonces presidente de Toyota, se dio cuenta de que la competitividad de los obreros japoneses era casi tres veces menor que la de los obreros alemanes y casi 10 veces menor que la de los obreros norteamericanos, por lo que decidió iniciar un camino hacia la competitividad con la creación de un sistema que le asegurara rentabilidad y una sana participación en un mercado fuertemente competitivo.

Después de Kiichiro, Eiji Toyoda tomó el mando de la compañía y, al lado de Taiichi Ohno, la llevó al éxito internacional apoyándose en su ingenioso sistema de producción, el Just In Time. Eiji era hijo de Heihachi Toyoda, el hermano de Sakichi Toyoda, fundador de Toyoda Loom Works. Fue un prominente industrial y responsable en gran medida del desarrollo del Just In Time, así como del exitoso despegue de la Toyota Motor Company en rentabilidad y reconocimiento internacional. Históricamente, destacó en su estrategia el establecimiento de una sociedad con GM y crearon la planta nummi en Freemont, California. En esta planta aún se ensamblan automóviles para ambas compañías con un interesante sistema híbrido de administración entre japoneses y estadounidenses. Eiji se mantuvo como CEO de Toyota hasta 1994.

Taiichi Ohno fungió como gerente de ensamble y desarrolló muchas mejoras. En esos años Toyota estuvo al borde de la bancarrota y no pudo hacer ninguna gran inversión, lo que hizo que utilizara todo su ingenio para lograr los grandes avances que se dieron, dada la necesidad de mejorar sin muchos recursos económicos.

A partir de la década de 1940, Taiichi Ohono y Shigeo Shingo vivieron experiencias inolvidables en la transformación de la planta y en la creación de su estrategia de manufactura; lo que ahora conocemos como *Lean Manufacturing*. La carrera de Ohno creció gracias a sus grandes éxitos, demostrados en la planta de ensamble, y fue promovido a vicepresidente ejecutivo en 1975. A principios de la década de 1980, Ohno se retiró para convertirse en presidente de Toyota Gosei, una de las compañías del grupo y proveedora de Toyota Motors. Murió en 1990 en la ciudad de Toyota.

Por su parte, el doctor Shingo fue posiblemente uno de los genios más brillantes en manufactura jamás conocidos; era capaz de resolver cualquier problema de este ámbito que se le presentara. Taiichi Ohno reconoce a tres grandes maestros en su vida: Kiichiro Toyoda, que puso en él una gran visión de futuro y de negocio; Henry Ford, que demostró que podía construir un automóvil partiendo solo de acero hasta convertirlo en un producto terminado en solo cuatro días; y finalmente, el doctor Shingo, que fue su consultor, compañero y maestro.

El doctor Shingo era un ingeniero industrial que estudió con detalle a Frederick Taylor en relación con la administración científica del trabajo, así como a Frank Gilbreth y sus estudios de tiempos y movimientos. Fue capaz de entender las diferencias entre los procesos y las operaciones y de estudiarlos como un flujo que puede ser transformado en flujos continuos con el mínimo de interrupciones; esto con la finalidad de llevar al cliente solo lo que necesita, sin necesidad de hacer grandes lotes ni generando inventarios innecesarios. Entendió perfectamente que  los procesos son cadenas de flujo que pueden ser optimizadas cuidando ciertos detalles, como la estandarización del trabajo y las mediciones de capacidad y demanda, además de hacer flujos continuos y sin interrupciones de manera que hagan funcionar la producción solo cuando el cliente lo requiere y a la velocidad que dicta la demanda.

El sistema Toyota se basa en cuatro principios:

1 **Filosofía a largo plazo.** Es la visión de la dirección a largo plazo. Grandes implementaciones y decisiones que se visualizan a la distancia, en lugar de buscar resultados a corto plazo.

2 **Los procesos correctos producirán resultados correctos.** Solo enfocándonos en desarrollar un proceso altamente eficiente, lograremos resultados con alta calidad para el cliente y la empresa. Para lograr procesos correctos hay que:

- Crear flujo continuo en los procesos, eliminando cualquier desperdicio que lo detenga.
- Utilizar sistemas halar o tirar para sincronizar los procesos internos y externos.
- Nivelar la carga de trabajo para producir múltiples modelos.
- Lograr procesos campeones mediante calidad a la primera en los productos y servicios.
- Estandarizar todos los procesos de la compañía para lograr estabilidad y control de la capacidad.
- Utilizar el control visual para reconocer situaciones normales y anormales y tomar decisiones a tiempo.
- Utilizar solo tecnología fiable. Primero hay que probar la tecnología y validar que suponga una diferencia significativa en el proceso.

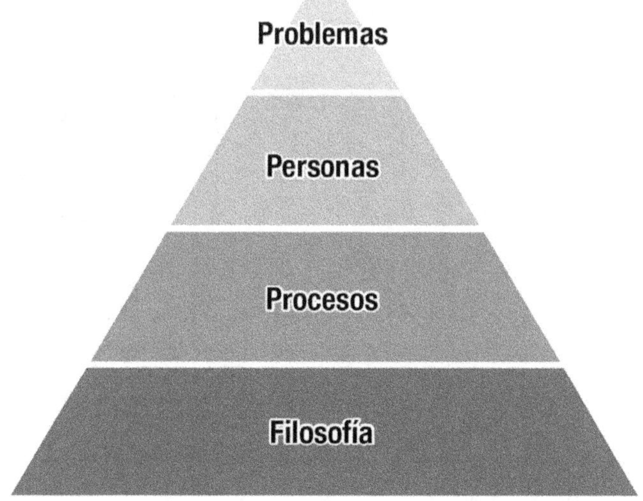

Figura 2.1

3 Las personas y las empresas proveedoras deben desarrollarse, haciéndolas partícipes y responsables de la mejora, considerando:

- **Desarrollar líderes internamente.** Intentar que las personas que están en la compañía aprendan y enseñen con el ejemplo, desarrollando así el potencial de otras personas.
- **Desarrollar la filosofía en el personal.** Los líderes serán portadores de la filosofía y la darán a conocer mediante el entrenamiento y el ejemplo. Crearán, de este modo, un ambiente de alta competitividad en medio de una filosofía de alto desempeño en el trabajo.
- **Demostrar el respeto a los proveedores** retándolos continuamente a mejorar sus resultados y procesos, y contribuir sanamente a su desarrollo, ya que los beneficios serán compartidos siempre que exista una relación comercial.

4 Resolver problemas genera aprendizaje:
- Hay que ir al lugar de los hechos *(gemba)* para entender realmente los problemas.
- Conviene tomar decisiones para solucionar problemas basándose en un buen análisis.
- Hay que aprender mediante la reflexión y la mejora continua *(kaizen).*

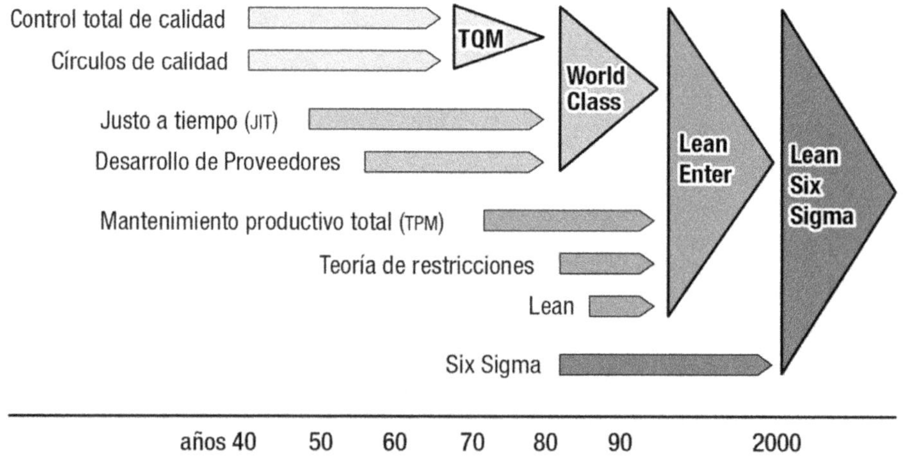

Figura 2.2

> *«Todo lo que hacemos es medir el tiempo desde*
> *que el cliente hace un pedido hasta que recibimos*
> *el efectivo, y todo lo que hacemos es reducir ese*
> *tiempo mediante la eliminación de desperdicios.»*

TAIICHO OHNO, exvicepresidente de Toyota

1971

Mantenimiento productivo total

En 1971, Seiichi Nakajima introdujo el concepto de «mantenimiento productivo total» al publicar el libro *Introducción al TPM,* dada la necesidad de desarrollar empresas con alta confiabilidad para mantener el nivel de calidad, eficiencia y disponibilidad de los equipos. A finales de la década de 1970 este sistema comienza a implementarse en Estados Unidos, lo que le dio gran impulso a la mejora y se convirtió, más adelante, en un referente para la administración y la mejora desde la perspectiva de la confiabilidad.

1982

Teoría de Restricciones

En la década de 1980, el doctor Eliyahu Goldratt introdujo el concepto de las restricciones como forma de enfocarse en el cuello de botella y con ello, revolucionó la forma de implementar mejoras, ya que en el pasado existía el deseo de mejorarlo todo y además, al mismo tiempo, lo que causaba esfuerzos aislados y resultados muy pobres. El objetivo de la Teoría de Restricciones es reconocer dónde se encuentra la principal restricción, con la finalidad de dirigir hacia ella los esfuerzos de mejora, las mediciones y el enfoque de la dirección. La Teoría de Restricciones ha sido aplicada con mucho éxito en todo tipo de industrias y procesos, y ha tenido el acierto de integrar las áreas de dirección, logística, finanzas, operaciones, personal, mercadotecnia, ventas y proyectos en un solo concepto altamente efectivo que ha demostrado, en poco tiempo, reducir gastos de forma significativa y, además, ser un modelo clave que deben utilizar los directivos modernos para administrar empresas e instituciones de gobierno.

1987

ISO 9000

La Organización Internacional de Normas publicó este año la primera versión de la norma para establecer un sistema de calidad y así, estandarizar la organización de las empresas y asegurar que generan productos y servicios de alta calidad para sus clientes. Este conjunto de normas requiere que la empresa describa su modelo de calidad y procedimientos mediante un manual en el que se anota cómo deben realizarse las funciones de cada departamento. Se emitió una nueva versión en 1994, y solo en 2000 y 2008 la certificación hablaba de organizar a la compañía alrededor de los procesos que generan valor para el cliente y, con ello, una forma muy dinámica de responder a sus necesidades. Cuando una compañía logra reunir las pruebas suficientes, puede presentarse para recibir una certificación internacional que eleva el nivel de credibilidad ante sus clientes y también otorga un marco en el que se integran los sistemas de mejora para mantener el compromiso de sustentarlo y nunca dejar de mejorar (mejora continua).

1978 – 1988
Six Sigma

Se trata de una filosofía de negocios centrada en la satisfacción del cliente. Utiliza una metodología que disminuye el desperdicio mediante la reducción de la variación en los procesos y herramientas estadísticas y administrativas, y así mejora la calidad de forma significativa en cualquier tipo de proceso.

Six Sigma fue desarrollado por Motorola a finales de la década de 1970, dada la necesidad de igualar o superar a sus competidores japoneses que habían logrado niveles de calidad de 4 Sigma (99 % buenos), cuando la industria promedio podía alcanzar solo niveles de 3 Sigma (93 % buenos). De hecho, ya ni siquiera se hablaba de defectos por cada cien, sino de defectos por cada millar o millón.

Sigma es una palabra griega que, en estadística, mide la variación mediante la medida de dispersión o desviación estándar para evaluar los procesos por la variación que presentan y no con base a promedios, como muchas empresas aún lo hacen.

Six Sigma se apoya en la metodología de DMAIC, que consiste en hacer proyectos de mejora mediante los siguientes pasos:

- **Definir** *(define):* el problema, el valor para el cliente, el equipo y el proyecto.
- **Medir** *(measure):* el desempeño, mapear el proceso y determinar la contabilidad de los datos.
- **Analizar** *(analyze):* identificar las fuentes de variación y las causas raíz del problema.
- **Mejorar** *(improve):* realizar cambios que permitan un mejor desempeño.
- **Controlar** *(control):* establecer controles para mantener las mejoras realizadas.

En cada etapa de dicha metodología se utilizan herramientas estadísticas y administrativas para mejorar de manera tangible los resultados de desempeño de los procesos y productos de una empresa.

Las empresas japonesas, durante la década de 1970, pusieron gran énfasis en la calidad y, por ello, la aplicación de métodos estadísticos de control y mejora dieron a sus productos una ventaja competitiva diferencial respecto de la industria mundial.

En 1978, Robert Galvin, presidente de Motorola, estableció como reto que, si en los próximos cinco años no lograban al menos un nivel de 4 Sigma, la empresa correría el riesgo de cerrar. El proyecto transformó procesos que lograron niveles de hasta 6 Sigma; es decir, producir solo 3,4 defectos por cada millón de oportunidades. Con ello ganaron el premio Malcom Baldrich a la calidad, que entregó por primera vez en Estados Unidos, en 1988, el presidente Reagan, que pidió a Motorola compartir su fórmula con el mundo.

La iniciativa surgió con el nombre de Cuatro Sigmas, pero cuando vieron que podrían lograrse niveles de 6 Sigma, el nombre se cambió para exigir mayores resultados.

Pronto empresas como Lockheed Martin, Texas Instruments, Kodak y GE decidieron implementarlo y, como resultado, lograron ahorrar billones de dólares al reducir sus costos significativamente; tanto que Jack Welch, CEO de General Electric, expresó en los medios: «Six Sigma es la estrategia más importante que GE jamás haya emprendido. Enviar a nuestros mejores empleados a capacitarse en Lean Six Sigma fue mejor que enviarlos a Harvard, porque los enseñó a pensar diferente».

Actualmente, más del 50 % de las empresas ubicadas entre las 100 fortunas más importantes implementan Six Sigma como estrategia de mejora.

1990

Reingeniería

Michael Hammer y James Champy publicaron el libro *Reingeniería de las corporaciones*. La Reingeniería es el «repensamiento» fundamental y radical de los procesos, y el rediseño de los mismos para obtener cambios dramáticos y mejoras sustentables mediante los siguientes principios: hacer que varios trabajos se combinen en un solo, dejar que los empleados tomen decisiones, diseñar lujos naturales con pasos lógicos, eliminar o reducir los controles de procesos, mayor participación del equipo que realiza la tarea; todo ello simplificando los procesos y haciéndolos más sencillos para alinearlos de principio a fin con el objetivo para el que la empresa fue creada.

En muchos casos la reingeniería funcionó muy bien, pero el tema se distorsionó cuando muchos directivos la veían como una forma de promover despidos masivos. Y entonces hubo mucha resistencia debida al miedo a perder sus trabajos. Por eso hemos aprendido que los sistemas de mejora deben promover la participación activa y creativa de todos y no generar temor.

1990
Lean Manufacturing

James Womak publicó el libro *La máquina que cambió al mundo*, en 1990, e introdujo el término *«Lean»*, que significa «magro», haciendo referencia a la carne sin grasa. Hacer Lean a una empresa es quitarle todo lo que no necesita para hacerla ágil en el desempeño de su negocio.

Durante varios años, el doctor James Womak y sus colegas del MIT realizaron diversos estudios acerca de la industria del automóvil para dar a conocer el genoma de la cultura de calidad detrás de las herramientas y con ello, la forma de desarrollar empresas sanas y ágiles eliminando los desperdicios. El estudio se realizó para comparar las mejores prácticas de trabajo en Estados Unidos, Japón y Alemania y entender las diferencias, similitudes y, sobre todo, los factores de éxito y fracaso de las empresas que desean implementarlo.

Lean es una filosofía de trabajo y pensamiento a largo plazo para satisfacer a los clientes y lograr rentabilidad sostenida. Se sustenta en el trabajo colaborativo y en el desarrollo del personal mediante la utilización de herramientas implementadas a través de mejoras que desarrollan procesos estables, flexibles y con flujo continuo para entregar al cliente lo que necesita (cantidad y calidad), en el momento que lo necesita, ni antes ni después.

Se puede definir como un proceso continuo y sistemático de identificación y eliminación del desperdicio o excesos, entendiendo como exceso toda aquella actividad que no agrega valor en un proceso, pero sí costo, tiempo y trabajo.

2010 – Actualidad
Lean Company

Ahora que hay más competidores, el mercado establece el precio, y la única forma de mejorar los beneficios es reduciendo costos sin descuidar la calidad. Ese es el objetivo del programa Lean Company, ya que debemos ser lo suficientemente creativos y cuidadosos para eliminar todas las ineficiencias, desperdicios y problemas que hacen tan costosa la operación de las empresas y es que, aunque ya iniciamos el siglo XXI, las empresas siguen teniendo enormes áreas de oportunidad en prácticamente todas sus actividades, no solo en la manufactura.

La única forma de superar a la competencia es reducir los precios sin sacrificar los beneficios. Estamos hablando de que, en un estado maduro de Lean Company, la competencia tendrá muy poco que hacer para ganarnos cuando ya hayamos dominado nuestros procesos.

Lean Six Sigma Institute, con sede en San Diego, California, ha realizado proyectos de investigación, formación y certificación en empresas de diversas áreas en Estados Unidos, México, España y Sudamérica, y ha llegado a la conclusión de que Lean no debería ser conceptualizado solamente para la manufactura. Ahora el reto es crear organizaciones totalmente ágiles en las que participe todo el personal.

Lean Company es una filosofía que integra conocimiento de alto valor generado en la historia de la mejora, haciendo un sistema altamente efectivo y sencillo, para diseñar y administrar cualquier tipo y tamaño de empresa, teniendo en cuenta cada función clave de la organización: desde el proceso de diseñar la planta y el producto, comercializarlo, la logística, la manufactura, los servicios y todo el soporte administrativo, contable, de calidad, sistemas de información, ingeniería y mantenimiento.

Lean Company se aplica con éxito en:

- Hoteles.
- Hospitales.
- Bancos.
- Administración pública.
- Universidades.
- Empresas de servicios.
- Empresas de manufactura.
- Comercializadoras.
- Agencias aduanales.
- Empresas de construcción.
- Equipos de futbol, tenistas, golfistas, etc.
- El hogar (Lean home).

Como filosofía, su impacto radica en:

- Mejores ganancias.
- Menores inversiones y costos.
- Personal comprometido y motivado.
- Mayor seguridad.
- Clientes que nos recomienden.
- Mejor calidad de productos y servicios.
- Menor impacto ambiental.
- Impacto social, porque logra economías más fuertes.

2   Conclusión

Estamos escribiendo juntos la historia, no solo la crónica. De nosotros depende ser una generación reconocida por impulsar a la sociedad hacia la mentalidad de hacer las cosas muy bien, no solo lo suficientemente bien. Tenemos la gran oportunidad de transformarnos al dar mejores oportunidades a los negocios e instituciones y mejorar la calidad de vida dentro de los mismos. Espero ser un gran compañero en esta importante jornada… ¡Nuestra existencia!

Capítulo 3
Productividad y sus limitantes

«Una organización inteligente es la que propicia un ámbito en el que la gente descubre continuamente cómo crear su realidad y cómo modificarla.»

Peter Senge

1 La productividad

Lean Company es un sistema que logra grandes resultados siempre que seamos capaces de identificar y eliminar todos los desperdicios en cada proceso de la cadena de valor.

Este capítulo es de particular importancia, pues comenzaremos a explicar cómo buscar los desperdicios o limitantes de la productividad de forma integral, en cada fase y área de la compañía.

En muchas empresas, implementar Lean significaba buscar desperdicios en la manufactura solamente, pero encontramos que, en ocasiones, las principales limitaciones de una compañía también están en la comercialización, el diseño de productos, el cobro, el mantenimiento y el servicio, entre otros.

Así, solo podemos obtener el mejor resultado cuando el alcance sea extensivo a todos los procesos clave de un negocio:

- Dirección.
- Diseño e ingeniería.
- Comercialización.
- Logística.
- Servicio.
- Manufactura.
- Calidad.
- Facturación y cobro.
- Mantenimiento.

- Sistemas de información.
- Atención a clientes.

Podremos saber que la misión avanza solo cuando hayamos entendido todas las formas de desperdicio en dichos procesos y tengamos un plan bien estructurado para eliminarlas y, sobre todo, seamos capaces de asegurar que no habrá un solo mes en el que, al menos, desechemos algún desperdicio o limitante de la productividad.

Actualmente se habla mucho acerca de la productividad, pero en realidad poco se sabe acerca de ella. Parece ser solo un concepto más, no una medición importante para saber si hemos avanzado en la eliminación de desperdicios.

En un mundo global, donde la competitividad se ha convertido en la mayor arma estratégica, muchas empresas se esfuerzan por aumentar sus ventas, disminuir sus costos y mejorar su imagen, pero en realidad son pocas las compañías que realmente están logrando resultados tangibles.

2   Modelo de productividad

En todo negocio, sea una empresa de transformación o bien de servicios, existe una serie de insumos que se resume en seis grandes grupos básicos: mano de obra, materiales, métodos, maquinaria, medio ambiente y mediciones. Es importante reconocer que son muy diferentes entre ellas, pero existe un factor común: el dinero. Es tan claro que existe un costo involucrado, que en muchas empresas con problemas de liquidez se busca «reducir» costos «ajustando» las 6 M: despidiendo personal, reduciendo la calidad de los materiales o el mantenimiento de la maquinaria, entre otros. Se ha demostrado que estos recortes a las 6 M tienen solo un impacto inmediato

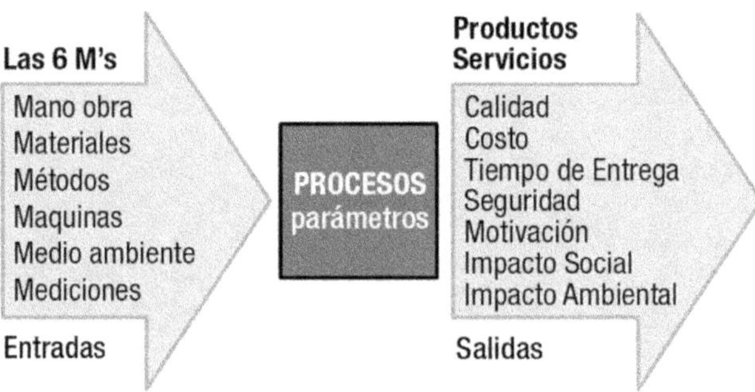

Figura 3.1

en el estado de resultados, pero no resuelven el problema a mediano y largo plazo. Recordemos que la principal fuente de pérdidas en los procesos son los desperdicios, y esto no ha sido resuelto con solo despedir personal; por el contrario, en ocasiones esto genera nuevos problemas con sus respectivos costos.

Si seguimos la cadena de valor dentro de la empresa, estas 6 M («lo que entra al negocio») se combinan y transforman en productos o servicios mediante procesos que utilizan parámetros específicos de tiempo, velocidad, etc. Como resultado de los procesos, tenemos salidas de diferentes tipos:

- Calidad: cumplimiento de los requisitos, deleite y valor de los productos o servicios, así como de la calidad de vida en la empresa.
- Costo: de los productos o servicios (que no siempre se conoce en realidad).
- Entrega: tiempo que pasa desde que recibimos el pedido hasta que se entrega.
- Seguridad: es la prioridad. Se trata de mantener la integridad del personal y de los clientes.
- Motivación: de los empleados, propietarios y clientes.
- Impacto social: contribución a la sociedad de manera sostenible y responsable.
- Impacto ambiental: aportación que hace la empresa al ambiente; resultado de los procesos para mantener la armonía entre el desarrollo de la empresa y el cuidado de los recursos naturales.

El modelo de la productividad será útil para medir el desempeño de la compañía, así como para comparar los estados futuros cuando se producen cambios. Solamente si entendemos la productividad y la medimos, podríamos hablar de dominio organizacional, porque significa que ha habido aprendizaje y que lo sabemos utilizar y compartir.

Resulta increíble que, a principios del siglo XXI, la mayoría de las empresas no funcionen aún con pleno dominio de sus procesos clave, ya que hemos demostrado que las empresas podrían funcionar muy bien de manera simple.

3   ¿Cómo medir la productividad?

$$\text{Productividad} = \frac{\text{Salidas}}{\text{Entradas}} = \frac{\text{Producción}}{\substack{\text{Inumos} \\ \text{(m.o, m.p, máquinas)}}}$$

En esta fórmula observamos las salidas y las entradas igual a la cantidad de recursos que se generan y entran en el sistema. Ejemplo:

Queremos conocer la productividad en una empresa que produce 332 650 piezas o servicios por mes, y que gasta en lo siguiente:

Mano de obra = 50 000 dólares.
Maquinaria = 10 000 dólares.
Métodos = 2 000 dólares.
Materiales = 20 000 dólares.

$$\text{Productividad} = \frac{332\ 650}{72\ 000} = 4.6 \text{ unidades por cada dólar invertido}$$

Si en el siguiente periodo producimos lo mismo con inversión de menos recursos, la productividad aumentará. A eso le llamamos producir más; o, dicho de otro modo, con menos recursos.

La productividad es un indicador importante y debe medirse de forma constante para conocer el verdadero estado de las mejoras.

4   Limitantes de la productividad: los grandes desperdicios a vencer

«No hay nada más inútil que hacer eficiente
algo que ni siquiera debería hacerse.»

Ahora analizaremos los principales limitantes de la productividad, encontraremos formas para detectarlos y de esa manera, combatirlos. Revisaremos cómo las restricciones de un sistema productivo limitan la consecución de las metas.

Los mercados actuales están fortaleciéndose mediante la formación de grandes bloques comerciales, eliminando en muchos casos barreras arancelarias entre países y mejorando los costos y tiempo de respuesta para el transporte de mercancías e información. En pocas palabras, los cambios en la economía están desarrollándose a una velocidad vertiginosa. «Perder el tiempo» en la empresa no es una opción en este ambiente de alta competencia, por ello es vital que la dirección y los empleados todos los días se dediquen únicamente a actividades que agreguen valor para los clientes, dejando a un lado los costosos desperdicios.

De forma sorprendente para muchos, lo más común es que veremos que solo del 5 al 10 % de todas las actividades que se desarrollan en las empresas agregan valor, el resto es alguna forma de desperdicio. Si somos capaces de eliminar progresivamente estos desperdicios comprenderemos el porqué de las empresas que están marcando la diferencia en competitividad y las que están desapareciendo.

El gran problema es que estos desperdicios son la razón principal de la baja competitividad de las empresas que están cerrando; además, no son capaces de darse cuenta. Intentan superar sus problemas de liquidez despidiendo personal o modificando la calidad de sus insumos, pero no atacan la causa principal de la baja productividad: los desperdicios. Las causas de estos desperdicios radican generalmente en políticas y formas de pensar impuestas en el pasado que no han sido revisadas, ni mucho menos mejoradas.

Cuando se aprende a observar y descubrir los desperdicios en todas las actividades de la empresa, la cultura de esta dejará de avanzar hacia las pérdidas de tiempo, retrasos, esfuerzos adicionales y costos elevados. La menor permisividad moverá a los miembros de la empresa a tomar el control y hacia la responsabilidad. Por ello, quienes han iniciado este gran esfuerzo se verán recompensados tanto en el futuro de sus empresas como en su vida personal.

Como consecuencia de los desperdicios en los procesos, es común que se encuentren rastros de ellos en otro tipo de pérdidas, siendo estas más evidentes que los desperdicios que las generan. Así pues, entre las pérdidas más comunes se encuentran: de tiempo, de capacidad, de recursos y finalmente, de oportunidades.

5 Requisitos para la eliminación del desperdicio

- Liderazgo. Guiar con el ejemplo y con firmeza.
- Convicción de apoyar la capacitación continua.
- Tener el equipo de gerentes adecuado para la realidad actual.
- Visión clara del futuro de la organización.
- Administración participativa.
- Planes y estrategias bien definidas.
- Despliegue de las estrategias hacia todo el personal.
- Tomar conciencia de los desperdicios que afectan a la empresa.
- Reconocer el impacto que los desperdicios tienen sobre la empresa.
- Convencimiento pleno de todo el personal acerca de la importancia de eliminar sistemáticamente los desperdicios.
- Capacitación permanente.

6   Tres limitantes de la productividad

El sistema Lean Company puede sintetizarse en la eliminación o minimización de tres tipos de limitantes de la productividad: sobrecarga, desperdicio y variabilidad.

6.1   Sobrecarga

La productividad en el negocio se reduce cuando a las personas o a las máquinas les exigimos más allá de sus capacidades. Encontraremos sobrecarga generalmente en:

6.1.1   Las personas

Cuando les exigimos más allá de sus capacidades, o cuando las hacemos trabajar más allá de su atención y fuerza. De hecho, encontramos muchos casos de personas que trabajan más de doce horas regularmente, con mucho estrés por entregar resultados, demasiadas reuniones que limitan el tiempo en el que podrían agregar valor, así como un ambiente hostil de supervivencia donde ir a trabajar se parece a ir a la guerra, con condiciones de inseguridad, trabajos pesados, sucios, etc. Estas empresas con alta sobrecarga se convierten en tóxicas para quienes trabajan ahí.

6.1.2   Los equipos

Cuando forzamos a equipos de trabajo como máquinas, instalaciones, vehículos, equipo de cálculo, etc., haciéndolos trabajar a mayor capacidad de la permitida, en condiciones de mantenimiento deficiente y con materiales o combustibles no adecuados. Con ello hacemos que la vida útil del equipo disminuya o se convierta en fuente de accidentes y riesgos.

6.1.3   Los proveedores

Cuando les exigimos que trabajen más allá de sus capacidades y limitantes sin respetarlos.

Si somos capaces de construir un sistema laboral que genere un ambiente de continuos retos, en el que sea un placer ir a trabajar, realmente estamos contribuyendo a una mejor sociedad y a trascender en la vida de los empleados.

Hemos visto que los empleados que tienen estrés, a su vez lo generan en sus subordinados. Esto es causado por una organización deficiente de sus responsabilidades, de sus procesos y de la preparación para el trabajo. Se debe a que es poco frecuente que quienes desempeñan cierta función hayan sido completa y correctamente entrenados para desempeñarla.

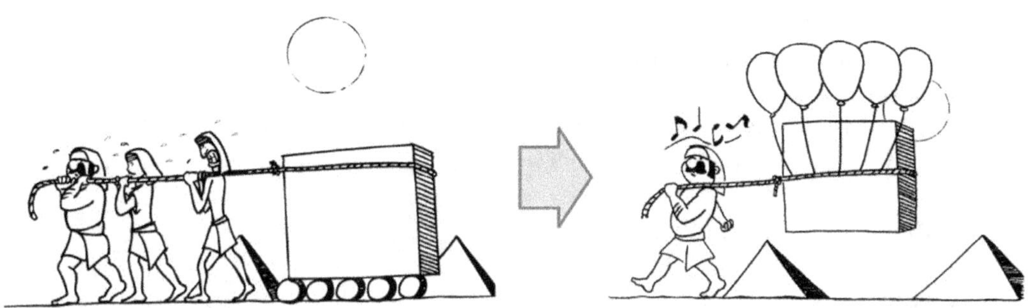

En otras palabras, Lean Company tendrá una contribución importante en la forma en la que diseñamos, implementamos mejoras a los procesos, entrenamos a las personas y las medimos, y con ello, el principal beneficio será disminuir riesgos, accidentes, estrés, etc., en la vida de quienes trabajan todos los días para crear valor para los clientes. Lean Company persigue un bien social.

Iniciamos hablando de la sobrecarga porque las empresas, en muchos casos, contribuyen a generar ambientes de este tipo, con estrés excesivo, provocado por ambientes tóxicos empresariales.

No se trata de dejar de hacer el trabajo difícil o pesado, sino de hacerlo de manera más creativa e inteligente.

6.2 Desperdicio

La siguiente fuente de reducción de la productividad radica en los desperdicios, por lo que, si somos capaces de reconocerlos y eliminarlos, inmediatamente lograremos mejores niveles de productividad.

Uno de los principales objetivos de Lean Company es el de conocer, detectar y eliminar sistemáticamente todos los desperdicios de cada proceso de la compañía, ya que todos los días reducen la capacidad y representan un reto para los administradores, gerentes y empleados en general.

Para entender qué es un desperdicio, es conveniente explicar primero qué son las actividades que agregan valor (va), es decir, aquellas que directamente producen un bien o servicio que el cliente está dispuesto a pagar. Desperdicio o exceso será cualquier otro esfuerzo realizado en la empresa que no sea absolutamente esencial para agregar valor al producto o servicio, tal como lo requiere el cliente. Estos aumentan los costos y disminuyen el nivel de servicio, afectando así los resultados del negocio.

Existen algunos tipos de desperdicios:

6.2.1 Sobreproducción

Básicamente, sobreproducir significa:

* Producir más cantidad de la necesaria de un bien o servicio o antes que se necesite.
* Producir un bien o servicio más rápido de lo que se requiere.

Ejemplos de sobreproducción:

* Inventario acumulado.
* Exceso de equipo o de personal en los servicios y áreas de trabajo.
* Flujo de material e información desequilibrados.
* Exceso de espacio para realizar el servicio, almacenar o producir.
* Mano de obra adicional a la necesaria.
* Administración compleja de inventarios.
* Capacidad instalada mayor a la requerida / inversión.
* Grandes espacios en la planta.
* Problemas ocultos.
* Sensación de ambiente de trabajo inseguro.
* Obsolescencia de materiales.
* Gran tamaño de lotes de fabricación o de servicios.

6.2.2 Sobreinventario

Generalmente, los inventarios se generan para proteger las ineficiencias en los siguientes aspectos:

* Pronósticos erróneos en la demanda esperada.
* Desequilibrio en la producción o en el servicio.
* Poca confianza en la maquinaria.
* Desconocimiento de la capacidad real de producción.
* Intento de aumentar eficiencias en equipos o áreas individuales.
* Grandes distancias entre procesos o máquinas.
* División del trabajo en lotes, lo que genera lentitud en el proceso.
* Defectos que requieren más producción para sustituirlos.
* Campañas masivas de retrabajo cuando los defectos salen a flote.
* Tiempos muy altos de cambio de producto o preparación de máquinas.
* Distribución de planta inadecuada.
* Altos colchones de producto sin plan de producción entre los procesos, para intentar ocultar los problemas.
* Proveedores poco fiables.

El sobreinventario se utiliza para proteger ineficiencias.

Si bien mantener el río lo suficientemente profundo parece una manera de pensar lógica, tiene al menos dos inconvenientes. El primero, que no el más importante, es el hecho de que el mantenimiento de los inventarios (la profundidad del agua) es bastante costoso, además de que estanca los recursos

de la empresa, incrementa el apalancamiento financiero, requiere espacio, seguros, administración y manipulación de los artículos. Pero esa lista, según los ingenieros de Toyota, no es el principal problema. El principal problema, generado por la sobreproducción y el sobreinventario, radica en el hecho de que a la larga oculta los problemas importantes.

Es natural que en las empresas se considere «normal» cierto nivel de inventario. Si seguimos con el ejemplo del río, quizás un navegante que siempre ha ido de un lado de este al otro sin golpear las rocas deja de prestarles atención después de un tiempo (si es que alguna vez lo hizo) y estas llegan a considerarse como parte natural del paisaje. Lo mismo sucede con los problemas de productividad en la empresa; como no impactan directamente en el nivel de servicio al cliente, se crea una falsa sensación de que no existen (o que son parte natural del «paisaje»). El caso es que esos problemas de productividad (esas rocas) no son gratuitos; tienen un elevado costo monetario, así como de oportunidad.

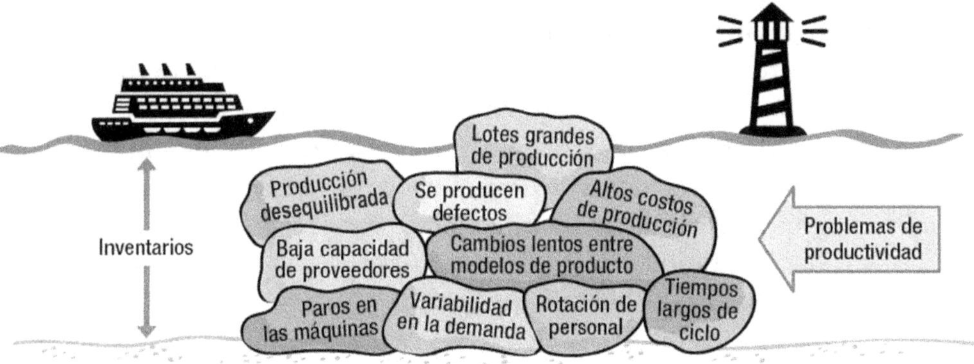

Figura 3.2

6.2.3   Defectos y retrabajos

Se refiere a la pérdida en el aprovechamiento de los recursos cuando producimos un artículo o servicio defectuoso, ya que se dedicaron materiales, equipos y lo más importante, el tiempo de una persona para desempeñar un trabajo que, a fin de cuentas, no sirvió para agregar valor al cliente. Poniendo como ejemplo un pastel quemado, podríamos hablar de la pérdida de tiempo en preparar la mezcla de ese pastel, encender el horno y, además, el consumo de gas y de ingredientes. Todo esto terminó en la basura, y no fue gratis.

De igual manera, en este tema entran los retrabajos, ya que si bien el defecto puede ser corregido, el retrabajo implica que una o más tareas se llevarán a cabo dos o más veces, lo que nos llevará a incurrir en costos más altos y pérdida de disponibilidad de los recursos de la empresa.

Situaciones y características que generan los defectos:

- Exceso de personas que inspeccionan, retrabajan o reparan.
- Inventario específicamente acumulado para ser retrabajado.
- Flujo complejo del producto o servicio dentro del área de trabajo.
- Calidad cuestionable del producto o servicio.
- Errores en los embarques y las entregas.
- Escasa interacción entre clientes y empresas proveedoras.
- Pocas ganancias debido a los retrabajos, desechos y costos por primas de fletes urgentes y devoluciones.
- Organización que se vuelve reactiva. Se «apagan fuegos».

6.2.4   Movimientos innecesarios

Se refiere al traslado de personas de un punto a otro de su lugar de trabajo o bien, en toda la empresa, más allá de lo indispensable para aportar valor al producto, sin que ese movimiento contribuya a la transformación o beneficio del cliente. Es fácil encontrar este desperdicio si observamos con cuidado todos los ciclos de un trabajador. Así, descubriremos que muchas veces camina más de lo necesario, pero no estamos acostumbrados a contar sus pasos o seguir sus rutas. Otro ejemplo muy común de este desperdicio son las búsquedas de herramientas, materiales o información. Todos esos movimientos, además de los indispensables para el cliente, toman tiempo y en consecuencia bajan la productividad de los procesos.

Ejemplos de movimientos innecesarios son:

- Mucho tiempo empleado en localizar materiales, personas, instrucciones o herramientas.

- Movimientos innecesarios al agacharse o caminar.
- Esfuerzos por alcanzar las herramientas o materiales en cada ciclo de trabajo.
- Movimiento de producto a través de la planta.

6.2.5   Actividades innecesarias

Aunque dentro de la empresa podemos encontrar muchos procesos bien estandarizados, no siempre agregan directamente valor para el cliente. Muchos de los trabajos son consecuencia de las necesidades del taller (como el cambio de un troquel en una prensa), o bien de la calidad de la manufactura (como la inspección de un artículo antes de enviarlo a la siguiente estación), o mala planificación de las entregas (como desembalar la materia prima antes de iniciar). Las mejoras van desde la eliminación total del desperdicio, la combinación con otro proceso que sí agrega valor, la reducción del mismo o bien su simplificación.

Ejemplos de actividades innecesarias son:

- Aparente existencia de varios cuellos de botella en el proceso.
- Falta de especificaciones claras del cliente.
- Exceso de inspecciones o verificaciones.
- Falta de equipos con dispositivos a prueba de errores.
- Estaciones detenidas mientras se hace trabajo administrativo.
- Información excesiva (muchos documentos en el proceso que no se utilizan).

6.2.6   Esperas y búsquedas

Se refiere al tiempo perdido cuando esperamos instrucciones, documentos, materiales, herramientas, etc., o cuando para realizar una actividad tenemos que buscar algo. Esto genera retrasos en todo el proceso de agregar valor. Es el más común de todos los desperdicios en la industria y, como no puede verse, es difícil ser consciente de este. Si no somos capaces de encontrar cualquier cosa en treinta segundos o menos, es muy probable que estemos desacelerando el proceso de generar valor o estames haciendo esperar al sistema completo.

Ejemplos de esperas y búsquedas son:

- El colaborador espera que la máquina termine su ciclo de procesamiento.
- La máquina espera que el colaborador termine su ciclo.
- Tiempos de preparación para iniciar un servicio o producción.
- El colaborador espera a otro colaborador para poder empezar o terminar.
- El colaborador y la máquina esperan instrucciones, programa o materiales.
- Despreocupación por los errores o paros en los equipos.
- Paros inesperados de los equipos.

6.2.7   *Transportes de materiales y herramientas*

Son todos aquellos movimientos de materiales que no apoyan directamente al servicio o la producción. Mover los productos de un lado a otro de la planta no aporta un cambio interesante para el cliente, pero sí tiene un costo e incluso, pone en riesgo la integridad del producto. Cabe aclarar que nos referimos, en este caso, al transporte dentro de las instalaciones de la empresa, y no a la distribución del producto a los clientes o centros de distribución.

Situaciones y características que las generan:

- Exceso de equipo de movimiento de materiales en montacargas.
- Muchos metros de bandas transportadoras, rampas o tuberías.
- Demasiadas ubicaciones de almacenamiento.
- Exceso de estantes para materiales.
- Mala administración de los inventarios.
- Mal diseño y aprovechamiento de las instalaciones.
- Bajo control de los inventarios.
- Demasiado personal moviendo materiales.
- Distancias largas entre procesos y almacenes.

6.2.8   *Desperdicio de talento*

El conocimiento de las personas, experiencias valiosas que han tenido a lo largo de la vida profesional, así como la creatividad e ideas innovadoras no siempre son bien aprovechadas.

Situaciones y elementos que deben detectarse:

- Personal que no se siente apreciado.
- Inseguridad para proponer ideas nuevas.
- Pocas o nulas sugerencias de mejora por persona al año.
- Ambiente de inestabilidad y alta rotación de personas y puestos.

6.2.9   *Desperdicio de energía*

Es muy común que las empresas desperdicien energía y ni siquiera se den cuenta de ello. La energía generalmente es un fluido que se transforma en trabajo; este puede ser electricidad, gases o combustibles, entre otros.

Características del desperdicio de energía:

- Muchas fugas de aire en la planta.
- Mala instalación de las máquinas, cableados, redes, etc.

- Tierras físicas mal instaladas o ausentes.
- Mala sincronización del arranque de los equipos.
- Mala iluminación de los espacios de trabajo.
- Utilización de luz eléctrica durante días soleados.
- Excesivo gasto de gas, combustible o energía eléctrica.
- Uso indiscriminado de equipos sin que sea necesario.
- Fugas de agua que traen como consecuencia un constante bombeo.

6.2.10 Contaminación

Es muy común que las empresas, en la actualidad, con el objetivo de ser sostenibles y amigables con el ambiente, se hagan responsables mediante medidas que contribuyan al sano crecimiento de la sociedad. Sin embargo, algunas no lo hacen.

Ejemplos de contaminación:

- Generación de residuos peligrosos sin control adecuado.
- Emisiones que contaminan el aire.
- Contaminación del agua e incorrecto o nulo tratamiento.
- Emisión de polvos contaminantes.
- Generación de basura sin control.

6.2.11 Otros grandes desperdicios

6.2.11.1 Falta de liderazgo y control

Cuando no existe control debido al pobre liderazgo, se produce un desmedido desaprovechamiento de talento, recursos, etc. Es por eso que se requieren líderes que realmente sepan escuchar a sus clientes, empleados y proveedores; que conozcan los procesos y la problemática de sus empresas y, sobre todo, que aporten conocimiento, motivación y confianza.

Situaciones y elementos para detectarla:

- Personal sin definición de puestos.
- Mala selección de personal competente.
- Resultados pobres en desempeño operacional y financiero.
- Personal insatisfecho.
- Nulo conocimiento.

Causas:

- Calidad ética y profesional deficiente en los líderes de la empresa.
- Mala salud integral de los gerentes.

- Poca preparación para tomar decisiones.
- Información poco fiable para la toma de decisiones.

6.2.11.2   Mala administración financiera

La contabilidad tradicional a veces solo se utiliza para cumplir requisitos con la autoridad fiscal, gerentes y accionistas, pero a veces no reconocemos la gran importancia que tienen los indicadores financieros, administrativos y operacionales para la toma de decisiones.

Situaciones y elementos para detectarla:

- Poco conocimiento de los procesos y sus variantes.
- Sensación de que se vende más, pero se gana menos.
- Las cuentas pendientes de pago superan las cuentas pendientes de cobro.
- Información incompleta para la toma de decisiones.

6.2.11.3   Diseño limitado

Situaciones y elementos para detectarlo:

- Tiempos muy largos para diseñar productos o servicios.
- Altos costos de diseño.
- Administración pobre de proyectos, lo que genera mala comunicación.
- Demasiados cambios de producto en la fase de producción.
- Proceso muy complicado debido a un mal diseño del producto.
- Altos costos de proceso debido a un diseño pobre.

6.2.11.4   Mala comunicación

En muchas organizaciones, aunque existen diversos medios tecnológicos para mejorar la comunicación, como internet, la telefonía móvil, etc., no necesariamente se garantiza una buena comunicación, ya que se obtienen resultados basados en información incorrecta, incompleta o falsa, y en muchas ocasiones, se ha perdido el contacto directo entre las personas.

Situaciones y elementos para detectarla:

- Personal que no tiene claras sus funciones.
- Objetivos que no son conocidos por todos en la organización.
- Malas relaciones humanas.
- Incertidumbre en la toma de decisiones.
- Falta de información para la toma de decisiones.

6.2.11.5 *Políticas erróneas u obsoletas*

Esta es una de las áreas de oportunidad más grandes y menos caras en una empresa. Consiste en que las políticas de trabajo deben revisarse de forma constante antes de que se conviertan en obsoletas o en limitantes de la productividad.

Características para detectarlas:

- Decisiones basadas en políticas establecidas y no en necesidades reales.
- El personal toma decisiones y no es consciente de si realmente es lo mejor.
- Los problemas tardan demasiado tiempo en resolverse.
- El personal gerencial y no gerencial pasa demasiado tiempo en reuniones.

Causas:

- No hay una revisión fundamental de las políticas y la razón de su existencia.
- Los directivos han caído en la costumbre y la ceguera de taller.
- Falta de interés por cambiar la forma de hacer las cosas.
- Poco análisis de las mejores prácticas de la industria.

6.3 Variabilidad

Se refiere a la variación que encontramos en todos los elementos del modelo de productividad, desde los elementos de entrada, los procesos en sí mismos y como resultado, también en las salidas.

6.3.1 Mano de obra

Personal contratado sin el perfil ni el entrenamiento adecuado genera variabilidad. También la variabilidad con la que trabajan los empleados y generan servicios o productos diferentes o inconsistentes.

6.3.2 Materiales

Cuando los materiales para realizar un servicio o producto son diferentes y su inconsistencia genera productos o servicios defectuosos o que no siguen las especificaciones.

6.3.3 Métodos

Cuando la forma de hacer el trabajo es inconsistente porque no hay métodos estandarizados ni seguimiento para asegurar que no hay variación.

6.3.4 Máquinas

Se refiere a todo tipo de equipos (computadoras, equipo para realizar un servicio o producto, entre otros), cuando no trabajan de forma adecuada y generan defectos.

6.3.5 Medio ambiente

Cuando las condiciones climáticas son variables; elementos como la humedad, temperatura, o bien un ambiente laboral hostil.

6.3.6 Mediciones

Ocurre cuando el sistema de medición, compuesto por los instrumentos, las partes que se miden y las personas que realizan las mediciones, no siempre actúa de la misma forma, también cuando se calculan mediciones - indicadores con datos inconsistentes.

Cuando medimos y entendemos la variación, somos capaces de controlarla y reducirla, y para ello encontraremos, en Six Sigma principalmente, una metodología diseñada para entender qué factores aportan variación entre los elementos de entrada, los procesos mismos y sus parámetros. Con esto dominado, podremos reducir la variación en cualquier tipo de procesos, así como diseñar productos para lograr niveles de calidad muy altos.

La variabilidad es el tema central de estudio y control de metodologías estadísticas como el control estadístico de procesos o Six Sigma.

6.3.7 ¿Qué hacer para eliminar los limitantes de la productividad?

Para detectar los grandes limitantes de la productividad, es necesario hacer un análisis exhaustivo de cada uno en la empresa; para ello, debe utilizarse la guía

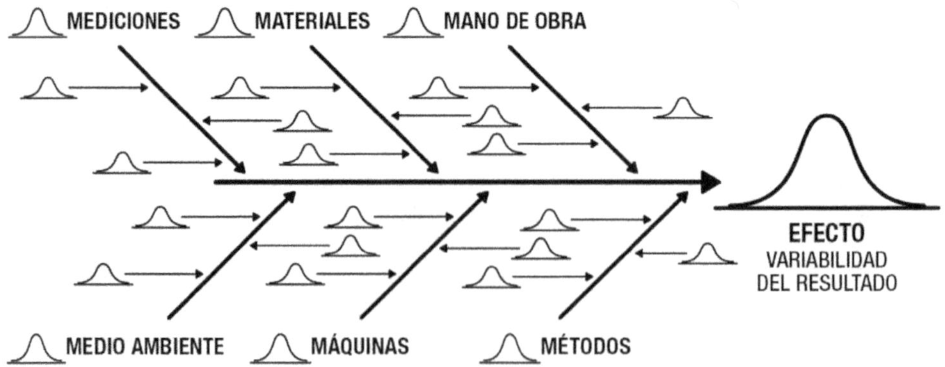

Figura 3.3

de detección de desperdicios y aplicarla para encontrar áreas de oportunidad de manera general. Esto debe hacerse visitando directamente el sitio real donde se hace el trabajo *(gemba,* de acuerdo con el vocablo japonés que significa «lugar de los hechos»).

La guía servirá para documentar los desperdicios encontrados a simple vista, en colaboración con el personal que trabaja en las áreas. Por ello será muy importante explicar a todos el análisis que se llevará a cabo.

6.3.8 *Programa de sugerencias de todo el personal*

Para que un proceso de eliminación de prácticas desperdiciadoras y el efecto de Lean Company se manifieste en la reducción de costos y sea exitoso, es necesario que todos los empleados de la organización aporten ideas de mejora en todas las áreas de la empresa y que la responsabilidad sea compartida.

Para entender mejor este concepto sería útil preguntarnos cuántas mejoras estamos proponiendo de forma individual cada año, cada mes o cada semana. Es aquí donde radica el verdadero secreto de las organizaciones que crecen más allá de los límites establecidos por las prácticas comunes de administrar empresas. Simplemente pongamos en práctica un programa de sugerencias en el que exista el reto de que cada cual aporte al menos una sugerencia de mejora al mes, durante el primer año, y dos al mes para el segundo, y así sucesivamente. Cuando multipliquemos 12 sugerencias por el número de empleados tendremos tal vez de 1 200 a 12 000 sugerencias de mejora al año; entonces verdaderamente tendremos a la vista un enorme potencial convertido en realidad.

Es importante reconocer que las mejoras no necesariamente implican gastos y que es fundamental que se basen en la creatividad y la autosatisfacción de aportar algo bueno para la empresa, lo que es más gratificante que hacer un trabajo monótono y sin retos.

Para hacerlo de forma práctica, recomendamos implantar un sistema visual en el que puedan observarse las sugerencias, mediante una tarjeta de oportunidad con

Figura 3.4

un talón que se coloque en un tablero de sugerencias como el que se muestra a continuación.

En este ejemplo se observa un tablero de resultados que puede contar con secciones para calidad, costo, entrega y actividades relacionadas con el personal. Además, hay un espacio para pegar las tarjetas de oportunidad recibidas y otro para las que han sido aceptadas.

Capítulo 4
Compañías tradicionales

Para entender qué es una empresa Lean, es preciso, primero, saber cómo funciona en general una empresa tradicional y entonces veremos las diferencias que las definen.

Aunque vivimos una etapa de gran avance tecnológico y los sistemas de información han avanzado como nunca, también es cierto que la evolución de las empresas no avanza al mismo ritmo, se han estancado intentando mantener lo que se conoce y ha sido generalmente aceptado, pero muy pocas están visualizando y creando un nuevo futuro.

Imagine que sentamos a un grupo de directivos de una empresa tradicional en una misma mesa y les pedimos que contesten las siguientes preguntas y escriban las respuestas en un papel sin mostrarlas a los demás:

- ¿Cuál es la demanda real de sus productos o servicios?
- ¿Cuál es la capacidad de la empresa?
- ¿Dónde está el cuello de botella principal?
- ¿Estamos ganando o perdiendo?
- ¿Qué nivel de calidad perciben nuestros clientes?

¿Cuántas respuestas cree que serían iguales en cada una de las preguntas? Hasta ahora no hemos encontrado una sola empresa en la que todos los directivos contesten lo mismo.

Esta reflexión nos permite pensar que las compañías deberían hacer algo diferente para lograr que todos los colaboradores sepan lo mismo y piensen en soluciones comunes.

Lo cierto es que los directivos de las empresas, sin excepción, consideran que la mejora es indispensable y que si no lo hacen correrán el riesgo de volverse poco competitivos en poco tiempo.

Muchas compañías tradicionales piensan que son ágiles porque simplemente están haciendo cambios o implementando herramientas modernas, pero si el ritmo al que mejoran no supera al de su competencia, el riesgo es alto.

1   ¿Cómo funcionan los procesos tradicionales?

1.1   Dirección y toma de decisiones

En las empresas tradicionales, generalmente, la dirección resuelve una gran cantidad de problemas y toma decisiones en las diferentes áreas de la empresa, y no necesariamente las más importantes, lo que reduce de forma significativa el tiempo que tienen para hacer planes, analizarlos y supervisar su ejecución. Es por ello que el crecimiento de las empresas a veces es muy limitado y lento.

1.2   Planes de negocio

La práctica de hacer planes de negocio, en las empresas tradicionales, se utiliza solamente como requisito para trámites bancarios, de gobierno o concursos, pero no se realiza de manera formal; primero por la complejidad y el tiempo que esto requiere y después porque, generalmente, no hay mayor impacto en tener un plan de negocio que casi siempre queda guardado en el archivo.

1.3   Planes estratégicos

La planificación estratégica ha pasado de ser una moda a convertirse en una actividad olvidada, poco desarrollada y poco entendida por los miembros de la organización. Cuando preguntamos a cualquier directivo de alto nivel o de gerencia acerca de los objetivos de la empresa, las estrategias y los proyectos, normalmente no saben cuáles son o solo conocen los que corresponden a sus áreas de autoridad.

1.4   Seguimiento de proyectos

De la planificación estratégica se derivan muchos proyectos que deberían estar alineados con estrategias específicas del plan de negocios pero, en realidad, las empresas tradicionales simplemente tienen muchos proyectos, que generalmente no están alineados con la estrategia y que además no cuentan con un seguimiento formal de administración de proyectos que lleve a entender cómo es el avance en las actividades, los resultados, los costos y, sobre todo, los beneficios.

1.5   Juntas o reuniones

Las empresas tradicionales sufren un exceso de reuniones. Demasiado tiempo dedicado a encuentros que, en muchos casos, se convocan porque alguien no hizo correctamente su trabajo y porque hay que estar seguros de que todos están entendiendo lo mismo. También suelen convocarse para tomar pocas decisiones y exponer temas interminables que no necesariamente conllevan acciones concretas o compromisos definidos.

1.6   Mediciones

Las compañías tradicionales han establecido gran cantidad de indicadores y metas, sin distinguir cuáles son los que realmente importan. Por ejemplo, aquellos que presumen de haber logrado un 0,5 % de defectuosos, como si eso fuera mínimo, pero pocos entienden cuánto dinero cuesta cada punto porcentual y entonces, aunque parece nimio, puede ser que ese porcentaje tenga un equivalente de un millón de dólares ¡en un año!

También vemos empresas más preocupadas por incrementar la eficiencia sin conocer el impacto en el inventario, en las ventas o en los costos. Hemos encontrado que aumentar la eficiencia no siempre es bueno, especialmente si lo hacemos para producir más cuando no tenemos al cliente que compre lo que producimos.

Las frecuencias de medición de las compañías tradicionales son generalmente mensuales, trimestrales, semestrales y anuales, lo que da un poder limitado al análisis y la toma de decisiones. Una empresa con indicadores mensuales solo tiene 12 oportunidades de tomar decisiones al año. Quizás en el momento de analizar los resultados se enfrente a una autopsia más que a un resultado, porque ya es demasiado tarde para salvar el indicador o incluso hasta la empresa.

Generalmente, las mediciones están divididas por departamentos, es decir, se están midiendo personas y departamentos, y no procesos o empresas.

Las compañías tradicionales no tienen un balance en sus mediciones para entender, en un solo juego de números, sencillos y claros, cómo es el nivel de demanda, qué capacidad tienen, cuánto ganan y cuánto invierten para saber si están logrando el objetivo de negocio.

1.7   Estructuras organizacionales

Las compañías tradicionales cuentan con estructuras organizacionales complejas, compuestas por muchos departamentos, niveles organizacionales, múltiples puestos y mucha burocracia. En algunos casos, parece que la competencia está entre departamentos, más que con las empresas de la competencia.

La estructura organizacional es un elemento clave y determinante para que una empresa pueda llamarse Lean. Desde hace años, algunas de ellas han iniciado la implementación de herramientas y metodologías, capacitando a sus ingenieros y técnicos en los métodos Lean, pero sus esfuerzos estarán limitados siempre que mantengan una organización por departamentos.

Existe mucha responsabilidad con poca autoridad. Las estructuras organizacionales de empresas tradicionales están más preocupadas por cumplir con los jefes que por conseguir resultados de negocios y, por lo tanto, tanta burocracia afecta los resultados y la entrega de valor real a los clientes.

1.8   Desarrollo de talento

Gran parte de los problemas y errores de una compañía tradicional es causado por la falta de preparación, entrenamiento formal y seguimiento de las funciones, porque hay tantas urgencias y ausencia de planes formales y estructurados de formación, que parece que, para lograr resultados pronto, debemos exprimir al máximo las cualidades de las personas, aun sin haberlos preparado de forma adecuada.

Las empresas tradicionales limitan el funcionamiento ágil de los procesos, ya que encontramos muchos jefes y pocos maestros; es decir, mucha capacidad de mandar y poco tiempo dedicado a la formación.

También encontramos que cuando alguna persona está empezando a dominar su función, ya la promueven a otro puesto, sin que esta forme adecuadamente a quien tomará su lugar ni se prepare para su nueva responsabilidad.

1.9   Diseño e ingeniería

En las empresas tradicionales que diseñan nuevos productos o servicios encontramos que la comunicación entre mercadotecnia, diseño, manufactura y servicio es muy limitada, y por ello tardan mucho tiempo en lanzar nuevos productos al mercado; muy pocas miden el tiempo de lanzamiento al mercado *(time to market)* de sus productos.

Como no existe trabajo colaborativo, cuando los productos o servicios llegan a manufactura o al cliente generalmente tienen que hacerse cambios por falta de comunicación e integración entre diseño, logística, manufactura y calidad. Esto hace que el lanzamiento de dichos productos o servicios sea muy caro.

También existe una gestión de proyectos pobre, ya que, en muchos casos, los desarrolladores no cuentan con métodos ni herramientas de administración de proyectos; tampoco hay seguimiento formal de las actividades de la ruta crítica para evitar retrasos y variaciones en costos.

La ausencia de metodologías formales de diseño también es una desventaja, ya que las empresas tradicionales confían en la experiencia de sus desarrolladores y en los mecanismos de prueba y error para determinar la mejor combinación de factores de diseño, pero normalmente no utilizan métodos estadísticos de experimentación ni de creatividad.

Las áreas de desarrollo de nuevos productos, producción y calidad, hasta las de soporte, tienen que mejorar de forma constante, pero no siempre existen personas con suficiente pasión para conocer todos los procesos del negocio. Parece que la ingeniería solo es aplicable a la manufactura, pero ¿quién está creando mejores métodos en el cobro, en las ventas, con los proveedores, con los clientes, en las áreas administrativas y de servicios?

1.10 Comercialización

- **Marketing**

  La mercadotecnia tradicional sigue soportando su desarrollo en los 4 elementos básicos llamados las 4 P: producto, plaza, precio y promoción. La realidad es que, aunque se trabaja en la definición de precio, generalmente la mercadotecnia no conoce los costos reales de los productos, por lo que a veces resulta decepcionante el lanzamiento de productos cuyos costos superan el precio, o la rentabilidad real es muy diferente de la rentabilidad planeada.

  La relación de la mercadotecnia con los departamentos de diseño y desarrollo de nuevos productos es limitada, y el resultado es que los productos que el mercado necesitaba no son los que se lanzan al mercado, y también que las estrategias de marketing no necesariamente están ligadas con las ganancias esperadas; además, las necesidades del mercado no siempre se traducen a estrategias de producto, de procesos, de desarrollo de marca o de ventas.

  Durante muchos años, la mercadotecnia ha realizado o coordinado encuestas de mercado, pero no siempre se ha logrado conectar la información recopilada en esas encuestas sobre la voz del cliente con las estrategias de diseño, mercadotecnia y ventas. Este trabajo de análisis de tendencias y números ha requerido mucho tiempo; sin embargo, en muchos casos, vemos que esos esfuerzos no necesariamente se traducen en estrategias o campañas de mercadotecnia.

- **Ventas**

  Normalmente, la empresa solicita a sus vendedores que vendan como más mejor, que establezcan sus objetivos, los cuales no necesariamente son realistas o están alineados con la capacidad de la compañía para cumplirlos.

  El objetivo de las empresas tradicionales parece ser conseguir pedidos, y la forma de premiar a los vendedores es con una comisión sobre las ventas, sin importar si estas generaron ganancias o si la compañía realmente podía cumplir con las promesas que los vendedores les hicieron a sus clientes; por lo tanto, la relación de ventas con el resto de la compañía es de cierto aislamiento y culpabilidad, porque los vendedores dicen que no son capaces de lograr sus objetivos debido a que producción no cumple con su cometido.

  En las empresas tradicionales, la fuerza de venta está poco entrenada para cumplir las necesidades de los clientes y, además, carece de la responsabilidad de cobrar, porque de esta actividad se encarga otro departamento. Muchas veces, los vendedores ganan sus comisiones aunque la empresa no haya cobrado.

  Cuando el cliente hace un cambio en los pedidos, generalmente los representantes de ventas deben pedir que se detenga todo lo que se había programado y se tengan en cuenta los movimientos que el cliente pide; si no, correrán el riesgo de perderlo. Lo cierto es que los clientes no siempre piden a los vendedores lo que realmente necesitan, sino las cantidades que ellos consideran, debido a la falta de confianza que existe hacia la empresa respecto del cumplimiento en los compromisos de entrega.

1.11   Logística

- **Planificación**

  Generalmente, el área de planificación y programación recibe la información del mercado por medio de ventas y mercadotecnia para hacer la planificación a largo plazo, y la información de los pedidos y de los pronósticos a medio plazo para hacer la programación de la producción o de la realización del servicio.

  Cuando las empresas fabricaban productos o servicios en grandes cantidades, el proceso de planificación era relativamente sencillo, pero ahora la forma de comprar por parte de los clientes ha cambiado. Ahora necesitan variedad de bienes y servicios y para ello, requieren menores cantidades, lo que hace mucho más complejo el proceso de planificación.

  Cuando analizamos un programa de producción que se emitió al inicio de la semana con otro al final de esta, y cuando analizamos también la planificación de recursos a largo plazo (máquinas, personal, materiales, etc.) tampoco se parecen en nada. Lo que indica que los modelos de planificación y programación ya no pueden ser aceptados tal como lo eran en el pasado.

- **Compras**

  Los departamentos de compras tradicionales, a partir de la planificación comercial y de la planificación de recursos, realizan negociaciones con proveedores para elegir a los mejores en precio, calidad y tiempo de entrega, y dan seguimiento a las compras para asegurar que los recursos se obtienen como se planificó.

  Para realizar la planificación de compras, generalmente se envía un pronóstico de estas a los proveedores que, con esta información, planifican sus recursos y desarrollan sus programas de producción o servicio.

  En las empresas tradicionales, los compradores intentan negociar los mejores precios; y los proveedores, vender grandes cantidades, aunque posiblemente esto genere inventarios que nunca serán utilizados. Así, los precios que se obtuvieron en su momento por los materiales se convierten en altos costos por la obsolescencia.

- **Almacenes**

  Los almacenes son departamentos que algunas veces están aislados de compras, planificación o envíos, y cuando están integrados con alguna de estas funciones, son parte del departamento de logística.

  La función de los almacenes es cuidar la integridad, la calidad y la cantidad de los materiales mientras están almacenados, y para ello generalmente utilizan sistemas de información que requieren introducir las entradas, las salidas y conservar un nivel aceptable de precisión para ser fiables.

  Los almacenes tradicionales tienen responsabilidades compartidas con el departamento de calidad. Este departamento recibe los materiales para ser evaluados y autoriza que se almacenen cuando cumplen las especificaciones. Una vez liberados, dichos materiales se cuentan, registran y guardan en las ubicaciones correspondientes.

  Posteriormente, cuando los materiales se necesitan, llega una orden autorizada y firmada para hacer la salida y entregar los materiales a producción o a las áreas de servicio que los necesitan. Todo esto, tradicional en muchas ocasiones, puede estar deteniendo todo el proceso de producción o de la prestación de un servicio.

  Cuando los productos están listos, se realizan entradas al almacén de productos terminados y previos a revisión, conteo y recaptura. Entonces se guardan en los lugares definidos del almacén, listos para enviarse al cliente cuando lo requiera.

- **Entregas**

  Cuando el cliente hace un pedido, los productos deben prepararse para enviarse y para ello, generalmente, se generan órdenes de entrega. Estos, en muchos casos, tardan mucho tiempo en prepararse, como consecuencia de todas las áreas por las que tienen que pasar, como ventas, logística, almacén, finanzas, etc. Los responsables de todas esas funciones casi siempre pertenecen a departamentos diferentes, y se inicia la burocracia con el simple hecho de preparar y enviar aquello que los clientes necesitan. En algunos casos hemos visto que este proceso es más lento que la fabricación, porque suelen surgir errores y malentendidos; resulta increíble pensar que, teniendo los productos listos para el envío, estos procesos lleven a veces más de una semana.

  Cuando las funciones de planificación, compras, almacenes y entregas están descoordinadas, es muy probable que estemos comprando materiales innecesarios o que los tengamos en el almacén, pero nadie los encuentre; incluso, que tengamos que preparar un pedido pero el transporte no pueda irse porque hace falta un solo producto que está en proceso. En las empresas tradicionales vemos una gran oportunidad de mejorar todo el sistema de preparación de materiales e información, reorganizando simplemente las funciones, estableciendo una organización por cadenas de valor y utilizando algunas herramientas muy sencillas, pero, a su vez, muy poderosas para mejorar la comunicación; definir cuándo comprar o producir, y conseguir entregar los pedidos a tiempo.

1.12   Manufactura y servicios

Generalmente, en las empresas tradicionales el área de producción y el área de servicio actúan de acuerdo con un programa definido por planificación, que debe ser cumplido a tiempo, con la calidad y el costo adecuados. Lo cierto es que las cualidades de dicho producto o servicio no siempre son medidas por estas mismas áreas, ya que si preguntamos a cualquier persona de este departamento si estamos ganando o perdiendo dinero con lo que acaba de producirse, casi siempre nos piden que le preguntemos a finanzas; o si queremos saber si el cliente lo recibe en el tiempo acordado, nos dicen que le preguntemos al área de entregas. Lo mismo ocurre, por ejemplo, con la calidad.

Es muy común que producción o servicio tenga una visión limitada del negocio; es decir, que reduzca su trabajo a resolver las situaciones internas del departamento y no necesariamente a entender que lo que hace cumple una finalidad clave: generar valor para el cliente y para el negocio, ya que es aquí donde generalmente se encuentra lo que mercadotecnia y ventas prometieron.

Comportamientos: cuando medimos la eficiencia, las personas de producción o de servicio se centran simplemente en producir la mayor cantidad posible sin importarles necesariamente que ese bien se venda o no, o si hubo que almacenarlo, destruirlo o sacrificar su costo debido a que no había clientes para él.

Los indicadores locales han hecho que las personas que producen el bien o servicio no estén necesariamente interesadas en que el cliente reciba lo que necesita, cuando lo espera y al precio adecuado. En pocas palabras, producción o servicio solo se limita a cumplir su parte del proceso total, y generalmente se queja de la complejidad de producir o realizar, también de que la programación cambia demasiado y ventas hace excesivos compromisos, muchas veces imposibles de cumplir. También se queja de que calidad no acepta productos o servicios que posiblemente el cliente sí aceptaría.

1.13 Administración y contabilidad

En las empresas tradicionales, las finanzas se conciben como un equipo de personas que llevan la contabilidad y los estados financieros, así como el sistema de costos de la empresa, la facturación, las cuentas pendientes de pago y cobro, la gestión del crédito, etc. Pero los sistemas de mejora han tocado estas áreas en muy pocas ocasiones por considerarse que no son de producción. Entonces, cuando analizamos los procesos que desarrollan, vemos que la mayor evolución en los últimos cincuenta años ha sido que ahora utilizan computadoras y *software* moderno, pero los procesos siguen siendo muy similares.

En las empresas tradicionales existe poco entendimiento entre los resultados financieros y los procesos productivos o de servicio. Cuando preguntamos a finanzas cómo es el desempeño de estos departamentos, generalmente lo explican con el resultado final del estado de pérdidas o ganancias, pero en muy pocos casos, finanzas entiende las relaciones de productividad, tiempo de ciclo de los procesos y calidad en relación con el cumplimiento de las metas financieras; lo mismo pasa cuando a producción o servicio le preguntamos cómo son los resultados en generación de dinero; la respuesta es que eso lo debe saber finanzas.

En general, encontramos demasiados datos, pero poco entendimiento de si estamos ganando, perdiendo y dónde. Información limitada para tomar decisiones, ya que, en la mayoría de los casos, la información contable solo persigue objetivos fiscales. No hay interrelación coherente entre los resultados operativos y los financieros para tomar decisiones acertadas.

En Lean Accounting aprenderemos cómo la mayoría de los procesos contables pueden ser mejorados utilizando una metodología y herramientas para conseguir resultados realmente impactantes y, sobre todo, un claro entendimiento para toda la cadena de valor de lo que se logra en la empresa en términos de resultados.

1.14   Calidad

Calidad es un atributo que todos los productos o servicio deberían tener, pero las empresas tradicionales lo identifican también con el nombre de un departamento; cuando hay un problema con el cliente, son los primeros a los que llaman. Sin embargo, el departamento de calidad solo puede darnos información del error, de qué tipo es y toda la estadística que utilizaron para encontrar los problemas generados de forma interna. Otra manera de decirlo es que entregan la autopsia de un hecho y no necesariamente la información de algo que puede prevenirse.

Los departamentos tradicionales de calidad instruyen a un grupo de inspectores para encontrar defectos que otros departamentos han ocasionado en los productos o servicios, y para administrar complejos sistemas de calidad. Con ello, llevan el control de las acciones correctivas principalmente, muy pocas preventivas y algunas acciones de mejora aisladas.

No siempre el personal de calidad puede entender la verdadera causa de los problemas o no participa en equipo junto con otras áreas para entender los problemas, requisitos de los clientes, diseño, etc., para hacer un esquema de calidad integral.

Las empresas tradicionales solo se refieren a la calidad de los productos o los servicios, pero generalmente no miden la calidad de los procesos clave del negocio. ¿Qué tal la calidad de facturar, cobrar u obtener el estado de resultados?, ¿o la calidad de las personas que trabajan en la empresa?

1.15   Mantenimiento

En las empresas tradicionales, el mantenimiento es a veces una actividad olvidada o a la que se le otorga poca importancia; así, vemos instalaciones con muchos riesgos, máquinas a las que solo se les da mantenimiento cuando fallan (mantenimiento correctivo), muy pobre documentación de los equipos, instalaciones mal hechas que tienen pérdidas y fugas, etc.

Aunque en los últimos años ha habido muchos avances en mantenimiento y esta función ha cobrado importancia, son muy pocas las empresas que tienen bien establecidos sus programas de mantenimiento autónomo, preventivo y predictivo, y dedican recursos a estas importantes funciones.

También es cierto que las responsabilidades del cuidado de los equipos que utilizamos se le han dado a un departamento y muy poco a las personas que los utilizan.

Incluso se piensa que mantenimiento solo es una función importante para empresas de fabricación o máquinas de producción, pero poco interés se ha puesto en los edificios, las computadoras que cada cual usa, los vehículos, etc.

Una compañía que en la actualidad le falle al cliente porque alguno de los equipos, instalaciones o vehículos no funcione, corre mucho riesgo de que sus competidores la superen.

1.16   Sistemas de información

En las empresas tradicionales no hay un entendimiento claro de la importancia y funciones del área de sistemas.

En algunos casos se visualiza como el departamento en el que arreglan los equipos cuando estos fallan, instalan y programan *software* para la compañía, dan soporte a usuarios, hacen funcionar los teléfonos y conmutadores, etc. Lo cierto es que hay confusión acerca de sus responsabilidades y alcance.

En algunos casos, todas estas funciones se han subcontratado porque no son el objetivo principal del negocio, pero no es perceptible cuál es la verdadera función de este departamento y cómo debería estar organizado con la finalidad de crear valor para el cliente interno y, en consecuencia, para el cliente externo.

Hemos observado, en muchas compañías, que los sistemas computacionales de las empresas contienen muchos datos y poca información. Se han gastado fortunas comprando sistemas de información, servidores y equipo de telecomunicaciones, pero no significa que exista mejor comunicación o que esos sistemas se usen de forma adecuada. Hay muchos datos que no están siendo utilizados para tomar las mejores decisiones y, en diversos casos, se siguen bajando esos datos para procesarse en hojas de cálculo y procesadores de textos que no necesariamente otorgan la funcionalidad para la que fueron desarrollados.

Capítulo 5

¿Qué es y cómo se desarrolla Lean Company?

1   ¿Qué es Lean Company?

Es una filosofía de trabajo para lograr el máximo potencial de las empresas y las personas que ahí trabajan. Un sistema que desarrolla equipos de personas altamente competentes en toda la compañía, capaces de desarrollar procesos que generen alto valor para el cliente al menor costo y, por consiguiente, lograr la máxima capacidad de ganancia y rentabilidad de manera sostenida.

Es una forma de pensar y actuar que requiere personas exigentes para dominar los procesos que producirán los resultados correctos para los empleados, clientes y propietarios. Es una forma de vida que no permite ni tiene espacio para el conformismo, que requiere lo mejor de cada cual para funcionar y un alto compromiso de todos sus miembros. Es un sistema que se construye con mucho esfuerzo y que se mantiene por el orgullo de ser siempre los mejores, teniendo en cuenta que nuestro trabajo es lo que permite el desarrollo de nuestras familias y nuestra nación.

Lean Company le proporciona un sistema de gestión que enfoca los esfuerzos de los equipos de todos los niveles en los que es necesario. Así, la entrega de valor hacia el cliente nunca se detiene, lo que logra integrar todas las áreas de la empresa en un solo enfoque de prioridades.

Lean Company es como hacer que todos los integrantes de una orquesta sinfónica toquen al unísono y armoniosamente una partitura, creando música de alto nivel.

El reto de las empresas será enseñar a todos a tocar en conjunto; para ello, se requiere crear una estructura que logre, de manera natural, la integración necesaria, mediante un juego de partituras que en este caso llamaremos *box score*. Así, los resultados marcan el ritmo al que debemos trabajar y las prioridades del mercado dictan el compás del trabajo colaborativo.

2 ¿Quiénes están implementando Lean Company?

«Lean Company es la forma en la que las empresas debieron haber sido siempre, y ahora, gracias al conocimiento y experiencia acumulada, todos lo tienen a su alcance.»

Lean Company puede implementarse en empresas y organizaciones de servicios y manufactura de cualquier tamaño y nivel de madurez.

- **Servicios**
  Tres de cada cuatro tareas que se realizan son servicios. En este campo, Lean Six Sigma está ayudando no solo a realizar mejores servicios, sino también a crear experiencias de vida en los clientes, mejorando significativamente el costo, la calidad y la velocidad con la que dichos servicios se llevan a cabo. De hecho, en las empresas de manufactura, gran parte de los trabajos que se realizan se consideran servicios internos (mantenimiento, contabilidad, pago de nómina, etc.).

  Ejemplos de empresas de servicio que deben implementar Lean Company: hoteles, hospitales, restaurantes, administración pública, aeropuertos, aseguradoras, comercializadoras, clínicas, autoservicios, talleres automovilísticos, transportistas, universidades, logística, mensajería, bancos, servicios profesionales, etc.

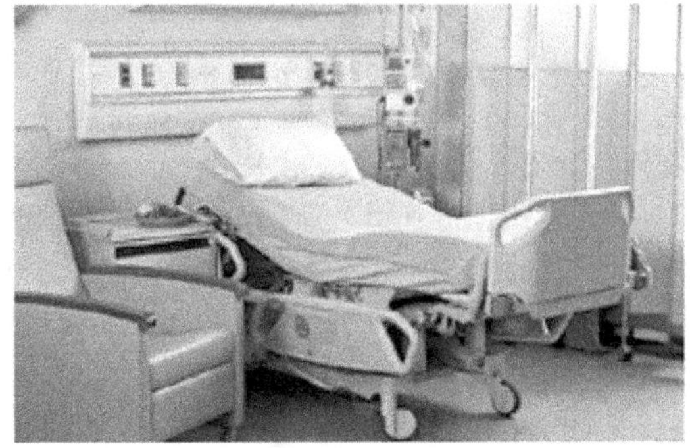

- **Manufactura**

  Las empresas de manufactura están cambiando totalmente su forma de organizar y entrenar a su personal, el diseño de las plantas y la manera en la que producen, integrando en las cadenas de valor a todo un equipo de personas de diferentes especialidades e implementando herramientas de flujo continuo, secuenciación de la producción, mecanismos a prueba de errores, etc. Todo esto para lograr entregar más rápido, con mucha mejor calidad y menores costos, lo que permite aumentar los beneficios.

  Ejemplos de empresas de manufactura que deben implementar Lean Company: medicamentos, alimentos, bebidas, plásticos, minería, constructoras, partes de automóvil, maquinaria, equipo médico, electrónicas, muebles, electrodomésticos, aeroespacial, fundición, material para decoración, textil, envases, material de construcción, etc.

- **En la propia persona**

  Con la finalidad de conseguir mayor satisfacción personal, muchas de las herramientas de Lean Company son aplicables a la vida de las personas, desde su estrategia personal hasta la eliminación de todos los desperdicios que existen alrededor de la vida cotidiana.

3 ¿Cómo se desarrolla Lean Company?

> *«Los negocios ahora tienen dos funciones:*
> *mercadotecnia e innovación.»*
>
> PETER DRUCKER

Todas las empresas y organizaciones, desde su creación, se diseñan, definen su forma de medición, implementan sus sistemas de trabajo, miden y analizan su desempeño y empiezan a solucionar problemas, en lo que llamamos ciclos de mejora y ciclos de adecuación para el control.

En la figura vemos que una empresa en desarrollo es aquella que realiza constantemente ciclos de adecuación para el control y resuelve problemas, además de aplicar acciones preventivas. Las empresas fiables no solo hacen ciclos de adecuación, sino que comienzan con ciclos de mejora e innovación.

Las empresas fiables utilizan las mejores prácticas existentes para llevar a cabo los ciclos de adecuación y los ciclos de mejora. Una Lean Company es aquella en la que consistentemente se realizan mejoras e innovación, así como ciclos de adecuación.

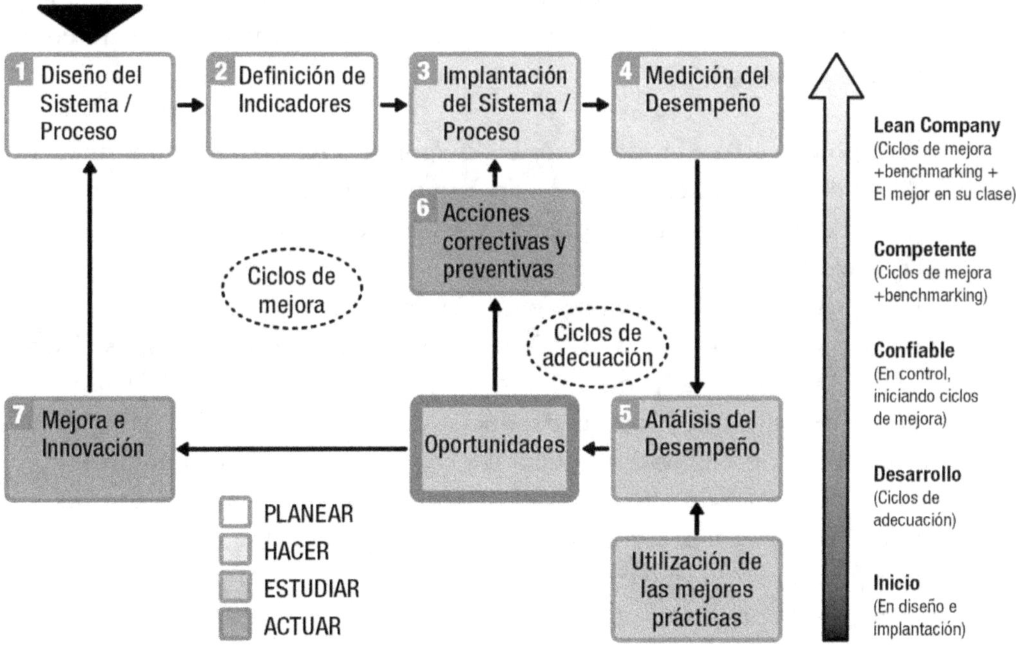

Figura 5.1

Para ello utiliza las mejores herramientas disponibles, aplicándolas en toda la organización, no solo en manufactura o en el servicio que realiza.

La correcta implementación de Lean Company puede lograr que una empresa que antes requería de diez a veinte años para ser competente y fiable, ahora lo haga en solo tres o cuatro años.

4   Planificar

4.1   Diseño del sistema y los procesos

Lean Company inicia con el diseño de la estrategia, la estructura organizacional y el sistema de desarrollo de talento.

- **Estrategia.** Es útil para tener claro el destino y el camino que debe seguir la empresa para lograr las metas con los clientes, accionistas, empleados y la sociedad.
- **Estructura.** El diseño de la estructura organizacional es crítico para que las empresas logren moverse más rápido que su competencia, alrededor del valor creado para sus clientes. La estructura que requiere Lean Company es muy sencilla y ligera, ya que la responsabilidad no recae en personas, sino en los siguientes equipos:

  - **Equipo directivo:** formado por el director general y los gerentes de las cadenas de valor, quienes tienen como responsabilidad generar la estrategia, darla a conocer, definir los objetivos y medirlos continuamente para tomar las decisiones de toda la compañía.
  - **Equipos de cadena de valor:** son todas las personas asignadas a los procesos que generan valor para el cliente; es decir, el personal de ventas, diseño, ingeniería, logística, producción o servicio, calidad, mantenimiento, etc., que se necesita para llevar un producto, desde que es material hasta las manos del cliente. Se pretende que trabajen y sean evaluados como un equipo, no como departamentos separados. El líder de la cadena de valor tiene la responsabilidad y la autoridad, de principio a fin, sobre todos los procesos que componen su cadena.
  - **Equipos de procesos:** cada cadena de valor puede tener uno o varios equipos de procesos (ventas, planificación, producción, servicio, etc.), que deben contribuir al resultado. Cada uno de estos equipos desarrolla su trabajo

diario buscando que el flujo de generación de valor nunca se detenga y fluya de acuerdo con el ritmo que el cliente requiere; por ello, estos equipos serán responsables de que todas las condiciones del proceso se cumplan. Algunos equipos de procesos dan servicio a más de una cadena de valor. Por ejemplo, contabilidad lo hace para la generación del estado de pérdidas y ganancias de toda la compañía.

- **Equipo implementador de mejoras:** son equipos de expertos en la utilización de las herramientas de mejora y también en los procesos de la empresa. Se dedican a implementar mejoras o solucionar problemas complejos que no puede arreglar el personal de las cadenas de valor, como consecuencia de la falta de tiempo. Este es un requerimiento muy importante en la transformación Lean, ya que si la empresa no cuenta con personal dedicado y altamente efectivo, las mejoras y la solución de problemas complejos seguirán siendo solo buenas intenciones.

- **Desarrollo de talento.** La manera en la que las personas deben ser contratadas, desarrolladas y evaluadas determina en gran medida el buen funcionamiento de todo el sistema, ya que todo en una empresa funciona gracias a las personas y su talento.
- **Procesos de la cadena de valor.** Lean Company funciona si los procesos que componen la cadena de valor tienen el mismo enfoque y liderazgo. La prioridad de todos, como un solo equipo, será eliminar todo tipo de desperdicio, sobrecarga y variabilidad, y para ello, en cada uno se diseñarán nuevas formas de realizar el trabajo centrándose en la cadena de valor. Los procesos a considerar son:

  - **Diseño de producto:** se diseñan los procesos de desarrollo e investigación para eliminar desperdicios y se utilizan herramientas estadísticas y de creatividad para acelerar el lanzamiento al mercado, introducir eficientemente el producto a manufacturar, obtener el costo objetivo y desarrollar productos con mejor calidad y al gusto del cliente.[1]
  - **Comercialización:** se diseñan los procesos de mercadotecnia y ventas centrando los esfuerzos en desarrollar el mercado cuando tenemos la capacidad disponible y necesitamos aumentar las ventas, reducir los costos y desarro-

---

[1] Nota del revisor técnico. Se utilizan modelos de simulación para obtener un producto fácil de manufacturar desde su inicio.

llar clientes más comprometidos con la marca. Esto es, haciendo énfasis en la satisfacción y creación de valor.

- **Logística:** las funciones de planificación, compras, almacenes y envíos se diseñan para eliminar cualquier tipo de desperdicio y eslabonar la cadena de suministro con proveedores y clientes. Es decir, haciendo fluir los procesos al tener los materiales e información disponible para agregar valor al cliente.

- **Manufactura:** el diseño y desarrollo de las operaciones se realizan utilizando células de manufactura y equipos autodirigidos con personas de diferentes procesos, que hacen fluir el material y producto sin interrupciones y con la mejor calidad para entregar el máximo valor al cliente y al costo objetivo.

- **Servicio:** en empresas de servicio se diseñan equipos que trabajan en un flujo continuo (sin interrupciones) y con personal multihabilidades para responder en el menor tiempo, creando una verdadera experiencia de satisfacción para los clientes.

- **Contabilidad:** en una compañía Lean el flujo del proceso y el flujo del dinero están completamente interconectados. Debe diseñarse un proceso contable y financiero para tomar las mejores decisiones en cada cadena de valor y en la empresa, lo que llevará a procesos de cobros, pagos, presupuestos, presentación de resultados, etc., más ágiles y efectivos dentro de un mismo enfoque de valor.

- **Calidad:** el proceso se diseña para que la calidad se construya en los procesos que agregan valor al cliente, no necesariamente en un departamento de la empresa. Se desarrollan sistemas de calidad unificando todos los elementos de cada proceso de la cadena de valor.

- **Administración del mantenimiento:** la entrega de valor nunca debe detenerse, aunque algún equipo, instalación o sistema no funcione. El mantenimiento se vuelve crítico y deja de ser un proceso olvidado en las empresas; prácticamente todo requiere un mantenimiento productivo con enfoque integral.

- **Sistemas de información:** estamos pasando de la era de la información a la de la toma de decisiones y el análisis; ya no es tan importante tener muchos datos, sino usarlos de forma adecuada y mantener los sistemas de comunicación, *software* y *hardware* trabajando para unir los elementos del sistema en un flujo de información sin interrupciones. Así, lograremos una ventaja competitiva.

4.2 Definición de indicadores

En el diseño de cómo medimos la organización está uno de los grandes secretos de su funcionamiento, ya que de ello depende el comportamiento de quienes todos los días toman decisiones, con la ayuda (y la ausencia) de los indicadores.

En las compañías tradicionales, al medir resultados globales o departamentales en intervalos mensuales, se corre el riesgo de observar una autopsia, algo en lo que ya no puede hacerse nada. Lean Company es un concepto que mide y analiza a corto plazo, y permite que los diferentes equipos tomen decisiones, a ser posible antes del tiempo real, para aumentar de forma considerable la posibilidad de éxito.

En capítulos posteriores, le mostraremos cómo se desarrollan los indicadores a partir del plan estratégico de la compañía y cómo dichos indicadores se despliegan hacia las cadenas de valor y de ahí hacia los procesos que forman cada una de estas.

Los indicadores de las cadenas de valor son una especie de palancas que mueven los indicadores de la compañía para que resulte muy sencillo identificar si cuando agregamos valor también la compañía logra acercarse a su meta y a su destino a largo plazo.

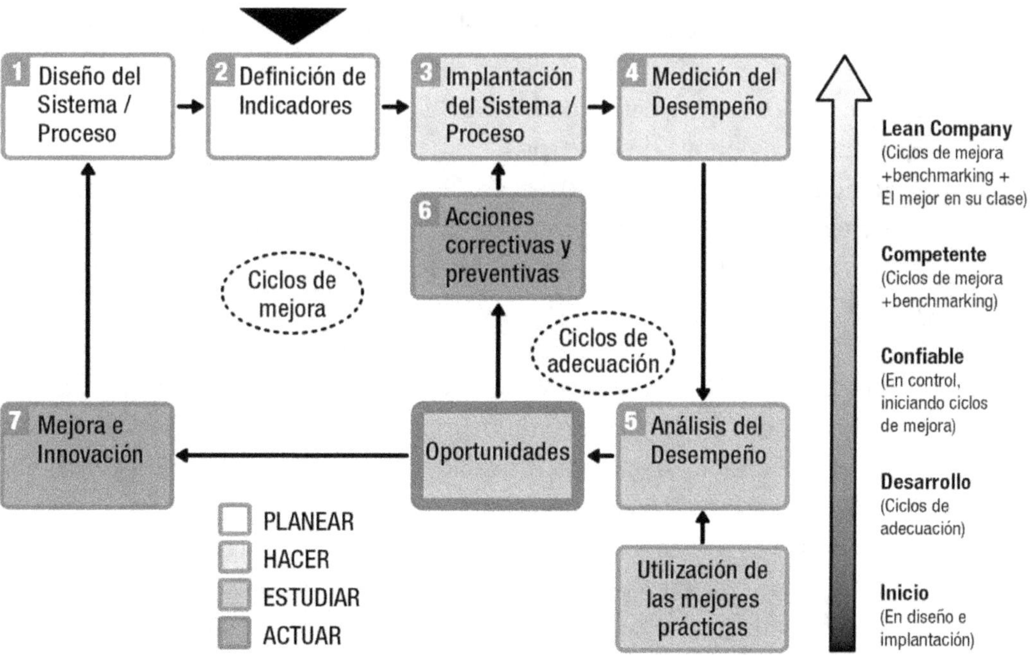

Figura 5.2

Para los resultados globales de la compañía se definen indicadores clave en las siguientes clasificaciones, que deben evaluarse de forma mensual:

- **Financieros:** valor agregado económico (EVA), retorno sobre las inversiones (ROI), retorno sobre los bienes (ROA), valor de los pedidos por entregar *(backlog),* rendimiento *(throughput),* flujo de efectivo.
- **Comerciales**: ventas, participación de mercado, beneficios, nivel de recomendabilidad del cliente (NPS).
- **Procesos**: calidad, costo, entrega, productividad, eficiencia.
- **Personas:** satisfacción, conocimientos, rotación.

Los indicadores para las cadenas de valor permiten conocer de manera muy sencilla los resultados de todo un proceso, de acuerdo con la familia de productos o servicios a los que pertenece, ya que una empresa tiene tantas cadenas de valor como familias de productos o servicios.

Para las cadenas de valor se recomienda medir semanalmente:

- **Calidad:** defectos por millón de oportunidades, calidad a la primera, nivel sigma.
- **Costo:** costo de calidad, costo promedio del servicio o producto, unidades por persona.
- **Entrega:** envíos a tiempo (calidad y cantidad).
- **Seguridad:** accidentes, riesgos (rpn).
- **Capacidad:** productiva (vendida), capacidad total, capacidad disponible.
- **Financieros:** ingresos (ventas), costo de material (variable), costo de conversión (resto de los costos), beneficio, retorno de la cadena, valor del inventario.

En los procesos productivos cada cadena de valor puede estar compuesta por una o varias células de trabajo, ya sean de manufactura o de servicio, y deben tener indicadores por cada hora y diarios de cantidad, calidad y uso del tiempo. Así, cada equipo de trabajo puede tomar decisiones, si es necesario, cada hora. Ese es el poder de la información.

En Lean Company se crea un ambiente de comunicación en el que todas las personas están informadas de las metas de la compañía, de su cadena de valor y de sus procesos, lo que contribuye a que sientan la responsabilidad y también la satisfacción de los logros compartidos.

5 Hacer

5.1 *Implantación de sistemas y procesos*

Para que la implementación sea exitosa, los equipos de las cadenas de valor deben tener un mismo enfoque y para ello, ser capaces de responder a las siguientes preguntas en cualquier momento:

- ¿Cuál es la demanda del producto o servicio por parte del cliente?
- ¿Qué capacidad tenemos?
- ¿Dónde se encuentra el cuello de botella o restricción del sistema?
- ¿Cómo es la respuesta de nuestros proveedores?

El cuello de botella es un elemento importante en la implementación de Lean Company, ya que el enfoque principal de logística, manufactura, servicios, calidad, mantenimiento y finanzas será evaluar a la compañía y tomar decisiones basados en este, que representa una restricción que debemos atacar.

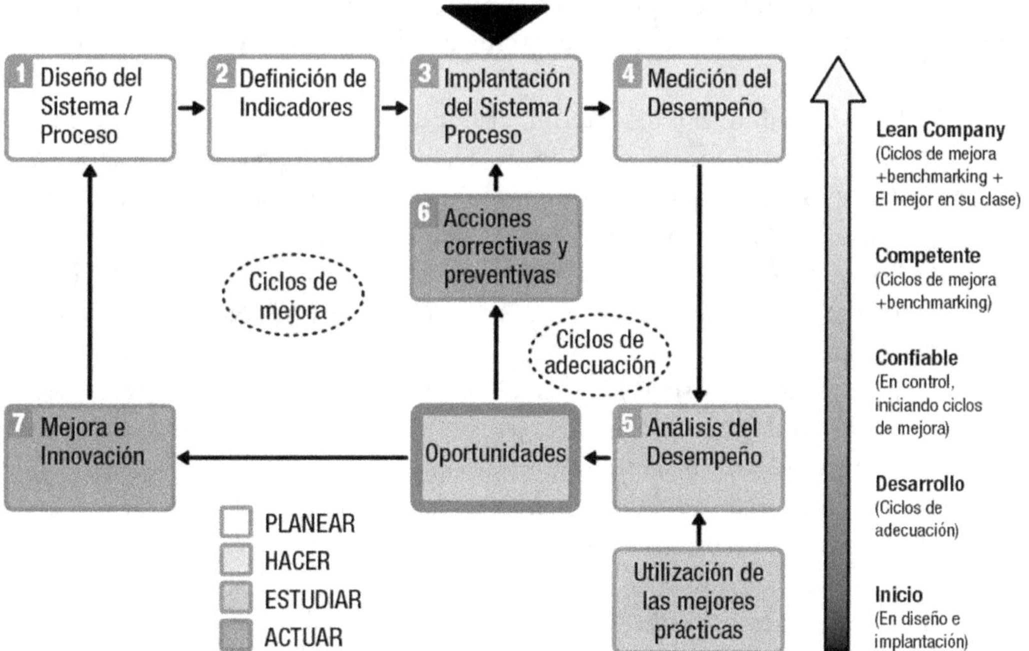

Figura 5.3

Ahora podremos resolver el 90 % de los problemas en 10 % de los recursos, que son precisamente los cuellos de botella. Esto explica porque Lean Company es un sistema muy sencillo para administrar una compañía, ya que en el pasado se trataba de administrar cada proceso por separado, con estructuras de personas por cada área, midiendo y tomando decisiones en cada una de ellas. Con un solo enfoque, el trabajo es mucho más satisfactorio, ya que los equipos están motivados por los logros que pueden ver cada día y la comunicación se vuelve su principal herramienta.

- Si la restricción es interna, debemos enfocar los esfuerzos de implementación en el proceso cuello de botella, aplicando todo lo que hemos aprendido primero en este sitio. Empiece de manera sencilla y poco a poco expanda la implementación a todos los procesos de la cadena de valor.
- Si la restricción es externa, debemos enfocar la aplicación de las herramientas y métodos al sistema comercial para vender más, o bien crear nuevos productos con la misma finalidad o desarrollar proveedores.

5.2   Herramientas básicas a implementar

- **Mapa de valor:** para mapear el flujo de información y materiales en una familia e identificar el desperdicio y las oportunidades en una cadena de valor.
- **Gráfico de balance:** para determinar dónde se encuentra el cuello de botella y dónde deben enfocarse todos los esfuerzos de los miembros de la cadena.
- **Orden y limpieza:** para crear un mejor ambiente de trabajo y ser capaces de encontrar cualquier cosa en menos de treinta segundos.
- **Andon:** tableros de información y elementos visuales y auditivos para identificar situaciones anormales y ser capaces de realizar una contramedida en caso necesario.
- **Reuniones de análisis de información:** para que equipos de directivos, cadenas de valor y procesos fijen objetivos, evalúen constantemente de manera sencilla y práctica y tomen decisiones.
- **Trabajo estándar:** para documentar el conocimiento crítico de forma completa y ágil. Una condición necesaria para la mejora es que los procesos estén estandarizados.
- **Entrenamiento cruzado:** para capacitar al personal de los procesos, cadenas de valor y directivos en varias funciones que necesita la organización para funcionar de manera colaborativa.

Ejemplo del mapa de valor

Nos permite conocer el flujo de la información y de los procesos mediante toda una familia de productos o servicios.

En el mapa de valor distinguimos todas las actividades que agregan valor e identificamos todos los desperdicios. Servirá para hacer un diagnóstico de cada cadena de valor y emprender el camino de la mejora mediante ciclos de esta y de innovación.

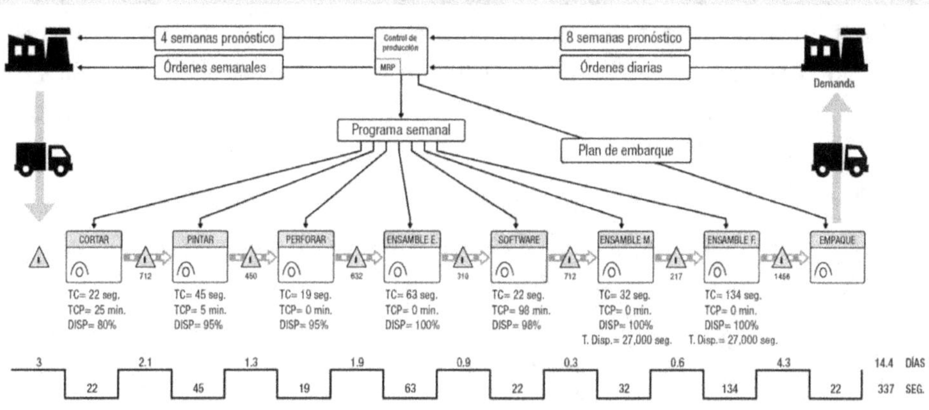

Ejemplo del gráfico de balance

En este diagrama todo el equipo puede ver que el cuello de botella de la cadena de valor se encuentra en la operación ensamble final. Es ahí donde deben enfocarse todos los procesos que trabajan en la cadena de valor.

Para poder contestar las preguntas acerca de la demanda del cliente, la capacidad y el cuello de botella, realice los siguientes cálculos:

Velocidad de la demanda. Llamamos *takt time* a calcular el ritmo al que el cliente está dispuesto a comprar cada unidad. *Takt* es una palabra alemana que significa compás, como en la música, para determinar el ritmo al que se debe tocar. Así, se obtiene:

Takt time = tiempo disponible / demanda

Ejemplo:

Tiempo disponible: 480 minutos (8 horas) – comida 30 minutos = 450 min × 60 = 27 000 segundos.

Demanda diaria: 341 piezas.

Takt time = 27 000 segundos × día / 341 piezas = 79 segundos/pieza.

El cliente está dispuesto a comprar una pieza cada 79 segundos; la pregunta es si el sistema puede hacerlo. Como vemos en la gráfica siguiente, tenemos una operación que está por arriba del *takt time*. Siempre que esto ocurre, indica que nuestro cuello de botella es interno. En este caso, está ubicado en la operación 7, ensamble final; es decir, tenemos más demanda que capacidad.

Operación	Operador	Descripción	Tiempo	Takt
1	A	Cortar piezas	22	79
2	B	Pintar	45	79
3	C	Perforar	19	79
4	D	Ensamble electrónico	63	79
5	E	Cargar software	22	79
6	F	Ensamble módulo ctrl.	32	79
7	G	Ensamble final	134	79
8	H	Empaque	49	79

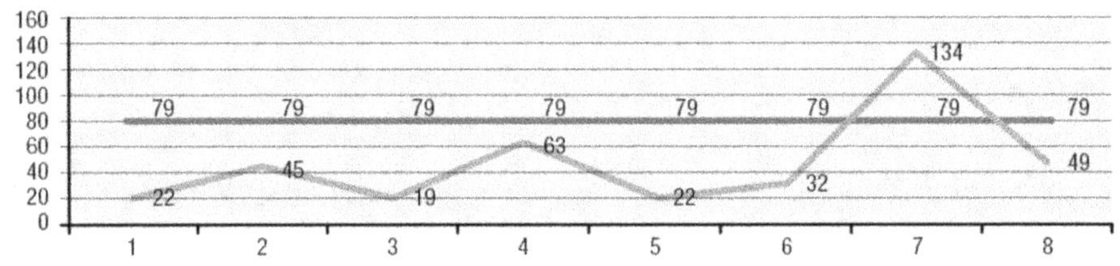

Para obtener la capacidad hacemos el cálculo de la siguiente manera:

Capacidad = tiempo disponible / tiempo más lento

Capacidad = 27 000 seg. / 134 seg = 201. Esto quiere decir que solo podemos hacer 201 unidades por día y no podríamos cumplir a menos que solucionemos el cuello de botella.

5.3 Medición del desempeño

Para las mediciones, es necesario haber definido correctamente los indicadores, diseñado los cuadros de resultados y nombrado a los responsables de tomar los datos para realizar las mediciones.

Para medir el desempeño, debemos utilizar medios sencillos y visuales para obtener y presentar la información.

- *Box score* **global:** para medir el desempeño de toda la compañía.
- *Box score* **de cadenas de valor:** para medir el desempeño de cada cadena de valor.
- **Tableros de proceso:** para medir el desempeño de cada célula de trabajo; tableros de reacción rápida para solucionar problemas de planta.

 Los indicadores definidos se miden en cada proceso, cadena de valor y como compañía, utilizando cuadros de resultados, los cuales deben contar con responsables que obtengan la información, así como con los momentos de corte para tener disponibles las mediciones con tiempo suficiente. Dichos indicadores se colocan en cuadros de resultados o tableros, que tienen una relación directa en el comportamiento de los resultados.

6 Estudiar

6.1 Análisis del desempeño

Utilizando los cuadros de resultados antes mencionados, se realizan reuniones diarias, semanales y mensuales para entender el desempeño, tomar decisiones y actualizar los objetivos.

A partir de este análisis y de la definición de las mejoras prácticas y herramientas, se definen las oportunidades.

- **En las células de trabajo**
  - Diario: al principio y final del turno, 5-10 minutos, para establecer las metas del día y las metas por hora. Se dan algunas indicaciones o avisos importantes y al final se presentan los resultados y se proponen mejoras.
  - Cada hora: los equipos analizan el desempeño cada hora y toman decisiones basándose en ello.

Estrategia
Estructura
Desarrollo de Talento
Conocimientos   Alberto Vázquez   Pedro Infante   Vicente Fdz   John Travolta
Seguridad
Prevención
Calidad
Proceso
Herramientas
Cadena Valor: Nombre
Nuestro proceso
Nuestro futuro
Análisis Mu's oportunidades
1. Desbalance 54% desb.
2. Sobreinventarios 1,000,000
3. Transportes 2 km
4. Movimientos 14 km
5. Defectos 9%
6. Sobrecarga: 560 horas extra
7. Variabilidad: Cpk = 1.1
8. OEE 49%
9. Tiempos cambio > 4 horas
Programa Eventos
1. Evento TPM   5 abril
2. Evento SMED   22 mayo
3. Evento m. Celular 1 junio
4. Evento ahorro energía   2 julio
5. Sigma Kaizen   16 julio
Oportunidades por hacer
Oportunidades en proceso
Resultados
Calidad
Costo
Entrega
Calidad a la primera
Productividad por persona
Entregas a tiempo %
Rechazos del cliente % /ppm
Costo de calidad
Tiempo de cambio
Hoja de seguimiento a actividades
Hoja de seguimiento a actividades
Hoja de seguimiento a actividades
5S Fotos Antes
5S Resumen
5S Fotos Después
Seguridad

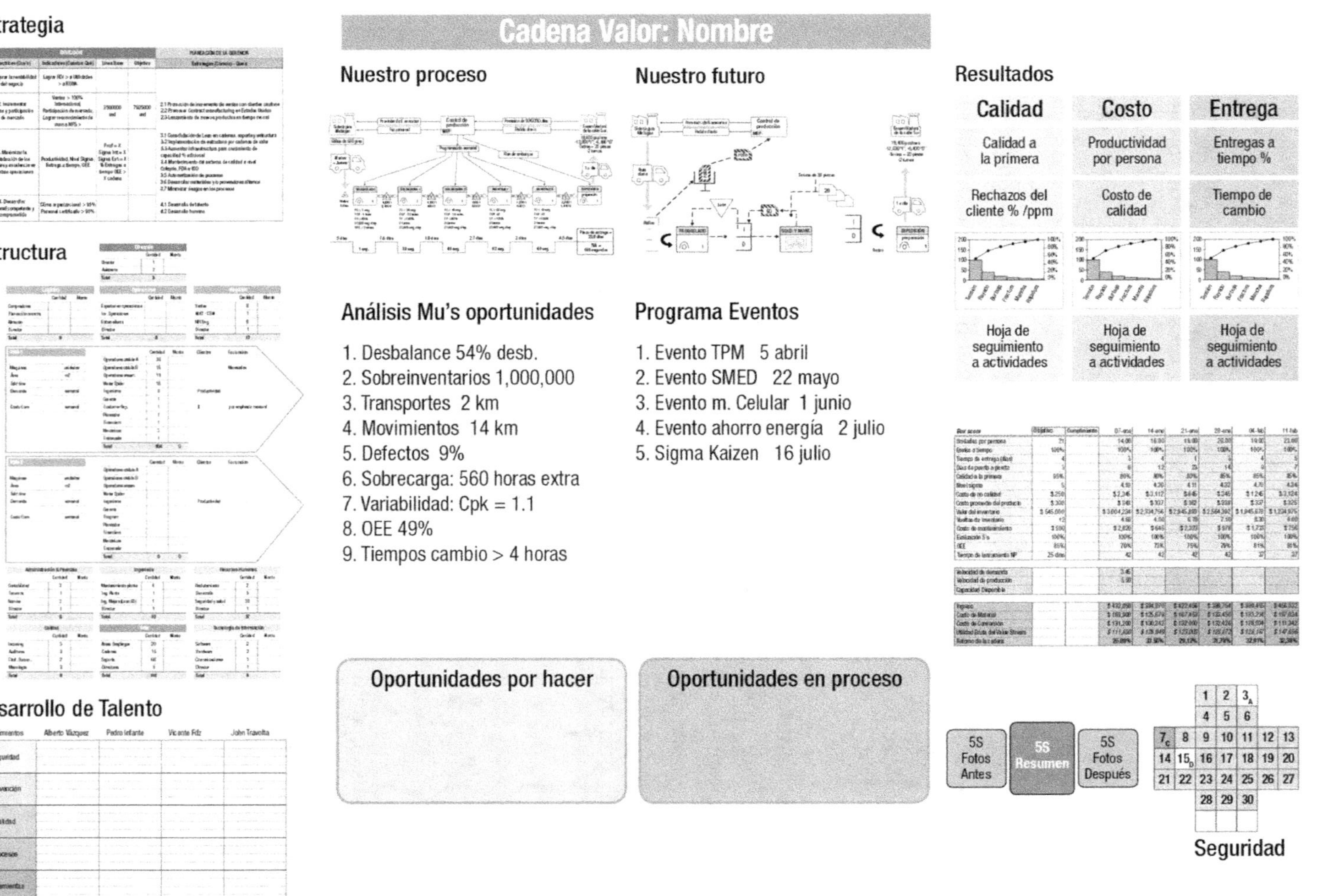

Figura 5.4

Ejemplos de cuadros de resultados

Directrices	Objetivos estratégicos	Meta	Actual (YTD)	Enero	Febrero	Marzo	Abril
Financiero	FVA	4%					
	RDI	12%					
	ROA	8%					
	$ Backlog	$ 100,000					
	Rendimiento	$ 4,010,000					
	Flujo efectivo	$ 800,000					
Comercial	Utilidades	$ 2,060,000					
	Ventas	$ 5,000,000					
	NPS	78%					
	Participación de mercado	22%					
Procesos	Costo de conversión	$ 1,250,000					
	Costo directo	$ 990,000					
	Inventario	$ 650,000					
	Inversión total	$ 27,364,000					
Personas	NPS interno	90%					
	Clima organizacional	90%					
	Rotación	-%					
	Desarrollo talento	85%					

Resultados cadena de valor 1

BOX SCORE	Objetivo	1	2	3	4
Calidad — NPS					
Calidad a la primera					
DPMO					
Productiv. — Costo de no calidad					
Efectividad total (OEE)					
Costo promedio					
Unidades por persona					
Entrega — Envíos a tiempo					
Envío perfecto					
Tiempo de entrega (días)					
Seg — Accidentes					
Mot. — Evaluación 5's					
NPS de empleados					
Capacid. — Capacidad productiva					
Capacidad actual					
Capacidad Disponible					
Finanzas — Ingreso					
Costo de Material					
Costo de Conversión					
Utilidad Bruta del Value Stream					
Retorno de la cadena					
Valor del inventario					

Resultados cadena de valor 2

Box score	Objetivo	1	2	3	4
Calidad — NPS					
Calidad a la primera					
DPMO					
Productiv. — Costo de no calidad					
Efectividad total (OEE)					
Costo promedio					
Unidades por persona					
Entrega — Envíos a tiempo					
Envío perfecto					
Tiempo de entrega (días)					
Seg — Accidentes					
Mot. — Evaluación 5's					
NPS de empleados					
Capacid. — Capacidad productiva					
Capacidad actual					
Capacidad Disponible					
Finanzas — Ingreso					
Costo de Material					
Costo de Conversión					
Utilidad Bruta del Value Stream					
Retorno de la cadena					
Valor del inventario					

Tablero diario y por hora (cadena de valor 1)

TABLERO DIARIO — TABLERO DIARIO — TABLERO DIARIO Y POR HORA — LSSI

Tiempo disponible — Demanda de hoy — TAKT TIME

Hora	Planeado	Real	Acumulado	Calidad	Paros	Nota
7:00 a 8:00						
8:00 a 9:00						
9:00 a 10:00						
10:00 a 11:00						
11:00 a 12:00						
12:00 a 1:00						
1:00 a 2:00						
2:00 a 3:00						
3:00 a 4:00						
4:00 a 5:00						

Tablero diario y por hora (cadena de valor 2)

TABLERO DIARIO — TABLERO DIARIO — TABLERO DIARIO Y POR HORA — LSSI

Tiempo disponible — Demanda de hoy — TAKT TIME

Hora	Planeado	Real	Acumulado	Calidad	Paros	Nota
7:00 a 8:00						
8:00 a 9:00						
9:00 a 10:00						
10:00 a 11:00						
11:00 a 12:00						
12:00 a 1:00						
1:00 a 2:00						
2:00 a 3:00						
3:00 a 4:00						
4:00 a 5:00						

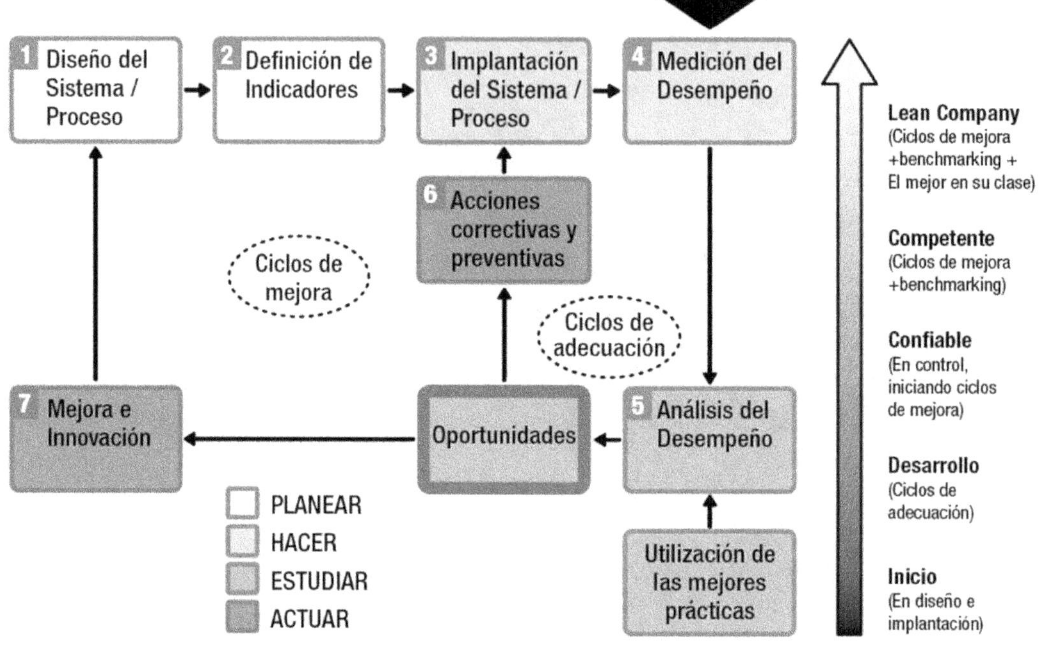

Figura 5.5

- **En las cadenas de valor**
  - Diario: al principio y final del día, 15-20 minutos. Los integrantes del equipo se reúnen para establecer los objetivos del día en relación con todas las células o líneas que componen su cadena de valor, para definir algún problema que deba ser resuelto o dar una indicación específica.
  - Semanal: al inicio de la semana, 45-60 minutos. Cada cadena de valor define sus objetivos y analiza el cuadro de resultados *(box score)* para tomar decisiones acerca de las acciones que deben tomarse en su respectiva cadena de valor.

- **El equipo directivo**
  - Diario: todos los días el director o equipo directivo realizan caminatas *gemba* (al lugar de los hechos) de una hora, para conocer el estado de las cadenas de valor. Durante estas caminatas analizan un tema específico y hacen preguntas para aprender, comprometerse y buscar soluciones.
  - Semanal: al inicio de la semana, 45 – 60 minutos. El equipo directivo asiste a las reuniones de cadena de valor o solicita a los gerentes de cadenas de valor que presenten un resumen de los resultados y decisiones de sus cadenas.

– Mensual: el equipo directivo analiza el resultado de la compañía y toma decisiones acerca de proyectos y estrategias.

6.2 ¿Cómo se realiza el análisis?

Según el resultado observado, deben tomarse básicamente dos tipos de decisiones:

- Hacer ciclos de adecuación para el control cuando hay problemas que resolver y acciones preventivas por definir.
- Hacer ciclos de mejora e innovación cuando no hemos alcanzado nuestros objetivos y debemos emprender acciones que mejoren los resultados.

Ahora, estos cambios los podemos detectar mejor, ya que, en algunos casos, estamos analizando el comportamiento en tiempo real.

Cuando analizamos los indicadores del cuadro de resultados *(box score)* podemos utilizar cuatro cuadrantes como los que mostramos a continuación. Así entendemos más a fondo cada uno de los indicadores y determinamos los mecanismos de acción.

En el primer cuadrante, vemos la gráfica de tendencia con una flecha que indica la dirección de la mejora; en el segundo, un Pareto para separar los vitales de los triviales; en el tercero, un resumen de las causas raíz y en el cuarto, las decisiones que se tomaron al realizar el análisis.

Para tomar decisiones, debemos usar los siguientes mecanismos de acción. Con ello, el uso de las herramientas será muy sencillo de definir, así evitaremos usar las mismas herramientas con diferentes propósitos: «cuando me enseñaron a utilizar el martillo, a todo le veía cara de clavo».

- **Acciones preventivas:** cuando vemos la posibilidad de error en un proceso o producto y establecemos controles o acciones para evitar que el error ocurra y se convierta en un problema.
- **Acciones correctivas:** cuando en la revisión de indicadores vemos que hay un problema y es necesario solucionarlo.
- **Acciones de mejora:** cuando en nuestro indicador vemos que todavía no hemos logrado los objetivos y necesitamos implementar una acción que cambie el resultado, a partir de la comprensión de que no basta administrar correctamente un proceso para mejorarlo. Entonces, proponemos acciones de mejora basadas en un mapa de valor.

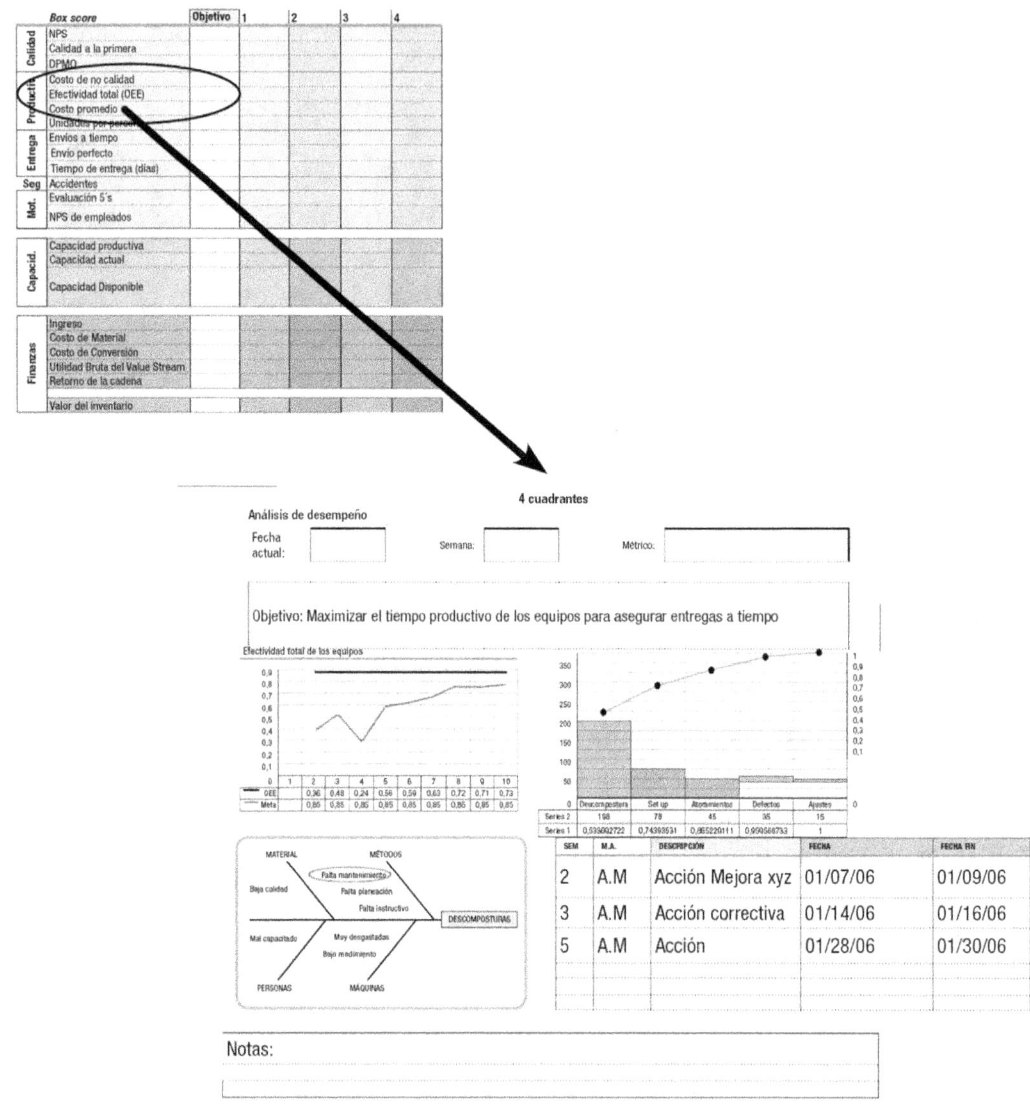

Figura 5.6

Indicador	Situación	Acción	Ciclo
Sin cambio	Riesgo	Preventiva	Adecuación para el control
Desviación repentina	Problema	Correctiva	
Ha mejorado o sin cambio	Posibilidad de retroceder	Sostenimiento	
Sin llegar a la meta	Area de oportunidad	Mejora	Mejora / Innovación

Tabla 5.1

- **Acciones de sostenimiento:** cuando hemos mejorado o resuelto un problema y necesitamos mantener los logros mediante acciones cotidianas que forman parte de un nuevo estándar de trabajo. De hecho, todas las personas que trabajan en la operación de cualquier proceso cada día llevan a cabo acciones de sostenimiento.

  - La acción preventiva evita *ocurrencia*.
  - La acción correctiva evita *recurrencia*.
  - La acción de mejora *supera* un nivel de desempeño previamente existente.
  - La acción de sostenimiento *mantiene* un nuevo elemento.

- **Ciclos de adecuación para el control**
  Se proponen cuando debamos resolver un problema o prevenir que suceda.
- **Ciclos de mejora e innovación**
  Se proponen cuando los indicadores muestren que no hemos alcanzado los objetivos o debamos implementar una estrategia de innovación.

7   Actuar

7.1   *Ciclos de adecuación: acciones correctivas y preventivas*

Siempre que se implementan acciones correctivas o preventivas deben anotarse los cambios en un documento de control. Estos métodos deben enseñarse a las personas involucradas.

Cuando hemos decidido realizar ciclos de adecuación para el control, podemos utilizar las siguientes herramientas:

- **3 disciplinas:** para resolver problemas medianamente complejos o complejos.
- **A3:** para resolver todo tipo de problemas.
- **AMEF:** para definir acciones de prevención basadas en el riesgo estudiado en el proceso de la cadena de valor.
- **Six Sigma:** para resolver problemas complejos.
- **Tablero de acciones de respuesta rápida:** para documentar los problemas o las acciones a ejecutar.

El enfoque de Lean Company es resolver problemas, dando prioridad a la solución de situaciones en el cuello de botella y posteriormente a cualquier otro elemento. Este proceso deben hacerlo los equipos de las cadenas de valor apoyados por el equipo im-

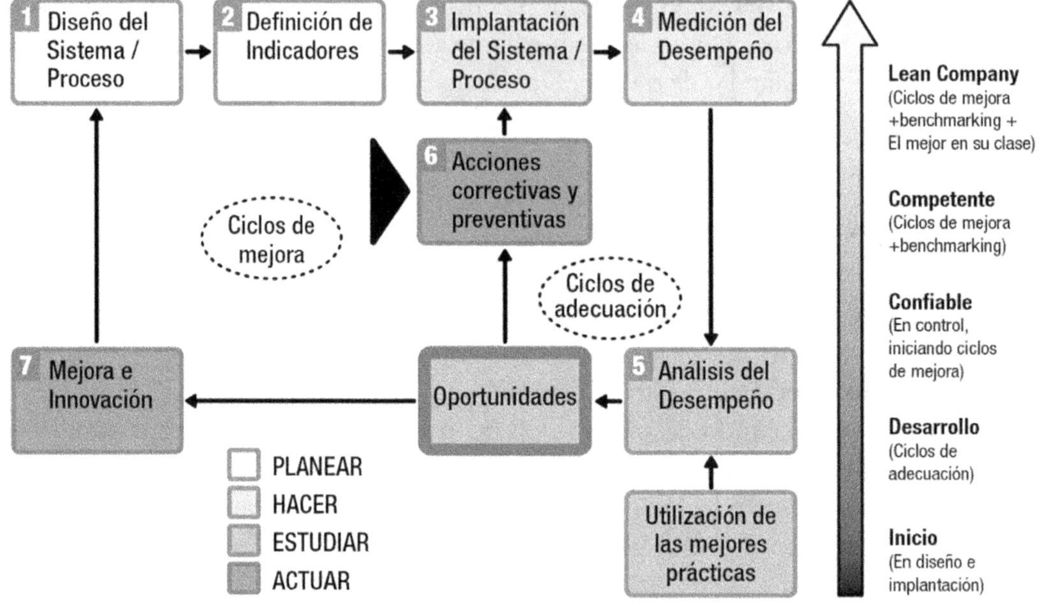

Figura 5.7

plementador de la empresa, que tiene el conocimiento profundo de las herramientas y siempre debe estar dispuesto a apoyar a las cadenas de valor que lo requieran.

7.2 Ciclos de mejora e innovación

Siempre que el análisis del desempeño indique que los objetivos de costo, ventas, inventarios, etc. no están alcanzando su objetivo, debemos emprender acciones de mejora, las cuales podrán llevarse a cabo mediante la aplicación de eventos *kaizen* o Sigma Kaizen. Estos se desarrollan en equipos multidisciplinarios en los que participan los integrantes de las cadenas de valor y son dirigidos por el equipo implementador, para asegurar la correcta aplicación de las herramientas.

Cuando se implementan acciones correctivas o preventivas deben anotarse en un documento de control de cambios. Asimismo, hay que enseñar los métodos al personal involucrado.

Pueden utilizarse gran cantidad de herramientas de mejora, lo importante es distinguir la necesidad y, basándose en esta, definir su aplicación para asegurar que tengan el impacto que deseamos. Puede partir de una matriz de selección de herramientas para definir la más adecuada de acuerdo a la necesidad.

Figura 5.8

Matriz de selección de herramientas

✓ Apoya
✓✓ Medio impacto
✓✓✓ Alto impacto

LSSI
LEAN SIX SIGMA INSTITUTE

Necesidad	VSM	5's	Andon	células	smed	pokayoke	Kanban	Trab. Est.	TPM	AMEF	3 D's	6 sigma
Productividad		✓✓✓	✓	✓✓✓	✓✓	✓		✓	✓✓	✓	✓	✓✓
Comunicación efectiva	✓	✓✓	✓✓✓	✓✓✓				✓	✓		✓✓	
Trabajo en equipo				✓✓✓	✓		✓		✓			✓✓
Entrenamiento del trabajo	✓		✓✓✓	✓	✓			✓✓	✓✓	✓		
Mejorar calidad		✓		✓	✓✓	✓✓✓		✓	✓✓	✓		✓✓✓
Estabilizar el proceso	✓			✓	✓✓	✓	✓✓	✓✓✓	✓✓✓			✓✓
Reducir el tiempo de entrega	✓	✓		✓✓✓	✓✓✓	✓	✓✓		✓✓			✓✓
Reducir inventario	✓	✓✓		✓✓✓	✓✓		✓✓✓		✓✓		✓✓	✓✓
Reducir costos				✓✓✓	✓✓✓	✓✓	✓✓✓	✓	✓✓		✓✓✓	✓✓✓
Mejorar la moral		✓✓✓		✓				✓	✓			
Solucionar problemas		✓	✓	✓		✓✓✓		✓	✓	✓	✓✓✓	✓✓✓
Prevenir problemas	✓	✓	✓	✓			✓✓	✓	✓✓	✓✓✓		✓✓✓
Identificar desperdicios	✓✓✓		✓	✓✓✓				✓	✓	✓✓✓	✓✓✓	✓✓✓

Tabla 5.2

7.3   ¿Quiénes participan?

En Lean Company todas las personas de la compañía participan, por ello deben conocer la metodología y las herramientas para que puedan descubrir dónde hay desperdicios y desarrollar actividades y proyectos para eliminarlos.

- **Presidente de la compañía**
  Los proyectos exitosos se logran con el compromiso total del presidente de la

compañía, lo que quiere decir que, si solo es estrategia de una división, departamento o función de la empresa, tiene un alto riesgo de fracaso.

- **Funciones del Presidente / Director general**
  - Eligen e impulsan Lean Company como la estrategia más importante de la compañía.
  - Aseguran recursos para lograr la correcta implementación de la estrategia Lean Company.
  - Diseñan el plan de negocios y la estrategia de la compañía, y aseguran recursos para su ejecución.
  - Diseñan la estructura organizacional por cadenas de valor y son quienes encabezan este importante proyecto.
  - Impulsan el programa de desarrollo de talento como base para la formación del sistema Lean y el sustento de todas las operaciones de la compañía.
  - Analizan los indicadores generados en los cuadros de resultados *(box score)* y toman decisiones de alto nivel para lograr su cumplimiento.
  - Dan seguimiento mensual a los proyectos más importantes de la compañía.
  - Cambian o apoyan el cambio de políticas que impiden a las compañías desarrollar su máximo potencial.
  - Visitan continuamente los procesos y los proyectos en ejecución.

  Conocimientos requeridos:
  - Conocimientos propios del puesto y de la industria.
  - Se prepara como Lean manager y, en algunos casos, como Green Belt, Black Belt e incluso Master Black Belt.

- **Funciones de vicepresidentes / directores / gerentes / jefes de planta, soporte o unidad de negocio** (que puede tener múltiples cadenas de valor a su cargo).
  - Diseñan el plan estratégico de la compañía.
  - Buscan condiciones de mercado, tendencias mundiales, oportunidades.
  - Buscan estrategias innovadoras para lograr los objetivos de la compañía.
  - Diseñan los indicadores para medir a la compañía.
  - Analizan resultados de negocio.
  - Proponen proyectos de mejora y consiguen recursos.
  - Dan soporte para la identificación y selección de proyectos.
  - Guían al equipo de trabajo que implementa los proyectos de acuerdo con la estrategia organizacional.
  - Son beneficiarios del ahorro e impacto generado en los proyectos de mejora.

- Participan en la solución de problemas de alto nivel.
- Participan en la prevención de problemas de alto nivel.
- Participan en proyectos de mejora de todos los niveles.
- Aseguran recursos para desarrollar las implementaciones de las acciones de mejora *(kaizen)*.
- Proporcionan recursos y ayudan a remover barreras para la ejecución de proyectos.
- Visitan continuamente los procesos y los proyectos en ejecución.

Conocimientos requeridos:
- Conocimientos propios del puesto y de la industria.
- Se preparan como Lean managers y, en algunos casos, como Green Belts o Black Belts.

- **Líderes de cadena de valor** (cada cadena de valor representa una familia de productos o servicios que contiene los procesos necesarios para entregar valor al cliente).
  - Son la máxima autoridad y tienen la mayor responsabilidad en las cadenas de valor, desde que se recibe un pedido u orden hasta que se entrega.
  - Cumplen los proyectos asignados del plan estratégico de la compañía.
  - Llevan a cabo reuniones con sus equipos para evaluar sus indicadores e identificar oportunidades (mecanismos).
  - Analizan resultados de la cadena de valor.
  - Proponen proyectos de mejora y consiguen recursos.
  - Dan soporte para la identificación y selección de proyectos.
  - Guían al equipo de trabajo que implementa los proyectos de acuerdo con la estrategia de la cadena de valor.
  - Son beneficiarios directos del ahorro e impacto generado en los proyectos de mejora.
  - Participan en la solución de problemas de la cadena de valor.
  - Participan en la prevención de problemas de la cadena de valor.
  - Participan en proyectos de mejora de su cadena de valor.
  - Aseguran recursos para desarrollar las implementaciones de las acciones de mejora *(kaizen)*.
  - Proporcionan recursos y ayudan a remover barreras para la ejecución de proyectos.
  - Capacitan a algunos Green Belts.

Conocimientos requeridos:
- Conocimientos propios del puesto y de la industria.
- Se preparan como Lean managers y, en algunos casos, como Green Belts o Black Belts.

- **Líderes de procesos de la cadena de valor o soporte: diseño, comercial, manufactura, servicio, finanzas, mantenimiento, etc.** (pertenecen a una cadena de valor y, dependiendo de su complejidad, pueden tener un equipo a su cargo para llevar a cabo las funciones del proceso. Todos ellos informan al líder de cadena de valor).
  - Son responsables del correcto funcionamiento de cada proceso.
  - Llevan a cabo reuniones con sus equipos para evaluar sus indicadores e identificar oportunidades (mecanismos) en su proceso.
  - Trabajan proactivamente para identificar proyectos potenciales junto con sus colaboradores.
  - Ayudan a definir proyectos y a dar seguimiento en su ejecución.
  - Aprueban el proyecto y participan en las fases en las que son requeridos.
  - Capacitan a algunos White Belts y Yellow Belts.
  - Participan en la solución de problemas de la cadena de valor y su proceso.
  - Participan en la prevención de problemas de la cadena de valor y su proceso.
  - Participan en proyectos de mejora de su cadena de valor y su proceso.
  - Aseguran recursos para desarrollar las implementaciones de las acciones de mejora *(kaizen)*.

Conocimientos requeridos:
- Conocimientos propios del puesto y de la industria.
- Se preparan como Lean managers y, en algunos casos, como Yellow Belts o Green Belts.

- **Colaborador u operador** (realizan directamente el servicio o producto, que pertenece a un proceso específico de una cadena de valor. Todos ellos informan al líder de proceso y este, a su vez, informa al líder de la cadena de valor).
  - Es el responsable de realizar su operación en tiempo y calidad.
  - Se capacita en las operaciones de su proceso.
  - Participa en las reuniones de inicio y fin de trabajo (mecanismos).
  - Trabaja proactivamente para identificar proyectos potenciales junto a su líder.

– Participa en proyectos específicos para corregir, prevenir y mejorar.
– Sostiene las mejoras logradas, haciéndolas parte de su trabajo diario.

Conocimientos requeridos:
– Conocimientos propios del puesto y de la industria.
– Se prepara como White Belt o Yellow Belt.

- **Instructores externos / guías implementadores.** Considere contratar instructores o guías de implementación para que estos enseñen y participen activamente en la transformación. Así, el personal de la empresa acelerará su aprendizaje y, en consecuencia, la implementación se desarrollará a un ritmo fluido

  Considere a los instructores o guías como quienes le mostrarán activamente la manera correcta de enseñar, implementar y negociar internamente los cambios a partir del ejemplo, y no como quienes harán el trabajo por usted.

  Es muy importante que en el desarrollo se cerciore de que sus guías están dispuestos a dedicar más tiempo a aplicar que a analizar o estar sentados en las salas de reuniones.

7.4   Elementos clave

Para entender Lean Company, lo invito a que piense de forma integral y rediseñe su compañía teniendo en cuenta los siguientes elementos para considerar una implementación y funcionamiento sistémico:

- **Liderazgo:** es el arte de guiar, aunado a la capacidad de visualizar y compartir el futuro sustentado en una misión objetiva y valores que se demuestran actuando con el ejemplo.
- **Estrategias:** el sistema Lean inicia definiendo claramente los objetivos estratégicos financieros, comerciales, de procesos y de personas, así como proyectos de alto impacto. Todo ello con un seguimiento continuo a los avances y resultados mediante una correcta administración de proyectos.
- **Objetivos:** definir y dar seguimiento continuo a indicadores que permitan entender si el negocio está ganando o perdiendo, la capacidad y el nivel de demanda de los clientes y también si los procesos clave del negocio están produciendo los resultados esperados. Cada equipo de la compañía debe conocer sus objetivos y lo cerca que está de lograrlos para que puedan, ellos mismos y en cada nivel, tomar sus propias decisiones y saber si su trabajo contribuye a lograr la meta del negocio.

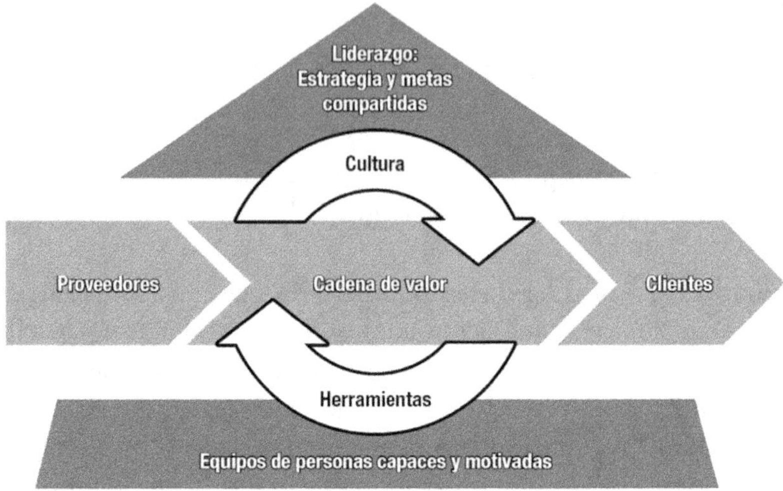

Figura 5.9

7.4.1 Cadenas de valor

- **Clientes:** son quienes confían en nuestros productos o servicios. Gracias a esa confianza, se generan relaciones de negocios duraderas mientras que el valor percibido en la vida del cliente siga siendo mayor que hacia nuestros competidores.
- **Cadena de valor:** una compañía Lean está diseñada alrededor del valor creado para los clientes con una estructura sencilla y enfocada al proceso, ya no a departamentos ni funciones específicas. Tiene como objetivo lograr un flujo sin interrupciones ni desperdicios desde los proveedores hasta el cliente final. La cadena de valor sincroniza el flujo de los materiales, la información y el dinero. Los procesos que incluye la cadena de valor y que deben ser transformados son los siguientes.
- **Procesos de la cadena de valor/soporte:**
  - Diseño e ingeniería
  - Comercialización
  - Logística
  - Manufactura
  - Servicio
  - Administración y contabilidad
  - Calidad
  - Mantenimiento
  - Sistemas de información
- **Proveedores:** son quienes suministran los insumos clave (materiales, sistemas, servicios e información), que contribuyen con su calidad a asegurar que nues-

tros procesos nunca se detengan. Es fundamental la comunicación continua y respetuosa, la calidad, el tiempo de entrega y el costo, que logra un compromiso mutuo de cumplimiento de las obligaciones pactadas a largo plazo.

7.4.2 Cultura y herramientas

- **Cultura:** es la forma de ser, pensar y actuar de la compañía, conformada por la repetición de buenos hábitos que logran comportamientos consistentes. Lean Company requiere, para su funcionamiento, que los líderes enseñen con el ejemplo y que cultiven hábitos en su personal, como nuevas formas de trabajo, que posiblemente al principio resulten difíciles, pero que en el futuro les darán muchas satisfacciones.
- **Herramientas:** es un conjunto de metodologías y técnicas probadas y desarrolladas en la historia de la manufactura y que ahora se combinan y se implementan cuando nuestras mediciones indican que debemos corregir, prevenir, mejorar o sostener. Se utilizan mediante proyectos bien organizados y administrados. Lean Company define herramientas para cada necesidad derivada de los indicadores que hemos elegido, con la finalidad de cumplir con las estrategias de acuerdo con el objetivo del negocio.

7.4.3 Personas y equipos

- **Personas:** se contratan personas dispuestas a aprender y a enseñar como parte de un ciclo que no tiene fin, que inicia con individuos que se incorporan por sus habilidades personales y de conocimiento, se desarrollan continuamente y son evaluados en función de su aportación a la cadena de valor; de ideas y acciones continuas para ser parte de la evolución de la compañía hacia la consecución de los objetivos.
- **Equipos:** solo en equipo se logra la sinergia; resultado colaborativo de sus miembros, que supera lo que podría lograr cada uno de sus integrantes si trabajara de manera aislada. Solo con trabajo en equipo y la guía adecuada es posible hacer grandes cambios en poco tiempo.

7.5 Certificación

Existen cuatro categorías de certificación:

- **Certificación de las personas:** cuando los individuos se entrenan y demuestran los conocimientos en White Belt, Yellow Belt, Green Belt, Black Belt y Master Black Belt reciben un certificado que debe renovarse anualmente.

- **Certificación de procesos:** cada proceso, cuando cumple los requisitos, puede certificarse y volver a certificarse anualmente, con revisiones aleatorias que realizan Master Black Belts expertos. Esto se hace para asegurarse de que los métodos se sostienen y que las herramientas funcionan como hábitos en el personal que los opera.
- **Certificación de cadena de valor:** se da cuando todos los procesos de la cadena de valor han logrado cierto nivel de avance en conjunto y han demostrado resultados y hábitos en ella. La certificación de las cadenas de valor se revisa cada dos años para comprobar el mantenimiento y avance.
- **Certificación de negocio:** cuando un negocio o planta ha logrado que todas las cadenas de valor que tiene se certifiquen, recibe la certificación Lean Company©.

Las evaluaciones de certificación y recertificación las realizan Master Black Belts del Lean Six Sigma Institute, en coordinación con los Master Black Belts de la compañía.

7.6   Conclusión

Lean Company es un modelo aplicable a organizaciones de cualquier tamaño y área. Requiere un buen y estratégico plan de negocios, que debe ser medido con los indicadores adecuados en toda la empresa.

Todas las personas deben ser entrenadas en el sistema Lean Company para comprender el porqué de los cambios y también para lograr su participación convencida.

Una de las diferencias clave en los beneficios de implementar Lean Company es que, al desarrollar continuamente ciclos de adecuación o mejora, la empresa logrará

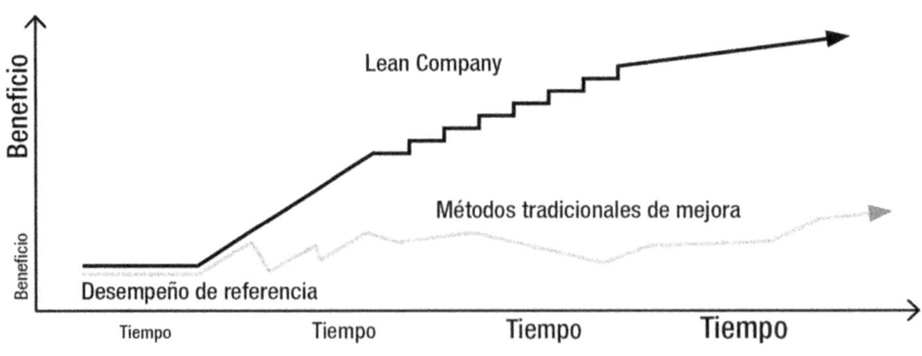

Figura 5.10

alcanzar mayores beneficios y mucho más rápido que cualquier competidor que administre de manera tradicional.

7.6.1 ¿Por qué algunos pueden y otros no?

Las empresas que logran cambios tienen una combinación ganadora de esfuerzos, tales como:

Ante la ausencia de alguno de estos componentes, es muy probable que los cambios duren poco o que no se obtengan los resultados esperados.

Si no existe visión y liderazgo, tendremos incertidumbre ante los nuevos retos que afronta la empresa; sin motivación, los cambios tardarán mucho en llegar; sin el conocimiento y las habilidades para poner en marcha las iniciativas, se produce un sentimiento de frustración al tener todos los elementos pero no saber cómo concretarlos; sin planes y su debido seguimiento, tendremos solamente salidas en falso y los programas tarde o temprano quedarán olvidados; sin el tiempo y los recursos, solamente habrá buenas intenciones pero no tendremos el poder de cambiar las cosas; y finalmente, sin una mentalidad ganadora, con la que desde antes de empezar nos imaginemos el futuro de la empresa con cambios significativos, será difícil llegar a resultados extraordinarios. Es necesario que todo el personal se impregne de una mentalidad ganadora y se lleven a cabo proyectos apoyados en personas que creen en sí mismas y que sienten.

Parte II

¿Cómo se implementa Lean Company?

Capítulo 6
¿Cómo se implementa Lean Company?

*«Si el ritmo de la mejora de la competencia es mayor
que el ritmo de mejora interno, el fin está cerca.»*

Jack Welch, expresidente y CEO de General Electric

Cuando hablamos de desarrollar una cultura de trabajo, debemos empezar por cultivar hábitos que se conviertan en la forma de ser, pensar y actuar de la compañía; para ello, el proceso de implementación debe sustentarse en el conocimiento y la aplicación de herramientas, que, con el uso continuo y repetido, desarrollen hábitos y se transformen en un sistema y no se queden en proyecto.

Es importante hacer la implementación en pasos sencillos y prácticos que permitan hacer evolucionar el pensamiento y la actitud de todos los niveles de la organización.

Lean Company debe implementarse en tres etapas principales, seguidas de un proceso de maduración que nos permite llegar a la excelencia.

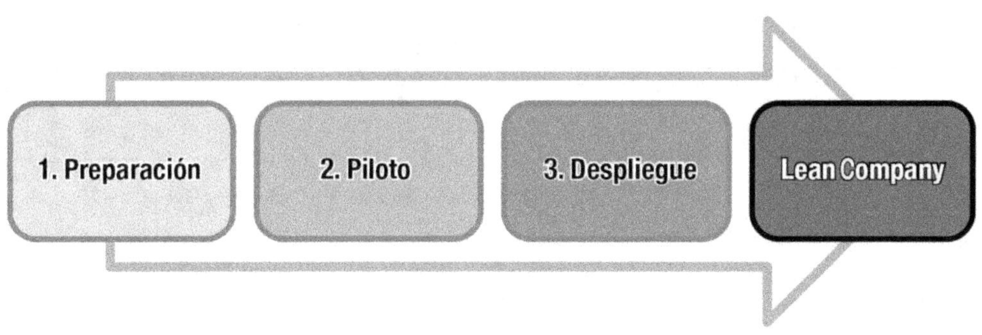

Figura 6.1

1   Preparación

Esta etapa se lleva a cabo durante cuatro a cinco semanas para establecer los pilares básicos que nos lleven a una implementación exitosa. Se compone de:

- **Plan maestro:** se desarrolla con las actividades de la fase piloto descritas, así como con el calendario de entrenamiento inicial. En la tabla 6.1 se presenta un ejemplo de un plan maestro de la implementación en el que se detallan las actividades de entrenamiento, dirección, implementación en cadenas de valor y de las áreas de soporte a las cadenas de valor.

- **Entrenamiento:** entrene al equipo directivo en Lean management y también a un equipo implementador que inicie desde Yellow Belt, algunos pasarán a Green Belt y, de ellos, los que se dedicarán de tiempo completo a la mejora, serán entrenados como Black Belts y Master Black Belts.

- **Definición del equipo implementador:** este equipo estará compuesto por personal clave de diferentes áreas y niveles para desarrollar la primera oleada de capacitación hasta llevarlos a Black Belts y, al menos uno de ellos, a Master Black Belt.

- **Actividades del equipo directivo:** la mayor posibilidad de éxito para Lean Company será cuando el equipo directivo esté completamente comprometido y vinculado con la implementación, y para ello debe llevar a cabo una serie de actividades y entregables clave para el desarrollo de esta.

Dirección						Prep.	Piloto								Despliegue																
Fase	No.	Actividad	Entregable	Quién	Tiempo	1	2	3	4	5	6	7	8	9	10	11	12	13	14	15	16	17	18	19	20	21	22	23	24	25	26 27 28
Liderazgo	1	Estrategia	Anuncio de la dirección y campaña	D.G	1-2 meses																											
			Diagnóstico inicial y de avance	E.D E.I	1-3 días																											
			Estrategia Hoshin	E.D E.I	2-3 semanas																											
			Definición de Proyectos	E.D E.I	3-4 semanas																											
			Box integral	E.D E.I	1-2 semanas																											
			Reuniones de trabajo	E.D E.I	1 semana																											
	2	Estructura	Análisis de familias	E.D E.I	1-2 semanas																											
			Diseño preliminar y ajustes	E.D E.I	2-3 semanas																											
			Selección de un piloto	E.D E.I	2-3 semanas																											
			Definición de roles y responsabilidades	E.D E.I	2 semanas																											
	3	Desarrollo de talento	Preparar a la organización	E.D E.I	3-4 semanas																											
			Identificar conocimiento crítico	D.T E.I	3-4 semanas																											
			Transferencia de conocimiento		continuo																											
			Verificar aprendizaje y éxito	D.T E.I	continuo																											

Tabla 6.1. Ejemplo de plan maestro.

El equipo directivo, compuesto por la máxima autoridad en la compañía y sus más cercanos colaboradores, desarrollan la estrategia, diseñan la estructura y establecen el sistema de desarrollo de talento. Para ello, en cada elemento existen entregables importantes que se explican a continuación.

1.1 Estrategia

- **Anuncio de la dirección:** la principal autoridad explica la importancia del proyecto y solicita la colaboración del equipo. Demuestra el compromiso hacia la transformación.
- **Comunicación:** debe desarrollarse un plan de mercadotecnia interna para dar a conocer el proyecto y el proceso que está por iniciar, en el que se explique de manera sencilla y visual qué se hará, para qué servirá, cómo participará cada persona, y se resaltarán los beneficios en el trabajo y en una compañía que se prepara para enfrentar el futuro.
- **Diagnóstico inicial:** para establecer el punto de partida de los elementos clave a desarrollar en Lean Company.
- *Hoshin kanri:* es la definición de un plan estratégico.
- **Definición de proyectos:** se trata de la planificación táctica en la que se presenta el plan maestro de proyectos de la compañía.
- **Definición de indicadores:** el equipo directivo define o mejora el sistema de indicadores de la compañía y de la cadena de valor piloto.
- **Reuniones de trabajo:** se establecen los mecanismos de reuniones efectivas.

1.2 Estructura

- **Análisis de familias:** estudiar los grupos de productos o servicios que más adelante se convertirán en cadenas de valor.
- **Diseño preliminar:** en la fase piloto se hace un diseño preliminar de las cadenas de valor para asignar a los primeros miembros, y en el despliegue se diseña completamente la empresa por cadenas de valor.
- **Selección del piloto:** se elige una de las familias para desarrollar el primer piloto, que puede ser una línea o todas, si no es un proceso complejo. La selección debe hacerse buscando el mayor impacto en resultados y en experiencia de aprendizaje.
- **Elección de líder de la cadena de valor piloto:** esta es una de las definiciones más importantes de toda la estrategia Lean Company. Se requiere una persona con las siguientes características:

Conocimiento

meses — Prep. | Piloto | Despliegue | Continúa

	No.	Actividad	Entregable	Quién	Tiempo
Entrenamiento	1	Lean Management	Directivos entrenados C > 80	E.D	16 hrs.
	2	White Belt	100 % entrenado	Todo personal	8 hrs.
	3	Yellow Belt	20 - 50% certificados C > 80	Jefes, técnicos	40 hrs.
	4	Green Belt	10 % certificados C > 80	Gerentes, Ing.	80 hrs.
	5	Black Belt	3 % certificados	Ing. Mejora	120 hrs.
	6	Master Black Belt		Gerente Mejora	160 hrs.

Dirección

meses — Prep. | Piloto | Despliegue | Continúa

	Fase	No.	Actividad	Entregable	Quién	Tiempo
Liderazgo		1	Estrategia	Anuncio de la dirección y campaña	D.G	1-2 meses
				Diagnóstico inicial y de avance	E.D E.I	1-3 días
				Estrategia Hoshin	E.D E.I	2-3 semanas
				Definición de Proyectos	E.D E.I	3-4 semanas
				Box integral	E.D E.I	1-2 semanas
				Reuniones de trabajo	E.D E.I	1 semana
		2	Estructura	Análisis de familias	E.D E.I	1-2 semanas
				Diseño preliminar y ajustes	E.D E.I	2-3 semanas
				Selección de un piloto	E.D E.I	2-3 semanas
				Definición de roles y responsabilidades	E.D E.I	2 semanas
		3	Desarrollo de talento	Preparar a la organización	E.D E.I	3-4 semanas
				Identificar conocimiento crítico	D.T E.I	3-4 semanas
				Transferencia de conocimiento		continuo
				Verificar aprendizaje y éxito	D.T E.I	continuo

Tabla 6.2

meses

Cadenas de valor — Ingeniería de valor

Encabezado de meses: Prep. (1) · Piloto (2–11) · Despliegue (12–28) · Continúa

Fase	No.	Actividad	Entregable	Quién	Tiempo	1	2	3	4	5	6	7	8	9	10	11	12	13	14	15	16	17	18	19	20	21	22	23	24	25	26	27	28	Continúa
1		Básicos	Diagnóstico de la cadena de valor	E.V	1-3 semanas																													
			Value stream map	E.V E.I	1-3 semanas																													
			Box score	E.V	2-3 semanas				Continúa																									
			Tableros de información	E.V	2-3 semanas				Continúa																									
			Reuniones de trabajo	E.V - E.P	2-3 semanas																													
			Entrenamiento cruzado	E.V - E.P	4-8 semanas					Continúa									Continúa									Continúa					
			Trabajo estándar	E.V E.I	4-8 semanas								Continúa									Continúa										Continúa	
			Orden y limpieza (5 S's)	E.V E.I	8-12 semanas								Continúa									Continúa										Continúa	
2		Ciclos de adecuación	Análisis de modos de falla	E.V - E.P	1-2 semanas					Continúa									Continúa									Continúa					
			Solución de problemas	E.V - E.P	1-2 semanas						Continúa									Continúa									Continúa				
3		Ciclos de mejora	Eventos Kaizen - según restricción	E.V	3-4 meses																													Continúa
			Diseño - Lean Design	E.V E.I																													
			Comercial - Lean Comercial	E.V E.I																													
			Logística - Lean Logistics	E.V E.I																													
			Manufactura - Lean Manufacturing	E.V E.I																													
			Servicio - Lean Service	E.V E.I																													
			Contabilidad - Lean Accounting	E.V E.I																													
			Calidad - Lean Quality	E.V E.I																													
			Mantenimiento - Lean Maintenance	E.V E.I																													

meses

Soporte — Servicios compartidos

Encabezado de meses: Prep. (1) · Piloto (2–11) · Despliegue (12–28) · Continúa

Fase	No.	Actividad	Entregable	Quién	Tiempo	1	2	3	4	5	6	7	8	9	10	11	12	13	14	15	16	17	18	19	20	21	22	23	24	25	26	27	28	Continúa
1		Básicos	Value stream map	E.V	1-3 sem.																													
			Box score	E.V	2-3 sem.																													
			Tableros de información	E.V	2-3 sem.																													
			Reuniones de trabajo	E.V - E.P	2-3 sem.																													
			Entrenamiento cruzado	E.V - E.P	4-8 sem.														Continúa															
			Trabajo estándar	E.V E.I	4-8 sem.																													
			Orden y limpieza (5 S's)	E.V E.I	8-12 sem.																	Continúa												
2		Ciclos de adecuación	Análisis de modos de falla	E.V - E.P	1-2 sem.														Continúa									Continúa					
			Solución de problemas	E.V - E.P	1-2 sem.															Continúa									Continúa					
3		Ciclos de mejora	Eventos Kaizen - según restricción de C.V	E.V	3-4 meses																													Continúa
			Administración - Lean Admin.	E.V E.I																													
			Contabilidad general - Lean Accounting	E.V E.I																													
			Sistema de calidad - Lean Quality	E.V E.I																													
			Mantenimiento general - Lean Maint.	E.V E.I																													
			Sistemas - Lean iT	E.V E.I																													

Tabla 6.3

- Posee personalidad y actitud de gran liderazgo. Es querida y admirada.
- Conoce el proceso de principio a fin.
- Conoce las necesidades de los clientes.

- **Definición de responsabilidades:** cuando se asignan personas a una cadena de valor, estas deben conocer sus nuevas funciones y cumplir con el proceso en el que son expertos, pero también deben saber cómo integrarse de manera sistémica a dicha cadena de valor.

1.3   Desarrollo de talento

- **Preparar la organización:** definiendo la estructura y al responsable para desarrollar al máximo el conocimiento.
- **Identificación del conocimiento crítico de cada cadena de valor:** definiendo en cada proceso crítico cuáles son los pasos que deben documentarse y enseñarse.
- **Transferencia de conocimiento:** se preparan los materiales y a los entrenadores, y se lleva a cabo el entrenamiento.
- **Verificar el aprendizaje y éxito:** se verifica que el proceso de desarrollo de talento esté produciendo los resultados en los indicadores clave y si el personal trabaja con mayor satisfacción y seguridad.

1.4   Lanzamiento del proyecto

Para el lanzamiento del proyecto, es importante detener las actividades y que la Dirección general dé un mensaje expresando el momento por el que pasa la compañía. Esto permitirá a todos ser conscientes del reto que habrá en la implementación y los resultados esperados.

También es fundamental que la Dirección solicite la colaboración activa y participativa de los colaboradores, para desarrollar una mejor manera de trabajar, basada en principios de respeto a las personas y en un trabajo esforzado. Esto llevará a la empresa a niveles nunca antes vistos y estará a la altura de los retos que el mercado global impone. Asimismo, se explicarán brevemente los pasos a seguir y lo que se espera de los colaboradores en el piloto y despliegue. Por supuesto, es importante hablar del apoyo de la Dirección para el logro de dichos objetivos.

Si la empresa es muy grande, es recomendable que los directivos de las diferentes plantas o divisiones lleven a cabo este evento en cascada con los equipos de colaboradores de todas las áreas.

2 Fase piloto

Desarrollar un caso interno de éxito servirá para practicar las metodologías y herramientas con las que estamos entrenando y para romper algunos paradigmas que les permitan a todos convencerse de los beneficios de la forma de trabajar y del resultado.

2.1 Equipo directivo

Durante la fase piloto, el equipo directivo da seguimiento a los resultados de la compañía y de la cadena de valor piloto, asistiendo a las reuniones de planta, a las reuniones de la cadena de valor piloto y revisando el cuadro de resultados global cada mes. Además, trabaja en el diseño de la compañía por cadenas de valor siguiendo muy de cerca el efecto de los cambios y el trabajo de los equipos multidisciplinarios asignados al piloto.

Asimismo, el equipo directivo proporciona los recursos y da seguimiento al sistema de desarrollo de talento, que inicialmente se lleva a cabo en el proceso piloto y en el que normalmente el gerente de recursos es el líder.

2.2 Equipo de la cadena de valor piloto y equipo implementador

El equipo implementador está formado por un líder del equipo, responsables de diseño, ventas, mercadotecnia, logística, manufactura, servicios, calidad, mantenimiento, contabilidad, ingeniería de mejora, etc.

Cadenas de valor

Fase	Núm.	Actividad	Entregable	Quién	Tiempo	Prep. (1-2)	Piloto (3-11)	Despliegue (12-28)
Ingeniería de valor	1	Básicos	Diagnóstico de la cadena de valor	E.V	1-3 semanas			
			Value stream map	E.V E.I	1-3 semanas			
			Box score	E.V	2-3 semanas		Continúa	
			Tableros de información	E.V	2-3 semanas		Continúa	
			Reuniones de trabajo	E.V - E.P	2-3 semanas			
			Entrenamiento cruzado	E.V - E.P	4-8 semanas		Continúa	Continúa … Continúa
			Trabajo estándar	E.V E.I	4-8 semanas		Continúa	Continúa … Continúa
			Orden y limpieza (5 S's)	E.V E.I	8-12 semanas		Continúa	Continúa … Continúa
	2	Ciclos de adecuación	Análisis de modos de falla	E.V - E.P	1-2 semanas		Continúa	Continúa … Continúa
			Solución de problemas	E.V - E.P	1-2 semanas		Continúa	Continúa … Continúa
	3	Ciclos de mejora	Eventos Kaizen - según restricción	E.V	3-4 meses			
			Diseño - Lean Design	E.V E.I				
			Comercial - Lean comercial	E.V E.I				
			Logística - Lean Logistics	E.V E.I				
			Manufactura - Lean Manufacturing	E.V E.I				
			Servicio - Lean Service	E.V E.I				
			Contabilidad - Lean Accounting	E.V E.I				
			Calidad - Lean Quality	E.V E.I				
			Mantenimiento - Lean Maintenance	E.V E.I				

(En el extremo derecho de la tabla, orientado verticalmente: Continúa)

Tabla 6.4

Tiene como responsabilidad integrar todas las funciones requeridas para llevar al cliente el producto o servicio desde el pedido hasta la entrega y responsabilizarse de los resultados de calidad, productividad, costo, entrega y ganancia.

2.3   Equipo implementador

Se dedica exclusivamente al seguimiento de las estrategias y la implementación de Lean Company, ayudando, en conocimiento y dedicación, al equipo de la cadena de valor piloto a cumplir todas las actividades y eventos de mejora. Son quienes más adelante serán certificados como Black Belts y Master Black Belts, y es esencial su participación activa, ya que dirigen el proceso de implementación de métodos y herramientas.

2.4   Contratación de un guía externo

La compañía puede contratar a guías externos cuando no cuenta con el conocimiento profundo interno, quiere lograr resultados más concretos y no desea perder tiempo en el aprendizaje de la aplicación. La recomendación es que no contrate consultores de escritorio; deben ser personas que enseñen con la práctica para demostrar cómo hacerlo mediante la participación activa. Asimismo, debe asegurarse de que el equipo implementador asimila todo el conocimiento para evitar depender de los guías externos en el futuro.

Durante el desarrollo de la fase piloto, el equipo implementador continúa su entrenamiento Yellow Belt e inicia la aplicación de las herramientas básicas y la ejecución de ciclos de adecuación y mejora conforme se definió en la valoración *(assessment)*. En esta fase puede haber ajustes al plan de ejecución, pues quizás habrá situaciones que hayan cambiado.

| Procesos de la cadena de valor | Metodología | Caja de herramientas (tool kit) | | |
	Procesos y oficinas	Básicas:	Ciclos de Adecuación:	Ciclos de Mejora:
Diseño	Lean Design	VSM: Mapa actual y futuro		Células: Para flujo continuo
Comercial: Ventas y mercadotecnia	Lean Commercial	BOX SCORE: Para analizar indicadores críticos		SMED: Preparaciones rápidas
Logística: Planeación, compras, almacenes, envíos	Lean Logistics	Andon: Tableros y elementos visuales		Kanban: Sincronización material/información
Manufactura	Lean Manufacturing	Juntas efectivas: Integración de equipos	AMEF: Prevención	TPM: Mantenimiento productivo
Servicio	Lean Service	Entrenamiento cruzado: Multihabilidades	3 D´s: Solución de problemas	Poka Yoke: Enviar errores, mejorar calidad
Contabilidad: Financiera, Adminsitrativa, Costos	Lean Accounting	Trabajo estándar: Instructivos, etc		Control estadístico: Control de procesos
Calidad	Lean Quality	5 S´s: Orden y limpieza		6 Sigma: Reducir variación, problemas complejos
Mantenimiento	Lean Maintenance	Admin. del tiempo: Productividad personal		Innovación: TRIZ, Ing. Valor, Diseño robusto
Sistemas	Lean IT			

Tabla 6.5

Los operadores de servicio o manufactura del proceso piloto desarrollan actividades normales de trabajo y también participan en la implementación de los cambios, ya que son ellos quienes principalmente llevan a cabo las actividades primarias de la cadena de valor.

2.5 Implementar herramientas básicas en procesos piloto

- **Valoración** *(assessment):* los instructores guías llevarán a cabo, junto con el equipo implementador, un mapa de valor, el análisis de la demanda, obtendrán el *takt time* (ritmo de demanda y producción), la capacidad del proceso, determinarán el cuello de botella y describirán todos los desperdicios, sobrecarga y variabilidad, así como las oportunidades.
- **Mapa futuro y plan de eventos *kaizen:*** se desarrollan para implementar las herramientas necesarias a partir de la valoración *(assessment)* realizada en la etapa de preparación.
- ***Box score:*** para evaluar semanalmente los indicadores clave de la cadena de valor piloto.
- **Andon:** tableros y medios de comunicación visual.
- **Reuniones:** para desarrollar un equipo autodirigido de operaciones, cadenas de valor y de la dirección.
- **Trabajo estándar:** documentar conocimiento crítico de los procesos piloto.
- **Entrenamiento cruzado:** para definir el conocimiento y el programa de entrenamiento.
- **Orden y limpieza (5 S):** durante el piloto puede implementar las 5 S solo en áreas específicas o en todas las áreas de la empresa. Se recomienda que las personas que no pertenecen a las áreas piloto inicien la implementación de orden y limpieza para prepararse para el despliegue y, aunque solo se implementarán las herramientas en el área piloto, también participen en el cambio de cultura.

Si no somos capaces de implementar al menos las 5 S, será imposible implementar cualquier otra cosa.

En la fase de preparación debemos tomar, definir y mapear las áreas que implementarán las 5 S; definir áreas de cuarentena y capacitar al personal en 5 S, entre otros temas.

2.6 Desarrollar ciclos de adecuación para el control

- **AMEF:** para identificar y analizar los posibles errores del proceso con la finalidad de generar acciones de prevención.

- **3 D, solución de problemas:** para corregir problemas cuando estos se presenten.

2.7 Desarrollo de ciclos de mejora

- **Trabajo celular:** para minimizar los tiempos de entrega, mejorar la calidad y la comunicación.
- **Preparaciones rápidas:** para minimizar el tiempo de entrega, aumentar flexibilidad, etc.
- *Kanban:* para sincronizar las operaciones internas y externas, y conseguir que nunca se detenga el proceso por falta de material o información.
- **TPM:** para desarrollar mantenimiento productivo, evitar errores en equipos y sistemas, reducir costos, etc.
- *Poka yoke:* para asegurar la calidad desde los procesos.
- **CEP:** para controlar la calidad en puntos donde se requiere control estadístico.
- **Six sigma:** para reducir la variación.

2.8 El resto de la compañía

Durante la implementación piloto, si la compañía tiene más de una cadena de valor, los colaboradores de las demás áreas o procesos que no fueron elegidos para llevar a cabo el piloto realizan las siguientes actividades:

- Implementación de las 5 S en sus áreas.
- Capacitación de los diferentes niveles (White, Yellow, Green, Black Belt, etc.).
- Capacitación en especialidades: Lean Accounting, Lean Logistics, Lean Design, etc.
- Siguen de cerca la implementación piloto y sus resultados.
- Ayudan a promover el sistema entre sus colaboradores.

3 Despliegue (Lean Company)

El despliegue es la expansión de la implementación en todas las demás cadenas de valor, utilizando las lecciones aprendidas en el piloto.

- **Requisitos para un buen despliegue**
    - Personal entrenado en la metodología y herramientas.
    - Piloto con resultados interesantes y objetivos alcanzados.

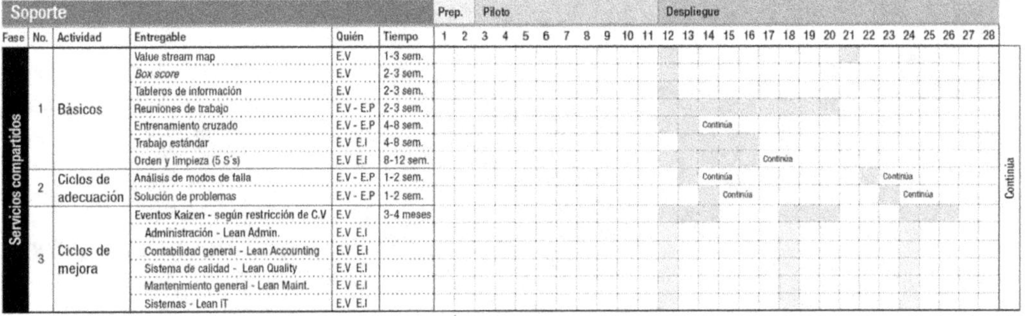

Soporte						Prep.	Piloto		Despliegue		
Fase	No.	Actividad	Entregable	Quién	Tiempo	1 2	3 4 5 6 7 8 9 10 11	12	13 14 15 16 17 18 19 20 21	22 23 24 25	26 27 28
Servicios compartidos	1	Básicos	Value stream map	E.V	1-3 sem.						
			Box score	E.V	2-3 sem.						
			Tableros de información	E.V	2-3 sem.						
			Reuniones de trabajo	E.V - E.P	2-3 sem.						
			Entrenamiento cruzado	E.V - E.P	4-8 sem.				Continúa		
			Trabajo estándar	E.V E.I	4-8 sem.						
			Orden y limpieza (5 S's)	E.V E.I	8-12 sem.				Continúa		
	2	Ciclos de adecuación	Análisis de modos de falla	E.V - E.P	1-2 sem.				Continúa	Continúa	
			Solución de problemas	E.V - E.P	1-2 sem.				Continúa	Continúa	
	3	Ciclos de mejora	Eventos Kaizen - según restricción de C.V	E.V	3-4 meses						
			Administración - Lean Admin.	E.V E.I							
			Contabilidad general - Lean Accounting	E.V E.I							
			Sistema de calidad - Lean Quality	E.V E.I							
			Mantenimiento general - Lean Maint.	E.V E.I							
			Sistemas - Lean IT	E.V E.I							

Tabla 6.6

- Equipo directivo comprometido en tiempo y recursos.
- Realizar el diagnóstico inicial para cada cadena de valor.
- Documentar y fotografiar la situación inicial para definir la línea base.

- **Actividades de la dirección**
  - Adecuación del plan estratégico.
  - Seguimiento continuo a proyectos y resultados.
  - Caminatas *gemba* (en los procesos clave de la empresa).
  - Diseño completo de la estructura por cadenas de valor.
  - Definición y adecuación de responsabilidades.
  - Consolidación del sistema de desarrollo de talento.

- **Actividades de las cadenas de valor**
  - La cadena de valor piloto continúa su evolución hacia la perfección desarrollando ciclos de adecuación, mejora e innovación y aplicando las herramientas cada vez con mayor habilidad y confianza.
  - El resto de las cadenas de valor inicia con la implementación de las herramientas básicas y el desarrollo de ciclos de adecuación y desarrollo.

- **Actividades del equipo de soporte**
  Cuando no se ha integrado a todo el personal a las cadenas de valor, puede conformarse un equipo de soporte que, como su nombre lo indica, apoyará a todas las cadenas de valor, dado que son actividades que se necesitan de forma compartida y porque la naturaleza de los procesos o del mercado así lo requiere.

Capítulo 7
Diagnóstico

1   Objetivo y antecedentes

El diagnóstico de la compañía permite entender en qué nivel se encuentra en
Lean Company para definir sus áreas de mejora y su plan maestro de implementación.

Generalmente, cuando las empresas implementan Lean Manufacturing, o cualquier sistema de mejora, llevan a cabo entrenamientos y eventos *(kaizen)* con las
herramientas que consideran necesarias, pero es muy raro que exista un plan formal
de implementación en el que se ataquen las áreas clave de resultados y se tenga claro
el camino para lograr un cambio cultural.

2   ¿Qué es el diagnóstico Lean Company y para qué sirve?

Es un modelo de evaluación para definir el nivel de entendimiento y aplicación de
Lean Company en las áreas clave de la empresa, que deben integrarse en un enfoque
sistémico.

Sirve para entender los requerimientos de un sistema Lean, para evaluar el nivel
de avance como compañía, en cada cadena de valor y en cada proceso.

El diagnóstico que se realizará al principio para establecer el estado inicial, conforme se avance en la implementación, se deberá actualizar, registrando las fechas
en las que se logra alcanzar el siguiente nivel.

La diferencia entre lo que se debe cumplir y el estado actual puede convertirse
en el plan de trabajo a desarrollar.

Cuando la empresa demuestra consistencia en el resultado sostenido del nivel de excelencia al menos durante seis meses, puede obtener una certificación «Lean Company» para la compañía.

Cada cadena de valor también puede recibir una certificación cuando ha logrado mantener todos los requisitos en niveles de excelencia.

Cada uno de los subprocesos que integran las cadenas de valor también obtienen un certificado que reconoce la consecución de los resultados.

El diagnóstico será utilizado para evaluar las condiciones iniciales de la compañía en el arranque de la fase de preparación; y se recomienda que se lleve a cabo cada seis meses, al menos, para conocer la evolución.

3   ¿Quiénes participan?

- Equipo directivo: es el responsable de dirigir el esfuerzo de implementación y será el más interesado en analizar el resultado del diagnóstico inicial, así como el que se desarrolla semestralmente.
- Equipo implementador: es el responsable de dirigir la correcta implementación de la metodología y herramientas, así como de aplicar el presente diagnóstico a la dirección general y a los líderes de cada cadena de valor.
- Equipo de cada cadena de valor: dan todo el soporte necesario para que el diagnóstico se realice de manera totalmente imparcial y los colaboradores que se evalúan contribuyan con su máximo esfuerzo.

4   ¿Cómo se realiza el diagnóstico?

Está dividido en tres grandes áreas:

- Diagnóstico de la compañía. Se analizan aspectos globales de ésta.
- Diagnóstico de las cadenas de valor. Se analizan aspectos que integran cada una de las cadenas de valor.
- Diagnósticos de subprocesos de la cadena de valor. Se analizan los procesos que se realizan dentro de las cadenas de valor.

4.1   Diagnóstico de la compañía

El diagnóstico de la compañía consta de elementos que deben cumplirse en esta. Son aspectos para toda la empresa, cuya finalidad es desarrollar una cultura de trabajo colaborativo y sistémico. Representa las bases de lo que debe cumplirse para empezar a construir una mentalidad de compañía ágil, que permita la correcta implementación de metodologías y herramientas en las cadenas de valor de la compañía y cada uno de los procesos que las integran.

El diagnóstico de la compañía se realiza, para toda la empresa, al principio de la implementación, durante la fase de preparación. A partir de ahí, se repite cada seis meses para asegurar el avance hacia la excelencia.

En el diagnóstico de la compañía se evalúan los siguientes elementos:

- **Estrategia**
  - Enfoque al cliente.
  - Planificación estratégica.
  - Planificación táctica.
  - Comunicación de la estrategia.
  - Seguimiento de proyectos.
  - Seguimiento de resultados.

- **Estructura**
  - Diseño de la estructura.
  - Definición de roles y responsabilidades.
  - Comunicación.
  - Resultados.
  - Toma de decisiones.

- **Desarrollo de talento**
  - Atracción de talento.
  - Desarrollo de talento.
  - Maduración.

- **Certificación**
  Si la compañía ha mantenido la consistencia en los valores de excelencia por lo menos un año, puede recibir una certificación por medio de Lean Six Sigma Institute. Puede aspirar a renovaciones anuales si demuestra la consistencia de los resultados en evidencia y actitud.

En el formato deberá capturar la calificación dentro de los cinco niveles marcados, como tradicional, inicio, despliegue, maduración y excelencia. Para identificar qué calificación le corresponde, encontrará una guía que indica los escenarios en los que deberá colocarse para elegir el que más se acerque a la situación actual.

Diagnóstico de la compañía

Estrategia	1 Tradicional	2 Inicio	3 Despliegue	4 Maduración	5 Excelencia	Calificación
Enfoque al cliente		11-ene-13				2
Planeación estratégica	11-ene-13					1
Planeación táctica	11-ene-13					1
Comunicación de la estrategia	11-ene-13					1
Seguimiento a proyectos			11-ene-13			3
Seguimiento a resultados		11-ene-13				2
Estructura	Tradicional	Inicio	Despliegue	Maduración	Excelencia	Calificación
Diseño de la estructura	11-ene-13					1
Definición de roles y responsabilidades		11-ene-13				2
Comunicación	11-ene-13					1
Resultados		11-ene-13				2
Toma de decisiones			11-ene-13			3
Desarrollo de talento	Tradicional	Inicio	Despliegue	Maduración	Excelencia	Calificación
Atracción de talento		11-ene-13				2
Desarrollo de talento	11-ene-13					1
Maduración	11-ene-13					1

Tabla 7.1

Lean Company: Diagnóstico de la empresa

Figura 7.1

Requisito	1 Tradicional	2 Inicio	3 Despliegue	4 Maduración	5 Excelencia
Enfoque al cliente	Generalmente no conocemos la demanda real de nuestros productos o servicios, y nos basamos en pronósticos de demanda, para tratar de acertar a lo que debemos producir o dar servicio y regularmente fallamos en tiempo de entrega, calidad o servicio. Tampoco conocemos con certeza nuestra capacidad de producir u otorgar servicios. No se conocen a detalle ni se documentan las necesidades actuales ni futuras del cliente y no hay una relación consistente entre las necesidades de los clientes con las estrategias.	Se empiezan a conocer la demanda y la capacidad real del proceso piloto lo que permite iniciar el entendimiento de las necesidades reales del mercado y las necesidades específicas de los clientes, mismas que son documentadas normalmente. También se ha detectado la restricción y se empieza a trabajar para mejorar enfocado en lo que el cliente necesita y para elevar el nivel de rentabilidad.	Conocemos completamente la demanda y la capacidad de cada cadena de valor y las necesidades del cliente son documentadas formalmente para definir acciones concretas para mejorar en el proceso de la cadena de valor que resulte en beneficios concretos para el cliente.	Nos hemos convertido en un proveedor confiable ya que conocemos muy bien las necesidades de nuestros clientes y somos capaces de lograr >95% de entregas a tiempo y calidad, tenemos sólidas relaciones con clientes, nuevos clientes nos buscan por ser una buena opción, nuestros servicios están integrados con nuestros productos. Conocemos muy bien las necesidades de nuestros clientes y se dan a conocer todos los colaboradores.	Somos la mejor opción del mercado en calidad, precio y nivel de entrega (>99%), tenemos relaciones muy sólidas con clientes actuales. Tenemos un completo conocimiento del mercado y marcamos las nuevas tendencias, somos el benchmark de la industria.

Tabla 7.2

Por ejemplo: en la estrategia, en el enfoque al cliente, encontramos que el escenario que más se parece a la situación actual es el 2, correspondiente al inicio. En la hoja de respuestas capturamos la fecha en la que se definió dicho nivel y en la columna de calificaciones, el valor 2, para que la hoja de cálculo actualice el gráfico de radar.

4.2   Diagnóstico de las cadenas de valor

Cada cadena de valor es una unidad de negocio de la compañía, que se caracteriza por desarrollar productos o servicios que pasan por procesos muy similares y que integran los procesos necesarios para llevar al cliente un producto o servicio, desde que llega el pedido hasta el envío y cobro.

El diagnóstico de la cadena de valor debe realizarse al principio de la implementación. Una vez que inicia la implementación de Lean Company, deberá continuar su evaluación por lo menos cada seis meses, para identificar los avances y el estado actual. En el diagnóstico de cada cadena de valor se evalúan los siguientes elementos básicos:

- Estrategia de la cadena de valor.
- Cuadro de resultados *(box score).*
- Valoración de las restricciones *(assessment).*
- Oficina de valor.
- Reuniones de cadena de valor.
- Reuniones de los equipos operativos.

Diagnóstico de la cadena de valor

Nombre de la cadena de valor

Elementos básicos	1 Tradicional	2 Inicio	3 Despliegue	4 Maduración	5 Excelencia	Calificación
Estrategia de la cadena de valor		11-ene-13				2
Box score		11-ene-13				2
Valoración de las restricciones		11-ene-13				2
Oficina de valor	11-ene-13					1
Reuniones de cadena de valor		11-ene-13	11-ene-13			2
Reuniones operativas	11-ene-13					1
Tableros de información	11-ene-13					1
Orden y limpieza		11-ene-13				2
Trabajo estándar		11-ene-13				2
Entrenamiento cruzado		11-ene-13				2
Ciclos de adecuación	Tradicional	Inicio	Despliegue	Maduración	Excelencia	Calificación
Acciones correctivas	11-ene-13					1
Acciones preventivas		11-ene-13				2
Ciclos de mejora	Tradicional	Inicio	Despliegue	Maduración	Excelencia	Calificación
Participación en las mejoras		11-ene-13				2
Mejoras en procesos	11-ene-13					1
Mejoras con clientes y proveedores	11-ene-13					1

Tabla 7.3

Cadena de valor

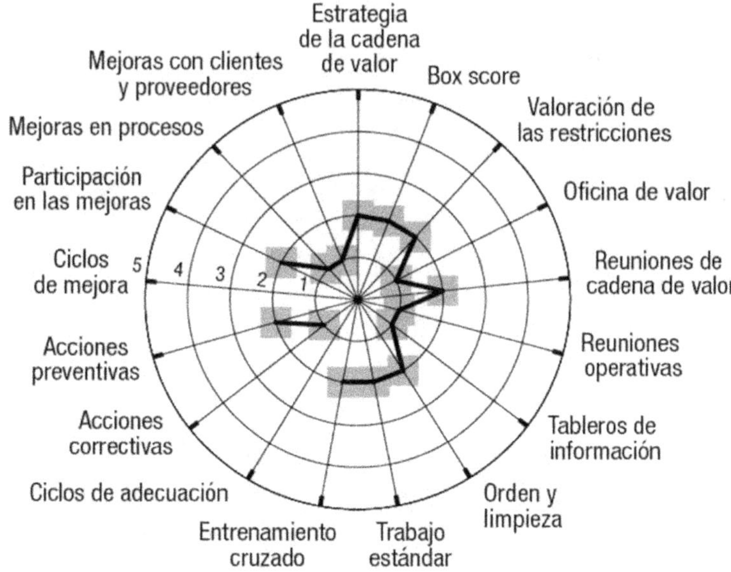

Figura 7.2

- Tableros de información.
- Orden y limpieza (5 S).
- Trabajo estándar.
- Entrenamiento cruzado.

Es muy importante evaluar cada seis meses, por lo menos, el progreso de cada cadena de valor de la compañía.

4.2.1   Certificación de la cadena de valor

Si la cadena de valor ha logrado mantener un resultado de excelencia, es decir, de 5 puntos en todos sus elementos, entonces puede presentarse para recibir una certificación internacional del Lean Six Sigma Institute, en la que se reconoce el trabajo de los integrantes de la cadena de valor y se promueve ante clientes y sociedad para distinguir su capacidad de entregar valor.

4.3   Diagnósticos de subprocesos de la cadena de valor

Cada subproceso que forma las cadenas de valor debe evaluarse para asegurar que funciona en un enfoque sistémico. Cada cadena de valor puede estar formada por los siguientes subprocesos:

- Diseño.
- Comercial: mercadotecnia y ventas.
- Logística: planificación, compras, almacenes, envíos.
- Manufactura.
- Servicios.
- Contabilidad.
- Calidad.
- Mantenimiento.
- Sistemas.

4.3.1   Diseño

Este subproceso solo se aplica a las empresas que diseñan productos o servicios como una cadena de valor para todas las cadenas de valor de una compañía, y para vender servicios de diseño a otras empresas; o bien, como un subproceso que se integra a las cadenas de valor porque son específicamente compatibles con el tipo de productos de cada cadena de valor.

Diagnóstico de Diseño

Nombre de la empresa

Nombre de la cadena de valor

Elementos	1 Tradicional	2 Inicio	3 Confiable	4 Competente	5 Excelencia	Calificación
Integración a las cadenas de valor	11-ene-13					1
Elementos básicos Lean		11-ene-13				2
Soluciones de problemas de diseño		11-ene-13				2
Prevención de fallas de diseño	11-ene-13					2
Metodología de diseño	11-ene-13					2
Mejora de proceso de diseño	11-ene-13					2
Prototipos	11-ene-13					1
Introducción a manufactura	11-ene-13					1
Validación	11-ene-13					1
Control de cambios		11-ene-13				2

Tabla 7.4

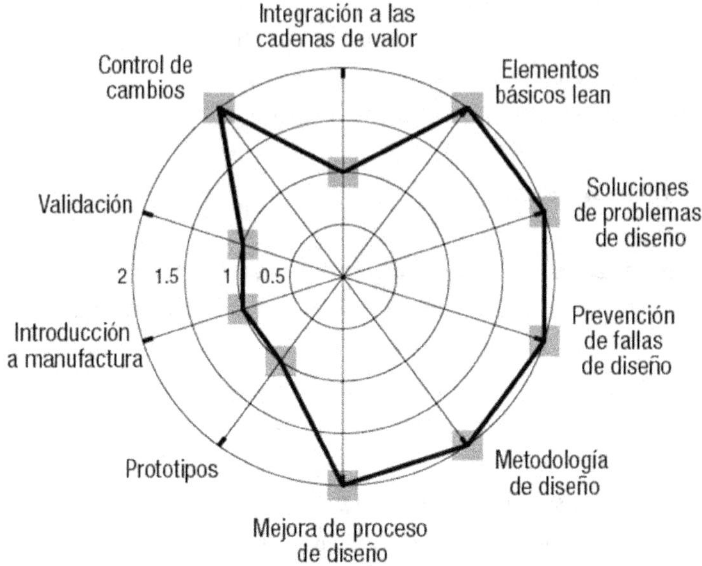

Figura 7.3

Para el proceso de diseño se evalúan los siguientes elementos:

- Integración sistémica.
- Elementos básicos Lean que deben estar presentes en diseño.
- Solución de problemas de diseño.
- Prevención de errores de diseño de producto o servicio para mantener la continuidad.
- Metodología utilizada para diseñar y mejorar diseños.
- Desarrollo de prototipos.
- Introducción a la manufactura.
- Validación de parámetros de diseño y manufactura para asegurar calidad.
- Control de cambios para documentar las versiones y su historial.

- **Certificación**

  El proceso de diseño recibirá una certificación en Lean Design, emitida por el Lean Six Sigma Institute, cuando demuestre que ha logrado mantener los valores en nivel de excelencia en todos los requisitos de diseño.

4.3.2   Comercialización

El subproceso comercial es parte muy importante del desarrollo de Lean Company, ya que aquí se generan la demanda y las ventas. Para integrarlo como un eslabón en la cadena de valor debemos empezar evaluando su nivel de avance.

El subproceso comercial puede estar incluido en cada una de las cadenas de valor, también puede ser una actividad que sirva a todas las cadenas de valor cuando los clientes a los que les llegan los productos o servicios de las cadenas de valor son los mismos.

La comercialización incluye:

- **Mercadotecnia.** Se encarga de atraer a los clientes.
- **Ventas.** Es responsable de vender y mantener a los clientes.

El diagnóstico del subproceso comercial evalúa los siguientes elementos:

- **Elementos generales**
  - Integración a las cadenas de valor.
  - Solución de problemas de mercadotecnia.
  - Prevención de errores en el proceso de la cadena de valor.
  - Ciclos de mejora.

Diagnóstico comercial

Nombre de la empresa

Nombre de la cadena de valor

Elementos básicos Lean	1 Tradicional	2 Inicio	3 Confiable	4 Competente	5 Excelencia	Calificación
Integración	11-ene-13					1
Elementos básicos Lean		11-ene-13				2
Solución de problemas			11-ene-13			3
Prevención de fallas		11-ene-13				2
Ciclos de mejora	11-ene-13					1
Mercadotecnia	Tradicional	Inicio	Confiable	Competente	Excelencia	Calificación
Encuestas de mercado	11-ene-13					1
Desarrollo de estrategias	11-ene-13	11-ene-13				1
Lanzamiento de campañas	11-ene-13					1
Definición de precios	11-ene-13					1
Ventas	Tradicional	Inicio	Confiable	Competente	Excelencia	Calificación
Manejo de clientes		11-ene-13				2
Prospectación				11-ene-13		4
Cotizaciones				11-ene-13		4
Negociación			11-ene-13			3
Ventas basadas en la demanda		11-ene-13				2

Tabla 7.5

Figura 7.4

- **Mercadotecnia**
  - Encuestas de mercado.
  - Desarrollo de estrategias de mercadotecnia.
  - Lanzamiento de campañas de mercadotecnia.
  - Definición de precios.

- **Ventas**
  - Gestión de clientes.
  - Búsqueda de prospectos.
  - Cotizaciones.
  - Negociación.
  - Continuidad de ventas.

El equipo de la cadena de valor, acompañado del equipo implementador, realizará el diagnóstico cada seis meses. Ejemplo:

- **Certificación**
  El proceso de diseño recibirá una certificación en Lean Commercial, emitida por el Lean Six Sigma Institute, cuando demuestre que ha logrado mantener los valores en nivel de excelencia en los requisitos de mercadotecnia y ventas.

4.3.3   Logística

Lean Company busca la integración de los elementos que manejan la información, los materiales y los envíos en un solo elemento que se integra a la empresa, para asegurar que la comunicación sea fluida y los procesos de producción o servicios nunca se detengan en la entrega de valor hacia el cliente.

En el diagnóstico de Lean Logistics, evaluaremos los siguientes elementos:

- **Elementos generales**
  - Integración de planificación, compras, almacenes y envíos en el sistema.
  - Elementos básicos de orden y limpieza, trabajo estándar, reuniones de equipos, etc.
  - Solución de problemas de logística.
  - Prevención de problemas de la cadena de valor ocasionados por logística.
  - Metodología de mejora de los procesos de logística.

- **Planificación**
  - Planificación de recursos para integrar la planificación de ventas, operaciones y finanzas.

Diagnóstico Lean Logistics

Nombre de la empresa

Nombre de la cadena de valor

	1	2	3	4	5	
Generales de logística	Tradicional	Inicio	Confiable	Competente	Excelencia	Calificación
Integración de logística	11-ene-13					1
Elementos básicos		11-ene-13				2
Solución de problemas			11-ene-13			3
Prevención de problemas		11-ene-13				2
Metodología de mejora	11-ene-13					1
Planeación	Tradicional	Inicio	Confiable	Competente	Excelencia	Calificación
Planeación de recursos	11-ene-13					1
Programación	11-ene-13					1
Seguimiento a las entregas	12-ene-13					2
Compras	Tradicional	Inicio	Confiable	Competente	Excelencia	Calificación
Negociación	11-ene-13					1
Clasificación		11-ene-13				2
Análisis de costos			11-ene-13			3
Coordinación		11-ene-13				2
Almacenes	Tradicional	Inicio	Confiable	Competente	Excelencia	Calificación
Diseño de los almacenes				11-ene-13		4
Establecimiento de las ubicaciones				11-ene-13		4
Recibo de materiales			11-ene-13			3
Manejo de materiales y productos		11-ene-13				2
Captura de entradas y salidas		12-ene-13				3
Conteos y precisión de inventario		13-ene-13				4
Envíos	Tradicional	Inicio	Confiable	Competente	Excelencia	Calificación
Preparación de envíos		15-ene-13				2
Coordinación de transporte		16-ene-13				2
Seguimiento		17-ene-13				2

Tabla 7.6

Figura 7.5

  - Programación de las compras, la producción y las entregas.
  - Seguimiento a las llegadas de los materiales y las salidas de los envíos.

- **Compras**
  - Negociación con proveedores.
  - Clasificación de los materiales.
  - Análisis de costos.
  - Coordinación de los envíos.

- **Almacenes**
  - Diseño de los almacenes.
  - Establecimiento de las ubicaciones.
  - Recibo de materiales.
  - Gestión de materiales y productos en proceso.
  - Captura de entradas y salidas.
  - Conteos y precisión de inventario.

- **Envíos**
  - Preparación de envíos.
  - Coordinación de transporte.
  - Seguimiento hasta su destino.

El equipo de la cadena de valor, acompañado del equipo implementador, realizará el diagnóstico cada seis meses. Ejemplo:

- **Certificación**
  El proceso de logística recibirá una certificación en Lean Logistics, emitida por el Lean Six Sigma Institute, cuando demuestre que ha logrado mantener los valores en nivel de excelencia al menos seis meses.

4.3.4   Manufactura

El proceso de manufactura se evaluará para determinar el estado actual y para llevar un registro de los avances de nivel en cada uno de los siguientes elementos:

- Integración sistémica.
- Elementos básicos.
- Valoración.
- Solución de problemas de manufactura que afectan la cadena de valor.

Diagnóstico Lean Manufacturing

Nombre de la empresa

Nombre de la cadena de valor

Elementos de manufactura	1 Tradicional	2 Inicio	3 Confiable	4 Competente	5 Excelencia	Calificación
Integración como cadena de valor	11-ene-13					1
Elementos básicos		11-ene-13				2
Valoración			11-ene-13			3
Solución de problemas		11-ene-13				2
Prevención de fallas	11-ene-13					1
Metodología de mejora	11-ene-13					1
Diseño del layout	11-ene-13					1
Materiales e información	11-ene-13					1
Secuenciación de la producción	11-ene-13					2
Balanceo	11-ene-13					1
Preparaciones y cambios	11-ene-13					1
Calidad en la fuente	11-ene-13					1
Cuidado de los equipos		11-ene-13				2
Flujo continuo			11-ene-13			3

Tabla 7.7

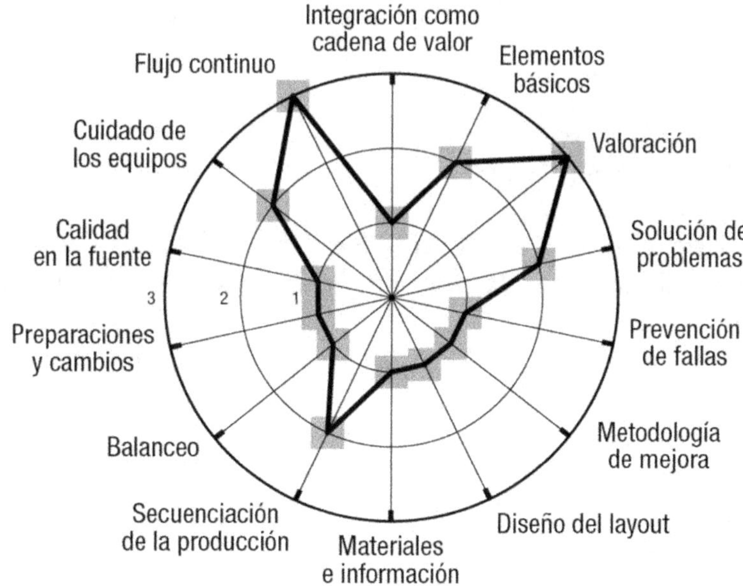

Figura 7.6

- Prevención de errores en la cadena de valor, ocasionados por manufactura.
- Metodología de mejora de los procesos de manufactura para aumentar el desempeño.
- Diseño del layout.
- Aseguramiento de los materiales y la información.
- Seguimiento de la secuencia de la producción.
- Preparaciones y cambios.
- Calidad en la fuente.
- Cuidado de los equipos.
- Flujo continuo.

El equipo de la cadena de valor, apoyado por el equipo implementador, lleva a cabo el siguiente diagnóstico semestralmente.

- **Certificación**
  Recibirá una certificación de Lean Manufacturing, emitida por el Lean Six Sigma Institute, cuando demuestre que ha logrado mantener los valores en nivel de excelencia al menos seis meses.

4.3.5 Servicio

Cuando la empresa se centra en el servicio o alguna de las cadenas de valor está dedicada al servicio, se aplicará el diagnóstico de Lean Service para evaluar los siguientes elementos:

- Integración sistémica.
- Elementos básicos.
- Valoración.
- Solución de problemas de servicios que afectan a la cadena de valor.
- Prevención de errores en la cadena de valor, ocasionados por la prestación del servicio.
- Metodología de mejora de los procesos de servicio para aumentar el desempeño.
- Gestión y cumplimiento de citas.
- Recepción de clientes.
- Preparaciones.
- Realización del servicio.
- Flujo continuo.
- Registro de salida.
- Seguimiento de la satisfacción.

Diagnóstico Lean Service

Nombre de la empresa

Nombre de la cadena de valor

	1	2	3	4	5	
Elementos de servicio	Tradicional	Inicio	Confiable	Competente	Excelencia	Calificación
Integración a la cadena de valor	11-ene-13					1
Elementos básicos		11-ene-13				2
Valoración			11-ene-13			3
Solución de problemas		11-ene-13				2
Prevención de fallas	11-ene-13					1
Metodología de mejora	11-ene-13					1
Manejo de citas	11-ene-13					1
Recepción de clientes	11-ene-13					1
Preparaciones		11-ene-13				2
Secuenciación de servicio		11-ene-13				1
Balance	11-ene-13					
Realización del servicio	11-ene-13					
Flujo continuo	11-ene-13					1
Cuidado de los equipos		11-ene-13				1
Registro de salida	11-ene-13					2
Seguimiento a la satisfacción		11-ene-13				
Calidad en la fuente			11-ene-13			3

Tabla 7.8

Figura 7.7

El equipo de la cadena de valor, con la guía del equipo implementador, desarrollará el diagnóstico de Lean Service semestralmente para evaluar el estado actual, así como los avances en el servicio. Ejemplo:

- **Certificación**
  Recibirá una certificación de Lean Service, emitida por el Lean Six Sigma Institute, cuando demuestre que ha logrado mantener los valores en nivel de excelencia al menos seis meses.

4.3.6   Contabilidad

El subproceso contable es un elemento crítico para la creación de empresas Lean, ya que es de vital importancia la constante evaluación del sistema en términos financieros y porque las decisiones de una compañía se sustentan en los resultados de negocio.

El diagnóstico contable evalúa los siguientes elementos:

- **Elementos generales**
  - Integración sistémica.
  - Elementos básicos Lean.
  - Solución de problemas.
  - Metodología de mejora.

- **Contabilidad administrativa**
  - Seguimiento de la estrategia del negocio.
  - Planificación y presupuestos.
  - Beneficios de los productos.

- **Contabilidad operativa**
  - Costos.
  - Nóminas.
  - Inventarios.
  - Análisis de las cadenas de valor.

- **Contabilidad financiera**
  - Facturación.
  - Cuentas pendientes de pago y compras.
  - Cuentas pendientes de cobro.
  - Crédito.
  - Estados financieros.

Diagnóstico Lean Accounting

Nombre de la empresa

Nombre de la cadena de valor

	1	2	3	4	5	
Elementos de servicio	Tradicional	Inicio	Confiable	Competente	Excelencia	Calificación
Integración	11-ene-13					1
Elementos básicos		11-ene-13				2
Solución de problemas		11-ene-13				2
Prevención de fallas	11-ene-13					1
Metodología de mejora	11-ene-13					1
Contabilidad administrativa	Tradicional	Inicio	Confiable	Competente	Excelencia	Calificación
Seguimiento a estrategia		11-ene-13				2
Planeación y presupuestos			11-ene-13			3
Utilidad de los productos			11-ene-13			3
Contabilidad operativa	Tradicional	Inicio	Confiable	Competente	Excelencia	Calificación
Costos	11-ene-13					1
Nómina	11-ene-13					
Inventarios	11-ene-13					1
Análisis de las cadenas de valor		11-ene-13				2
Contabilidad financiera	Tradicional	Inicio	Confiable	Competente	Excelencia	Calificación
Facturación	11-ene-13					1
Cuentas por pagar & compras	11-ene-13					1
Cuentas por cobrar		11-ene-13				2
Crédito	11-ene-13					1
Estados financieros		11-ene-13				2

Tabla 7.9

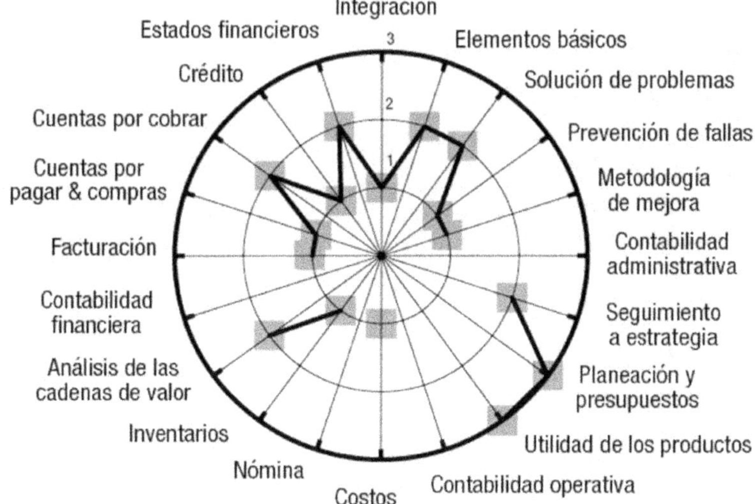

Figura 7.8

- **Certificación**

  Recibirá una certificación de Lean Accounting, emitida por el Lean Six Sigma Institute, cuando demuestre que ha logrado mantener los valores en nivel de excelencia al menos seis meses.

4.3.7   Calidad

Es un subproceso que permite el entendimiento de la diferencia entre lo que el cliente necesita y lo que la empresa es capaz de entregar, y asegura que la diferencia sea mínima cada vez. Para este proceso debemos pensar que la calidad no necesariamente debe estar en un departamento de calidad o un grupo de inspectores, sino en una verdadera ingeniería de los procesos y una implementación adecuada de controles que realicen personas que se encarguen de los procesos, además de la posibilidad de integrar las evaluaciones de calidad.

La intención de la evaluación es identificar áreas de mejora para integrar la calidad a todas las áreas del proceso, como parte de las actividades de manufactura o servicio, y que sea un esquema en el que de manera consistente se analicen los deseos y necesidades de los clientes, tanto en lo que necesitan como en lo que se les entrega que no necesitan y que puede estar agregando costo y recursos, pero no valor.

En calidad evaluamos los siguientes elementos:

- **Elementos generales**
  - Integración de calidad.
  - Elementos básicos.
  - Solución de problemas.
  - Prevención.
  - Metodología de mejora.

- **Necesidades del cliente**
  - Definición de necesidades.
  - Despliegue de calidad.
  - Sistema de calidad.

- **Calidad en los procesos**
  - Plan de control.
  - Calibración.
  - Inspección a la llegada.
  - Inspección en el proceso.
  - Inspección final.

Diagnóstico Lean Quality

Nombre de la empresa

Nombre de la cadena de valor

Elementos de servicio	1 Tradicional	2 Inicio	3 Confiable	4 Competente	5 Excelencia	Calificación
Integración	11-ene-13					1
Elementos básicos		11-ene-13				2
Solución de problemas		11-ene-13				2
Prevención	11-ene-13					1
Metodología de mejora	11-ene-13					1
Necesidades del cliente	Tradicional	Inicio	Confiable	Competente	Excelencia	Calificación
Definición de necesidades		11-ene-13				2
Despliegue de calidad			11-ene-13			3
Sistema de calidad			11-ene-13			3
Calidad en los procesos	Tradicional	Inicio	Confiable	Competente	Excelencia	Calificación
Plan de control	11-ene-13					1
Calibración	11-ene-13					
Inspección de recibo	11-ene-13					1
Inspección en el proceso						2
Inspección final		11-ene-13				1
Calidad de los proveedores	Tradicional	Inicio	Confiable	Competente	Excelencia	Calificación
Selección	11-ene-13					1
Desarrollo		11-ene-13				2
Certificación	11-ene-13					1

Tabla 7.10

Figura 7.9

- **Calidad de los proveedores**
  - Selección.
  - Desarrollo.
  - Certificación.

- **Definición de necesidad**

  El equipo de la cadena de valor, junto con el equipo implementador, llevan a cabo el siguiente análisis, en el que el ingeniero de procesos y calidad es el responsable de que los puntos se cumplan.

- **Certificación**

  Recibirá una certificación de Lean Quality, emitida por el Lean Six Sigma Institute, cuando demuestre que ha logrado mantener los valores en nivel de excelencia al menos seis meses.

4.3.8   Mantenimiento

El desarrollo de Lean Company requiere que el mantenimiento de las instalaciones, edificio y equipo de todo tipo se encuentre disponible siempre para asegurar la continuidad en la entrega de valor.

Ahora nos damos cuenta de que la responsabilidad del cuidado de nuestros equipos de trabajo, oficinas, e incluso vehículos, es propia y de un proceso de mantenimiento en el que confluyen de forma coordinada diferentes aspectos para conservar en óptimas condiciones los elementos que necesitamos para trabajar.

Cuando mantenimiento se integra en el sistema Lean, generalmente algunas responsabilidades quedan integradas en la cadena de valor y hay otras que tienen que realizarse desde un área de servicios compartidos. Esto sucede cuando las empresas tienen más de una cadena de valor, ya que siempre será necesario mantener edificios, equipos e instalaciones que utiliza toda la compañía y más de una sola cadena de valor.

Los elementos a evaluar son los siguientes:

- **Elementos generales**
  - Integración de mantenimiento al sistema.
  - Elementos básicos de orden y limpieza, ayudas visuales, etc.
  - Solución de problemas de mantenimiento.
  - Metodología de mejora de la efectividad de los equipos.

- **Mantenimiento autónomo**
  - Limpieza inicial.
  - Eliminación de errores o problemas por falta de limpieza.

Diagnóstico Lean Maintenance

Nombre de la empresa

Nombre de la cadena de valor

	1 Tradicional	2 Inicio	3 Confiable	4 Competente	5 Excelencia	Calificación
Elementos generales	Tradicional	Inicio	Confiable	Competente	Excelencia	Calificación
Integración	11-ene-13					1
Elementos básicos		11-ene-13				2
Solución de problemas		11-ene-13				2
Prevención	11-ene-13					1
Metodología de mejora	11-ene-13					1
Mantenimiento autónomo	Tradicional	Inicio	Confiable	Competente	Excelencia	Calificación
Limpieza inicial		11-ene-13				2
Eliminación de causas por falta de limpieza			11-ene-13			3
Lubricación			11-ene-13			3
Inspección de los líderes operativos		12-ene-13				2
Inspección autónoma	11-ene-13					1
Organización y aseo	11-ene-13					
Mantenimiento autónomo integral	11-ene-13					1
Mantenimiento prevent. y predictivo	Tradicional	Inicio	Confiable	Competente	Excelencia	Calificación
Análisis de fallas y actividades	11-ene-13					1
Definición de acciones y frecuencias	11-ene-13					1
Planeación de recursos	11-ene-13					1
Programa de mantenimiento		11-ene-13				2
Almacén de repuestos y herramientas	11-ene-13					1
Administración del mantenimiento	11-ene-13					1
Mantenimiento correctivo	Tradicional	Inicio	Confiable	Competente	Excelencia	Calificación
Correctivo por emergencia	11-ene-13					1
Correctivo planeado	11-ene-13					1

Tabla 7.11

Figura 7.10

- Lubricación.
- Inspección de los líderes operativos.
- Inspección autónoma.
- Organización y aseo.
- Mantenimiento autónomo integral.

- **Mantenimiento preventivo y predictivo**
  - Análisis de errores y actividades.
  - Definición de las acciones y frecuencias de mantenimiento preventivo y predictivo.
  - Planificación de recursos.
  - Programa de mantenimiento.
  - Almacén y administración de repuestos.
  - Seguimiento.

- **Mantenimiento correctivo**
  - Correctivo por emergencia.
  - Correctivo planeado.

En la figura 7.10, se muestra un ejemplo del diagnóstico Lean Maintenance.

- **Certificación**

  Recibirá una certificación de Lean Maintenance, emitida por el Lean Six Sigma Institute, cuando demuestre que ha logrado mantener los valores en nivel de excelencia al menos seis meses.

4.3.9   Sistemas

El área de tecnologías de información ahora tiene un papel determinante gracias al uso de la tecnología de comunicación y de información y a la manera en que los usuarios la aprovechan para agregar valor a los clientes.

En los últimos años, hemos pasado de la era de la información a la era de las decisiones basadas en la información. Antes era importante tener información, ahora las empresas tienen demasiada información y tecnología que, si no saben aprovechar, causará más daño que beneficio.

Lean IT es un concepto que busca agilizar las cadenas de valor en el servicio, la manufactura y la comunicación entre todos los elementos que componen el sistema. Y como la comunicación es la base en la que se sustenta Lean Company, este elemento deberá desarrollarse de manera muy efectiva.

Diagnóstico Lean IT

Nombre de la empresa

Nombre de la cadena de valor

	1 Tradicional	2 Inicio	3 Confiable	4 Competente	5 Excelencia	Calificación
Elementos generales						
Integración	11-ene-13					1
Elementos básicos		11-ene-13				2
Solución de problemas		11-ene-13				2
Prevención	11-ene-13					1
Metodología de mejora	11-ene-13					1
Administración	Tradicional	Inicio	Confiable	Competente	Excelencia	Calificación
Usuarios	11-ene-13					1
Tickets	11-ene-13					1
Órdenes de trabajo			11-ene-13			3
Entrenamiento	11-ene-13					1
Redes	11-ene-13					1
Telecomunicaciones			11-ene-13			3
Seguridad		11-ene-13				2
Hardware	11-ene-13					1
Software	11-ene-13					1
Desarrollo de aplicaciones	11-ene-13					1

Tabla 7.12

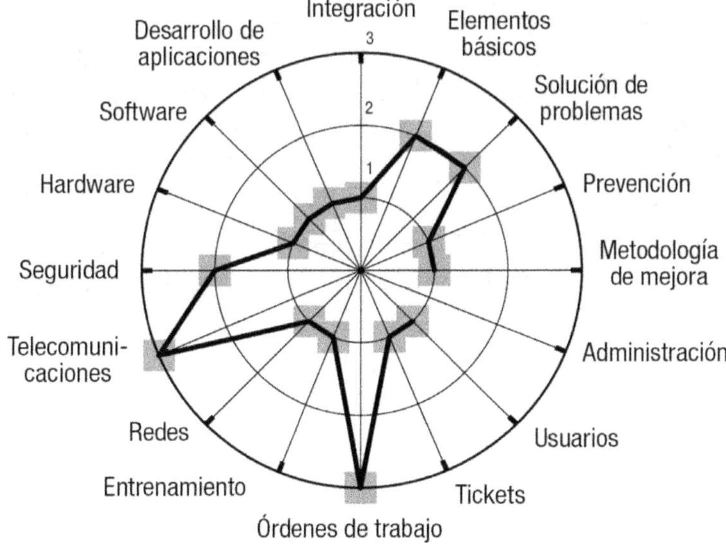

Figura 7.11

El diagnóstico de tecnologías de información (IT), evaluará los siguientes elementos:

- **Elementos generales**
  - Integración.
  - Elementos básicos.
  - Solución de problemas.
  - Prevención.
  - Metodología de mejora.

- **Administración**
  - Usuarios.
  - *Tickets.*
  - Órdenes de trabajo.
  - Entrenamiento.
  - Redes.
  - Telecomunicaciones.
  - Seguridad.
  - *Hardware.*
  - *Software.*
  - Desarrollo de aplicaciones.

El diagnóstico que se muestra en el ejemplo se realiza mediante servicios compartidos con tecnologías de información o sistemas. Se apoya en su guía, con el equipo implementador, que debe conocer el detalle de las evidencias que se pretenden lograr en este subproceso.

- **Certificación**
  Recibirá una certificación de Lean IT, emitida por el Lean Six Sigma Institute, cuando demuestre que ha logrado mantener los valores en nivel de excelencia al menos seis meses.

Capítulo 8

Casos de estudio: transformación Lean Company de una empresa de manufactura y servicio

En este capítulo, se presenta un caso conformado por una combinación de situaciones comunes en la implementación de Lean Company, que le servirá para visualizar lo que su equipo experimentará al llevar a cabo este proceso de transformación.

Este caso ha sido construido con la combinación de situaciones y casos comunes a las que nos enfrentamos, y que serán de utilidad para entender lo que puede suceder si implementa correctamente Lean Company.

1   Antecedentes

Se trata de una empresa de fabricación de piezas metálicas para alojar componentes electrónicos y productos plásticos de alta precisión.

- Principales clientes: ámbito aeroespacial, militar, automovilístico y de telecomunicaciones.
- Empleados: 450.
- Principales insumos: acero en hojas de metal, plástico virgen en *pellets*.
- Ventas anuales: 60 millones de dólares.

La compañía se fundó hace cuarenta años y durante los últimos treinta había sido muy exitosa, especialmente por su gran calidad y servicio al cliente, pues podía fabricar gran variedad de productos e integrar soluciones con productos de metal y plásticos, lo que permitía que los clientes que requerían los dos tipos de producto tuvieran un solo proveedor.

La empresa ha aumentado las ventas con clientes nuevos, pero los clientes de toda la vida han empezado a buscar nuevas opciones desde que la calidad ha bajado y nuevos competidores ofrecen mejores precios.

En los dos últimos años las ventas se han incrementado, pero extrañamente el flujo de efectivo se ha reducido, porque, para responder a la demanda, la compañía ha tenido que comprar más equipos y la deuda con los bancos ha aumentado. Los clientes pagan a 30 días, pero la cartera de cobro está por encima de los 90 días. La realidad es que la liquidez de sus proveedores también se ha reducido, principalmente porque poseen altos inventarios de productos sin desplazar, debido a que se venden altos volúmenes para conformar lotes económicos de producción.

Además, los clientes requieren nuevos productos, pero no hay forma de comenzar a fabricarlos, pues la empresa se ha dedicado a realizar trámites burocráticos para ampliar el crédito o vender la cartera vencida a los bancos para poder pagar.

Anteriormente la empresa fabricaba grandes cantidades de producto en no más de veinte modelos diferentes. Desde hace diez años, los clientes han empezado a pedir menores volúmenes de fabricación, pero mayor variedad de productos en cada pedido, lo que ha traído muchos problemas a la empresa, ya que, para responder a dichas necesidades, ha tenido que comprar más máquinas y pagar horas extras cuando es necesario, lo que ha subido los costos y también las deudas con los bancos.

Los clientes se quejan, principalmente, de la inconstante calidad y del largo tiempo de entregas; por ello, el director de operaciones ha decidido implementar Lean Manufacturing, ya que en un congreso de manufactura al que asistió pudo ver diversos casos de empresas que mejoraron de manera significativa gracias a este, y tiene la corazonada de que está ante una buena opción para resolver sus problemas. En general, los demás gerentes de la empresa están renuentes ante la implementación de Lean Manufacturing, ya que ha habido intentos con calidad total, reingeniería, mantenimiento productivo total, etc., con resultados poco satisfactorios, y esta iniciativa parece ser solo una nueva moda.

2   Situación inicial

En el diagnóstico inicial encontramos los siguientes indicadores y situaciones:

- **Calidad:** 4,5 % de los productos se rechazan internamente por no cumplir las especificaciones y 4,7 % los rechazan los clientes en su proceso de inspección. El costo de esos porcentajes equivale a más de 250 mil dólares anuales, lo que nos hace pensar que no es tan relevante hablar de porcentajes sino de costos de no calidad.

- **Tiempos de entrega:** 14 a 21 días en pedidos convencionales; 45 días en pedidos de nuevos productos.
- **Valor del inventario de producto terminado:** 11 millones de dólares. Efectividad total de los equipos: 70 %.
- **Estrategia:** no existe una estrategia formal, solo proyectos que se desarrollan para mejorar algunas áreas; por ejemplo, se han comprado e instalado dos máquinas nuevas para reducir los costos.
- **Estructura:** se trata de un organigrama funcional tradicional, con un director general con siete gerentes subordinados. A su vez, cada uno de ellos tiene por debajo los jefes de departamentos:

  - Gerente de recursos humanos: contratación, nóminas y capacitación.
  - Gerente de comercialización: ventas y mercadotecnia.
  - Gerente de nuevos productos: diseñadores.
  - Gerente de logística: compras, almacenes y envíos.
  - Gerente de operaciones: producción, mantenimiento, planificación, ingeniería.
  - Gerente de calidad: inspectores, sistemas de calidad.
  - Gerente de administración: contabilidad, finanzas, sistemas.

- **Desarrollo de talento:** existe una introducción inicial de dos días, en la que se da a conocer la empresa, las normas de seguridad, el sistema de calidad y la introducción a los procesos. A partir de ahí, solo se capacita informalmente durante periodos de prueba de tres meses, para aprobar la contratación definitiva. Los aumentos de sueldo se dan si los jefes de departamento lo solicitan y para ello se requieren las firmas del gerente del área, de recursos humanos y del director general.
- **Diseño:** generalmente es el cliente quien realiza el diseño de su producto y lo entrega a la empresa para que lo fabrique. Solo en el 30 % de los productos el diseño se hace en la empresa por petición del cliente. No cuentan con un departamento de diseño, y 20 % de los productos tienen que ser rediseñados por errores en el diseño original.
- **Ventas:** los vendedores responden ante un gerente comercial. Cada uno tiene una asignación de cinco a diez clientes y metas mensuales. Trabajan con mucho estrés para conseguir los objetivos, especialmente cuando se acerca el fin de mes.
- **Mercadotecnia:** la empresa se anuncia en páginas web, analiza tendencias de ventas y hace encuestas de satisfacción entre los clientes. Anualmente asiste a cuatro o cinco exposiciones nacionales e internacionales para contactar nuevos

clientes y conseguir más pedidos. Cuenta con una web en la que anuncia sus productos y servicios.

- **Planificación:** la planificación de recursos se realiza anualmente y la programación de producción de manera mensual. Esto se hace a partir de pronósticos para planificar los recursos, las compras y las operaciones. Se realizan cambios al programa de producción todos los días.
- **Compras:** departamento compuesto por compradores, auxiliares y jefe, quienes compran basándose en los pronósticos de planificación. Realizan pedidos de alto volumen de acero a Europa y *pellets* de plástico a Estados Unidos, con la finalidad de cumplir los mínimos de compra.
- **Almacenes:** la empresa tiene dos almacenes con personal y montacargas asignados para cada uno de ellos.
- **Envíos:** los productos que requieren los clientes se sacan del almacén de producto terminado y se preparan en el departamento de envíos; aquí se embalan y se coordina el transporte, de acuerdo con el plan de entregas que les manda ventas respecto de las prioridades que los clientes envían cada semana.
- **Manufactura:** distribución de planta por departamentos separados: inyección, troquelado, punzonado, soldadura, pintura, ensamble, etc., con jefes de cada departamento. Existe un área de maquinaria para fabricación y mantenimiento de moldes, que ocasionalmente fabrica piezas de repuesto solo para uso de sus máquinas.
- **Administración:** departamento que cuenta con personal de pagos a proveedores, nóminas, contabilidad, estados e informes financieros.
- **Recursos humanos:** se encarga de contratar, procesar las asistencias, permisos, vacaciones, prestaciones, etc., y cuenta con una jefa de desarrollo que realiza la introducción y la capacitación inicial.
- **Calidad:** departamento responsable de realizar las inspecciones del material y de los productos terminados, así como de administrar el sistema de calidad para mantener la certificación en ISO 9000 con la que la empresa cuenta.

El proyecto Lean Company inició en manufactura, patrocinado por el director de operaciones. Con él se buscaba reducir el número de rechazos del cliente y mejorar el tiempo de entrega de los pedidos.

Encontramos que la comunicación entre departamentos era limitada y, en algunos casos hostil, ya que cuando no había entregas a tiempo u algún otro problema se buscaban culpables. La satisfacción laboral era realmente muy baja.

3   ¿Qué hicimos?

El proyecto de implementación se realizó en tres etapas principales y las actividades para cada una de ellas fueron las siguientes:

- Preparación.
- Piloto.
- Despliegue.

3.1   Preparación

Esta etapa se realizó en cuatro o cinco semanas. El objetivo fue preparar al personal de la empresa para pensar en el futuro. Para ello se llevó a cabo una serie de actividades que permitieron un arranque exitoso.

- **Diagnóstico:** fue interesante observar no solamente las operaciones, sino la actitud hacia un proceso de cambio. Conocer una empresa es como conocer a una persona, porque tiene su propia personalidad y porque, cuando reconoces su potencial, también comienzas a imaginar cómo será funcionando de manera totalmente diferente.

  Aplicamos el diagnóstico Lean Company, descrito en capítulos anteriores, para evaluar el sistema de forma integral (cada cadena de valor y cada subproceso de la compañía). En base a ello se diseñó el plan maestro.

  En esta primera aproximación a los procesos conocimos a las personas que hacen posible la fabricación de esos maravillosos productos, en los que parece haber gran complejidad, generada principalmente por el sistema de trabajo, más que por el producto mismo.

  Yo entendí, en esa primera entrevista con gerentes, operadores, jefes, supervisores, clientes y proveedores, que había una gran necesidad de cambio, aunque otros expresaban lo bien que –creían– funcionaba todo.

  Por norma general, vimos que cada gerente pensaba que el área de oportunidad principal estaba en su departamento. Esto se debe a que la interacción y la comprensión del sistema como un todo era prácticamente inexistente.

  La parte más interesante del diagnóstico fue cuando a los gerentes, sentados en una misma mesa, les pedimos que escribieran respuestas para las siguientes preguntas:

- ¿Cuál es la demanda real de sus dos líneas de producto?
- ¿Cuál es la capacidad de producción para plásticos y para los productos metálicos?
- ¿Dónde se encuentra la principal restricción o área de mejora?
- ¿Podemos saber si ganamos o perdemos?, ¿en qué productos?, ¿por qué?

Cuando comparamos las respuestas encontramos cosas muy interesantes:

- Ninguna de las respuestas a las primeras dos preguntas coincidió, ni siquiera de forma aproximada.
- En la tercera pregunta, acerca de la principal restricción, generalmente respondieron que faltaba personal, equipo o un sistema formal de trabajo.
- En la última pregunta acerca de si la compañía estaba ganando o perdiendo, solo uno de ellos respondió de manera clara; la mayoría respondió con explicaciones diferentes a lo que se les preguntaba. La conclusión es que se sabe muy poco acerca del tema financiero de la empresa.

- **Entrenamiento:** el primer grupo que entrenamos fue el equipo directivo en un curso llamado Lean Management, con una duración de ocho horas. En este se explicó, desde una perspectiva estratégica, el significado de Lean Company, la manera en la que habría de implementarse, las responsabilidades, los obstáculos y los beneficios.

  Llevamos a cabo dinámicas de trabajo en las que, de forma práctica, los participantes entendieron el valor y el impacto de implementar Lean y nosotros aprendimos cómo era la relación entre ellos y, sobre todo, cómo reaccionaban y trabajaban ante retos comunes.

  Fue muy gratificante observar que todos los gerentes entendieron que no solo se trataba de un proyecto de manufactura, sino de un sistema en el que todos los departamentos se transforman para lograr un enfoque sistémico.

  Al final, todos los directivos expresaron su posición y compromiso, y con este grupo pude darme cuenta de que, sin excepción, estaban de acuerdo en que algo debería cambiar si querían seguir funcionando como empresa, y que Lean podría ser la respuesta; sin embargo, también pude darme cuenta de que existía cierta resistencia al cambio desde este nivel.

- **Entrenamiento Yellow Belt:** en este entrenamiento de 40 horas se enseñan la metodología y las herramientas Lean para realizar cambios en cualquier tipo de proceso; para ello se selecciona un grupo de cada una de las áreas y niveles.

Cuando elegimos a los integrantes del equipo implementador y de los responsables de los procesos, nos aseguramos de que contáramos con personal de operaciones, administración, calidad, ventas, logística y recursos humanos. Invitamos a gerentes, jefes y supervisores. Fue interesante saber que este era el primer entrenamiento en el que participaban todos los departamentos de la empresa con una finalidad común.

Para nosotros, como instructores, es muy importante, más allá de la capacitación, la interacción del grupo en la adquisición del conocimiento que utilizarán para administrar una compañía en equipo. Y en ello está una de las claves del éxito del proceso de implementación del pensamiento Lean.

En la preparación avanzamos un poco respecto a este entrenamiento. Fue durante la fase piloto que se desarrolló el resto del entrenamiento Yellow Belt.

- **Saber y hacer:** el grupo, formado por 30 personas, me recordó mis tiempos de profesor de cátedra: algunos alumnos muy interesados; otros que solo cumplen por quedar bien con el jefe, y los que simplemente no asisten, especialmente al principio, con el pretexto de que están muy ocupados atendiendo urgencias.

  Conforme avanzamos en la implementación piloto, el grupo fue integrándose más. Eran conocimientos que podían ponerse en práctica casi inmediatamente después de aprenderlos y nadie podía quedarse atrás, ya que se trataba de un sistema en el que todos participaban. De hecho, en algunas sesiones fueron acercándose los propietarios y, a partir de la mitad del curso, participaron casi en todas las sesiones.

  Fue como si les estuviéramos enseñando a un grupo de estudiantes universitarios la manera en la que deberán administrar la empresa como un equipo; algo que nunca nos enseñaron en la escuela profesional.

- **Equipo implementador:** es el responsable de desarrollar las actividades del proyecto y coordinar los esfuerzos de quienes participan en él.

  Para este proyecto, el equipo implementador estuvo formado por un líder del departamento de ingeniería industrial, que en el pasado realizó control de tiempos y mejoras aisladas. Ahora tenía la oportunidad de protagonizar uno de los mayores cambios de la compañía desde su formación. El equipo también se integró con los líderes de las áreas de los procesos clave y con dos instructores del Lean Six Sigma Institute.

- **Selección del piloto:** para seleccionar el proceso piloto se llevó a cabo un análisis de familias de productos en relación con los procesos que los transforman. Se obtuvieron tres familias principales:

- Productos metálicos.
- Productos plásticos.
- Maquinaria (este departamento solo daba servicio de forma interna).

Elegimos la familia de productos plásticos debido a la cantidad de atrasos en las entregas y los mayores costos e inventarios; existía también el reto de lograr que esos productos generaran beneficios, ya que inicialmente solo generaban gastos y eran complementarios a los productos metálicos. Había ocasiones en las que se vendían por debajo del costo para cerrar contratos de otros productos con los clientes.

- **Selección del equipo de la cadena de valor:** para hacer que el sistema Lean se convirtiera en realidad, fue necesario reasignar al personal de la empresa en cadenas de valor, y no en departamentos funcionales. Para la fase piloto, se asignó al personal de inyección, impresión, encargados de material, supervisores, técnicos de equipo y se seleccionó a un jefe de mantenimiento, un planificador comprador, un ingeniero industrial, un contable de costos, dos vendedores, un ingeniero de calidad y un entrenador que antes había sido supervisor de inyección.

- **Selección del líder de la cadena de valor de plásticos:** se eligió como líder a un gerente de procesos que contaba con el respeto y admiración de todo el personal debido a su gran actitud hacia el cambio y su pasión por servir al cliente. Asimismo, conocía todo el proceso: ventas, producción e, incluso, lo referente a la cuestión administrativa.

- **Valoración inicial** *(assessment):* el ejercicio de valoración se llevó a cabo durante cuatro o cinco días. El equipo analizó la demanda de los productos, realizó el mapa de valor para esta familia y condujo un análisis detallado de todos los desperdicios y cuellos de botella; además, calculó la capacidad y los costos reales. El equipo entendió dónde deberían estar sus prioridades y el enfoque que deberían tener para eliminar todos los desperdicios y aprovechar las principales oportunidades.

- **Las principales oportunidades fueron:**
  - Reducir el transporte de materiales. Viajaban más de 2 km dentro de la planta.
  - Eliminar los inventarios innecesarios. Había grandes cantidades de materiales, productos en proceso y productos terminados que sobrepasaban, de mucho, lo necesario para cubrir la demanda en un flujo continuo.

- Reducir los tiempos de cambio de producto. Se tardaba entre cuatro y cinco horas en cambiar los moldes de las inyectoras.
- Mejorar la comunicación entre los operadores de los procesos de inyección e impresión. Estaban muy lejos (más de 100 m), en departamentos separados.
- Reducir los paros por errores mecánicos. Aunque las máquinas eran modernas, tenían muchos problemas mecánicos porque no existía un mantenimiento formal.
- Reducir el tiempo de entrega. En el ejercicio de valoración encontramos que el tiempo de entrega era de 21 días, fue así que, como equipo, establecimos nuestro primer objetivo.
- Reducir los desperdicios. Para reducir el tiempo de entrega a once días y mejorar la calidad del 91 al 98 %.

Lo más importante de este ejercicio es que todos empezaron a ver la empresa de otra manera. Ahora éramos un solo equipo contra un problema que nos afectaba a todos. No era solo un departamento intentando luchar contra otro para no ser despedido o regañado.

- **Plan estratégico** *(hoshin kanri):* para la planificación estratégica, primero trabajamos con los propietarios, quienes al principio veían este proceso como un simple requisito para complementar la capacitación, pero en una de las sesiones, uno de ellos preguntó con tono escéptico: ¿cómo es que Lean es un sistema que afecta la estrategia de una compañía?

  Para responder, dibujé dos empresas similares, mismo giro, capacidad, tecnología, tamaño y precios, y pregunté: si la empresa X entregara sus productos en cinco días con una calidad del 98 % y la empresa Y entregara en diez días con una calidad del 94 %, ¿qué diferencia habría en los resultados del negocio?

  El equipo directivo comenzó a discutir y, tras ciertas deliberaciones, llegamos a las siguientes conclusiones:

  - La empresa X tendría al menos la mitad de inventarios que la empresa Y; por lo tanto, el nivel de inversión requerido para hacer funcionar una y otra sería muy diferente.
  - La empresa X tendría mejor oportunidad de conseguir ventas, pues podría entregar en la mitad del tiempo que la empresa Y; por lo tanto, el precio que el cliente estuviera dispuesto a pagar también sería diferente.
  - La capacidad de la empresa X sería prácticamente el doble que la de la empresa Y. En dos semanas habría fabricado y entregado lo mismo que la empresa Y en cuatro semanas.

- El costo por unidad de la empresa Y sería de la mitad, pues el costo total de producción podría repartirse entre más piezas (con excepción del costo de material).
- La posibilidad de producir defectos de la empresa X sería significativamente menor, ya que no trabajarían con tantas prisas, causa de importantes rechazos.

Si la empresa X tuviera más pedidos, sería capaz de cumplirlos. «Entonces, ¿creen que, con estas diferencias, Lean es una estrategia de manufactura o del negocio completo?», pregunté. Los propietarios y gerentes estuvieron de acuerdo en que, efectivamente, se trata de una estrategia de alta prioridad.

Con esta reflexión el proyecto cobró mayor relevancia, pues se elevó de una experiencia de manufactura a una estrategia de la compañía con efectos financieros muy importantes.

El equipo directivo desarrolló el primer *hoshin kanri*. En él se definieron las directrices y objetivos a partir de los que se diseñaron las estrategias para cinco a diez años. También se creó un primer cuadro de resultados *(box score)* para evaluar de manera semanal la cadena de valor de plásticos.

- **Preparación del desarrollo de talento:** una de las mayores ventajas o desventajas de implementar Lean Company está en la manera en la que formamos a nuestro personal; en muchas empresas se llega al nivel de la capacitación, pero muy pocos forman personas. Así que, por muchas herramientas que se implementen, si no se rediseña el proceso de atracción y desarrollo de talento, la posibilidad de fracaso aumenta. En la fase de preparación se trabajó con el equipo de recursos humanos, con la finalidad de formar el sistema de atracción de talento y enseñanza mediante el método descrito en capítulos posteriores. El gerente de recursos humanos, un hombre muy entregado a las personas, con gran pasión por trascender, pero con muy poco apoyo para lograr sus objetivos, tuvo en este proyecto la gran oportunidad que siempre estuvo buscando. A su equipo se le preparó como entrenador de entrenadores y desarrolladores de entrenamiento, así fueron capaces de dirigir el proceso de desarrollo de talento para formar, más adelante, la universidad de la compañía, en la que todos los niveles de la organización podrían entrenar y ser entrenados.

- **Plan maestro:** se desarrolló con el área plásticos como piloto y una serie de eventos de mejora *(kaizen)*, definidos en el mapa de valor futuro, para generar los cambios que se necesitaban en dicha área.

- **Preparar las 5 S:** un requisito para que cualquier empresa mejore, o al menos demuestre que está lista para generar cambios, es que todos participen en un esquema de orden y limpieza, lo que da un ambiente de participación y renovación en equipo. Es la oportunidad de ver a la empresa de manera más limpia. Para la preparación se definieron áreas modelo: una oficina (la del director general), un almacén (el de refacciones) y un área de proceso (el área de plásticos). En la fase piloto se trabajó en la selección, ordenamiento, limpieza y estandarización, para dar a conocer a todos la forma en que las 5 S deberían expandirse en la empresa.

- **Comunicar:** esta es una de las actividades más divertidas e impactantes, ya que al implementar un sistema de esta magnitud tenemos que hacer una de las mayores campañas de mercadotecnia que jamás se hayan hecho de manera interna.

  Se trata de dar a conocer a todas las personas de la compañía el proceso al que la dirección se ha comprometido, como una de las estrategias más importantes y de mayor impacto en la vida de la empresa. Para esta campaña invitaron a todas las personas a participar en un concurso para la elaboración de un logotipo, lema, etc., y se diseñaron materiales promocionales como lonas y manteles para el comedor, se realizaron videos del proyecto en los que se mostraba la situación actual, se hicieron entrevistas y se visualizaron los resultados. Finalmente hubo un arranque emotivo, compacto, pero muy bien pensado. Y el mensaje del director general fue de gran optimismo y liderazgo.

Hasta aquí nuestra preparación había terminado, sabíamos que el entrenamiento continuaría para el equipo implementador y también que la etapa de luna de miel se había terminado. Es natural que cuando empiezan los verdaderos cambios exista una fuerza natural ante lo desconocido: la resistencia al cambio.

Hasta ahora las expectativas habían crecido en todos los ámbitos y, por lo tanto, el nivel de responsabilidad por nuestra parte también; sin embargo, debíamos ser realistas y saber que todo cambio exige gran esfuerzo, y que solo con resultados tangibles se puede demostrar que el trabajo ha valido la pena.

3.2   Fase piloto. El inicio del camino hacia el éxito

Tiene como objetivo iniciar el proceso de implementación mediante la práctica de los conocimientos que se enseñaron al equipo. Así se desarrolla un caso de éxito que proyecte el potencial del personal mediante la aplicación de Lean Company. Esta fase lleva de cinco a siete meses.

Iniciamos la fase piloto en la semana seis del proyecto, después de un emotivo arranque, y aunque todos en el equipo implementador mantenían esperanzas, sabíamos también que había personas en todos los niveles esperando el momento en el que ocurriera cualquier error para decir: «Siempre supe que esto no funcionaría».

La fase piloto es realmente un reto a la persistencia y a la resistencia; un periodo en el que, en poco tiempo, debemos ser capaces de demostrar que hemos elegido el camino correcto. Si dejamos pasar esta fase sin cambios ni resultados interesantes, o al menos prometedores, habremos dejado escapar una oportunidad de oro.

En la fase piloto dedicamos cuatro semanas a la implementación de los elementos básicos que Lean requiere para funcionar:

- Documentación de trabajo estándar.
- Entrenamiento en conocimientos Lean y entrenamiento cruzado en operaciones «cuello de botella».
- Implementación de tableros y cuadros de información.
- Implementación de las reuniones de planta y oficina de valor.
- Orden y limpieza.

- **La documentación de trabajo estándar**
  Iniciamos con las instrucciones de trabajo del conocimiento que definimos como clave. Sin embargo, no todo es clave, solo los pasos de cada operación que agregan valor para los clientes; así, documentamos los instructivos de inyección, impresión, inspección de calidad y embalaje, y el proceso de surtido de materiales.

- **Entrenamiento en conocimientos Lean**
  El entrenamiento Lean que correspondía al Yellow Belt mantenía al equipo implementador muy atento, pues estaban aprendiendo precisamente lo que aplicarían en el proceso elegido. Sin embargo, necesitábamos el entendimiento de operadores, supervisores, técnicos y jefes, por lo que se preparó al mismo equipo para que impartiera el entrenamiento White Belt, que es básico para todo el personal y tiene una duración de solo ocho horas. Con nuestro apoyo, el equipo entrenó a los 82 miembros de la cadena de valor de plásticos. Esta actividad elevó el nivel de entusiasmo y participación, porque era el primer entrenamiento en equipo que se daba desde hacía muchos años y también una manera de reconocer la importancia de su participación y trabajo. Para llevar a cabo nuestro primer evento *kaizen*, correspondiente a células de manufactura, se realizó un entrenamiento cruzado para un grupo de operadores, compuesto

por técnicos, supervisores y encargados de material, para que las operaciones de inyección de plástico, insertos, impresión, inspección y embalaje las dominara al menos el grupo que integraría la primera célula. Esto se hizo con la finalidad de no distraer a todos en este proceso y con ello evitar el descuido de las entregas.

- **Los tableros de resultados**
  Fueron diseñados para que en la célula piloto tuviéramos visible la meta del día, así como la producción y las cantidades acumuladas. Esto se hizo con la finalidad de que cada hora pudiera revisarse el avance; además, en esos mismos tableros deberían anotarse los sucesos que interrumpieran el trabajo, como paros por falta de materiales o mantenimiento, falta de operador, etc. También se diseñó un tablero para respuesta rápida a situaciones que interrumpieran el trabajo o la realización de este con calidad, seguridad, disponibilidad del equipo, etc. En este tablero deberían documentarse todas las acciones de corto plazo para mantener la continuidad del proceso. Para el equipo de cadena de valor asignado a plásticos, y compuesto por diseñadores, personal comercial, finanzas, ingeniería, planificación, calidad y mantenimiento, se definió un espacio de trabajo en la planta y un cuadro de resultados *(box score)* para medir los indicadores clave de manera semanal.

- **Implementación de las reuniones de planta**
  Las reuniones o juntas de planta se iniciaron para que, en cinco minutos, antes de iniciar la jornada de trabajo, el equipo compuesto por líderes (antes llamados supervisores), operadores, encargados de material y técnicos definieran el objetivo del día y el objetivo de cada hora para la célula de producción. Asimismo, explicaran si había alguna situación que debiera ser considerada para evitar accidentes, rechazos y paros. Después de dar ánimos al equipo, comenzaría la jornada con una finalidad en mente.

  Durante la jornada, cada hora se evaluaría el avance real y se compararía con el esperado. Si el resultado era satisfactorio, sonaría una campanita para comunicar a todos que todo fluía de forma correcta. Al final del turno el mismo equipo debería reunirse cinco minutos para reflexionar acerca de los resultados, felicitarse si se logró el objetivo y proponer soluciones si no fue así. Esto último debería anotarse en el tablero de respuesta rápida.

  Las reuniones de los responsables de la cadena de valor deberían hacerse a diario, durante diez minutos, para definir el objetivo de todas las células de trabajo y, al final de la jornada, validar el resultado global de la cadena de valor de plásticos, con la finalidad de identificar situaciones problemáticas y de mejora.

Cada semana el mismo equipo de cadena de valor se reunía para evaluar los resultados mediante el uso del cuadro de resultados (*box score*), con la participación de los gerentes y del director general.

- **La oficina de valor**

  Un requisito para el buen funcionamiento del equipo de la cadena de valor es concentrarlo en una sola oficina de valor, consistente en un área suficientemente amplia para alojar a los representantes de los subprocesos. Se les debe asignar un espacio para trabajar, que cuente con un escritorio y una mesa central; con la finalidad de que puedan llevar a cabo sus reuniones diarias y semanales de *box score*.

  Al principio, los miembros de la cadena de valor asistían solo a las reuniones; pero, en la semana 12 del proyecto, todos los integrantes estaban dedicados a tiempo completo a la cadena de valor y eran guiados por el líder de dicha cadena.

- **Integración**

  Lo más valioso de Lean Company es la integración de los miembros de los diferentes subprocesos en una cadena de valor. En este caso, un solo equipo estaba analizando los costos, ventas, recursos, problemas, calidad, entrenamiento y todos con un mismo enfoque. Ya no se evaluaba a las personas, sino al proceso de manera integral. El compromiso era de todos hacia un buen resultado con el cliente.

Durante las reuniones de cadena de valor a las que los directivos asistían se presentaron situaciones de mucho estrés, ya que en el pasado los gerentes y directivos eran los únicos que decidían las acciones. Ahora los integrantes de las cadenas de valor estaban dando soluciones y proponiendo acciones, lo que fue difícil de aceptar al principio, pero poco a poco los gerentes se dieron cuenta de que los equipos estaban resolviendo mejor los problemas que cuando solo el gerente o director tomaban decisiones. Así, los gerentes dedicaron más tiempo al seguimiento de la estrategia y los proyectos tácticos de la compañía, y la cadena de valor piloto avanzó con responsabilidad en la toma de decisiones.

El responsable de costos de la cadena era el encargado de informar a todos, cada día y cada semana, del resultado; el responsable comercial, de la demanda de los clientes; logística, de la planificación y compras de la cadena de valor; producción, del proceso de fabricación; el ingeniero de procesos, de los instructivos, planes de acción, calidad de los planes de control y resultados de calidad, entre otros. Alrededor de esta información todos centraron sus esfuerzos para trabajar conforme a la restricción del sistema, ya no solo de su departamento.

De la semana 10 a la semana 15 llevamos a cabo la implementación de la primera célula de manufactura; se diseñó la configuración y, luego, se realizaron las instalaciones necesarias de electricidad, grúas, etc., así como los requisitos para mover el equipo.

En un fin de semana llevamos a cabo el cambio de posición de las máquinas necesario para conformar la primera célula. Consistió en colocar la primera máquina de inyección junto a la máquina de inyección de insertos e, inmediatamente después, la máquina para imprimir el producto *(pad printer),* seguida de una sola mesa de trabajo que serviría para la inspección final y el embalaje de las piezas en cajas de 12 o 24 unidades, formando una U para mantener lo más cerca posible a los operadores, con la finalidad de que pudieran comunicarse y equilibrar su trabajo.

- **El resultado inicial fue el siguiente:**
  - En lugar de cuatro operadores se requerían solo dos. Uno de ellos tendría suficiente tiempo para acercar los materiales y mover los productos ya terminados.
  - En lugar de recorrer 225 m para fabricar una pieza, ahora solo serían 12 m.
  - La calidad mejoró significativamente, ya que la inspección se hace al terminar cada operación y no al final del proceso, con un máximo de 1,2 % de productos rechazados.
  - Se eliminaron los inventarios en proceso, ya que las piezas inyectadas de inmediato se movían a la inyección de inserto, luego a la impresión y finalmente al embalaje. Se eliminaron también las actividades de embalaje y desembalaje que se hacían anteriormente para proteger las piezas cuando se movían entre departamentos.
  - El tiempo de entrega se redujo a un solo día.
  - La comunicación entre las personas del proceso mejoró de forma significativa, ya que ahora estaban uno inmediatamente después del otro.
  - El costo de cada pieza se redujo a menos de la mitad.

Al terminar, se presentó nuestra primera evidencia de la resistencia al cambio. El contable de costos no estaba de acuerdo en que el costo había bajado, ya que el personal no fue despedido ni los materiales se redujeron, y los procesos de fabricación seguían requiriendo el mismo tiempo de producción. Este fue nuestro primer desencanto. Sin embargo, la experiencia unió mucho al equipo, pues por primera vez se tuvieron en cuenta las ideas de operadores, supervisores, gerentes y jefes en conjunto. Todos los votos tenían el mismo valor a la hora de elegir.

La semana 16 del proyecto comenzó la operación de la célula con la reunión de inicio de cinco minutos, los tableros con la información y las reuniones del final de la jornada. Increíblemente, durante esa semana la célula de manufactura produjo casi lo mismo que el área de inyección e impresión completa.

Al ver este resultado, el gerente de operaciones pidió que avanzáramos con el diseño e implementación del resto de las células, con lo que se formaron dos células más. Su argumento fue que, habiendo demostrado que una sola célula produce lo mismo que seis máquinas inyectoras y tres impresoras, podríamos hacer el cambio sin dejar de producir.

Cabe señalar que, con tantos pedidos atrasados, nuestro cuello de botella era interno y tenía sentido centrarnos en aumentar la productividad.

Y es así como, en menos de 20 semanas, las áreas de inyección, impresión, inspección y embalaje habían sido reducidas a solo tres células, que ocupaban menos de la cuarta parte que antes.

Durante la semana 21 se implementó el evento *kaizen* de cambios rápidos (SMED) en una de las células, para la reducción de tiempos de cambio de moldes en máquinas de inyección. Antes se requerían más de cuatro horas para prepararlas, pero se logró disminuir el tiempo a 0,5 horas.

Para lograr esta reducción se tuvieron que comprar dos carritos para gestión de moldes, con un valor de 2 500 dólares cada uno; con ello aumentó la capacidad significativa, dada la reducción del tiempo de cambio. El resultado fue que ahora podían procesarse hasta cinco diferentes pedidos en cada célula, con frecuencias continuas de cambios de molde. Así, el tiempo de entrega para algunos pedidos fue de uno a dos días.

Durante el arranque de la fase piloto se presentaron tres problemas de calidad, que fueron resueltos utilizando la metodología de resolución de problemas. En este caso, los operadores participaron activamente aportando ideas y soluciones. Además, contábamos ya con una sala de trabajo en planta en la que operadores y líderes de subprocesos se reunían para solucionar los problemas.

El ingeniero de procesos asignados desempeñó un papel clave en la documentación de las instrucciones de trabajo estándar, en el desarrollo del análisis del modo y efecto de errores principales (para anticipar errores) (AMEF) y en el liderazgo de la metodología utilizada cuando se resolvieron los problemas. En conclusión, el equipo completo, guiado por el ingeniero de procesos, estaba desarrollando ya los ciclos de adecuación y realizando acciones preventivas y correctivas.

3.3   *Evento* kaizen *en ventas*

Cuando ya no teníamos pedidos atrasados, el siguiente reto era mejorar el proceso de ventas, para lo cual preparamos un evento *kaizen* centrado en mejorar el desempeño de los vendedores. Se llevó a cabo una valoración de dicho proceso, mapeando cada una de las actividades para identificar las que no agregaban valor y cuantificar el desperdicio; también se trabajó con los clientes para identificar la demanda real y preparar una oferta irresistible en la que la compañía vendería lo requerido con un tiempo de entrega no mayor de cuatro días. Ahora era posible, incluso, entregar en dos, dada la agilidad del proceso en células para procesar varios pedidos de diferentes volúmenes en un mismo día.

Durante la semana 23 a 25 se realizaron los cambios en el proceso de ventas para surtir solo lo que los clientes clave necesitaban; se clasificaron los productos como de altas ventas y bajo volumen, medias ventas y medio volumen, y alto volumen y baja venta, y se establecieron inventarios manejados por *kanban* en el almacén del cliente, para que los vendedores simplemente analizaran si era hora de pedir o si el inventario era suficiente para el consumo. En algunos casos, la información se enviaba por correo electrónico a los planificadores, cuando los clientes se encontraban en otras ciudades.

Además, se analizaron los precios y el costo real utilizando Lean Accounting; los contadores asignados a la cadena de valor, junto con mercadotecnia y ventas, diseñaron estrategias para aprovechar la capacidad disponible y vender productos a segmentos diferentes de mercado con precios que ningún competidor podía ofrecer.

Para los procesos de ventas, se mejoró el proceso desde que el vendedor prepara la ruta, confirma las citas, visita a los clientes, presenta promociones y consigue pedidos, para eliminar gran cantidad de transportes, movimientos y reuniones innecesarias, autorizaciones, esperas, etc. Se logró hacer más ágil el trabajo mediante la gestión de objetivos semanales y no mensuales, como en el pasado. Para ello se utilizaron herramientas como las 5 S, administración del tiempo, administración de proyectos y *kanban* administrativo, entre otras.

El evento de ventas nos llevó a generar un siguiente evento en logística, pues los principales clientes se entusiasmaron mucho con el nuevo esquema de tiempos de entrega rápidos.

Mercadotecnia trabajó también con el equipo de la cadena de valor en un evento para definir las nuevas estrategias, con la finalidad de atraer clientes utilizando la metodología de mejora. Presentaron como resultado un esquema de mercadotecnia basado en las redes sociales, que consistió en que cada una de las estrategias elegidas estarían en una *kanban* o supermercado de recursos, como artículos, promociones, videos, etc., que podían ser utilizados por los vendedores, tanto en las redes sociales como en los medios impresos.

También se desarrolló un evento de mejora para establecer los precios de acuerdo con el modelo Lean Company, que incluye un análisis del costo real basado en la restricción del sistema y la generación de una tabla de precios sobre la que los vendedores pueden negociar sin salirse de un margen de ganancia.

Durante el piloto de ventas se realizaron también ciclos de adecuación para resolver problemas de cartera, pérdida de clientes y reducciones de ventas, en los que se realizaron eventos de solución de problemas utilizando la metodología de las tres disciplinas. En ellos se pudieron resolver problemas de pérdida de clientes, con impacto en la cartera vencida.

Lean Logistics: cuando tenemos información real de la demanda podemos sincronizar la producción y recalcular los inventarios. Así, se llevó a cabo la implementación del sistema *kanban* para los productos elegidos en el piloto; esto debía tener consistencia porque se trataba de productos elegidos de forma continua. En una segunda fase se implementó para los productos especiales, que ahora podían producirse en no más de una semana.

Se definieron espacios en el almacén para guardar los productos terminados y listos para ser enviados al cliente cuando los necesitara, logrando tiempos de entrega casi inmediatos. Se trataba de alrededor de 60 % de los productos que producía la cadena de valor.

La programación de la producción para las células de manufactura se realizó solamente mediante tarjetas *kanban*; solo una se dejó para que trabajara mediante *kanban* y atendiera pedidos urgentes y especiales.

Esto fue posible con la aplicación de manufactura celular, ya que antes, cuando había una urgencia, tenía que detenerse todo el proceso y, aunque los pedidos urgentes se entregaban, todos los demás tenían que esperar. Ahora se tenía el equivalente a tres pequeñas fábricas, que trabajaban con el mínimo desperdicio en tiempos, retrabajos, transportes, etc.

La función del planificador comprador fue también una innovación en el proceso, porque ahora una misma persona coordinaba las compras que el sistema pedía mediante la aplicación de *kanban* en materiales necesarios.

La planificación de recursos a largo plazo se siguió realizando mediante pronósticos, pero con la utilización de un modelo adecuado al comportamiento de los datos.

Para el desarrollo de Lean Logistics se realizó un mapa de valor extendido a toda la cadena de suministro en el que se analizaron los tiempos y movimientos de planificación, procesamiento, carga, descarga, etc., desde los proveedores, pasando por la planta, los distribuidores y hasta llegar al cliente final. En este análisis determinamos todas las actividades de valor y no valor y encontramos que no más del 4 % agrega valor, lo demás son oportunidades como traslados, esperas para recibir los transportes, envíos por emergencia o por errores, búsquedas de materiales o productos, cambios continuos en la demanda, etc.

También encontramos que cuando analizamos los números de capacidad y demanda de cada proveedor, productor y distribuidor en la cadena de valor, ninguno conoce la demanda real del cliente final. Prácticamente todos utilizan pronósticos para planificar y para programar la producción y envíos, y la variación de la demanda era mayor al 80 % con los proveedores finales.

Entonces organizamos una reunión con proveedores clave, líderes de cadenas de valor de la planta y distribuidores, y también invitamos a los clientes principales. En la reunión se presentaron los datos de demanda real y todos se mostraron sorprendidos, porque nunca se había mostrado esa información y cada uno manejaba datos completamente diferentes.

Como podemos ver en la figura 8.1, los datos de demanda proporcionados por cada uno eran totalmente diferentes: mientras el cliente final nos decía que compraba 201 unidades al día, el detallista pronosticaba 395; el distribuidor, 477; la fábrica, 668 y el proveedor principal, 1353, lo que significaba que en la cadena de suministros estaban jugando a las adivinanzas… y esto era solo para un producto, ¡imagínese cuando se hace para la combinación de todos los productos!

La variación total de los pronósticos es mayor al 81 %, y los inventarios en toda la cadena de suministro superaban los 150 días.

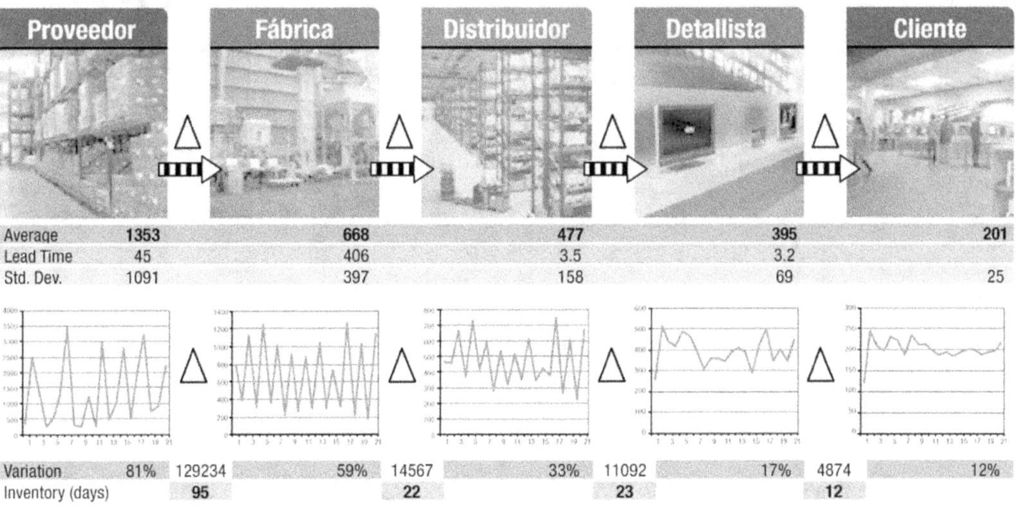

	Proveedor	Fábrica	Distribuidor	Detallista	Cliente
Average	1353	668	477	395	201
Lead Time	45	406	3.5	3.2	
Std. Dev.	1091	397	158	69	25
Variation	81%	59%	33%	17%	12%
	129234	14567	11092	4874	
Inventory (days)	95	22	23	12	

Figura 8.1

Para realizar el piloto, solicitamos a todos los integrantes de la cadena de suministro, especialmente a los proveedores y al distribuidor, la oportunidad de desarrollarlo en conjunto con los números de parte de la familia piloto para que solo produjeran lo que el cliente final estaba consumiendo, en un sistema *kanban* para toda la cadena de suministro. El resultado fue el que se puede apreciar en la figura 8.2.

La variación de la demanda disminuyó del 81 al 28 % (observe las gráficas de demanda), los inventarios se redujeron de más de 150 días en toda la cadena de suministro a no más de 15, y los costos de logística se redujeron en más del 40 %. De hecho, logística representó el segundo lugar más impactante en resultados del desarrollo de Lean Company.

Mantenimiento productivo total (TPM): resultó ser una gran revelación para todo el equipo, que durante años había utilizado máquinas e instalaciones, pero nunca había tenido tiempo de conocer con detalle el cuidado que debía darles. La causa de este descuido es que normalmente se encuentra resolviendo problemas (apagando fuegos – mantenimiento correctivo) en lugar de anticiparse con un plan preventivo.

Durante las semanas 22 y 23, simultáneamente, se realizó un evento *kaizen* para iniciar la implementación del mantenimiento productivo total, pues, a veces, se tenían que parar los procesos completos cuando alguna máquina de la célula no funcionaba de manera correcta.

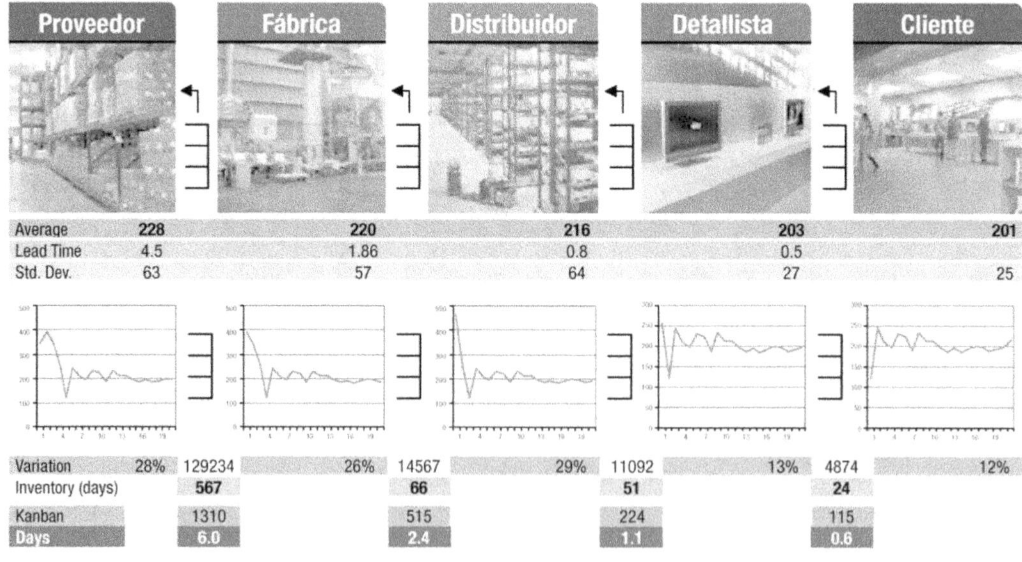

Figura 8.2

El evento inicial estuvo sustentado principalmente por la implementación de las 5 S en las células de manufactura; el trabajo en equipo de operadores, técnicos de mantenimiento y encargados de material, que ahora ya estaba avanzado. Todos los días, antes, durante y después del trabajo, se reunían para determinar los objetivos, estatus y logros.

El evento de TPM permitió reducir los tiempos de paro mediante la asignación de tareas para el cuidado de los equipos entre los mismos operadores. Esto también permitió a los técnicos dedicar más tiempo al mantenimiento preventivo.

Se desarrollaron básicamente las siguientes actividades:

- Lanzamiento del evento por parte del director general y el gerente de operaciones.
- Definición de objetivos, actividades y responsabilidades.
- Entrenamiento en TPM para todo el equipo, con la finalidad de conocer las actividades e impacto del evento.
- Evento súper limpieza para determinar oportunidades y conocer el equipo.
- Implementación de oportunidades de corto plazo para el equipo.
- Definición de las actividades de mantenimiento autónomo (para los operadores).
- Matriz de errores para determinar las actividades de mayor impacto.
- Definición del plan de mantenimiento preventivo y predictivo, así como un calendario anual.
- Definición de repuestos A, B y C para surtir el almacén.
- Generación de lecciones de un solo punto para el mantenimiento y la seguridad.
- Entrenamiento para los operadores.

Los resultados del evento fueron los siguientes (obtenidos en las siguientes ocho semanas):

- Aumento de la disponibilidad del 74 al 87 %.
- Aumento de la efectividad total de los equipos del 68 al 82 %.
- Mejora de la calidad del 97 al 99,5 %, ya que los equipos eran una de las variables más importantes en la generación de defectos.
- Reducción de los inventarios en un 40 %, en los productos que se consideraron para la familia piloto.

3.4   Ingeniería de procesos y calidad

El ingeniero de proceso y calidad asignado a la cadena de valor se dedicó durante el piloto a desarrollar el análisis de modo y efecto de errores de todo el proceso de la cadena de valor, desde la promoción, venta, programación, compra, recepción y movimiento de materiales, producción, facturación, envío y cobro, para identificar los riesgos potenciales más altos y generar acciones preventivas, que se realizaron con la colaboración del personal de cada subproceso de la cadena de valor.

Con la información y aprendizaje de este ejercicio, se desarrolló un plan de control en el que se determinaron, en la hoja de trabajo estándar, los puntos en los que el proceso requiere una inspección sucesiva, aleatoria y secuencial, para implementar elementos a prueba de error en los casos en los que el riesgo es alto dado el nivel de control, severidad y ocurrencia.

Con ello se redujeron considerablemente los costos de prevención, así como el número de errores. Simplemente tener este nivel de detalle en el conocimiento, registro de errores y mecanismos de prevención permitió elevar el nivel de calidad al 98 %.

3.4.1 ¿Qué logramos?

Al final de la etapa piloto teníamos los siguientes avances:

- Un equipo de cadena de valor integrado por personas de diferentes procesos.
- Un líder de cadena de valor con responsabilidad y autoridad de principio a fin.
- Contabilidad de la cadena de valor funcionando, con la posibilidad de conocer los costos reales.
- Mercadotecnia de la cadena trabajando en base a la restricción para atraer clientes y generar valor de marca.
- Ventas enfocadas en vender solo cuando el cliente lo necesita.
- Logística programada basada en la demanda mediante el uso de elementos *kanban*.
- Calidad integrada a cada proceso, desde la venta hasta el cobro.
- Un caso de éxito para replicar el conocimiento adquirido.
- Un equipo de Yellow Belts entrenado tanto en la cadena de valor piloto como en las otras cadenas que deberían implementarse en la fase de despliegue.

- **Resultados económicos:**
  - Aumento de las ventas en un 38 %.
  - Reducción de los costos de producto en un 19 %.
  - Reducción de los inventarios en un 40 %, en los productos de la familia piloto.
  - Reducción de los inventarios de materiales en un 33 %.

En el despliegue veremos el tipo de problemas a los que nos enfrentamos cuando cambiamos completamente a cadenas de valor, así como también los siguientes retos:

- Implementación en las cadenas de valor de productos metálicos.
- Implementación de Lean Logistics en toda la compañía.
- Hacer de un proceso de mantenimiento de moldes un negocio completo, que ahora no solo dé mantenimiento a los moldes de la compañía, sino que se convierta en un negocio de venta de refacciones y moldes como tal.
- Implementar un área de servicios compartidos de sistemas, mantenimiento, finanzas, etc., para todas las cadenas de valor.
- Analizar las nuevas tareas de los gerentes como equipo directivo.
- Desarrollar una nueva cadena de valor dedicada a vender servicios de diseño.
- Explicar cómo funciona Lean Design.
- Implementación de cambios en finanzas, contabilidad y administración.
- Analizar los resultados financieros de todos los cambios realizados.
- Comprender el sistema de desarrollo de talento y compensaciones implementado.
- Diseñar el nuevo organigrama por cadenas de valor de toda la compañía.
- Diseñar y desplegar el plan estratégico de toda la compañía.
- Analizar los cambios de conducta y de la satisfacción del personal.
- Entender cómo serán las empresas del futuro.

Parte III

Implementación Lean en la dirección

Capítulo 9
Estrategia

«Administración es hacer las cosas bien;
liderazgo es hacer las cosas correctas.»

Peter Drucker

1   Objetivo

Desarrollar un plan estratégico para la compañía y la cadena de valor que permita entender la relación que existe entre la visión, misión y valores, y las estrategias y proyectos de una organización.

La función de la dirección de una empresa es establecer la razón de ser de esta, definir el rumbo que tomará, y elegir los proyectos e indicadores adecuados para validar constantemente que vamos por el camino correcto, en un marco de liderazgo compartido.

2   Antecedentes

Generalmente cuando preguntamos:

- ¿Cuál es el plan estratégico de la empresa?
- ¿Cuál es la relación de las estrategias con la misión y visión de la compañía?
- ¿Qué proyectos apoyan cada estrategia?
- ¿Todos conocen la estrategia o al menos los proyectos que afectan las estrategias de su área?
- ¿Cómo se administra la estrategia del negocio?

La realidad es que menos del 5 % de las empresas en el mundo realizan una planificación estratégica. De las empresas que lo hacen, solo el 10 % la comunica a su personal.

Como muy pocos lo entienden, existe mucha confusión en lo que se planifica, los proyectos que se realizan y los indicadores que se miden: no todos entienden lo mismo.

En las empresas resulta clave hacer un buen plan estratégico, ya que normalmente los entregables son de percepción más que productos tangibles.

Las empresas sin un plan estratégico son:

- Lentas.
- Caras.
- Poco flexibles.
- Con gente desmotivada.
- Con clientes insatisfechos.
- Conflictivas.
- Poco fiables.

El general chino Sun Tsu escribió *El arte de la guerra* en el siglo v antes de nuestra era. Es el libro más antiguo que se ha escrito sobre estrategia, y sigue siendo una lectura vigente. Ha sido utilizado como inspiración por los grandes escritores del tema, contemporáneos y del pasado. En él aparecen enseñanzas tan valiosas como «la mejor victoria es vencer sin combatir». Otro ejemplo lo encontramos en el diseño de la estrategia *hoshin kanri*, que tiene sus antecedentes en las enseñanzas de un guerrero samurái que nunca perdió un combate. Asimismo, Miyamoto Musáis explica en *El libro de los cinco anillos* que la estrategia es la base de la victoria.

El Dr. Yoji Akao, profesor del departamento de ingeniería industrial de la Universidad de Tamagawa, fue uno de los diseñadores principales de metodologías de control de calidad, despliegue de la función de calidad y *hoshin kanri*.

Los japoneses adoptaron y adaptaron técnicas enseñadas por Deming y Juran con los conceptos de administración por objetivos, y empezaron los primeros intentos de una planificación estratégica para la calidad. Cada compañía creaba su propio plan estratégico.

Con el premio Deming a la calidad empezaron a difundirse las prácticas de calidad y planificación a partir de 1957. Con esto, las compañías japonesas mejoraron de forma considerable y evolucionaron sorprendentemente.

En 1965 la compañía de llantas Bridgestone publicó un informe con el análisis de las compañías ganadoras del premio Deming, haciendo especial énfasis en la planificación estratégica denominada *hoshin kanri*. Para entonces, el concepto ya era ampliamente aceptado en Japón.

Hoshin kanri inició su aplicación en Estados Unidos en la década de 1980. Se implementó en compañías relacionadas con el premio Deming, tales como Hewlett-Packard - división YHP, Fuji-Xeroz, Texas Instruments y otras.

La causa del fracaso de muchas empresas no fue la planificación, sino la ejecución y el seguimiento en la ejecución de las estrategias.

Por eso encontraremos muy buenos trabajos de planificación, pero muy malos procesos de seguimiento y adecuación. Por ejemplo:

- Solo incluyó a algunos directivos y propietarios.
- Se plantearon estrategias, pero no se conectaron con las tácticas o proyectos adecuados.
- No existió un plan maestro de proyectos de la compañía.
- No hubo una persona designada para dar seguimiento a las estrategias, resultados y proyectos.
- No siempre se dio a conocer el plan estratégico de la compañía a todo el personal, porque se pensó que la estrategia de la compañía era de uso exclusivo de la dirección.
- Se desarrollaron muchos proyectos, pero no todos tuvieron relación con la estrategia.

3 ¿Qué es *hoshin kanri?*

La planificación de las estrategias es un proceso que debe dirigir la máxima autoridad de la compañía. El proceso de elaboración del plan estratégico podría ser guiado por un experto que ayude al equipo directivo en el desarrollo y posterior adecuación.

La traducción de *hoshin kanri* es *hoshin*, directriz (aguja dentro de la brújula que indica el camino), y *kanri*, administración. Así que se trata de la administración de las directrices. Entonces, es una forma de dar seguimiento al camino que hemos definido, utilizando una brújula. De esa manera, la dirección de la empresa entrega el timón del barco, pero mantiene la brújula para dedicar más tiempo a la toma de decisiones.

Uno de los principales objetivos de Lean Company es liberar tiempo a los directivos, que actualmente utilizan para resolver situaciones que podrían delegar, para permitirles desarrollar directrices y estrategias de largo plazo.

Es muy importante implementar la planificación estratégica alrededor de las principales restricciones de la compañía para tener alto impacto en el desarrollo de la misma. Sin embargo, es muy común que los directivos tradicionales vean pasar a la competencia porque no se toman tiempo para desarrollar estrategias innovadoras.

Ahora es posible que los directivos cuenten con más tiempo para generar «estrategias de océano azul», que buscan desarrollar espacios seguros en un mercado en el que nadie ha entrado. Este concepto fue desarrollado por los profesores de Harvard W. Chan Kim y Renée Mauborgne para describir un proceso sistemático que puede ponerse en marcha e integrar la planificación de estrategias utilizando *hoshin kanri*.

3.1 Despliegue de las estrategias

El plan estratégico es el despliegue de la misión en directrices, indicadores clave y proyectos que siguen una relación causa efecto, con la finalidad de desarrollar únicamente proyectos que tendrán impacto en las estrategias definidas, que a su vez tendrán impacto en los indicadores clave.

La planificación estratégica responde a las siguientes preguntas:

- ¿Dónde estamos ahora?
- ¿Dónde queremos estar?

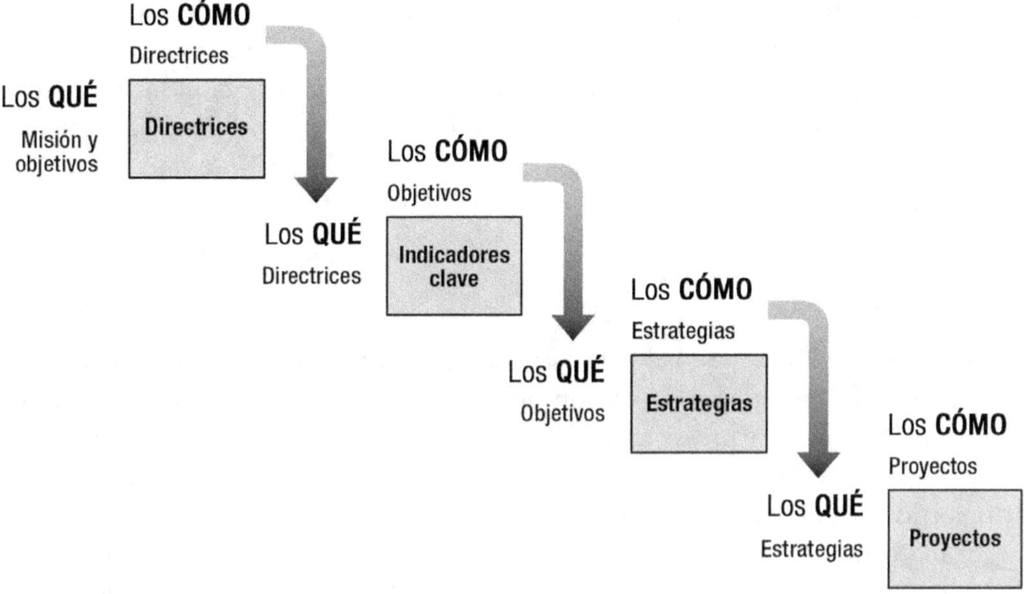

Figura 9.1

- ¿Qué resultados queremos lograr?
  - Financieros.
  - De negocios.
  - En los procesos.
  - En las personas.
- ¿Cómo vamos a lograrlos?

Hoshin kanri es una técnica que ayuda a las empresas a centrar sus esfuerzos y a analizar sus actividades y resultados.

3.2 ¿Quiénes participan?

- **Propietarios y accionistas:** definen los objetivos estratégicos y la filosofía de la compañía. Periódicamente revisan los proyectos y resultados
- **Equipo directivo:** desarrolla las estrategias para lograr los objetivos estratégicos, propone los proyectos para lograr los objetivos, define los indicadores y continuamente analiza los proyectos y resultados para tomar decisiones de negocio. Guía a los líderes de las cadenas de valor hacia el enfoque en los resultados deseados.

- **Líderes de cadenas de valor:** desarrollan el despliegue de la planificación estratégica global a cada una de sus cadenas de valor y junto con su equipo de líderes de procesos de cadena de valor, evalúan semanalmente los resultados mediante la utilización del cuadro de resultados *(box score)*. También trabajan en el desarrollo de los proyectos establecidos en la planificación táctica del *hoshin kanri.*

3.3   ¿Para qué sirve hoshin kanri?

Es la representación de todo el plan estratégico de la compañía en una sola página, para que todos entiendan la relación de su trabajo diario con el impacto en los proyectos, estrategias y proyectos de la organización. Es una forma de lograr el consenso y entendimiento global de lo que es importante para la empresa, una manera compartida de entender el rumbo.

El plan fundamental (estratégico) lleva alrededor de dos o tres semanas. Se debe hacer un seguimiento mensual de los resultados y avances de los proyectos, y revisar semanalmente los cuadros de resultados de cada cadena de valor *(box score)*. En una ocasión, un director de empresa se dirigió a todo su personal. Una de las frases que utilizó fue «Equipo, vamos en una locomotora a toda velocidad». Un colaborador pregunto: «¿A dónde se dirige esta locomotora?». En ese momento todos entendieron que lo importante no solo era ir a toda velocidad, sino tener un rumbo bien definido. Este directivo les explicó el rumbo utilizando el *hoshin kanri.* En menos de una hora, todos entendieron por qué estaban ahí y cuál era su contribución.

Hoshin kanri se utiliza al realizar la planificación estratégica para los siguientes cinco a diez años. Anualmente debe revisarse, ajustarse y actualizarse.

3.4   Beneficios

Con *hoshin kanri*, su empresa mejorará:

- El impacto en las restricciones de la compañía.
- El enfoque de la organización.
- El enlace organizacional.
- La contabilidad administrativa.
- La venta de ideas.
- La comunicación.
- La involucración del personal.

3.5 ¿Cómo se hace el plan estratégico Hoshin kanri?

El ejercicio de la planificación estratégica es una actividad común y continua para los directivos, quienes en el pasado solo lo hacían de manera esporádica. Pensemos en el capitán de un barco que siempre tuviera que estar frente al timón y dedicara muy poco tiempo a definir y dar seguimiento al plan de navegación. Los directivos que actualmente utilizan *hoshin kanri* entregan el timón a los líderes de cada cadena de valor, pero mantienen la brújula que define el rumbo y el conocimiento de los puertos a los que el barco debe llegar.

Para desarrollar la planificación de la estrategia de la compañía utilizaremos los siguientes pasos:

- **Diseñar la filosofía de la compañía:** consiste en definir la visión, la misión y los valores.
- **Definir las directrices y los objetivos estratégicos:** establecer qué necesita la empresa para cumplir su filosofía.
- **Desarrollar las estrategias y los cuadros de resultados *(box score)*:** establecer cómo se llevarán a cabo las estrategias propuestas.

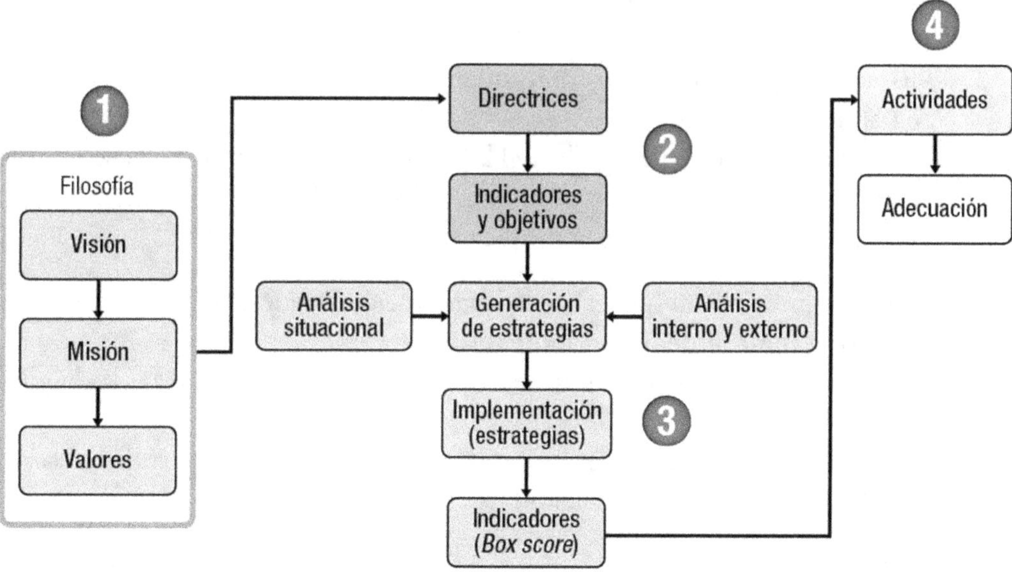

Figura 9.2

- **Generar la planificación táctica basada en actividades y proyectos:** debe ser analizada de forma constante para adecuar el plan.

3.5.1   *Diseñar la filosofía de la compañía (visión, misión y valores)*

La visión debe ser diseñada por los líderes de las organizaciones, teniendo en cuenta la opinión de su personal, de los accionistas y de la comunidad. La visión debe expresar en un párrafo la imagen futura de la organización y debe explicarse suficientemente bien para que cada persona se imagine en ese futuro posible y deseable.

La misión debe ser una frase sencilla y comprensible acerca de la razón de ser de la organización y ayudarnos a entender todos los días por qué estamos trabajando de manera colectiva. Asimismo, al terminar una jornada de trabajo, debe permitirnos hacer una reflexión de lo orgullosos que nos sentimos del trabajo realizado en pro de esa misión.

Los valores son los fundamentos de nuestro comportamiento y decisiones, los cuales, en cualquier circunstancia, nos acompañan y definen nuestra forma de ser y personalidad, así como las de la empresa.

Los líderes de la organización deberían realizar el diseño de la filosofía en dos semanas, como máximo.

- ¿Hacia dónde se dirige la organización? (¿qué es la visión?):
  - Es una declaración del estado futuro posible y deseable para la organización.
  - Es una imagen mental de cómo queremos estar y lo que queremos lograr en el futuro.
  - Es una concepción que fortalece el liderazgo, compartiendo el consenso que expresa los anhelos, deseos e intereses colectivos.
  - Permite contestar la pregunta: ¿qué queremos llegar a ser?

- ¿Quiénes somos y para qué existe la organización? (¿qué es la misión?):
  - Describe la razón de ser de la organización.
  - Proporciona a los miembros de la empresa una razón para realizar las labores todos los días.
  - Permite contestar las preguntas: ¿cuál es nuestro negocio? ¿Cuál es la razón por la que existe la organización?

- ¿Cuáles son las creencias que soportan las decisiones y las acciones (¿cuáles son los valores?):

- Son principios que trazan el camino hacia el que la humanidad debe orientarse, con la finalidad de que todas las personas se desarrollen plenamente y convivan de forma armónica. Por ello, son ideales a alcanzar y nos marcan retos para la vida diaria, en cada actividad que realizamos y en la relación que establecemos con los demás.
- Representan, dentro de un conjunto, las que se consideran más importantes o valiosas.
- Los valores en una organización, la consolidación y el éxito de la empresa, están íntimamente relacionados con sus valores como institución; valores que rigen y dirigen las actuaciones cotidianas.

3.5.2 *Definir las directrices y los objetivos estratégicos*

En esta etapa se identifican las categorías funcionales de la organización, que son esenciales para el mejor desempeño. Proporciona una base para identificar las cuestiones clave que tienen que analizarse antes de establecer objetivos de corto plazo, en el marco de la visión del futuro y de los objetivos a largo plazo.

Hay que contestar las preguntas:

- ¿Qué propuesta de valor esperan nuestros clientes que les entreguemos?
- ¿Qué resultados esperan los accionistas de nosotros?
- ¿Con qué logros construiremos paulatinamente el estado futuro que deseamos?
- ¿Cuáles son las restricciones que impiden que la compañía gane más dinero?

Es recomendable tener un plan de negocios en una sola página. Sintetizar en ella los propósitos de los accionistas para lograr un panorama general y comprensible de lo que la empresa necesita, con la finalidad de generar valor para la sociedad, sus clientes, accionistas y empleados.

- **Establecer las directrices**

  Existen básicamente cuatro perspectivas en las que se sustentan las directrices.

  Los Doctores Norton y Kaplan de Harvard definieron las perspectivas que debe tener un negocio para desarrollar estrategias congruentes y relación de causa y efecto; es decir, que las metas financieras son apoyadas por estrategias comerciales y de negocios, estas a su vez son apoyadas por estrategias de procesos y los procesos deben ser apoyados por las personas mediante su conocimiento, aprendizaje y tecnología.

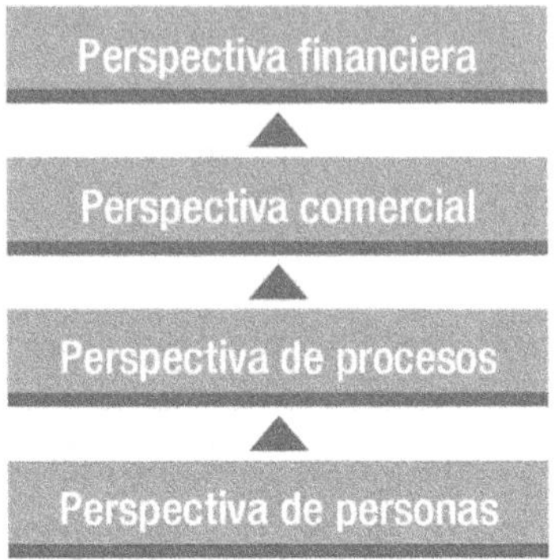

Figura 9.3

Se definen los objetivos para cada una de las directrices o perspectivas del negocio:

- Financieras (resultado)
- Comerciales (cliente o mercado)
- Procesos (internos)
- Personas (aprendizaje, crecimiento y tecnología)

Para definir las directrices, objetivos estratégicos, estrategias, indicadores y proyectos en un plan estratégico de una sola página existe el formato *hoshin kanri*.

- **Objetivos estratégicos**
  En esta etapa, basándose en los indicadores definidos, se establecen los objetivos que se pretenden alcanzar para cada uno de ellos.
  Los objetivos representan los resultados esperados al aplicar las estrategias y proyectos y muestran si vamos en la dirección correcta, fomentan la sinergia cuando medimos procesos y no personas, ayudan a establecer prioridades, reducen la incertidumbre, disminuyen los conflictos, estimulan un mejor desempeño y ayudan en la distribución y asignación de recursos.

  - Establecer para cada indicador el objetivo que debe alcanzarse, teniendo en consideración la línea base que mejor represente el desempeño actual. Los objetivos deben ser específicos, cuantificables, realistas y alcanzables dentro de un plazo de tiempo establecido.
  - Analizar mensualmente los resultados de la dirección y semanalmente cada cadena de valor. Son palancas, como se muestra en el *box score*, para mover los resultados de la compañía completa.

PLAN DE NEGOCIO		PLANEACIÓN ESTRATÉGICA			PLANEACIÓN TÁCTICA (Proyectos)
DIRECTRICES	Objetivos estratégicos	ESTRATEGIAS	Indicadores clave (KPI's)	Responsable	Actividades Clave / Proyectos de Mejora
1. Aumentar rentabilidad	Aumentar ROI de 7 a 12%				
2. Aumentar ventas	Aumentar en 15% ventas nacionales y 32% ventas internacionales				
3. Ser una empresa de clase mundial con procesos altamente efectivos	Aumentar la productividad de 2.1 a 3.5 dólares generados por dólar invertido				
4. Convertir al RH en una ventaja competitiva	Certificar al 100% del personal en multihabilidades				

Directrices   Objetivos estratégicos

Tabla 9.1

Para entender los resultados de toda la compañía, especialmente cuando cuenta con más de una cadena de valor, se deben sintetizar en un solo cuadro de números, como el siguiente cuadro de resultados corporativos.

En el ejemplo que presento, los indicadores son los de la tabla 9.2.

Directrices	Objetivos estratégicos	Meta	Actual (YTD)	ENE	FEB	MAR	ABR	MAY	JUN	JUL	AGO	SEP	OCT	NOV	DIC
Financiero	FVA	4%													
	RDI	12%													
	ROA	8%													
	$ Backlog	$ 100,000													
	Rendimiento	$ 4,010,000													
	Flujo efectivo	$ 800,000													
Comercial	Utilidades	$ 2,060,000													
	Ventas	$ 5,000,000													
	NPS	78%													
	Participación de mercado	22%													
Procesos	Costo de conversión	$ 1,250,000													
	Costo directo	$ 990,000													
	Inventario	$ 650,000													
	Inversión total	$ 27,364,000													
Personas	NPS interno	90%													
	Clima organizacional	90%													
	Rotación	1%													
	Desarrollo talento	85%													

Tabla 9.2

- Valor económico agregado *(economic value added):* es una forma de medir desarrollada por Stern Stewart & Co. para estimar qué capacidad tiene una empresa para agregar valor por encima del capital. Este indicador refleja el desempeño de los directivos cuando desarrollan proyectos y demuestra que las compañías son rentables solo si crean riqueza.
- EVA = Beneficio de operación después de impuestos – (Inversión total × promedio ponderado del costo de capital).
- Retorno sobre inversiones *(return over investment):* representa la cantidad que reciben los accionistas como ganancia por cada dólar invertido.
- ROI = Beneficios después de impuestos / Inversión total × 100.
- Rotación: representa la cantidad de dinero que se consigue vender en proporción a la inversión total de la empresa.
- Rotación = Al valor de las ventas de un periodo / la inversión neta × 100.
- Pedidos atrasados *(backlog):* es el valor en ventas de los pedidos que están esperando ser surtidos.
- Dinero: como su nombre indica, es el dinero en efectivo disponible en la empresa.
- Beneficios: es el valor de las ventas de un periodo menos el costo de ventas.
- Ventas: es el valor de las ventas en cierto periodo.
- Índice de promoción neto *(net promoter score* o NPS): es un indicador, desarrollado por Alfred Reichheld, de la Universidad de Harvard, para medir el nivel de fidelización de los clientes. Las preguntas son tipo «¿estaría dispuesto a recomendar mi producto o servicio a un colega o amigo?». Se ofrece una escala del 1 al 10 para responder. A las respuestas del 1 al 6 se les clasifica como detractoras, a las respuestas entre 7 y 8 se les clasifica como neutrales y a las respuestas en el rango del 9 al 10 se les denomina promotoras.

  El NPS es el porcentaje de promotores menos el porcentaje de detractores. De esta forma, sabremos en qué porcentaje crecerá o decrecerá la empresa dada la recomendación «boca a boca».
- Participación de mercado *(market share):* es el porcentaje del mercado que actualmente compra nuestros productos
- Rendimiento *(throughput):* son las ventas menos el costo directo.
- Beneficio *(profit):* son las ventas menos el costo directo, menos el costo de conversión.
- Costo de conversión: son todos los gastos de la empresa menos los costos
- directos.

- Costo directo: es el costo de los materiales, mano de obra o gastos en los que se incurre solo cuando se produce un bien o servicio (flete, arancel, etc.).
- Inventario: es el valor presente del inventario de materiales, el producto en proceso y el producto terminado expresado en dinero.
- Inversión neta: es el capital de trabajo más la inversión permanente, menos la deuda inicial. Representa el valor de todos los bienes de la compañía.
- Rotación: es el índice de rotación de las personas en la organización. Se calcula así: personas contratadas más personas que salieron de la empresa, dividido entre promedio de empleados en el periodo × 100. Sirve para entender la estabilidad del personal en la empresa.
- Desarrollo de talento: es el nivel de personal certificado de toda la empresa.

Suelen descifrarse los complicados cálculos financieros y entender las relaciones de causa y efecto de algunos de los indicadores más importantes mediante el árbol de retorno sobre inversiones.

3.5.3 *Desarrollar las estrategias y los cuadros de resultados (box score)*

Las estrategias representan las acciones que se llevarán a cabo para lograr los objetivos a medio y largo plazo. La estrategia define una estructura conceptual o marco de referencia para orientar las acciones. Hemos visto ya en el punto 2 las directrices; las estrategias son *los cómo*.

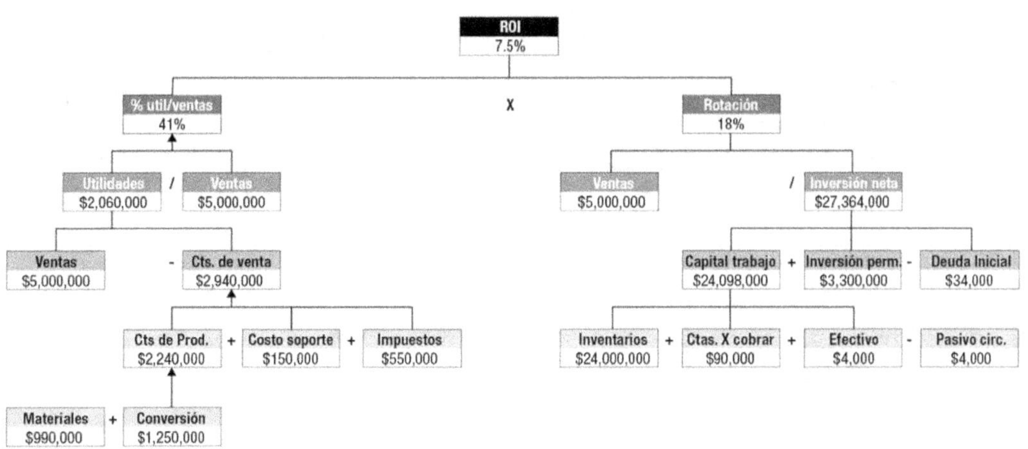

Figura 9.4

Una estrategia refleja hasta qué punto la empresa entiende las relaciones clave entre acciones, contexto y desempeño organizacional, y está configurada para orientar a los numerosos encargados de la toma de decisiones para emprender acciones congruentes con su visión.

Para la generación de las estrategias es preciso contar con un buen análisis de:

- Las fortalezas, debilidades, oportunidades y amenazas de la empresa.
- Los resultados actuales de la compañía.
- Los objetivos del paso 2 correspondientes a la generación de directrices y metas.

Recomiendo que los gerentes de la compañía, guiados por un experto en el desarrollo de la metodología, realicen un evento de planificación estratégica con los

PLAN DE NEGOCIO		PLANEACIÓN ESTRATÉGICA		
DIRECTRICES	**Objetivos estratégicos**	**ESTRATEGIAS**	**Indicadores clave (KPI's)**	**Responsable**
1. Aumentar rentabilidad	Aumentar ROI de 7 a 12%	1.1 Incrementar utilidad/ventas al 18% 1.2 Aumentar el retorno sobre bienes al 24%	Ut/ventas Ventas/inversiones	FIN, VTAS FIN, VTAS
2. Aumentar ventas	Aumentar en 15% ventas nacionales y 32% ventas internacionales	2.1 Vender servicios a los clientes que A. Valor 2.2 Aumentar percepción del cliente 2.3 Lanzamiento productos en tiempo record 2.4 Entrar a nuevos nichos de mercado	Ventas en S NPS Días de lanzamiento Segmentos atacados	VT, MKT, DG VT, MKT, DG VT, MKT, IN VT, MKT, IN
3. Ser una empresa de clase mundial con procesos altamente efectivos	Aumentar la productividad de 2.1 a 3.5 dólares generados por dólar invertido	3.1 Implementar Lean Six Sigma	Nivel sigma de la planta Nivel de satisfacción del cliente OEE Días de entrega Vueltas de inventario Gastos de operación % scrap	IN, CA, DG, RH IN, CA, DG, RH IN, CA, DG, RH IN, CA, DG, RH IN, CA, DG, RH IN, CA, DG, RH IN, CA, DG, RH
		3.2 Mantener la certificación ISO 9000:2000	Número de no conformidades	CA Todos
		3.3 Implementar Lean Logistics	Puntualidad de entregas	CA, SE, DG Todos IN, CAL
4. Convertir al RH en una ventaja competitiva	Certificar al 100% del personal en multihabilidades	4.1 Establecer programa de desarrollo de talento	% avance del programa % personal certificado	RH, CV

Tabla 9.3

elementos anteriormente expuestos. Para ello deben contar con un área cómoda y amplia, con sillas y mesas portátiles.

Se deben colocar las directrices establecidas por la dirección en cartulinas, en cada esquina de la sala. Hacer cuatro equipos, cada uno con gerentes de diferentes áreas o especialidades. De esta manera, tendremos gerentes financieros, comerciales, de recursos humanos y de operaciones participando en el mismo equipo.

- En la sesión de planificación estratégica, cada equipo desarrolla estrategias y proyectos para cada directriz o eje estratégico, las explica y se va rotando en cada sección de la sala para completar la generación de ideas en cada una de las directrices.
- Al final de la sesión, cada gerente votará por las mejores estrategias definidas, para elegir las preferidas.
- Si alguna de las estrategias es considerada de océano azul, pueden marcarla en color azul, para distinguir este tipo de definiciones.

3.6 Mediciones del negocio

> *«Dime cómo me mides y te diré*
> *cómo me comporto.»*
>
> ELY GOLDRATT

Para lograr la congruencia con la planificación estratégica, es necesario un buen seguimiento de los resultados planteados en la estrategia y, también, muy cercano a los proyectos.

Para el seguimiento de resultados, en lugar de medir personas, como normalmente ocurre en las organizaciones tradicionales, ahora mediremos procesos. La frecuencia de revisión pasará de ser mensual, en la que solo tenemos 12 oportunidades al año de tomar decisiones, a semanal, para aumentar la probabilidad de éxito con 52 oportunidades anuales. Lo haremos utilizando un cuadro muy sencillo en el que se muestran los resultados de los indicadores clave en color amarillo, los de demanda y capacidad en verde claro y los financieros en color azul.

En esta filosofía debemos distinguir qué mediciones son importantes y qué decisiones debemos tomar para desarrollar una empresa ágil. Es cierto que muchas implementaciones han fallado porque nunca se ha comprendido Lean desde una perspectiva medible y cuantificable para la alta dirección, y se ha pensado que solo es un proyecto para mejorar la manufactura. Son muy pocos quienes han entendido cómo medir la empresa, los beneficios logrados y los indicadores primarios para asegurar que la filosofía se impregne como una gran ventaja contra cualquier competidor.

A veces veo a los gerentes muy preocupados por satisfacer indicadores secundarios, más que por dar resultados de negocio. Y para explicar esto quiero poner un ejemplo. En una ocasión, los gerentes de una planta me decían que ellos tenían muy bien implementados los métodos Lean, Six Sigma, ISO 9000, etc., y que podían comprobarlo con la efectividad que habían alcanzado; sin embargo, generalmente su preocupación era cumplir los objetivos de efectividad, eficiencia, disponibilidad y porcentaje de calidad. Este no se trata de un ejemplo aislado, porque gran cantidad de gerentes piensan que su trabajo está bien si cumplen estos medidores, pero cuando les preguntamos:

- ¿Qué significa ese porcentaje de calidad en dinero?
- Si ha subido la eficiencia, ¿por qué no los beneficios?
- ¿Cuánto más gana la empresa por cada punto porcentual de eficiencia?
- ¿Cuál es el impacto en los inventarios cuando sube la eficacia?
- ¿Cuánto se han reducido los costos cuando ha aumentado la efectividad?

Posiblemente parte del problema es que nos hemos acostumbrado a medirlo todo en promedios y porcentajes. Pero un promedio de tres días de entrega puede significar entregas de once días tarde y cinco días antes de la fecha. Dos por ciento de defectos puede parecer poco, pero cuando lo convertimos a dinero podría representar cientos de miles de dólares.

3.6.1 ¿Qué mediciones hay que hacer en las cadenas de valor?

Para hacer sencilla la comprensión del sistema Lean Company, le pido que nos concentremos en tres factores:

- Beneficios generados.
- Costos en los que se incurrió para generar dichos beneficios.
- Inventarios o inversiones necesarias para generar dichos beneficios.

Si cualquier cosa que hagamos, diseñemos o implementemos no tiene un impacto en al menos alguno de esos indicadores, entonces no tiene sentido.

- **Box score**
  Funciona para medir semanalmente cada cadena de valor o planta con productos que tienen procesos iguales o similares. Sirve para analizar y tomar decisiones en las reuniones de cadena de valor.

BOX SCORE		Objetivo	7-ene	14-ene	21-ene	28-ene
Calidad	NPS					
	Calidad a la primera					
	DPMO					
Costo	Costo de no calidad					
	Costo promedio del servicio					
	Unidades por persona					
Entrega	Envíos a tiempo					
	Envíos a tiempo					
	Tiempo de entrega (días)					
Seg	Accidentes					
Mot.	Evaluación 5´s					
	NPS de empleados					
Velocid.	*Takt time* (demanda del servicio)					
	Capacidad del servicio					
	Capacidad disponible					
Finanzas	Ingreso					
	Costo de Material					
	Costo de Conversión					
	Utilidad Bruta del Value Stream					
	Retorno de la cadena					

Tabla 9.4

Los indicadores clave (KPI) pueden variar en cada organización; los de velocidad y financieros se utilizan en cualquier tipo de empresa.

- **Los cuatro cuadrantes para ver el detalle**

   Cada indicador, a su vez, puede ser analizado, haciendo clic en su nombre para abrir una hoja detallada. A esto le llamamos los cuatro cuadrantes.

   Con este nivel de detalle podemos analizar los indicadores desde una gráfica de tendencia, lo que nos permite tener mejor visibilidad y ver si estamos cerca o lejos del objetivo. La dirección de mejora se marca con una flecha verde en el primer cuadrante.

   En el segundo tenemos una gráfica aparte que nos explica la situación desde el punto de vista de los elementos vitales que afectan el indicador y separa los triviales para evitar tener que tocarlos en reuniones, ya que tienen poco o ningún impacto en los resultados.

   En el tercer cuadrante tenemos un resumen del análisis de causa y efecto que se debe hacer con detalle, y con un círculo rojo en las causas raíz.

   Finalmente, en el cuarto cuadrante escribiremos el detalle de las decisiones que han sido tomadas en equipo para solucionar problemas, prevenirlos, mejorar una situación, o bien controlar el desempeño del indicador.

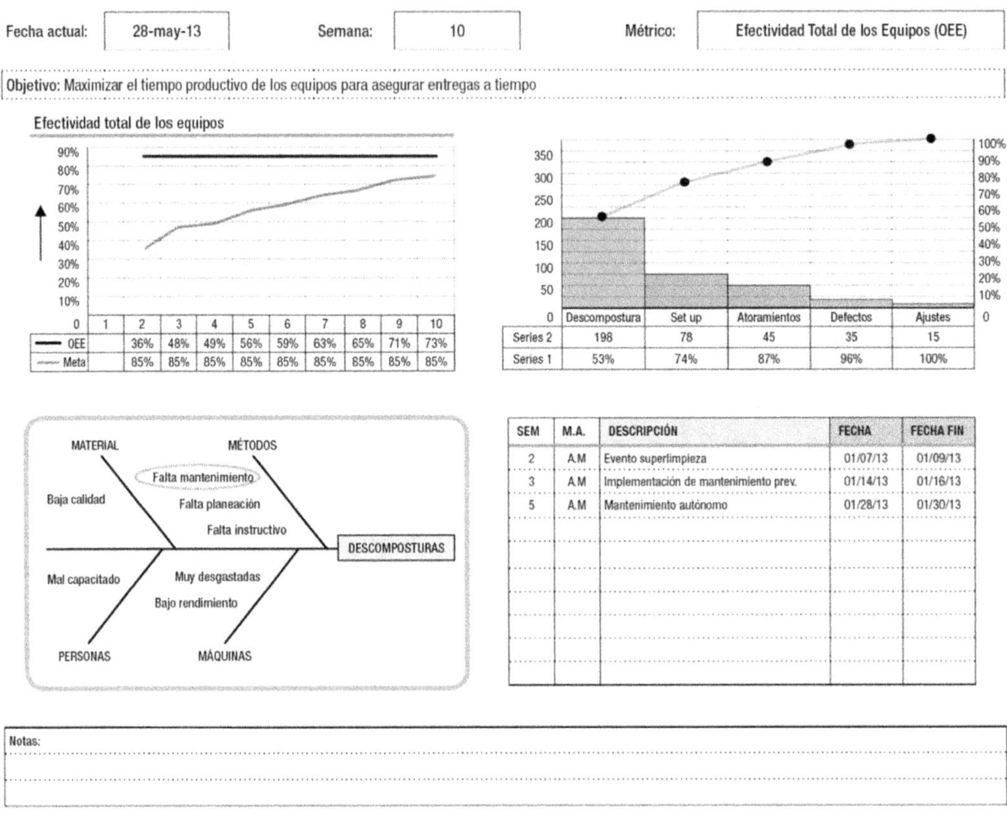

Figura 9.5

3.7 Generar la planificación táctica basada en actividades y proyectos

La planificación táctica se trata de proponer proyectos y programas que realmente logren que las estrategias se hagan realidad, y para ello, tanto los directivos como los responsables de los diferentes procesos que afectan las estrategias deben comenzar por definir los proyectos y programas; asimismo, probar que cada uno de ellos tendrá un impacto potencial en los resultados:

- Asegurar que los proyectos de mejora están alineados y priorizados respecto a la estrategia.
- Estandarizar la identificación de proyectos de mejora en la organización para evitar decisiones incorrectas.
- Evitar que la cantidad de proyectos asignados por proceso o área rebasen la capacidad de recursos humanos acordada.

PLAN DE NEGOCIO		PLANEACIÓN ESTRATÉGICA			PLANEACIÓN TÁCTICA (Proyectos)													
DIRECTRICES	Objetivos estratégicos	ESTRATEGIAS	Indicadores clave (KPI's)	Responsable	Actividades Clave / Proyectos de Mejora	1	2	3	4	5	6	7	8	9	10	11	12
1. Aumentar rentabilidad	Aumentar ROI de 7 a 12%	1.1 Incrementar utilidad/ventas a 18%	Ut/ventas	FIN, VTAS	1.1 Reducir inventarios												
					1.2 Mejorar utilización de nuestras inversiones												
		1.2 Aumentar el retorno sobre bienes a 24%	Ventas/inversiones	FIN, VTAS	1.3 Reducir los costos sin sacrificaar calidad												
					1.4 Lograr un costeo ágil para detectar variaciones												
2. Aumentar ventas	Aumentar en 15% ventas nacionales y 32% ventas internacionales	2.1 Vender servicios a los clientes que A. Valor	Ventas en S	VT, MKT, DG	2.1.1 Diseñar paquetes de servicio al cliente												
		2.2 Aumentar percepción del cliente	NPS	VT, MKT, DG	2.1.2 Analizar frecuencia de compra y detectar tendencias												
		2.3 Lanzamiento productos en tiempo record	Días de lanzamiento	VT, MKT, IN	2.1.2 Implementar Lean comercial												
		2.4 Entrar a nuevos nichos de mercado	Segmentos atacados	VT, MKT, IN	2.3.1 Introducir ingeniería concurrente y DFSS												
3. Ser una empresa de clase mundial con procesos altamente efectivos	Aumentar la productividad de 2.1 a 3.5 dólares generados por dólar invertido	3.1 Implementar Lean Six Sigma	Nivel sigma de la planta Nivel de satisfacción del cliente OEE Días de entrega Vueltas de inventario Gastos de operación % scrap	IN, CA, DG, RH	3.1.1 Entrenamiento a personal en Six sigma												
				IN, CA, DG, RH	3.1.2 Certificación de BB y GB												
				IN, CA, DG, RH	3.1.3 Entrenamiento directivo												
				IN, CA, DG, RH	3.1.2 Implementación piloto en área A												
				IN, CA, DG, RH	3.1.2 Certificar al personal en multihabilidades a operadores												
				IN, CA, DG, RH	3.1.3 Implementar 5's en planta 1												
				IN, CA, DG, RH	3.1.4 Implementar TPM en área piloto												
				IN, CA, DG, RH	3.1.5 Implementar flujo continuo en piloto												
				IN, CA, DG, RH	3.1.6 Implementar SMED en área piloto												
		3.2 Mantener la certificación ISO 9000:2000	Número de no conformidades	CA Todos	3.2.1 Realizar auditorías internas												
					3.2.2 Implementar sistema de mejora												
		3.3 Implementar Lean Logistics	Puntualidad de entregas	CA, SE, DG Todos IN, CAL	3.3.1 Implementar Lean planeación												
					3.3.2 Implementar Lean almacenes												
					3.3.3 Implementar Lean compras												
4. Convertir al RH en una ventaja competitiva	Certificar al 100% del personal en multihabilidades	4.1 Establecer programa de desarrollo de talento	% avance del programa % personal certificado	RH, CV	4.1.1 Hacer diagnóstico de clima organizacional												
					4.1.2 Entrenar entrenadores												
					4.1.3 Desarrollar materiales de entrenamiento												
					4.1.4 Realizar entrenamiento piloto												

Tabla 9.5

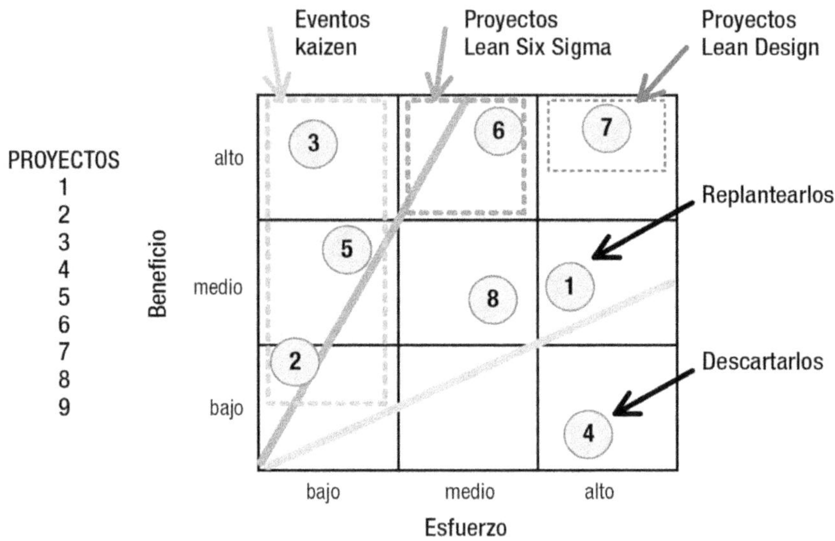

Figura 9.6

- Crear el sistema que lleve a identificar de manera periódica oportunidades de mejora en los procesos del negocio.
- Buscar que los proyectos establecidos en el *hoshin kanri* tengan una relación causa-efecto sobre la ejecución de las estrategias y el cumplimiento de los objetivos estratégicos.

3.7.1 Proyectos

Cada líder dedicado a desarrollar mejoras e innovaciones debería participar en un máximo de tres proyectos, ya que de lo contrario implica sobrecarga y la posibilidad de no cumplir con calidad y a tiempo. Cuando se trate de algún miembro del equipo, que además cumple una función específica dentro de la cadena de valor o área de soporte, evite asignarle más de dos proyectos, ya que su rendimiento después de ello será pobre, tanto en su trabajo como en la participación en proyectos.

Si la empresa tiene varios proyectos y no sabe cuáles debe desarrollar primero, puede utilizar la matriz de priorización:

3.7.2 ¿Qué sigue?

Ahora que ya ha definido el plan estratégico y este ha quedado plasmado en una sola hoja, debe darse a conocer. Esta es una de las responsabilidades fundamentales de los líderes en las organizaciones, pues resultará muy difícil cumplir las estrategias si el personal que tendrá que cumplirlas no sabe hacia dónde se dirige.

Capítulo 10
Estructura

*«Reduzca los niveles organizacionales. Solo aumentaron
la distancia entre los directivos y los clientes.»*

Donald Rumsfeld

1   Objetivo y antecedentes

El objetivo es desarrollar una estructura capaz de sostener el funcionamiento ágil de una empresa, para que la entrega de valor al cliente nunca se detenga.

La estructura organizacional es la base de la comunicación, coordinación e interacción de los colaboradores para traducir las necesidades de los clientes en productos y servicios.

2   Historia y desarrollo de las estructuras organizacionales

Larry E. Greiner propuso en 1972 un modelo que explicaba las fases de crecimiento por las que pasa una empresa desde sus inicios hasta su madurez. El modelo de Grainer permite entender la evolución de las estructuras organizacionales cuando, en cada etapa, debe superarse una crisis para seguir creciendo.

- **Fase 1. Crecimiento por creatividad.** En esta fase es cuando los emprendedores fundan la empresa y la administran normalmente. De momento, la comunicación es directa, hay poca definición de responsabilidades y el ritmo de trabajo hace casi imposible detenerse a formalizar los puestos y las funciones de la organización.

    Esta primera fase de crecimiento llega a su fin con una crisis, llamada de liderazgo, ya que no hay formalidad en la toma de decisiones ni en la delegación de responsabilidades.

- **Fase 2. Crecimiento por dirección.** Para superar la crisis de liderazgo, se contratan directores profesionales que dan orden a las funciones de la organización y toman las decisiones que permiten seguir creciendo e innovando.

  Con ello se logran nuevas oportunidades de negocio, pero estas organizaciones se caracterizan porque los directores son los únicos que toman decisiones. Nada se mueve si no son ellos quienes deciden qué, cuándo y cómo hacerlo. Entonces se presenta una nueva crisis, llamada de autonomía, que requiere que se deleguen responsabilidades y haya libertad de pensamiento.

- **Fase 3. Crecimiento por delegación.** Es cuando los gerentes medios reciben responsabilidades que les permiten a los altos ejecutivos liberar tiempo y encontrar nuevas oportunidades de negocio, abrir nuevos mercados, aprovechar la creatividad y seguir creciendo.

  El problema de este tipo de organización es que se ha entregado responsabilidad, pero generalmente no autoridad, lo que genera fricciones internas que provocan crisis, ya que sigue habiendo dominio sobre las decisiones, por más simples que estas sean.

- **Fase 4. Crecimiento por coordinación.** Este tipo de organizaciones trabaja básicamente por departamentos, con funciones bien definidas y gerencias

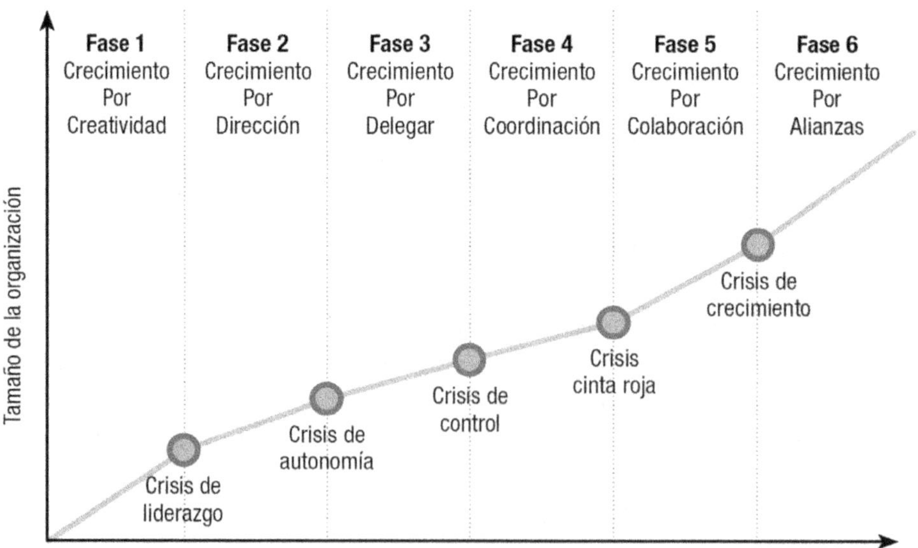

Figura 10.1

para cada una de ellas, lo que permite una clara distinción de responsabilidades.

Este tipo de empresas tienen un alto nivel de burocracia, lo que obstaculiza la entrega de valor a los clientes, especialmente en ambientes en los que las necesidades de estos requieren gran flexibilidad y comunicación directa. Para seguir creciendo, debe implementarse una nueva estructura.

- **Fase 5. Crecimiento por colaboración.** Este tipo de organización es la que llamaremos cadenas de valor, y está diseñada para acortar la distancia entre los clientes y las personas que hacen los productos y servicios. Se toman decisiones constantemente para cumplir con las necesidades cambiantes del mercado.

  Este tipo de estructura integra equipos multidisciplinarios con un mismo enfoque e indicadores, y con comunicación constante para resolver problemas y mejorar, con la finalidad de superar a la competencia.

- **Fase 6. Crecimiento por alianzas.** Es cuando se ha logrado la creación de estructuras de valor a lo largo de la cadena de suministro; es decir, se han implementado en proveedores y clientes.

En este tipo de organigramas, la comunicación directa y continua no solo es interna, sino que se comparten los mismos objetivos, información e indicadores a lo largo de todas las empresas que forman una cadena de suministro.

3 Empresas tradicionales

La mayoría de las empresas, que podemos describir como tradicionales, se encuentran en la fase cuatro de desarrollo. Estas estructuras organizacionales están diseñadas de manera similar a los árboles genealógicos de las familias (véase la figura 10.2).

Las organizaciones funcionales tienen la ventaja de que las diferencias de posición y de niveles son muy claras, pero la gran desventaja de una comunicación muy pobre y una toma de decisiones en forma horizontal; es decir, en los procesos.

Este tipo de estructuras funcionaron de forma aceptable a regular mientras realizaban pocos productos o servicios en grandes cantidades. Ahora que el mercado ha cambiado, demandando gran variedad de productos en pequeñas cantidades, es casi imposible seguirlo utilizando.

La comunicación es el principal componente de Lean Company para lograr la agilidad y la versatilidad en una empresa. Desafortunadamente, las estructuras

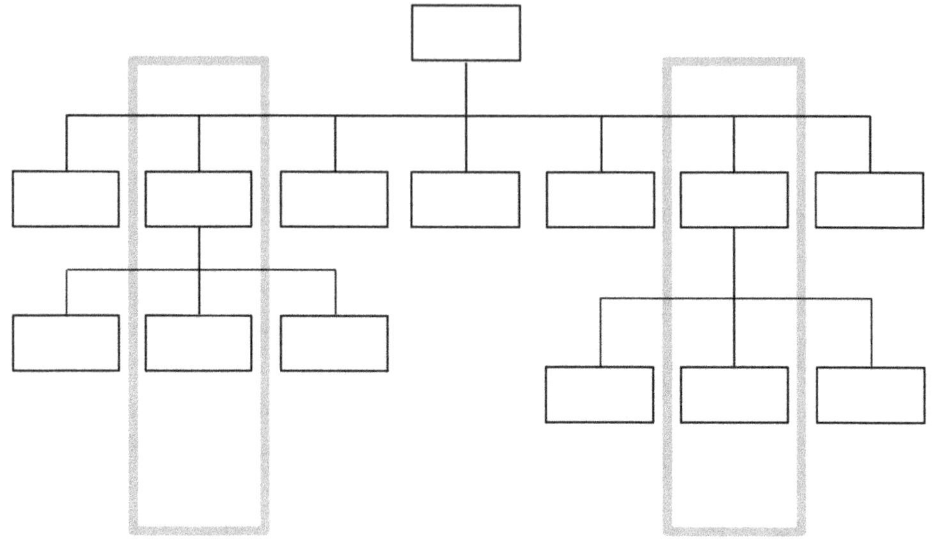

Figura 10.2

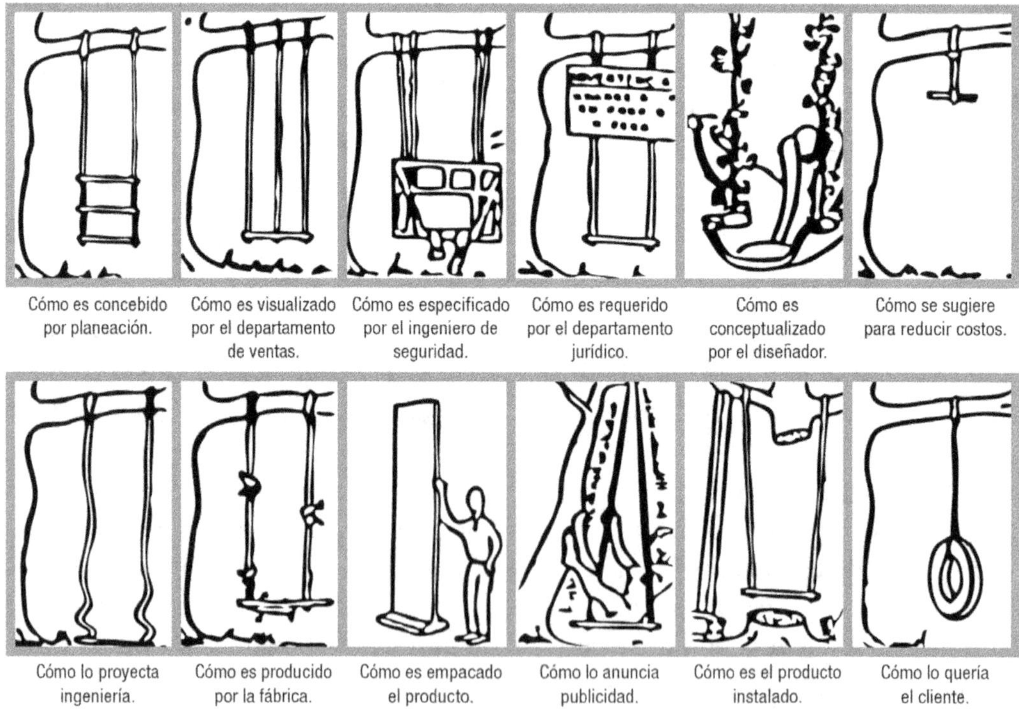

Cómo es concebido por planeación.

Cómo es visualizado por el departamento de ventas.

Cómo es especificado por el ingeniero de seguridad.

Cómo es requerido por el departamento jurídico.

Cómo es conceptualizado por el diseñador.

Cómo se sugiere para reducir costos.

Cómo lo proyecta ingeniería.

Cómo es producido por la fábrica.

Cómo es empacado el producto.

Cómo lo anuncia publicidad.

Cómo es el producto instalado.

Cómo lo quería el cliente.

Figura 10.3

funcionales tradicionales no permiten un flujo efectivo de información a todo el personal. Cada departamento va agregando valor, pero también burocracia, lo que hace muy complejo el trabajo.

En el ejemplo de la figura 10.3, en una empresa que fabrica columpios, se muestra en cada recuadro la percepción de cada departamento en relación con el producto.

4 ¿Qué es la estructura por cadenas de valor?

Las cadenas de valor son unidades de negocio compuestas por un equipo multidisciplinario, formado por todos los responsables de crear valor desde que el cliente hace un pedido hasta que se recibe el efectivo.

Ahora los organigramas se ajustan a las necesidades de los clientes y la complejidad se encuentra en la gran variedad de servicios o productos que se ofrecen en menores cantidades en lugar de la alta burocracia.

Cada cadena de valor está compuesta por una familia de productos que tienen en común ser procesados por operaciones similares durante el proceso de realización.

Se está generando la necesidad de volver a lo básico: un equipo de personas de diferentes áreas completamente centradas en entregar el valor al cliente y responsabilizarse del proceso completo, analizar información y tomar decisiones. Como cuando la empresa inició, pero con mucho más conocimiento.

Dentro de cada cadena de valor *(value stream)* están incluidos los equipos operativos, los líderes de procesos y el líder de la cadena de valor.

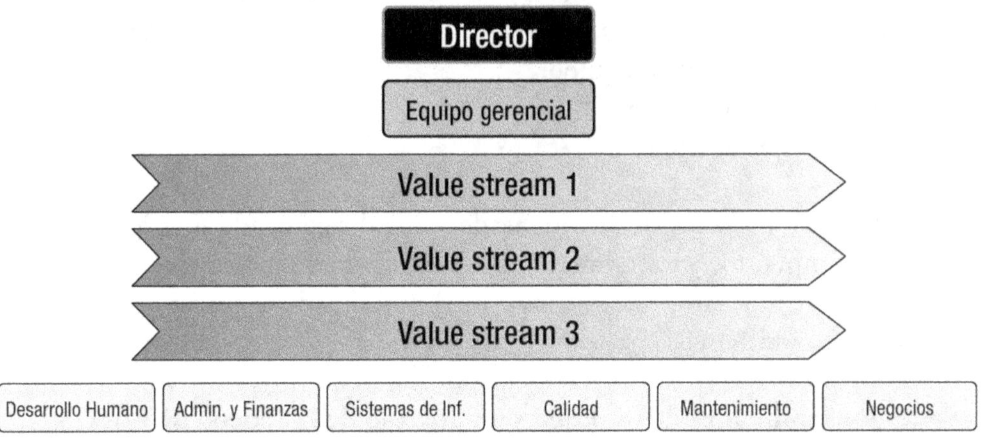

Figura 10.4

 Organigrama y descripciones de puesto: Es necesario realizar un organigrama propio por cadenas de valor y definir las funciones y responsabilidades a partir de un modelo general.

4.1   ¿Cómo funcionan las cadenas de valor?

- Cada cadena tiene recursos asignados, y todo el valor, costo y beneficios se miden por cadena de valor.
- Las cadenas de valor son la razón principal del negocio, porque son las que aportan valor directo al cliente.
- La contabilidad Lean ahora tiene sentido, ya que es necesario medir el desempeño de los costos, ingresos y resultados financieros de cada cadena de valor.

Todos en la organización son importantes; sin embargo, el enfoque en las cadenas es esencial, ya que ellos aportan el valor directamente a los clientes.

4.2   ¿Quiénes participan?

Equipos operativos de cada cadena de valor. Compuestos por operadores, encargados de material, técnicos y líderes de proceso, quienes están centrados en la generación de productos o servicios.

- **Responsabilidades de los equipos operativos:**
    - Se reúnen al principio y final del turno.
    - Planifican su día y analizan su progreso hora por hora.
    - Realizan el producto o servicio con calidad y en el tiempo establecido.
    - Toman decisiones en equipo.
    - Analizan los resultados.
    - Resuelven problemas.

Los líderes de procesos de la cadena de valor dirigen cada una de estas cadenas y están compuestos, generalmente, por responsables de los procesos de diseño, comercial, logística, manufactura, servicio, contabilidad, administración, calidad, mantenimiento y sistemas.

- **Responsabilidades de los líderes de proceso de la cadena de valor:**
    - Trabajan en la oficina de valor para comunicarse de forma efectiva.
    - Planifican semanalmente sus objetivos.

- Analizan sus resultados cada semana mediante el cuadro de resultados *(box score)*.
- Se reúnen a diario para definir objetivos, analizar avances y resolver problemas.
- Realizan actividades de su proceso.
- Resuelven problemas en equipo.
- Apoyan a los equipos operativos.

  - **Líder de cadena de valor.** Es el responsable de toda la cadena de valor desde que se recibe el pedido del cliente hasta el cobro de los productos o servicios. Tiene autoridad sobre los líderes de proceso asignados a la cadena de valor y su objetivo es que esta sea productiva y rentable.
  - **Procesos de soporte.** Dan servicio a más de una cadena de valor, están formados por equipos de soporte o de servicios compartidos y su trabajo es que las cadenas de valor nunca detengan la entrega de valor.
  - **Equipo directivo o gerencial.** Está formado por el director general de la compañía o propietario, junto con los líderes de cadenas de valor y equipos de soporte. Su responsabilidad es trabajar en equipo para definir el rumbo de la compañía mediante la planificación de la estrategia, la definición de la estructura organizacional y el desarrollo de talento. Así, el equipo directivo también desarrolla actividades de seguimiento de proyectos y resultados.

- **Responsabilidades del equipo directivo:**
  - Desarrollar el plan estratégico y el plan de negocios y darlo a conocer.
  - Diseñar la estructura de la compañía.
  - Diseñar el sistema de desarrollo de talento.
  - Dar seguimiento a los resultados de las cadenas de valor.
  - Dar seguimiento a proyectos estratégicos.
  - Identificar áreas de oportunidad internas y externas.
  - Diseñar el futuro de la empresa y buscar estrategias innovadoras de crecimiento.

- **Equipo implementador Lean Company.** Está formado por los expertos en Lean y Six Sigma, quienes se dedican a implementar mejoras en las cadenas de valor y procesos con la colaboración de los integrantes de cada proceso.
  Responsabilidades del equipo implementador:
  - Identificar mejoras con los líderes de cadenas de valor y el equipo directivo.

- Desarrollar proyectos de mejora: eventos *kaizen* y proyectos Six Sigma en los procesos que lo requieran para que las cadenas de valor consigan sus objetivos.
- Eliminar los cuellos de botella mediante el entrenamiento y uso correcto de las herramientas.
- Dar soporte a las cadenas de valor para sostener las mejoras logradas.
- Desarrollar proyectos de mejora con clientes y proveedores para mejorar la cadena de suministro. Entrenar en Lean Six Sigma a quien lo requiera en la empresa.

El diseño de la estructura por cadenas de valor puede variar y debe ajustarse a las necesidades de cada empresa en relación con las necesidades de sus clientes. Ahora las empresas se ajustan al cliente, y no el cliente a la empresa.

4.3   ¿Para qué sirven las estructuras por cadenas de valor?

- Sirven para comprender mejor a los clientes, así como para administrar la información y las decisiones de mejor manera. De este modo, generan mayor valor para los clientes y mejores resultados para los accionistas.
- Las estructuras por cadenas de valor son más ágiles y flexibles para adaptarse a las situaciones cambiantes del negocio, porque fomentan la comunicación directa entre sus miembros.
- Eliminan toda la burocracia que impide desarrollar negocios exitosos, en los que sea un placer trabajar.
- Mejoran la comunicación entre las personas, haciéndolas convivir en equipos naturales.
- Permiten que cada cual se centre en lo que sabe de manera colaborativa.
- Dan tiempo a la dirección para planificar, analizar el futuro del negocio y dedicar más energía al diseño y desarrollo de este.
- Permiten que estrategias como Lean Six Sigma sean exitosas.
- Manejan la empresa en relación con el valor creado para los clientes y no para quedar bien con los jefes.

4.4   ¿Cómo se implementan las estructuras por cadenas de valor?

- **En la fase de preparación**
  El equipo directivo recibe el entrenamiento sobre el diseño de las estructuras por cadenas de valor y se resuelven dudas de su funcionamiento general.

Se analiza la estructura actual mediante el diagnóstico Lean Company.

En esta fase se hace el análisis inicial de familias de producto o servicio que tiene la empresa, y también puede realizarse un diseño preliminar, de manera que el equipo directivo comprenda cómo funcionaría su empresa con dicha estructura.

No recomiendo que se modifique la compañía entera en cadenas de valor desde el principio, porque, aunque el cambio es muy sencillo en los procesos, resulta muy complejo en las personas que siempre han trabajado con una estructura funcional. Puede ser un error grave.

- **En la fase piloto**
  Se selecciona una familia de productos o servicios para implementar la primera cadena de valor.

  Se debe formar al equipo de la cadena de valor piloto eligiendo a los mejores candidatos como líderes de los procesos de la cadena de valor. Posiblemente algunos de ellos no estarán el 100 % dedicados a la cadena de valor, pero es recomendable que la mayoría sí lo haga.

  Los pasos para la implementación de la estructura por cadenas de valor son los siguientes:

  - Diagnóstico inicial de la estructura organizacional.
  - Análisis de las familias de la empresa.
  - Definición de la familia piloto.
  - Definición de los equipos operativos y líderes de proceso de la cadena de valor piloto.
  - Definición de las funciones y responsabilidades de cada uno de los miembros.
  - Definición de un área de trabajo física para implementar la oficina de valor.
  - Acondicionar la oficina de valor para que el equipo de valor pueda trabajar en ella.
  - Entrenar al equipo en el funcionamiento del sistema por cadenas de valor.
  - Arrancar el funcionamiento de la cadena de valor.
  - Evaluar el desempeño y hacer ajustes.

Para asegurar el éxito de este modelo en la fase piloto es muy importante que el equipo directivo participe en las reuniones de *box score* de la cadena de valor piloto, y apoye directamente las decisiones y desarrollo del proceso piloto para que todos los colaboradores de la empresa entiendan que el nivel de importancia es muy alto.

- **En la fase de despliegue**
  Todo el aprendizaje derivado de la fase piloto se utiliza para el diseño de toda la empresa por cadenas de valor.

  Para llevarlo a cabo debe hacerse un diseño preliminar en el que se incluya a la mayoría de las personas en las cadenas de valor y solo alrededor del 10 o 15 % queda en el equipo de soporte a las cadenas.

  Cuando maduran las organizaciones por cadenas de valor, puede disfrutarse de un ambiente más agradable para trabajar porque existe comunicación directa entre todos los integrantes de cadenas de valor, hay mayor interacción con

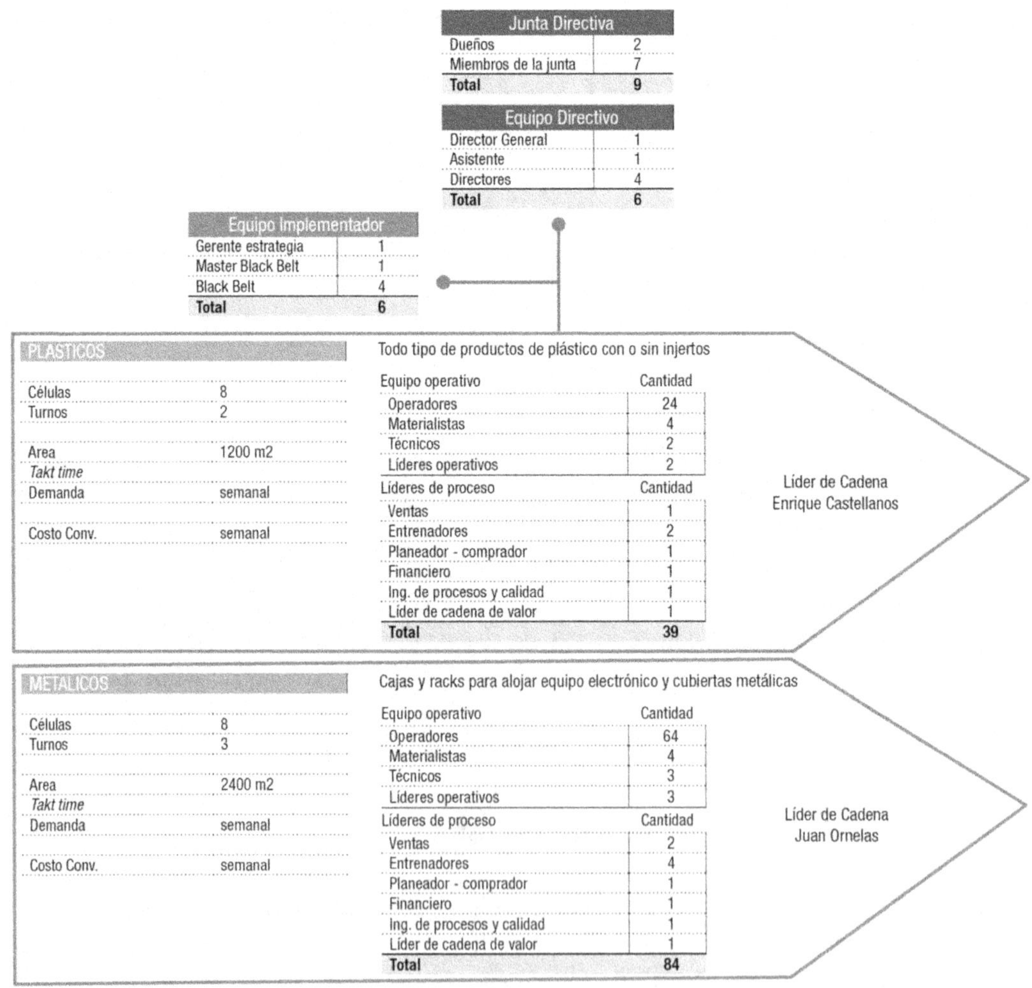

Figura 10.5

el cliente y las responsabilidades son compartidas, así como los logros. En este sistema nadie se preocupa por quedar bien solo con el jefe. Ahora el cliente es el principal punto de enfoque.

En el siguiente ejemplo, mostramos el organigrama por cadenas de valor del caso que previamente presentamos.

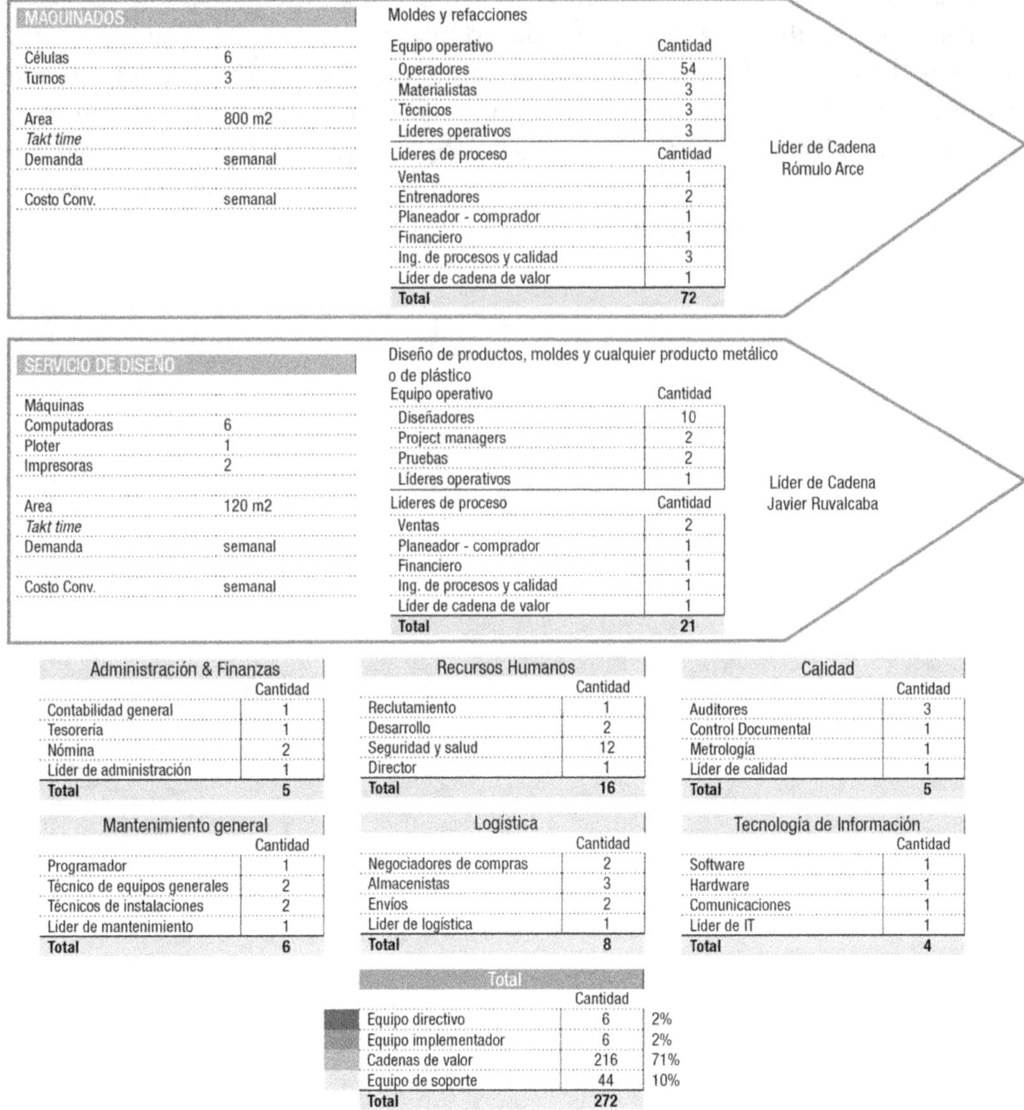

MAQUINADOS

Células	6
Turnos	3
Area	800 m2
Takt time	
Demanda	semanal
Costo Conv.	semanal

Moldes y refacciones

Equipo operativo	Cantidad
Operadores	54
Materialistas	3
Técnicos	3
Líderes operativos	3

Lideres de proceso	Cantidad
Ventas	1
Entrenadores	2
Planeador - comprador	1
Financiero	1
Ing. de procesos y calidad	3
Líder de cadena de valor	1
Total	**72**

Líder de Cadena
Rómulo Arce

SERVICIO DE DISEÑO

Máquinas	
Computadoras	6
Ploter	1
Impresoras	2
Area	120 m2
Takt time	
Demanda	semanal
Costo Conv.	semanal

Diseño de productos, moldes y cualquier producto metálico o de plástico

Equipo operativo	Cantidad
Diseñadores	10
Project managers	2
Pruebas	2
Líderes operativos	1

Lideres de proceso	Cantidad
Ventas	2
Planeador - comprador	1
Financiero	1
Ing. de procesos y calidad	1
Líder de cadena de valor	1
Total	**21**

Líder de Cadena
Javier Ruvalcaba

Administración & Finanzas	Cantidad
Contabilidad general	1
Tesorería	1
Nómina	2
Líder de administración	1
Total	**5**

Recursos Humanos	Cantidad
Reclutamiento	1
Desarrollo	2
Seguridad y salud	12
Director	1
Total	**16**

Calidad	Cantidad
Auditores	3
Control Documental	1
Metrología	1
Líder de calidad	1
Total	**5**

Mantenimiento general	Cantidad
Programador	1
Técnico de equipos generales	2
Técnicos de instalaciones	2
Líder de mantenimiento	1
Total	**6**

Logística	Cantidad
Negociadores de compras	2
Almacenistas	3
Envíos	2
Líder de logística	1
Total	**8**

Tecnología de Información	Cantidad
Software	1
Hardware	1
Comunicaciones	1
Líder de IT	1
Total	**4**

Total	Cantidad	
Equipo directivo	6	2%
Equipo implementador	6	2%
Cadenas de valor	216	71%
Equipo de soporte	44	10%
Total	**272**	

Figura 10.6

5   Conclusión

Las empresas e instituciones han evolucionado principalmente en tecnología, diseño de nuevos productos y procesos más sofisticados, pero es muy raro que las estructuras organizacionales también lo hayan hecho con la misma velocidad.

De hecho, la mayoría de las empresas piensa en cambiar sus resultados sin transformar sus estructuras de manera radical.

Lo cierto es que, sin una estructura en la que se mejore la comunicación, se compartan los resultados y se trabaje todos los días con un mismo objetivo, es casi imposible lograr cambios duraderos en la cultura de la compañía, por eso resulta indispensable que las estructuras de las empresas modernas sean diseñadas desde su creación por cadenas de valor, con equipos colaborativos dispuestos a enseñar y a aprender para lograr ambientes de trabajo dedicados a mover la empresa, conseguir sus objetivos, y a eliminar toda la burocracia que los ralentiza.

Capítulo 11
Desarrollo de talento

«Sabio no es el que sabe mucho, sino el que utiliza
lo poco que sabe.»

PLATÓN

1 Objetivo y antecedentes

El desarrollo de talento tiene como objetivo fortalecer el máximo potencial de las personas mediante la ampliación de sus conocimientos y la actitud.

Aunque en las últimas décadas se ha dado más importancia al desarrollo de las personas mediante departamentos especializados en la contratación y capacitación, el desarrollo del elemento humano en el modelo de la productividad sigue siendo el mayor reto de la organización.

Encontramos empresas con implementaciones avanzadas de sistemas de calidad, pero nos hemos dado cuenta de que la causa de muchos problemas de calidad, productividad y, sobre todo, de comunicación se deben a que no se ha dedicado suficiente tiempo a enseñar y aprender.

Toyota no solo produce vehículos, sino también personas talentosas, y afirma que, aunque muchos han tratado de copiar su modelo para mejorar los resultados, gran parte de ellos fracasarán debido a que no dedicarán el tiempo suficiente al desarrollo de las personas.

El problema es que las empresas tienen tantas urgencias y situaciones de importancia que dedican muy poco tiempo al desarrollo de su equipo.

En una ocasión nos llamaron para desarrollar un proyecto de mejora junto con el equipo implementador de una empresa, y cuando analizamos las causas raíz, nos encontramos con que las personas que trabajaban en los procesos clave no habían sido entrenadas de forma correcta. Los gerentes decían que, como tenían tantas urgencias, necesitaban que las personas que contrataban se integraran inmediatamente al proceso para mantener el ritmo de trabajo, pero lo cierto era que los nuevos empleados sufrían estrés y frustración porque ya habían desperdiciado material, roto máquinas muy caras y hasta habían tenido accidentes por la falta de conocimiento necesario.

Entonces decidimos hacer un experimento aplicando el programa de desarrollo de talento mediante la preparación de instructores y material de entrenamiento. Durante dos semanas los nuevos elementos fueron entrenados correctamente y después se integraron al trabajo. El resultado fue, simplemente, que más del 80 % de los defectos y problemas desaparecieron.

2   El círculo vicioso

Generalmente hay poco tiempo para formar al personal, debido a todas las urgencias que existen; eso genera que la poca capacitación que reciben sea deficiente y no logre sus objetivos, y, por lo tanto, los resultados sean ineficaces. Esto se convierte en un círculo vicioso, ya que observamos personal con antigüedad, pero con conocimientos limitados o peor aún, sin la capacidad para transmitir su conocimiento a otras personas.

Figura 11.1

3   Historia del sistema de desarrollo de talento

Cuando Estados Unidos enfrentó la posibilidad de entrar en la Segunda Guerra Mundial, debió pensar cómo transmitir los conocimientos de la industria militar y de otras industrias clave a mujeres y personas mayores, ya que mandaría a su fuerza laboral a la guerra.

El gobierno de Estados Unidos desarrolló el programa Training within Industry (TWI) para entrenar al personal no calificado que sustituiría a los trabajadores que iban a la guerra. Un equipo de pedagogos y profesionales en la materia desarrollaron un método para documentar el conocimiento clave de cualquier tipo de empresa y prepararon entrenadores capaces de enseñar las habilidades esenciales para desempeñar el trabajo de forma activa y eficaz (habilidad de liderazgo, habilidad de instrucción y habilidad de mejora).

El programa se dirigió a operadores, supervisores, ayudantes, etc., y estaba compuesto por cursos de relaciones de trabajo *(job relations)*, instrucción del trabajo *(job instruction)* y métodos de trabajo *(job methods)*.

Al terminar la Segunda Guerra Mundial, Estados Unidos abandonó el programa TWI, y no volvió a fomentar el sistema de enseñanza. Así, quedó en el olvido, aunque muchos afirman que ayudó, en gran medida, a ganar la guerra.

3.1 Japón reinicia el camino

Cuando Japón inició su camino hacia la reconstrucción, pidió al gobierno norteamericano la oportunidad de conocer cómo funcionaba la industria en Estados Unidos para aprender los métodos de trabajo.

Los japoneses visitaron empresas en Estados Unidos y comenzaron a aplicar los métodos y a mejorar, superando incluso muchas de las enseñanzas en cuanto a métodos y herramientas de calidad y administración, como fue el caso del sistema de desarrollo de talento.

Toyota mejoró este sistema y por ello ahora asevera que son muchos los que han tratado de copiarlo, aplicando herramientas que han estado disponibles desde hace muchos años. Sin embargo, también aseguran que muy pocos lo lograrán porque no dedican tiempo suficiente a contratar, entrenar y desarrollar a su personal, ni lo hacen de la forma correcta.

En las empresas tradicionales, los jefes dan órdenes. En las compañías Lean, los jefes son maestros, y eso es una diferencia fundamental.

3.2 Principales limitantes de la productividad relacionados con el desarrollo de las personas

- **Sobrecarga:** los trabajos son peligrosos, difíciles y complicados cuando no se tiene el conocimiento adecuado.

- **Sobretrabajo**: cuando se llevan a cabo más cursos, entrenamientos, etc., antes de que alguien los necesite; cuando no se necesitan o no tienen un objetivo práctico para la cadena de valor.
- **Sobreinventarios:** el desconocimiento de la demanda de los clientes, así como de los métodos de planificación Lean, hace que las personas decidan cubrir con inventario todas las ineficiencias generadas en la empresa.
- **Defectos:** la deficiente capacitación y entrenamiento genera muchos defectos en el proceso que se realiza.
- **Retrabajos:** capacitar mal a las personas conlleva volverlo a hacer hasta que aprendan a realizar correctamente su trabajo.
- **Movimientos innecesarios:** por ejemplo, cuando, para capacitarlo, un grupo se mueve a un lugar, en vez de mover al instructor hacia donde están todos para desarrollar la actividad.
- **Procesos innecesarios:** el desconocimiento o falta de capacitación hace que las personas realicen gran cantidad de trabajos innecesarios o que no generan valor porque no están claros los objetivos del proceso o cadena de valor. Así también se llevan a cabo capacitaciones innecesarias en el intento de generar valor para el cliente.
- **Esperas y búsquedas:** en el entrenamiento se pierde mucho tiempo buscando salas de capacitación y materiales, esperando alumnos y maestros, etc.
- **Transportes:** cuando se traslada a las personas para capacitarse a otras ciudades o localidades en lugar de hacer entrenamientos virtuales o mover solo al instructor.
- **Talento:** cuando no se aprovechan los conocimientos y experiencia de ciertas personas expertas para capacitar y entrenar a otros colaboradores.
- **Variabilidad:** la mala capacitación es una de las principales fuentes de variación en el trabajo.

4 ¿Qué es el desarrollo de talento?

Es el proceso para desarrollar conocimiento y compromiso en las personas, con la finalidad de que sean capaces de hacer su trabajo correctamente y llevar a los clientes productos y servicios de excelente calidad, al costo objetivo y en el menor tiempo posible.

Es una metodología para crear una cultura de aprendizaje y capacitar a las personas empleadas de todas las áreas. Asimismo, acompañar a cada persona para que pueda alcanzar su máximo potencial.

Es un elemento estratégico que permite que el conocimiento clave de la compañía quede registrado, y pueda ser transmitido en forma sencilla y práctica.

Las personas representan el elemento más importante, porque todo lo demás lo podemos cambiar, arreglar, mover, etc. Pero es la gente la que requiere mayor atención y tiene más importancia, pues solo con su participación, motivación y conocimiento podemos hacer que todo lo demás funcione. Solo las personas pueden:

- Pensar en cómo resolver los problemas.
- Entender a los clientes.
- Desarrollar mejoras.

El proceso de desarrollo de talento comprende las tareas de:

- **Contratar:** consiste en atraer y seleccionar a las personas que cubren un perfil determinado en términos de conocimientos, habilidades y valores.
- **Capacitar:** es transmitir los conocimientos necesarios para desarrollar correctamente el trabajo.
- **Dirigir:** los colaboradores llevan a cabo su trabajo de forma supervisada para asegurar que lo que aprendieron cumple con los requisitos establecidos.
- **Entrenar:** cuando se han identificado las áreas de oportunidad en las personas y se pretende desarrollar en ellas las habilidades para hacer su trabajo.

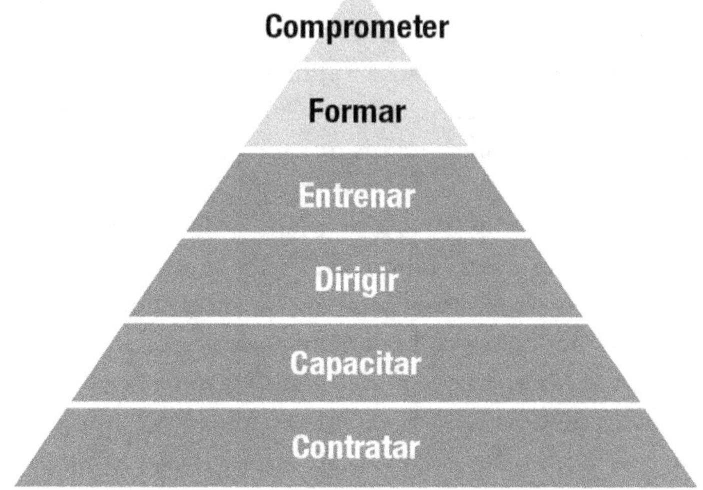

Figura 11.2. Proceso de desarrollo de cada persona.

- **Formar:** transmitir la filosofía y estrategias de la compañía, así como desarrollar hábitos mediante el liderazgo y el ejemplo.
- **Comprometer:** es el resultado de una buena formación en la que el personal se hace realmente uno con la empresa y su trabajo. De este modo, crece a su máximo potencial.

En el siglo pasado, los recursos humanos fueron muy relevantes y por ello, las empresas dedicaron departamentos específicos a la contratación, desarrollo y compensación del personal.

La función del departamento de recursos humanos es atraer el mejor talento, contratarlo y capacitarlo para lograr su máximo potencial; sin embargo, en más del 80 % de las empresas, vemos muy poca atención en la preparación de las personas, tanto en nuevas incorporaciones como en promociones. El tiempo que dedicamos a lograr que hagan su trabajo de la mejor forma a veces lleva varios años.

4.1   ¿Quiénes participan?

- **Equipo directivo:** establecen que el programa de desarrollo de talento es una de las estrategias clave de la compañía y dan todo el soporte y la guía para crear la universidad de la empresa. En ella se enseñan los métodos de los procesos propios de la industria y también los de mejora. Este importante paso no puede delegarse en otros niveles; es tan importante que debe guiarlo y patrocinarlo la alta dirección.
- **Gerentes de recursos humanos:** son los responsables directos del diseño y desarrollo del programa de desarrollo de talento. Coordinan el proceso de implementación y la impartición de las sesiones de capacitación.
- **Líderes de cadenas de valor:** dan seguimiento personalizado al programa de desarrollo de su personal, definiendo y asegurando los recursos de tiempo y la presencia de los entrenadores. Asimismo, apoyan el desarrollo de los entrenadores y proporcionan el material de entrenamiento.
- **Líderes de proceso:** son los expertos en cada proceso y por ello, también son los entrenadores de los colaboradores de la cadena de valor, en coordinación con el departamento de recursos humanos de la compañía. Llevan a cabo el programa de entrenamiento con la finalidad de que sus equipos estén capacitados para hacer su trabajo con calidad, satisfacción y buena actitud.
- **Equipo implementador:** son los expertos dedicados a la implementación de las herramientas Lean y Six Sigma. Aportan conocimiento, enseñan y guían para que se implemente correctamente cada metodología y lograr así desarrollar el talento.

4.2 ¿Para qué sirve implementar el desarrollo de talento?

Para generar alta capacidad y calidad con:

- Personas comprometidas.
- Conocimiento valioso.
- Sistema de entrega de aprendizaje.
- Sistema de enseñanza.

Para el desarrollo de talento existe un procedimiento que tiene tres fases principales:

- **Atraer talento**
  - Reclutamiento
  - Selección
  - Introducción

- **Desarrollar talento**
  - Preparar a la organización
  - Identificar el conocimiento clave
  - Transferir el conocimiento
  - Verificar el aprendizaje y el éxito

- **Madurar e inspirar**
  - Evaluación del desempeño
  - Compensaciones
  - Formación

4.2.1 Atraer talento

Consiste en buscar a los mejores candidatos, con potencial de ser desarrollados, para formar parte del equipo.

- **Reclutamiento**
  - ***Entrevista.*** En la entrevista inicial pueden evitarse muchas pérdidas de tiempo y recursos si los entrevistadores piden a los candidatos que hagan las preguntas necesarias para conocer a la empresa y el puesto vacante; así sabrán si realmente el trabajo les satisfará. Entonces es el momento de continuar con el proceso de reclutamiento y selección. Muchas personas renuncian durante los primeros seis meses porque no tenían suficiente información sobre la empresa y el puesto que ocuparían.

Las entrevistas deben hacer que el candidato y la empresa descubran los puntos de coincidencia, los intereses profesionales y el potencial que ha de desarrollarse.

También es sumamente importante conocer a la persona en cuanto a su conocimiento y su actitud; para ello deben aplicarse las evaluaciones correspondientes.

- ***Evaluaciones.*** Se evalúa el conocimiento y la experiencia con pruebas que presenten retos similares a los que el candidato encontrará en el trabajo para el que se está presentando. Es necesario crear un ambiente similar al que experimentará al ser contratado, así como situaciones que evalúen la iniciativa personal y la actitud hacia el trabajo en equipo.

- **Selección**
  - Para mejorar significativamente el proceso de selección y reducir los tiempos de contratación, es recomendable tener varios candidatos preseleccionados y ya entrevistados de acuerdo con la demanda de los puestos más clave y necesarios.
  - *Kanban* administrativo: sirve para tener preparados expedientes de candidatos. Así, cuando sea necesario reclutarlos, basta con llamarles para el proceso de selección.

- **Introducción**

Una vez que han sido seleccionados los mejores candidatos al puesto y ellos han aceptado las condiciones, es importante organizarles una bienvenida que recuerden toda su vida. Recomiendo que sea el director de la compañía quien haga la introducción de los grupos de empleados recién contratados, para que entiendan el valor y la importancia de trabajar para la empresa y la gran responsabilidad que han adquirido respecto a cumplir los objetivos de su equipo de trabajo.

En la introducción también se les debe dar a conocer la historia de la empresa, cómo está organizada y las reglas de trabajo y seguridad. Es fundamental visitar todas las áreas.

Cuando los presente ante su equipo de trabajo les debe dar a conocer las funciones y responsabilidades de cada uno, así como la situación actual y los objetivos que deben conseguir.

4.2.2   Desarrollar talento

Consiste en desarrollar personal competente en la función para la que ha sido contratado y para trabajar como equipo en el desarrollo de las actividades que agregan valor para el cliente. Con la finalidad de desarrollar el talento, cada persona de la organización debe saber:

- Historia y antecedentes de la empresa.
- Misión, visión y valores.
- Reglas que deben respetar.
- Estrategias y proyectos.
- Administración de proyectos con *kanban.*
- Administración del tiempo.
- Cada operación de su trabajo.
- Calidad aplicada a su trabajo.
- Mantenimiento / cuidado de su equipo.
- Preparaciones rápidas.
- Lean Six Sigma:
    - White Belt para todos los empleados.
    - Yellow Belt para líderes, gerentes e ingenieros.
    - Green Belt para gerentes e ingenieros.

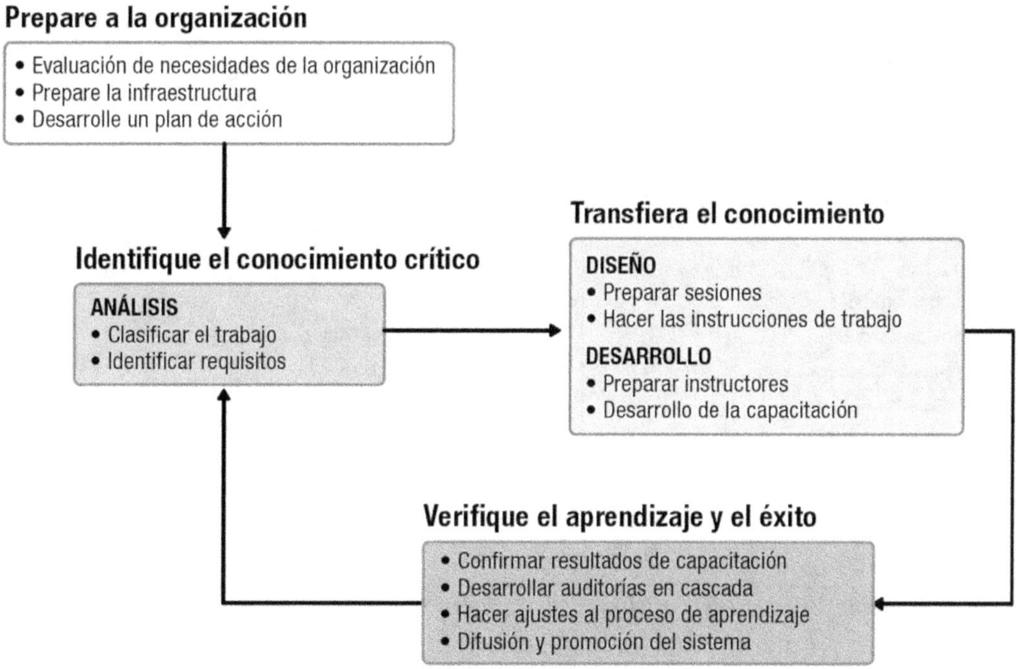

Prepare a la organización

- Evaluación de necesidades de la organización
- Prepare la infraestructura
- Desarrolle un plan de acción

Identifique el conocimiento crítico

ANÁLISIS
- Clasificar el trabajo
- Identificar requisitos

Transfiera el conocimiento

DISEÑO
- Preparar sesiones
- Hacer las instrucciones de trabajo

DESARROLLO
- Preparar instructores
- Desarrollo de la capacitación

Verifique el aprendizaje y el éxito

- Confirmar resultados de capacitación
- Desarrollar auditorías en cascada
- Hacer ajustes al proceso de aprendizaje
- Difusión y promoción del sistema

Figura 11.3. Procedimiento para el desarrollo de talento.

– Black Belt para implementadores e ingenieros de proceso.
– Master Black Belts para líderes de equipos implementadores.

El procedimiento para el desarrollo de talento implica preparar a la organización:

- **Evaluar las necesidades:** analizando los resultados de los métricos clave para entender dónde hay que iniciar el entrenamiento y en qué áreas podemos tener más impacto, cuando evaluamos los indicadores semanales en el *box score*, en las reuniones semanales de cadena de valor o mensuales de equipo directivo, debemos identificar las necesidades para determinar las áreas de enfoque para el entrenamiento (énfasis en puntos clave).

- *Box score:* para identificar resultados en los que debe enfocarse la capacitación.

  En cada indicador clave, determine si ha mejorado, se mantiene o tiene un comportamiento negativo, para identificar si se requiere capacitación. Recuerde que desempeño constante no necesariamente es mejora.

  Es recomendable poner especial interés en el cuello de botella de la empresa para centrar los esfuerzos hacia donde verá mayores resultados.

Medición	Negativo	Plano	Positivo	Comentarios
Índice de accidentes	X			Más alto que el promedio de la industria
Costo interno de la calidad			X	
Calidad hacia el cliente		X		
Productividad		X		
Rentabilidad		X		
Costo total		X		
Involucramiento del personal				
Círculos de calidad	X			No hay continuidad
Programa de sugerencias	X			No existe
Índice de ausentismo		X		
Rotación de personal	X			

Tabla 11.1

- **Preparar la infraestructura:** defina quiénes serán capacitados como entrenadores y quienes trabajarán también en el desarrollo de los materiales de entrenamiento. Es recomendable que exista al menos un entrenador para cada diez personas en los temas relevantes de la capacitación.

Los entrenadores son personas de todos los niveles y áreas que dedican una parte de su tiempo a enseñar y guiar. Documente a todos los entrenadores utilizando el siguiente formato.

- **Desarrollar un plan de acción:** para que cada persona identifique, en relación con su puesto, el proceso de desarrollo que debe llevar a cabo, es necesario especificar el nivel de escolaridad y el conocimiento técnico o propio de la industria para desempeñarse con calidad. Defina las normas internas y externas que debe saber, los procedimientos que debe dominar, el conocimiento Lean Six Sigma y cualquier otro tipo de información requerida. Los detalles de cada elemento deberán ser definidos en base al conocimiento clave.

  La diferencia entre los requisitos y los conocimientos actuales será el plan de desarrollo personalizado para cada persona.

  El calendario de entrenamiento debe estar disponible para todos. En él se promueven los cursos con fechas establecidas.

Desarrollo de Talento
Matriz de entrenadores

Nombre	Operación	No. Instructivo	Rev.	Fecha certificación	Entrenado por	Comentario
Luis Ortiz	Levantar pedido con cliente	AB-65	V2			
Luis Ortiz	Capturar pedido en sistema		V3			
José Osuna	Levantar pedido con cliente					
	Capturar pedido en sistema					

Tabla 11.2

Todos los puestos	Escolaridad	Conocimiento técnico	Normatividad	Procedimientos internos	Lean Six Sigma	Otros
Directivos						
Gerentes						
Mandos intermedios						
Operativos						

Tabla 11.3

LSSI — Registro de desarrollo y certificación

Número	Nombre	Puesto	Correo	Escolaridad					Conocimiento técnico				
				Descripción	Conoce	Aplica	Experto	Enseña	Descripción	Conoce	Aplica	Experto	Enseña
2123	Erik Salgado	Líder extrusión	esalgado@inpac.com	Técnico Mec.	☒				Extrusión	☒	☒	☒	☒
3426	Demetrio Sol	Líder impresión	dsol@inpac.com	Técnico Mec.	☒	☒			Impresión				
2435	Luis Borges	Contador	lborges@inpac.com	Contador	☒	☒	☒						

Tabla 11.4

LSSI — Plan de entrenamiento

Conocimiento	Enero				Febrero				Marzo			
	W1	W2	W3	W4	W5	W6	W7	W8	W9	W10	W11	W12
Lean management	2/1/13	29/1/13										
Lean Accounting				24/1/13								
Yellow Belt												
Green Belt												
Black Belt												
Norma NTL 2249												
Introducción ISO 9000												

Tabla 11.5

Es importante que defina un plan personalizado para cada miembro de la organización y lo registre en una base de datos. Elabore un plan continuo de capacitación en el que cada persona sea responsable de asistir a los cursos que necesita.

- **Identificar el conocimiento clave:** no todo el conocimiento en la empresa es clave; generalmente el 20 % de este determina el 80 % de los resultados. Por ello, es muy importante definir qué se debe enseñar con la finalidad de que no se utilicen recursos excesivos (tiempo, espacios y personas) para asentar este importante pilar.

  Una forma de identificar el conocimiento clave es utilizando el análisis de modo y efecto de errores en cada proceso; aprender qué puede fallar y sus consecuencias en cada fase del proceso.

- **AMEF de proceso:** para identificar las claves del proceso que deben conocerse para evitar errores. Basándose en los pasos del proceso que generan riesgos potenciales netos más altos, empiece a identificar los elementos clave del trabajo y desarrolle las instrucciones de entrenamiento.

Desarrollo de Talento
Guía didáctica

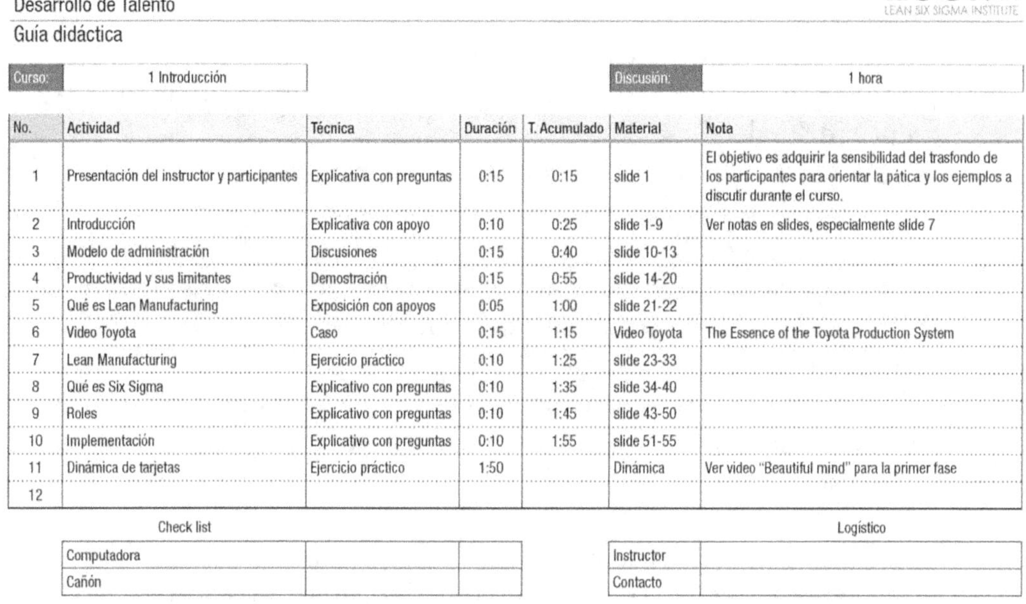

Curso:		1 Introducción				Discusión:	1 hora

No.	Actividad	Técnica	Duración	T. Acumulado	Material	Nota
1	Presentación del instructor y participantes	Explicativa con preguntas	0:15	0:15	slide 1	El objetivo es adquirir la sensibilidad del trasfondo de los participantes para orientar la pática y los ejemplos a discutir durante el curso.
2	Introducción	Explicativa con apoyo	0:10	0:25	slide 1-9	Ver notas en slides, especialmente slide 7
3	Modelo de administración	Discusiones	0:15	0:40	slide 10-13	
4	Productividad y sus limitantes	Demostración	0:15	0:55	slide 14-20	
5	Qué es Lean Manufacturing	Exposición con apoyos	0:05	1:00	slide 21-22	
6	Video Toyota	Caso	0:15	1:15	Video Toyota	The Essence of the Toyota Production System
7	Lean Manufacturing	Ejercicio práctico	0:10	1:25	slide 23-33	
8	Qué es Six Sigma	Explicativo con preguntas	0:10	1:35	slide 34-40	
9	Roles	Explicativo con preguntas	0:10	1:45	slide 43-50	
10	Implementación	Explicativo con preguntas	0:10	1:55	slide 51-55	
11	Dinámica de tarjetas	Ejercicio práctico	1:50		Dinámica	Ver video "Beautiful mind" para la primer fase
12						

Check list				Logístico	
Computadora				Instructor	
Cañón				Contacto	

Tabla 11.6

- **Trabajo estándar:** para identificar los elementos clave del trabajo que deben ser documentados en las instrucciones de trabajo con la finalidad de que los entrenadores los utilicen. Los ingenieros de proceso y los líderes de cada equipo deben identificar los elementos clave del trabajo utilizando los documentos de trabajo estándar.

- **Transfiera el conocimiento**
  - Diseño de las sesiones: deben diseñarse los materiales y todo el proceso de enseñanza. Para ello, cada instructor puede capacitarse en la norma de competencia laboral conocida como «diseño de sesiones de capacitación» (en cada país puede terner un código y nombre diferente).

    Cada entrenamiento debe tener una guía didáctica en la que se definen todos los temas, las técnicas de enseñanza, los materiales y el tiempo necesario para cada entrenamiento.
  - Instrucciones de trabajo: para identificar y mostrarles a los alumnos los pasos del desarrollo de su trabajo a partir de los puntos clave.
  - Lecciones de un punto: para definir, de forma muy sencilla y gráfica, la lección de un solo punto clave del proceso u operación.

- Desarrollo de la capacitación: para ello se debe preparar a los instructores utilizando la norma «Impartición de la capacitación», así serán capaces de transmitir los conocimientos de forma eficaz.
- Las sesiones de capacitación las llevan a cabo instructores certificados según el plan definido.

  Los entrenadores generalmente son los líderes de cada proceso en todos los niveles de la compañía, ya que para ser líderes se requiere que conozcan el trabajo con detalle para lograr la consistencia en calidad y velocidad.

  La capacitación y entrenamiento se lleva a cabo en todas las áreas de la empresa sobre los procesos definidos como clave, desde que el cliente hace un pedido hasta que se cobra.
- El modelo de los cuatro pasos para la enseñanza: utilizando las instrucciones de trabajo, el maestro realiza los siguientes pasos para explicar cada ciclo de la operación:

  - El maestro realiza la actividad en silencio, siguiendo cada paso.
  - El maestro hace la actividad y enuncia los pasos en voz alta.
  - El maestro hace la actividad, enuncia los pasos y explica los puntos clave.
  - El maestro hace la actividad, enuncia los pasos, explica los puntos clave y las razones de los puntos clave.

- **Verifique el aprendizaje y el éxito**
  - Confirme los resultados de la capacitación: el alumno hace una demostración frente al maestro llevando a cabo los cuatro pasos. El maestro guía al alumno en la correcta consecución del trabajo y después este debe llevar a cabo cierta cantidad de repeticiones para asegurarse de que ha desarrollado la capacidad de realizar el trabajo con calidad y a la velocidad necesaria.
  - Desarrolle auditorías en cascada: cada líder de célula audita el trabajo de los colaboradores operativos; cada gerente de proceso audita el trabajo de los ingenieros de la cadena de valor; cada líder de cadena de valor audita el trabajo de los gerentes de proceso. Así sucesivamente, hasta la dirección general.
  - Haga ajustes en el proceso de aprendizaje: siempre que sea necesario deben hacerse ajustes para lograr que el conocimiento se transmita de la mejor forma y así, obtener el compromiso de los colaboradores. Desarrollar la universidad de la empresa dará un enfoque muy profesional al desarrollo de talento.
  - Difusión y promoción: los responsables del desarrollo de talento deben hacer una campaña permanente para promover dicho desarrollo como una de las mayores prioridades de la empresa.

4.2.3 Madurar e inspirar

Consiste en desarrollar personal comprometido con la empresa, los clientes y los compañeros, para lograr un alto desempeño en el desarrollo del trabajo y los proyectos asignados.

- **Evaluaciones de desempeño**
  - Matriz de entrenamiento cruzado: cada labor tiene que aprenderse con el mayor nivel de detalle y evaluarse de acuerdo con las habilidades demostradas en la práctica. Para ello, utilice una matriz de entrenamiento cruzado con la que podrá evaluar y remunerar a su personal, basándose en el conocimiento y su aportación a la enseñanza. Cada operación tiene la posibilidad de acumular puntos, de acuerdo con el conocimiento demostrado y la capacidad de entrenar a alguien más.

    El entrenamiento cruzado debe considerarse también para trabajos administrativos y gerenciales, ya que la mejor manera de hacer trabajar a un equipo

Nombre	Corte	Soldadura	Maquinado	Ensamble	Pruebas	Empaque	Envío	Total
Adrián Vazquez	1	3	4	0	2	1	1	12
Julián Martínez	5	5	5	5	5	5	5	35
Roberto Baez	3	4	2	1	5	4	2	21
Heriberto Salvatierra	1	0	4	4	2	2	1	14

Descripción	Valores
Trabajo cumple calidad	1
1+ Velocidad estándar	2
1+2+ Mantiene equipo	3
1+2+3+ Cambios rápidos	4
1+2+3+4+ Entrenador	5

Tabla 11.7

			Comercial		Logística				Operaciones					
	Diseño Prod.	Ingeniería	Ventas	Mkt	Planeación	Compras	Almacenes	Envíos	Manufac.	Servicios	Calidad	Mtto.	Admin.	Sistemas
Alan Parson	1	1	4	2	3	1	0	0	0	0	0	0	0	0
Adam Smith	1	3	3	4	2	2	3	1	0	2	0	0	0	1
Pedro Infante	4	4	4	4	4	4	4	4	4	4	4	4	4	4
Jorge Armandi	3	1	1	1	3	4	3	2	1	0	4	2	0	2
Luis Buiton	2	1	2	3	1	1	4	1	3	4	1	1	1	1

Sabe	1	acciones repetitivas
Soluciona	2	sabe cómo prevenir y corregir, negocia
Mejora	3	sabe cómo mejorar, crear cosas nuevas
Enseña	4	ha enseñado al menos a 20% de C.V.

Tabla 11.8

es cuando todos comprenden la naturaleza del trabajo (de todo un proceso de valor) y son capaces de ayudarse y cubrir diferentes responsabilidades.

- **Compensaciones**

  La compensación dependerá del nivel de conocimiento demostrado y compartido. En Lean Company todos aprenden y enseñan como parte de sus actividades laborales.

  En la tabla 11.9 observamos una tabla de puntos. Aquí se muestra cómo aumentan las compensaciones con una mayor puntuación.

  Las compañías tradicionales generalmente gestionan las compensaciones o sueldos basándose en el puesto y la antigüedad. Ahora se hace en base al el conocimiento demostrado en el trabajo y la enseñanza y guía hacia sus compañeros.

Tabulador	Salario
1 a 5 puntos	$ 750
6 a 10 puntos	$ 890
11 a 15 puntos	$ 990
16 a 20 puntos	$ 1025
21 a 25 puntos	$ 1290
26 a 30 puntos	$ 1440
31 a 35 puntos	$ 2000

Tabla 11.9

- **Formación**

  Para formar a las personas se necesita la capacidad de contratar a los mejores, capacitarlos, guiarlos y entrenarlos. Ahora debemos trabajar en la formación de valores y llevarlos a vivir un compromiso cotidiano con los clientes, los colaboradores y la sociedad.

  El proceso de formación no tiene fin y debe incluir los siguientes aspectos:

  - Desarrollo físico: los líderes entrenan como atletas de alto rendimiento.
  - Desarrollo de liderazgo: siguiendo un programa de liderazgo de alto nivel.
  - Trabajo en equipo: para integrar y comprometer equipos de alto rendimiento.
  - Trabajo comunitario: para ir más allá del trabajo cotidiano.
  - Compromiso social: para dejar un legado de bienestar a la sociedad.

  Cada líder debe ser un guía para su equipo de colaboradores en dichos aspectos.

Parte IV

Implementación de Lean Company

Capítulo 12
Diseño de productos y servicios

1 Objetivo y antecedentes

Diseñar y rediseñar productos o servicios innovadores que sean difíciles de superar por la competencia en cuanto a valor, precio, costo y tiempo de desarrollo.

Lean Design tiene dos objetivos principales:

* Mejorar el diseño del producto o servicio.[2]
* Mejorar el proceso de diseño en tiempo y calidad.

Lean Company integra todos los procesos de la compañía para entregar valor donde el cliente lo necesita, ni antes ni después, y centrado en resolver la principal restricción del sistema.

Si las organizaciones no introducen nuevos productos o servicios de manera más rápida y con mejor calidad que su competencia, es muy probable que su fin esté muy cerca.

El consumidor moderno está muy atento a las novedades y los mejores productos. Además, con las redes sociales todo lo bueno y malo de un producto se expande a una velocidad miles de veces más rápida que cuando estas no existían. Ya no se acepta:

* Comprar un nuevo producto que funcione de manera inadecuada.
* Utilizar una nueva versión de software que tenga problemas.

---

[2] Nota del revisor técnico. Hablar de producto involucra manufactura y servicio.

- Lanzar productos que contaminen o cuyo diseño haya sido pensado solo para el uso y no respete el medio ambiente.
- Pagar por garantías adicionales cuando los productos no deberían fallar.

1.1   Evolución del diseño

La evolución en los métodos de diseño ha estado altamente influida por la rivalidad cultural y tecnológica entre la ex Unión Soviética y Estados Unidos durante la Guerra Fría. La tecnología espacial se convirtió en un aspecto particularmente importante en este conflicto, tanto por sus potenciales aplicaciones militares como por sus efectos en la moral de cada país.

- **Primera generación:** procesos de fases con revisión (*phased review process*). Fue establecido por la NASA en la década de 1960 y sus principales características son:
  - Alta disciplina en el diseño.
  - Riesgo mínimo en el desarrollo, aunque esto aumente el costo.
  - Cumplimiento riguroso de cada etapa de diseño tal como marca el plan.
  - El proceso es lento y requiere mucho tiempo de espera para el desarrollo de actividades en serie.

- **Segunda generación:** sistema de pasos por etapa (*stage-gate system*). Fue establecido en la industria automovilística en la década de 1980 y sus principales características son:
  - Equipos multifuncionales.
  - Actividades simultáneas.
  - Decisiones rápidas (*Go/No go*).
  - Administración de prioridades.
  - Esperas entre etapas no solapadas.
  - Muchos detalles.
  - No hay suficiente enfoque en actividades clave.

- **Tercera generación:** gran énfasis en eficiencia y velocidad. Fue establecido en la industria automovilística en la década de 1990 y sus principales características son:
  - Fluidez en el diseño.
  - Proceso adaptable.
  - Información parcial disponible para todo el equipo.

- Etapas solapadas.
- Aprobación condicional de acuerdo con la situación.
- Flexible (administración del riesgo).
- Libertad (más oportunidad de errores).

- **Cuarta generación:** velocidad + calidad Lean Six Sigma.
  Fue establecido en la industria automovilística, especialmente por empresas japonesas, en la década de 2000 y sus principales características son:
  - Flujo continuo en información y diseño.
  - Eliminación de desperdicios en diseño.
  - Equipos multitarea.
  - Administración por cadenas de valor (*value stream management*).

1.2 Influencia del diseño sobre el costo total

Como podemos observar en la figura 12.1, el diseño representa no más del 5 % del costo de cada producto, pero tiene una gran influencia (más de 75 %) en el éxito o fracaso del producto o servicio según la percepción del cliente.

Tomemos como ejemplo una computadora u ordenador. El costo de diseño por unidad no es mayor al 5 %, pues todas las unidades producidas pagarán una pequeña fracción de ese diseño, comparado con el 50 % del costo de los materiales, el 15 % de los costos de mano de obra y el 30 % de otros gastos. Cuando un usuario toma la decisión de compra, su mayor influencia (el 75 %) es por el diseño del producto.

Por eso es tan importante el diseño, no solo en un producto sino también en el servicio al cliente. En este capítulo hablaremos del diseño tanto de productos como de servicios, ya que ambos son la razón de ser del negocio.

Aunque ya hemos visto la importancia de un buen diseño, las empresas no siempre le dan la misma relevancia. Generalmente se trabaja con mucha presión para desarrollar un nuevo producto, lo que genera muchos errores y desperdicios en el proceso de diseño y en el mismo diseño.

1.3 Costos de los cambios en el diseño

Otro elemento importante a considerar en el pensamiento ágil de diseño es el costo de los cambios, que tienen un impacto importante en el costo total de acuerdo con la etapa en la que deben realizarse.

En la fase de planificación, el costo de hacer cambios es muy bajo, ya que la pérdida es principalmente el tiempo y costo dedicado a planificar el diseño.

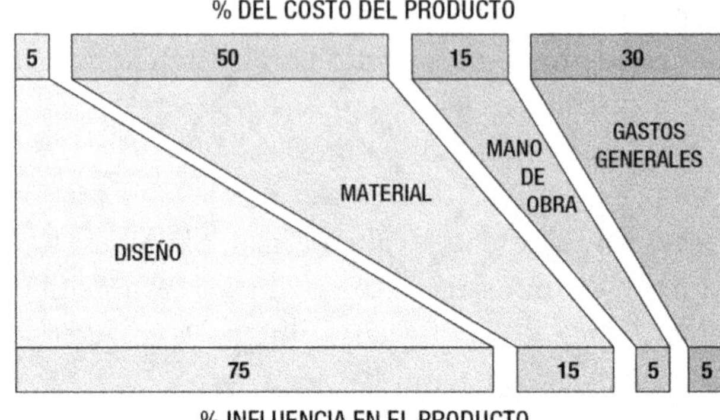

Figura 12.1

En la fase de diseño, los cambios cuestan más, porque ya se han hecho avances. En la fase de construcción, los cambios cuestan aún más porque, cuando se lleva a cabo la fabricación o el servicio, se requieren ajustes más complejos, dado que ya hemos invertido en equipo, entrenamiento especializado, pruebas, etc.

En la fase de instalación o entrega al cliente, los productos o servicios que requieran cambios se consideran costos de garantía y tienen una pérdida mucho mayor en función exponencial respecto de los gastos anteriores. Generalmente, hasta aquí las pérdidas han sido descubiertas de manera interna o con poca intervención del cliente final.

En la fase de uso, cuando el cliente ya utiliza el producto o servicio diseñado, el costo de hacer cambios es tremendamente alto, ya que estos deben hacerse en toda la

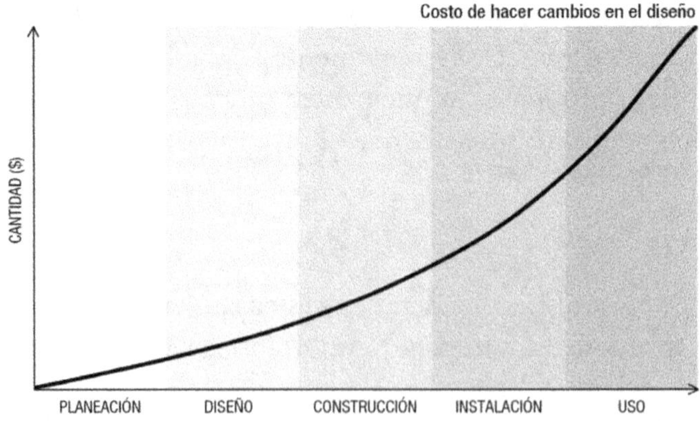

Figura 12.2

	Diseño
Sobreproducción	Completar elementos de diseño que nos son necesitados por algún tiempo. Incluir características que el cliente no percibe como valor agregado. Sobreingeniería.
Esperas y búsquedas	Aprobaciones de superiores. Falta de capacidad disponible. Esperar requerimientos de clientes. Tiempo de respuesta del sistema de diseño. Completar otros elementos del diseño.
Transporte	E-mailing: demasiado flujo de mensajes con poca información o saturación. Distribución de reportes. Prototipos para evaluación. Circular papeles para firmas.
Procesos innecesarios	Ingresar información en múltiples ocasiones. Extra copias. Reportes innecesarios. Papeleo innecesario. Modificar algo que ya ha sido diseñado.
Exceso de inventario	Bandejas de entrada llenas (electrónico o papel). Transacciones se procesan en lotes de diseño. Grandes entregas de diseño. Retener documentos más allá de lo que son necesarios.
Defectos	Errores de diseño. Fallas de servicio. Cambios de ingeniería por errores. No entender las necesidades del cliente claramente. Información incompleta o faltante.
Sub utilización de personas	Autoridad limitada. Demasiados controles. Compartir conociemiento insuficiente. Falta de involucramiento temprano de proveedores. Falta de involucramiento de manufactura en el proceso de diseño.
Sobrecarga	Demasiado estrés en desarrollo. Tiempo extra para completar el trabajo. Conflictos con otros departamentos que generan desgaste.
Variabilidad	Variabilidad en el costo. Variabilidad en las características del producto diseñado. Diferencias entre el concepto original y el diseño resultante.

Tabla 12.1. Limitantes de la productividad relacionados con el diseño.

cadena. En un mercado en el que lo malo se sabe en segundos debido a los medios de comunicación, lo que el cliente opine de nuestro producto podría costarnos muy caro.

1.4 Situación actual en el diseño

Actualmente ocho de cada diez nuevos diseños fallan en alguna de las siguientes situaciones:

- Llegar a tiempo al mercado.
- Lograr el costo objetivo.
- Funcionar de acuerdo con lo ofrecido.
- Conseguir facilidad de manufactura.
- Alcanzar la calidad especificada.

En el proceso de diseño, la posibilidad de ahorrar y evitar gastos excesivos es de 1 a 100; es decir, que por cada dólar que ahorremos con Lean Six Sigma, aplicado a manufactura (Lean Manufacturing), ahorraremos en diseño 100 dólares, si aplicamos Lean Design de forma adecuada.

2 ¿Qué es Lean Design?

Es una filosofía para diseñar productos o servicios con funcionalidad y valor para el cliente.

Elimina los desperdicios y la variación en el proceso de diseño, para que nuevos productos o servicios lleguen al mercado en tiempo récord.

Es un sistema que permite la colaboración continua de todos los integrantes de la cadena de valor para compartir información y decisiones que le permitan a la compañía vender más y mejores productos o servicios.

Lean Design es una metodología de mejora e innovación que utiliza herramientas de creatividad, administrativas y estadísticas.

2.1 Procesos clave que deben mejorar en Lean Design

- **Diseño del producto/servicio**
  - Definir las necesidades.
  - Definir los alcances y limitaciones de la empresa.
  - Definir las especificaciones.

- Definir el costo - objetivo.
- Medir los requisitos y las especificaciones.
- Analizar los elementos del diseño.
- Analizar las funciones del diseño.
- Generar y probar los conceptos creativos.
- Desarrollar el diseño y los prototipos.
- Introducir el diseño a la manufactura.
- Validar el diseño en la manufactura o en la ejecución del diseño.

- **Proceso de diseño**
  - Administrar el proyecto de diseño.
  - Trabajar de manera colaborativa para desarrollar el diseño.
  - Comunicarse de manera constante con todos los involucrados para evitar retrabajos y retrasos.

3   ¿Para qué sirve Lean Design?

Para que las empresas sean capaces de lanzar sus nuevos productos mucho tiempo antes que su competencia y para que los productos o servicios sean los mejores del mercado.

- **Beneficios de Lean Design**
  - Proveer un producto de alta calidad, a tiempo y al costo más bajo.
  - Introducir efectivamente el producto a manufactura.
  - Identificar los cambios requeridos antes que su costo de diseño aumente.
  - Evitar demoras en los cambios requeridos.
  - Desarrollar productos innovadores que afecten positivamente la rentabilidad.
  - Trabajar en conjunto con las cadenas de valor para aprovechar la capacidad disponible.
  - Eliminar y reducir la variabilidad del producto al fabricarlo.
  - Eliminar la sobrecarga de trabajo del personal de diseño y el estrés que sufre el personal involucrado.

4   ¿Quiénes participan?

- **Equipo de la cadena de valor.** Se trata de los líderes de cada subproceso, incluyendo el líder de diseño. Este equipo tiene la responsabilidad de analizar en su conjunto las necesidades del cliente y, si se requiere, diseñar nuevos productos o servicios, por petición del cliente o porque el cuello de botella del sistema está en el mercado y este requiere nuevos productos. Entonces el equipo centra sus esfuerzos en apoyar el proceso de diseño.

- **Equipo de diseño.** Está formado por el equipo de diseñadores y su líder. Puede estar asignado a la cadena de valor o diseñar para todas las cadenas de valor de la empresa; también puede encargarse de desarrollar los productos o servicios para satisfacer la demanda. Su responsabilidad es desarrollar proyectos de innovación y, a partir de ellos, productos de alto valor para el cliente que generen, asimismo, alta rentabilidad.
- **Equipo implementador de Lean Company.** Se trata del equipo de expertos en Lean Design. Su responsabilidad es proporcionar el entrenamiento y el soporte en el desarrollo de proyectos para mejorar el proceso de diseño y también, cuando sea necesario, mejorar el diseño de un producto nuevo o actual.
- **Equipo directivo o gerencial.** Está formado por el director general de la compañía o propietario, los líderes de cadenas de valor y los equipos de soporte. Su responsabilidad en Lean Design es generar estrategias y proyectos para mejorar el diseño, y apoyar, mediante los recursos necesarios, para llevar a cabo los proyectos de diseño que se requieren con la finalidad de lograr la rentabilidad proyectada. También son responsables de eliminar barreras y políticas cuando se implementa Lean Design.

5   ¿Cómo se implementa Lean Design?

En el plan maestro de la implementación de Lean Company se define la fecha de arranque de la implementación de Lean Design. Si el proceso de diseño se elige como piloto deben definirse también las actividades específicas que tendrán que desarrollarse.

Es conveniente considerar la elaboración de un plan detallado específicamente para describir todas las tareas, tiempo y responsable del proyecto Lean Design.

En la fase de preparación, el proceso es el siguiente:

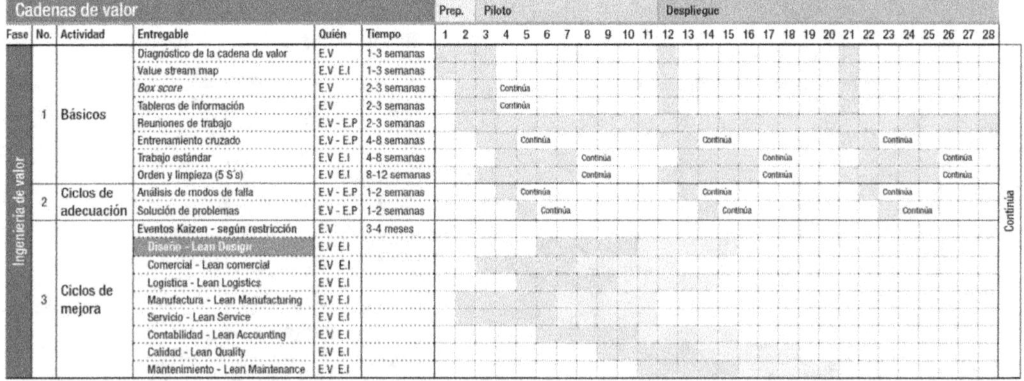

Cadenas de valor						Prep.		Piloto									Despliegue																	
Fase	No.	Actividad	Entregable	Quién	Tiempo	1	2	3	4	5	6	7	8	9	10	11	12	13	14	15	16	17	18	19	20	21	22	23	24	25	26	27	28
Ingeniería de valor	1	Básicos	Diagnóstico de la cadena de valor	E.V	1-3 semanas																												
			Value stream map	E.V E.I	1-3 semanas																												
			Box score	E.V	2-3 semanas				Continúa																								
			Tableros de información	E.V	2-3 semanas				Continúa																								
			Reuniones de trabajo	E.V - E.P	2-3 semanas																												
			Entrenamiento cruzado	E.V - E.P	4-8 semanas					Continúa									Continúa									Continúa				
			Trabajo estándar	E.V E.I	4-8 semanas							Continúa									Continúa										Continúa	
			Orden y limpieza (5 S's)	E.V E.I	8-12 semanas							Continúa									Continúa										Continúa	
	2	Ciclos de adecuación	Análisis de modos de falla	E.V - E.P	1-2 semanas					Continúa									Continúa									Continúa				
			Solución de problemas	E.V - E.P	1-2 semanas						Continúa									Continúa									Continúa			
	3	Ciclos de mejora	Eventos Kaizen - según restricción	E.V	3-4 meses																												
			Diseño - Lean Design	E.V E.I																													
			Comercial - Lean comercial	E.V E.I																													
			Logística - Lean Logistics	E.V E.I																													
			Manufactura - Lean Manufacturing	E.V E.I																													
			Servicio - Lean Service	E.V E.I																													
			Contabilidad - Lean Accounting	E.V E.I																													
			Calidad - Lean Quality	E.V E.I																													
			Mantenimiento - Lean Maintenance	E.V E.I																													

Tabla 12.2

5.1 Diseño del sistema/proceso

- Se lleva a cabo el diagnóstico del proceso de diseño.
- Se realiza el entrenamiento directivo y se inicia el entrenamiento al equipo implementador en Yellow Belt, adicionalmente puede iniciarse el entrenamiento en Lean Design.
- Cuando la compañía realiza diseños, ya sea de manera interna o subcontratada, las estrategias, indicadores y proyectos de diseño deberán recopilarse en el plan estratégico de la compañía.
- **Estructura.** En la fase de preparación se realiza un diseño preliminar para definir funciones en una cadena de valor, en la que diseño puede estar integrado a cada cadena de valor o ser una cadena de valor que dé servicios a todas las cadenas de valor de la compañía e, incluso, a clientes externos, haciendo de esto un negocio por sí mismo.
- **Valoración inicial.** Se realiza un análisis detallado de la situación de la empresa para identificar el cuello de botella principal y definir si el diseño es la principal restricción. Para ello, debe elegirse este proceso como el piloto. En algunos proyectos hemos llevado a cabo más de un proceso piloto; en ellos, el diseño ha sido uno de los procesos a mejorar debido a las prioridades de la compañía.

5.2 Definición de indicadores

- En el nivel de empresa:
  - Impacto de los nuevos productos en las ventas.

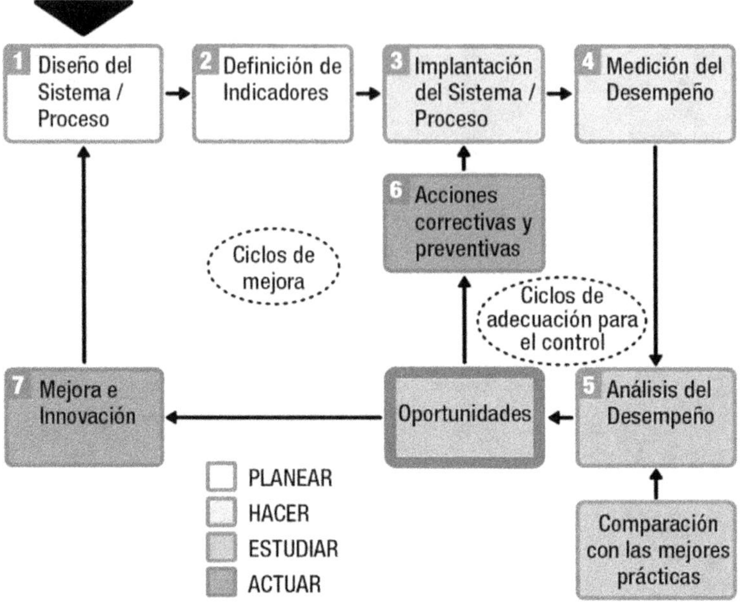

Figura 12.3

- Impacto de los nuevos productos en la penetración del mercado.
- Tiempo de recuperación de la inversión o tbm *(time to break even)*.

- En el nivel de cadena de valor:
  - Tiempo de lanzamiento al mercado o ttm *(time to market)*. Es el tiempo que transcurre desde que se inicia el diseño hasta que el producto llega al mercado.

- En el nivel de proceso de diseño:
  - Mediciones del proceso de diseño.
    - Tiempo de introducción a la fabricación.
    - Costo del proceso de diseño.
    - Calidad del proceso de diseño.
  - Mediciones del producto a diseñar.
    - Costo del producto.
    - Punto de equilibrio.
    - Costo del producto *versus* costo objetivo.

Figura 12.4

5.3 Implantación de elementos básicos

- Orden y limpieza (5 S) en todas las áreas de diseño, incluyendo escritorios, computadoras, laboratorios de pruebas, áreas comunes, etc.
- Administración del tiempo para que los diseñadores eliminen desperdicios por medio de:
  - Planificación y administración de su agenda y tareas.
  - Reuniones efectivas.
  - Administración de su correo electrónico.
- Administración de proyectos.
- Trabajo estandarizado para documentar el conocimiento clave de las actividades repetitivas de diseño para asegurar la consistencia del trabajo y el método de entrenamiento.
- Reuniones de trabajo al principio y fin de la semana para que el equipo conozca las prioridades de diseño y se centre en actividades importantes. Así, todos estarán informados de los avances.
- Lean Office para eliminar papeleo y burocracia y mejorar el uso de los elementos de las oficinas.
- Integrar el diseño a las cadenas de valor o desarrollar una cadena de valor exclusiva para el diseño. Cuando se hace una cadena de diseño puede diseñarse una oficina de valor para el equipo de la cadena de valor.

  En la oficina de valor de diseño puede integrarse el personal clave de esta área, como el líder de diseño, los diseñadores, especialistas en pruebas, coordinadores de proyecto, etc.

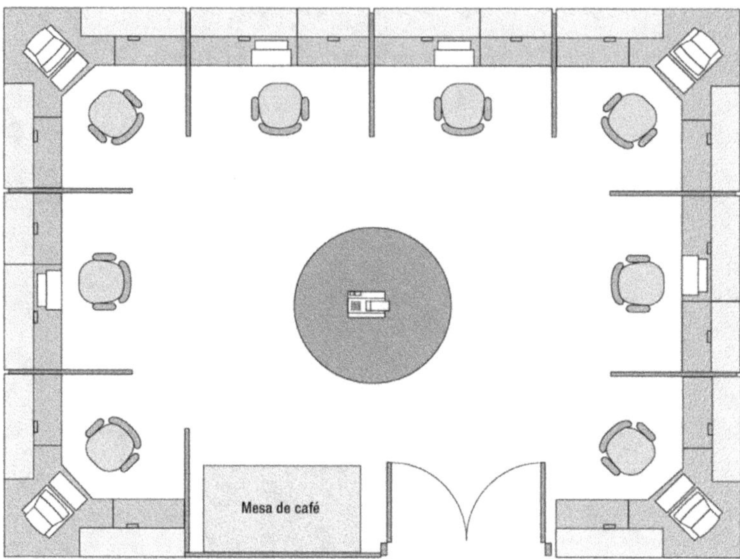

Figura 12.5

El objetivo es que todo el equipo trabaje de manera colaborativa con objetivos comunes, comunicación directa y seguimiento continuo de las tareas asignadas a cada proyecto de diseño.

5.4 Medición del desempeño de diseño

- Iniciar la utilización del cuadro de resultados semanales (*box score*) para la cadena de valor o diseñar un *box score* exclusivo para diseño cuando este es por sí solo una cadena de valor, basándose en los indicadores descritos anteriormente en la definición de indicadores.
- Crear un cuadro de resultados para medir el desempeño del equipo de diseño, pero sin perder el enfoque principal en las cadenas de valor, porque puede caer nuevamente en el problema de la segregación de departamentos funcionales. Recuerde que ahora medimos el proceso de diseño, no las personas. Si el proceso de diseño se elige como piloto, también podrían iniciarse ciclos de adecuación y de mejora. El desempeño del equipo de diseño puede medirse de manera semanal en cuanto a los avances de cada proyecto, pero podrían considerarse periodos mensuales en cuanto a los resultados cuando los proyectos de diseño son más largos de seis meses.

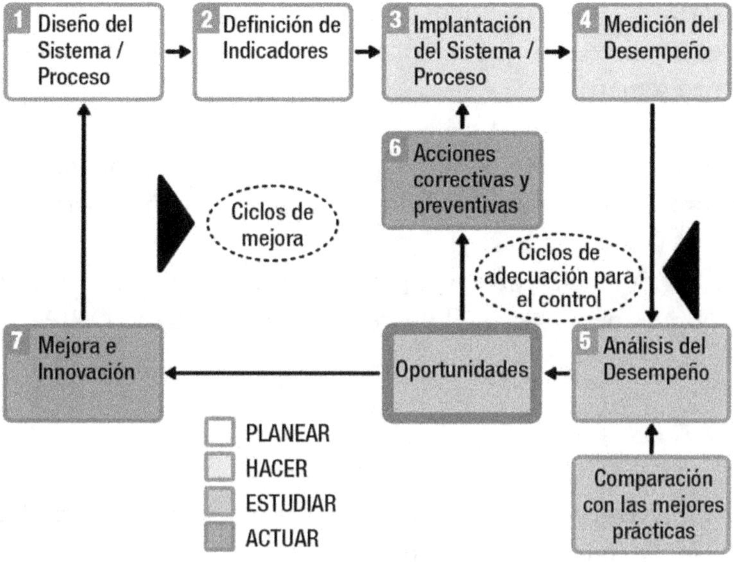

Figura 12.6

5.5 Ciclos de adecuación para el control: análisis de desempeño

- Se inician con acciones correctivas y preventivas para resolver problemas de diseño. Utilizar la metodología 3 Disciplinas, en la que se usarán herramientas como diagramas de pescado *(ishikawa),* árboles de realidad y análisis de Pareto, entre otros, para determinar la causa raíz y definir la solución.
- Análisis de modo y efecto de errores de diseño (DFMEA). Iniciar el análisis de los posibles errores del proceso de diseño y de errores en cada diseño. Este es un documento vivo que el ingeniero de procesos deberá mantener siempre actualizado para evitar cualquier posible error y reforzar el entrenamiento.

5.6 Ciclos de mejora

Se inician mediante la implementación de eventos de mejora, que pueden ser:

- ***Blitz:*** para hacer mejoras inmediatas cuando se detecta una oportunidad. Su duración en cuanto a la implementación es de máximo un día.
- ***Kaizen:*** para la implementación de mejoras en el proceso de diseño o en el diseño mismo del producto. La duración suele ser de tres a cinco días.

- **Sigma *kaizen:*** para implementar mejoras o resolver problemas complejos que requieren análisis estadístico. Normalmente se realizan en un periodo de cuatro a cinco semanas.

Diseño cuenta con dos posibilidades para aplicar la metodología de mejora. Una es mejorar el proceso de diseño y la otra es mejorar el diseño mismo:

- Si la mejora potencial está en el producto mismo, utilice ciclos DMADV.
- Si la mejora es necesaria en el proceso de diseño, utilice DMAIC.

5.7   Mejora del diseño (metodología DMADV)

- **Objetivo:** mejorar el diseño en el valor de uso, la facilidad de fabricación y generación de beneficios.

- **Definir:** en esta fase se define el proyecto de mejora de diseño y el plan de desarrollo. Se pueden utilizar las siguientes herramientas:
  - Carta del proyecto para determinar el objetivo, alcance, equipo, caso de negocio, mediciones, posible impacto, etc.
  - *Gantt* y ruta clave para definir fases, tareas y entregables.
  - Pronósticos para conocer el posible impacto comercial.
  - Dibujos, prototipos y bosquejos para entender el concepto de diseño.
  - Despliegue de la función de calidad (QFD) para entender los requerimientos del cliente en función de los requisitos técnicos, de procesos y de calidad.
  - Análisis funcional para determinar los requerimientos funcionales.

- **Medir:** se recopila la información necesaria para entender la situación actual y aclarar el enfoque en el esfuerzo de mejora del diseño. Se utilizan las siguientes herramientas:
  - Mapa de necesidades para definir y cuantificar las necesidades.
  - Modelo de Kano para establecer y clasificar las necesidades de los clientes.
  - Despliegue de la función de calidad (QFD) para realizar el despliegue desde las necesidades, requisitos de diseño, diseño del proceso y diseño de la calidad.
  - Determinar el costo objetivo *(target cost)* para establecer el punto de partida del costo para el nuevo producto o rediseño.
  - Estudios R&R para evaluar si el sistema de medición es capaz y permite mediciones fiables para los datos que serán analizados.

- **Analizar:** para identificar causas de problemas, oportunidades y análisis de conceptos de diseño mediante la utilización de las siguientes herramientas, cuando sea necesario:
  - Análisis estadísticos para determinar las principales fuentes de variación en el diseño.
  - Análisis de modo y efecto de errores (DFMEA) para establecer todos las errores potenciales del diseño.
  - Ingeniería de valor para lograr los objetivos establecidos de la manera más efectiva y económica.

- **Diseñar:** se desarrolla un diseño de producto y componentes robusto, manufacturable y que no falle, mediante el uso de las siguientes herramientas:
  - Diseño de experimentos para lograr la mejor combinación de factores de diseño, lo que permite el máximo desempeño del producto conforme a las especificaciones definidas por el cliente.
  - Teoría de inventiva (TRIZ) para determinar los elementos de diseño que permiten la generación de ideas innovadoras, con la finalidad de solucionar problemas y crear nuevos productos o servicios.
  - Diseño para manufactura; se trata de una metodología que incluye métodos de diseño, cuya finalidad es mejorar la rapidez de la introducción a manufactura y la manufacturabilidad de los productos.
  - Diseño de tolerancias para establecer correctamente las propias del diseño.

- **Validar:** utilizamos estas herramientas para validar el desempeño del diseño:
  - Prototipos rápidos.
  - Lanzamientos piloto.
  - Pruebas.
  - Introducción a manufactura.
  - Validación de parámetros de manufactura.
  - Liberación.

5.8 Mejora del proceso de diseño (metodología DMAIC)

- **Objetivo:** mejorar tiempo y calidad de diseño.

- **Definir:** especificar las necesidades del cliente y del proceso de diseño mediante:
  - Definición del proyecto de mejora del proceso.

- Selección del equipo de mejora.
- Recopilación de la información de los antecedentes del proceso actual y los requerimientos del proceso mejorado para con los clientes.

- **Medir:** se evalúa la situación actual, recopilando información para aclarar los esfuerzos de mejora. Se utilizan las siguientes herramientas:
  - Mapa de valor de diseño para conocer el proceso de diseño e identificar cuellos de botella, valor agregado y desperdicios.
  - Mediciones estadísticas para determinar la capacidad de diseño, variabilidad en tiempos de entrega y calidad.
  - Mediciones de costo objetivo para determinar el costo al que debe llegar el objeto que será diseñado.
  - Evaluación del sistema de medición (R&R) para comprobar que los datos son lo suficientemente precisos como para continuar con su análisis.

- **Analizar** las causas de variación, sobrecarga y todos los desperdicios que afectan el proceso de desarrollo de nuevos productos.
  - Análisis estadístico para determinar el nivel de variación que aporta el proceso de diseño.
  - Análisis causa-efecto: *ishikawa*, árboles de realidad actual, para determinar los principales componentes de variación y saber las causas raíz del proceso de diseño.
  - Análisis de modo y efecto de errores del proceso de diseño.
  - Análisis de balance y espagueti (diagrama de flujo recorrido) para determinar el cuello de botella en el proceso de diseño y espagueti para determinar el flujo de información, movimientos y transporte del diseño.

- **Mejorar:** se mejora el flujo de la información, la secuenciación de las actividades, se eliminan los desperdicios analizados (esperas, búsquedas, rechazos, tiempos muertos, etc.) del elemento de contabilidad en busca de mejora.
  - Células de diseño para minimizar los tiempos de diseño y mejorar la comunicación.
  - *Kanban* de proyectos para mejorar la administración del proyecto de diseño.
  - Costeo Lean para determinar el costo real y apoyar en la definición de precio a mercadotecnia y ventas.
  - Diseño para manufactura, con la finalidad de desarrollar diseños que sean fácilmente manufacturables y agilizar el proceso en la introducción de nuevos productos a manufactura.

- **Controlar:** para toda mejora, siempre debe analizarse el impacto y también establecer controles que a su vez deben documentarse en el plan de control.
  - Mecanismos a prueba de error (*poka yoke*) para eliminar la posibilidad de error en el proceso de diseño.
  - Trabajo estándar para establecer un método documentado de desarrollo de productos.

6 ¿Cómo funcionará Lean Design dentro de Lean Company?

6.1 A nivel de compañía

Existirán estrategias definidas para el desarrollo robusto y ágil de proyectos de desarrollo de nuevos productos, que serán aprobados y apoyados por la dirección de la compañía, y continuamente serán revisados para comprender su avance, costo y beneficio.

Se realizarán proyectos de diseño como parte de las estrategias globales de la compañía. Todos los proyectos de diseño utilizarán las metodologías establecidas y serán continuamente evaluados por el equipo directivo para analizar su avance, costo y beneficio potencial.

6.2 A nivel de cadena de valor

Existen dos posibilidades para integrar al equipo de diseño en las cadenas de valor:

- Diseño puede convertirse en una cadena de valor que da servicio a todas las cadenas de valor de la compañía. Por sí misma es un negocio que, incluso, puede vender servicios de diseño de manera externa, si su capacidad lo permite.
- En cada cadena de valor de la compañía puede integrarse personal de diseño, dado que son productos especializados. Tal vez sea necesario que los diseñadores se centren completamente en los productos de la cadena.

Cada cadena de valor que necesite diseño llevará a cabo actividades relacionadas, mediante trabajo colaborativo, con los integrantes de la cadena. Los objetivos de diseño y el desarrollo de cada proyecto se analizarán en equipo. Con esto, los proyectos de diseño se realizarán de manera más ágil y habrá menos cambios en los procesos de revisión.

Ahora los equipos de cadena de valor también lo serán de desarrollo, ya que integrarán las funciones de costos, calidad, generación de demanda y venta, ingeniería de procesos y requerimientos de equipo y habilidades, para llevar a cabo los nuevos productos; ya sea en manufactura o en servicios.

6.3   A nivel de proceso de diseño

El equipo de diseño trabaja de forma colaborativa, utilizando flujo continuo para la elaboración de cada diseño y administrando los proyectos de desarrollo de nuevos productos con tableros *kanban* de desarrollo. Todas las tareas de diseño estarán en una sección del tablero llamada «actividades pendientes», que serán movidas al área «en proceso» y, al terminar las tareas, simplemente se moverán a la zona «hechas».

En la figura 12.7 se muestra cómo los tableros *kanban* de gestión de proyectos se utilizan para que todas las actividades pendientes estén a la vista en tarjetas físicas o electrónicas, con la finalidad de que los integrantes del equipo analicen si tienen cierto nivel de prioridad o si están asignadas a alguna persona o equipo. Así, en cuanto se desocupen, no tendrán que buscar al gerente de proyecto o esperar instrucciones, sino simplemente tomar la tarjeta y moverla en señal de que la actividad está siendo desarrollada y en proceso.

Cuando el equipo o algún integrante terminan una actividad, simplemente mueven la tarjeta a la zona de actividades terminadas para avisar a todo el equipo.

Las versiones electrónicas permiten llevar el registro y generar informes de los tiempos de ejecución por cada miembro del equipo, por tipo de tarea, etc.

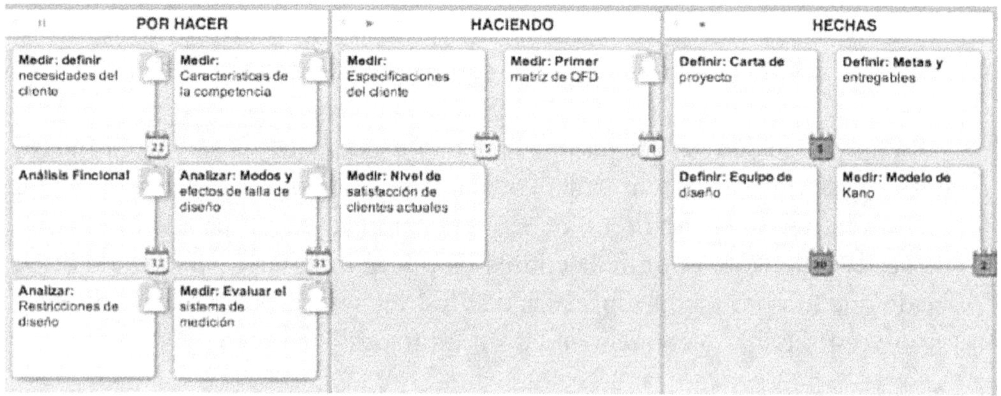

Figura 12.7

6.4   Células de producción de prototipos

Es mucho más factible realizar lanzamientos de producción de prototipos de diseño cuando la capacidad de la planta ha sido repartida en pequeñas células que permiten producir varios productos o servicios en células independientes.

También pueden diseñarse células de producción especializadas en producir prototipos para que se establezcan los parámetros de fabricación, las especificaciones, etc., sin reducir la capacidad productiva de las plantas.

Diseño integral: cuando tenemos células de diseño, es muy sencillo integrarlas dentro de las cadenas de valor o crear una sola cadena de valor para diseñar interna y externamente como una unidad de negocio.

Lean Company busca la integración de todos los procesos de la compañía en pequeños negocios en los que se tenga la participación de líderes de procesos complementarios o multihabilidades.

6.5   Equipos multihabilidades

Aunque el equipo de diseño de la cadena de valor es responsable del desarrollo de los proyectos, en Lean Company se integran equipos de diseño con personas del área comercial, logística, compras, ingeniería de procesos, costos, etc., y se desarrollan habilidades compartidas en esas áreas con la finalidad de formar equipos autodirigidos con competencias complementarias, pero también múltiples, para apoyar el diseño ágil y desplegar las necesidades de los clientes al diseño de los procesos y de los controles que deben establecerse.

7   Conclusión

Lean Design se convierte en el principal elemento de reducción de costo de las empresas, ya que, según se haya diseñado, cada vez que se produce un producto o servicio se impacta en el costo.

Existen oportunidades tanto en el proceso de diseño, para reducir el tiempo de lanzamiento, como en el diseño del producto mismo; es decir, pueden eliminarse movimientos, esperas, transportes, etc., en el proceso de diseño y puede generarse diseño sin desperdicio con solo los elementos necesarios para producirlo con calidad y al menor tiempo y costo.

Lean Design está impactando a las empresas en la competitividad, ya que genera mejores oportunidades de llegar al mercado antes que la competencia, con un precio bien definido y la mayor calidad, lo que la convierte en una de las estrategias más poderosas de ganancia y sobrevivencia.

Ejemplo de aplicación de Lean Design

En capítulos anteriores, presentamos un caso de implementación Lean Company en el que, en la fase de despliegue, se definió qué diseño debería ser una cadena de valor por sí misma, mediante la realización de diseños de productos para las siguientes cadenas de valor:

- Productos plásticos.
- Productos metálicos.
- Moldes y refacciones.

Con la implementación de las estructuras por cadenas de valor, en la fase de despliegue, pudimos desarrollar al departamento de diseño como una cadena de valor dedicada al diseño de piezas plásticas, metálicas, moldes y refacciones, y también para vender servicios de diseño a clientes externos; es decir, se convirtió en una unidad de negocio por sí misma.

En un principio, el proceso de diseño tenía muchas oportunidades, ya que el 82 % de los nuevos productos se lanzaba más tarde de lo planeado y, por lo tanto, el periodo de producción y lanzamiento al mercado era, en el 95 % de los casos, fuera de tiempo. Además, no se contaba con una metodología de diseño formal.

¿Qué hicimos?

Como actividades básicas realizadas por el equipo directivo se llevaron a cabo:

- Definición de estrategia de diseño de nuevos productos en el plan *hoshin*.
- Definición de indicadores de tiempo de lanzamiento de nuevos productos.
- Estructura por cadenas de valor en la que el diseño forma una unidad de negocio con servicios internos principalmente y la capacidad de diseño excedente se vende a clientes externos.
- Desarrollo de talento para preparar al personal del proceso de diseño en las metodologías de Lean Design y en el entrenamiento de múltiples funciones del proceso de diseño con un plan de desarrollo y compensación.

Se realizó la valoración del proceso de diseño *(assessment)*, en la que se trabajó un mapa de valor desde que se solicitó el diseño y se pasó por todas las actividades hasta que se desarrollaron prototipos y se introdujeron a la manufactura.

Se analizaron todas las oportunidades y detectamos el cuello de botella, que era el paso de las autorizaciones y pruebas, ya que el tiempo en esas dos operaciones era mayor que el requerimiento *(takt time)* de diseño; por lo tanto, nos centramos en desarrollar eventos de mejora utilizando herramientas como:

- Células de diseño con trabajo colaborativo entre los diseñadores.
- Tablas de aprobación bajo criterios definidos.
- Tableros *kanban* de administración de proyectos de diseño.
- Implementación de las 5 S para reducir tiempos de búsquedas y mejorar el área en cuanto a orden y limpieza.
- Instrucciones de trabajo para actividades de diseño repetitivas que generaban variación y errores.
- Reuniones de equipos de trabajo para definir necesidades, establecer prioridades y solucionar problemas de diseño.
- Elementos a prueba de error *(poka yoke)* para evitar errores de diseño de subensambles y pruebas.

Para el diseño de los productos se realizaron eventos como:

- Diseño experimental para determinar calibres de materiales a utilizar, minimizar el costo y maximizar la calidad del diseño.
- Análisis para determinar elementos de diseño que cumplen con el producto, pero tienen componentes más simples, resistentes y respetuosos con el medio ambiente.
- TRIZ para determinar la manera más efectiva de realizar la sujeción de componentes mediante técnicas de creatividad.
- Determinar especificaciones y condiciones de operación para realizar validaciones de procesos en menor tiempo.

Capítulo 13
Comercialización: mercadotecnia y ventas

1   Objetivo

La comercialización es la función de la compañía que se encarga de atraer clientes y venderles productos o servicios de alto valor para generarles beneficios a los accionistas, empleados y sociedad.

Lean Commerce tiene como objetivo aumentar las ventas con beneficios mediante la reducción y eliminación de todas las prácticas desperdiciadoras en los procesos comerciales.

Lean Company tiene el objetivo de integrar todas las funciones del negocio en cadenas de valor; en ellas, el proceso comercial identifica el ritmo real de la demanda y, basándose en ello, todo el negocio se centra en generar valor para los clientes.

2   Antecedentes

Muy pocas empresas desarrollan procesos comerciales integrados en un solo sistema para entender el valor, los costos y así, en equipo, dedicarse a eliminar desperdicios para aprovechar las oportunidades del mercado.

La función de mercadotecnia es la de atraer clientes para que compren o vuelvan a comprar. Para esto, desarrollan estrategias de mercado basadas en tendencias de consumo, análisis y generación de necesidades, construcción de marca y campañas de atracción para clientes potenciales.

Si el departamento de ventas no logra venderles a los clientes que ha atraído marketing, no necesariamente se debe a una mala mercadotecnia, sino a un proceso de ventas deficiente. Ventas y mercadotecnia no siempre trabajan como equipo, ya que generalmente se encuentran en departamentos separados y a veces no tienen una misma finalidad, no trabajan en los mismos proyectos ni utilizan indicadores compartidos.

Generalmente, cuando las empresas implementan sistemas de calidad o de gestión, muy pocas veces intervienen en el proceso comercial, que es realmente clave en las mejoras para el negocio.

Existen razones importantes para integrar Lean Commercial al sistema Lean de cualquier organización:

- Reducción de costos: eliminando todos los posibles desperdicios en la práctica comercial desde la planificación hasta el cobro.
- Incremento de ventas: generando estrategias que permitan vender más productos mediante mejoras a la cadena de valor.
- Ventajas competitivas: desarrollando estrategias de mercado y ventas basadas en el conocimiento total de la demanda, la capacidad y el potencial de cada producto y sus costos, precio y valor.

Las cadenas de valor requieren un proceso de comercialización muy efectivo para activar a toda la cadena de valor, ya que sin clientes ni pedidos no hay producción ni servicios, y los proveedores no reciben nuestros pedidos. Asimismo, la única manera de que una empresa funcione es cuando los clientes han identificado el valor de nuestra compañía y han tenido la confianza de hacer pedidos o comprar nuestros productos o servicios.

Una compañía Lean busca la integración colaborativa de las funciones de mercadotecnia, ventas y relaciones con clientes o relaciones públicas, integrándolas a un solo concepto que busca que la empresa genere más beneficios económicos mediante las siguientes funciones:

- Atraer más clientes.
- Vender más productos o servicios con beneficios.
- Crear una relación de confianza y empatía con el cliente.

Generalmente, el área o departamento de ventas de las compañías ha caído en la trampa de los indicadores secundarios más que el entendimiento de lo que realmente se necesita.

Así, también se han generado comportamientos que, a su vez, se han convertido en estándares en la industria, limitando el máximo potencial en las empresas.

3   Consideraciones de comercialización en empresas tradicionales

- Ventas y mercadotecnia son funciones de comercialización, pero generalmente trabajan como departamentos separados y, aunque hay comunicación y se comparte información, no siempre se obtiene un solo resultado. Parece que se trata de evaluar dos diferentes departamentos y no solo de obtener mayor participación del mercado y mejorar el beneficio generado por las ventas.

- Mercadotecnia trabaja en el diseño de estrategias para dar a conocer la marca, ser más conocidos en el mercado y atraer más clientes; ventas busca generar la mayor cantidad de pedidos para alcanzar los objetivos establecidos, pero no siempre mercadotecnia mide sus resultados en el impacto de ventas generados ni ventas mide su éxito basándose en la atracción de mercado generada por el valor de marca.

- La mentalidad mensual hace pensar que el mercado compra cada fin de mes y no de manera regular. Muchas industrias hacen su planificación mensual y generalmente, las mayores ventas se realizan en las dos últimas semanas del mes, ya que es cuando se acerca el momento de entregar resultados; además, los compradores saben que pueden obtener los mejores descuentos porque, si no, los vendedores no obtendrán sus comisiones o bonos. Este comportamiento ha distorsionado tanto el impacto de las decisiones internas que se ha convertido en un problema mayor, ya que la programación de la producción o de los servicios ha tenido que mensualizarse, los inventarios se acumulan para satisfacer la demanda artificial y los clientes tienen que pagar las ineficiencias de toda la cadena de suministro que implica lograr esas ventas.

- **Parece que el objetivo es vender, no ganar.** Los representantes de ventas se han acostumbrado a conseguir pedidos y, en algunos casos, ofrecer descuentos por volumen o por contratos a largo plazo para lograr sus objetivos; pero eso no necesariamente significa que las empresas ganen dinero. De hecho, hemos comprobado que, a veces, como más venden, menos ganan. Sin embargo, la meta sigue siendo solo vender.

- **Vender sin cobrar.** Como las empresas tradicionales están divididas en funciones, y las comisiones de ventas se pagan por los pedidos recibidos y no por los beneficios, los vendedores no necesariamente están informados o interesados en si los clientes han pagado. De hecho, a veces hay conflictos porque el departamento de cobros no les permite recibir pedidos de ciertos clientes que quieren comprar, pero que no han pagado.

- **Ventas sin beneficio.** Las empresas tradicionales no entienden las interacciones de ventas con el objetivo de negocio, que es ganar dinero. Generalmente, no calculan el rendimiento de los productos vendidos sino solo por los montos de venta y, aunque escuchamos que las ventas han subido o que estamos vendiendo millones, es difícil que alguien en la compañía nos explique cuánto hemos ganado realmente, porque en los negocios el objetivo no es vender, sino ganar. Así, no hay ninguna relación directa entre vender más y que los beneficios aumenten en la misma proporción. De hecho, no conozco una sola empresa que sepa responder a la pregunta: por cada dólar de aumento en sus ventas, ¿cuánto aumentan sus beneficios?

- **Comisiones en devoluciones.** Como ventas está muy interesado en conseguir pedidos (sobre todo cuando solo quedan tres o cuatro días para el cierre del mes), hemos visto casos en los que los vendedores les piden a sus clientes que hagan pedidos y, si más adelante no necesitan el producto o servicio, simplemente hagan cambios o devoluciones, lo que genera muchos problemas internos; pese a esto, ventas logra sus objetivos.

4   Limitantes de la productividad relacionados con el proceso comercial

4.1   Situación actual en comercialización

Actualmente solo del 20 al 30 % de los responsables de los departamentos comerciales podría contestar las siguientes preguntas de manera correcta:

- ¿Cuánto se gana o pierde por cada producto vendido?
- ¿Cuál es la capacidad del proceso para producir productos o servicios?
- ¿Cuál es la principal restricción de la compañía que impide vender más?
- ¿Cuáles son los requisitos de valor para los clientes?
- ¿Qué aspectos del proceso total podrían cambiar para generar mejores estrategias comerciales?
- ¿Cuáles deberían ser los precios de los productos?

	Mercadotecnia	Ventas
Sobreproducción	Sobre relizar encuestas / utilizar encuestas Generar campañas que no contribuyen a elevar alguna restricción externa Sobre diseño, exceso de información sobre impactos de anuncios	Vender más de lo que el cliente necesita Vender antes que el cliente lo necesite Vender algo que no se tiene
Esperas y búsquedas	Aprobaciones de superiores Recepción de información del mercado Especificaciones de productos Análisis de información para generar estrategias	Esperar al cliente para ser atendido, para surtir, etc. Esperar información: cstos, inventarios, mkt, etc. Esperar instrucciones: para generar cotizaciones, descuentos, pedidos Búsquedas: de documentos, información, órdenes, clientes, tiendas, etc. Autorizaciones, juntas, resultados para tomar decisiones
Transporte	E-mailing Distribución de reportes Diseños / campañas a lugares de revisión / aprobación Circular papeles para firmas	E-mailing Catálogos, muestras, productos que no se venden Circular papeles para firma o autorización
Procesos innecesarios	Ingresar información en múltiples ocasiones Extra copias Juntas innecesarias Papeleo innecesario Hacer campañas que ya se habían avanzado o iniciado	Demasiados reportes Surtir algo que el cliente no pidió Juntas innecesarias Reportes innecesarios Demasiadas visitas a clientes cuando no se requieren (miden visitas) Juntas demasiado prolongadas o continuas Ventas cíclicas (sólo para cubrir metas no necesidades)
Exceso de inventario	Bandejas de entrada llenas (electrónico o papel) Análisis del mercado que se procesan en lotes Grandes entregas de información de encuestas Retener documentos más allá de lo que son necesarios	Bandejas llenas de documetos / requisiciones / emails, etc. Demasiados productos en stock para vender Tratar de vender al cliente más de lo que necesita
Defectos	Errores de análisis Fallas en el desarrollo de campañas Cambios en las estrategias y proyectos Generar campañas de alto costo y bajo impacto Información incompleta o faltante	Órdenes mal capturadas Cotizaciones incorrectas Contratos con errores
Sub utilización Personas	Autoridad limitada Demasiados controles Compartir información insuficiente No involucramiento temprano de proveedores No involucrar a ventas, calidad y diseño manufactura en mercadotecnia	Vendedores que visitan varias veces al mismo cliente Autoridad limitada Limitada toma de decisiones Vendedores sin un programa y metas de ventas Expertos que no enseñan
Sobrecarga	Demasiado estrés en mercadotecnia Demasiadas urgencias Demasiado análisis sin beneficio real	Demasiado estrés (sobre todo la última semana del mes) Confrontaciones con clientes Confrontaciones internas
Variabilidad	Variación continua en las tendencias del mercado Variación en las necesidades del mercado En necesidades de los clientes actuales	En las necesidades de los clientes En las ventas En la mezcla de productos

Tabla 13.1

5   ¿Qué es Lean Commerce?

En el proceso comercial, Lean Company tiene como objetivo hacer que el cliente obtenga un alto valor por lo que paga y que siga comprando durante toda su vida como cliente, no solo a corto plazo.

Lean Commerce es una filosofía que agrupa Lean Marketing y Lean Sales en un proceso colaborativo entre los elementos de la cadena de valor, para identificar el valor y los desperdicios en ambos procesos.

Lean Marketing tiene como objetivo mejorar el proceso de desarrollar la marca e incrementar la participación en el mercado.

Lean Sales tiene como objetivo mejorar las ventas con beneficios, desarrollando mejores métodos de negociación.

5.1   Procesos clave que deben mejorarse mediante Lean Commerce

- **Lean Marketing**
  - Encuestas de mercado.
  - Campañas de mercadotecnia.
  - Planificación comercial.
  - Fijación de precios.

- **Lean Sales**
  - Preparar vendedores.
  - Visitar a clientes para hacer propuestas comerciales.
  - Negociación.

- **Seguimiento comercial:** pedidos y relaciones con el cliente o clientes potenciales. Cierre de ventas.

6   ¿Para qué sirve Lean Commerce?

Sirve para aumentar la participación de mercado y generar más ventas con beneficios.

- **Beneficios de Lean Commerce**
  - Vender en base a las necesidades de los clientes.
  - Entender la percepción real de los clientes sobre los productos o servicios.
  - Identificar el ritmo real de la demanda para sincronizar el proceso de la cadena de valor con las necesidades de los clientes.
  - Integrar el subproceso comercial con el proceso total de la cadena de valor en un mismo sistema.
  - Desarrollar estrategias creativas de ventas y mercadotecnia para ganar mercado y generar mayores ventas.
  - Eliminar la sobrecarga derivada de las políticas internas y externas que hacen de las ventas un trabajo muy estresante y pesado.
  - Aprovechar mejor el tiempo de los vendedores, mediante la eliminación de transportes innecesarios, defectos, errores, transportes de mercancías, etc.

7   ¿Quiénes participan?

- **Equipo de la cadena de valor:** es el equipo de líderes de cada subproceso, incluyendo mercadotecnia y ventas. Este equipo tiene la responsabilidad de analizar en su conjunto las necesidades del mercado y las específicas de cada cliente. El equipo de la cadena de valor analiza de manera constante las restricciones del sistema. Si la restricción se encuentra en el mercado, entonces mercadotecnia y ventas deben trabajar en el diseño de estrategias y acciones para aumentar la participación de mercado y vender más, siempre con el apoyo de todos los integrantes de la cadena de valor.

- **Equipo de mercadotecnia y ventas:** está formado por el área de mercadotecnia, los vendedores y los líderes respectivos, que pueden estar asignados a una cadena de valor o que comercializan productos o servicios para todas las cadenas de valor, mediante una comunicación continua entre clientes finales, distribuidores, fabricantes y proveedores. De hecho, en este eslabón se inicia el proceso funcional continuo de una empresa Lean, ya que es necesario conocer el ritmo real de la demanda para sincronizar todos los procesos de la cadena de valor hasta llegar a los proveedores.

- **Equipo implementador Lean Company:** son los expertos en Lean Company. Su responsabilidad es proporcionar entrenamiento y soporte en el desarrollo de proyectos para mejorar el proceso comercial en el uso de las metodologías y las herramientas.

  Junto con el equipo comercial de la cadena de valor, implementan los elementos básicos y desarrollan proyectos de mejora e innovación mediante la utilización de la metodología de mejora. Asimismo, cuando es necesario, apoyan al equipo de la cadena de valor en la resolución y prevención de problemas, de acuerdo con la complejidad de la situación.

- **Equipo directivo o gerencial:** está formado por el director general de la compañía o propietario, los líderes de cadenas de valor y los equipos de soporte. Su responsabilidad en Lean Commerce es generar las estrategias y proyectos para ampliar la participación de mercado y generar más ventas. Asimismo, apoyar con los recursos necesarios para llevarlas a cabo y eliminar barreras en el desarrollo de Lean Commerce.

8   ¿Cómo se implementa Lean Commerce?

8.1   Fase de preparación

En la fase de preparación, el proceso de diseño es el siguiente:

- **Diagnóstico** de los procesos comerciales.

Diagnóstico Comercial

Nombre de la empresa

Nombre de la cadena de valor

Elementos básicos lean	1 Tradicional	2 Inicio	3 Confiable	4 Competente	5 Excelencia	Calificación
Integración	11-ene-13					1
Elementos básicos lean		11-ene-13				2
Solución de problemas			11-ene-13			3
Prevención de fallas		11-ene-13				2
Ciclos de mejora	11-ene-13					1
Mercadotecnia	Tradicional	Inicio	Confiable	Competente	Excelencia	Calificación
Encuestas de mercado	11-ene-13					1
Desarrollo de estrategias	11-ene-13	11-ene-13				1
Lanzamiento de campañas	11-ene-13					1
Definición de precios	11-ene-13					1
Ventas	Tradicional	Inicio	Confiable	Competente	Excelencia	Calificación
Manejo de clientes		11-ene-13				2
Prospectación				11-ene-13		4
Cotizaciones				11-ene-13		4
Negociación			11-ene-13			3
Ventas basadas en la demanda		11-ene-13				2

Tabla 13.2

Figura 13.1

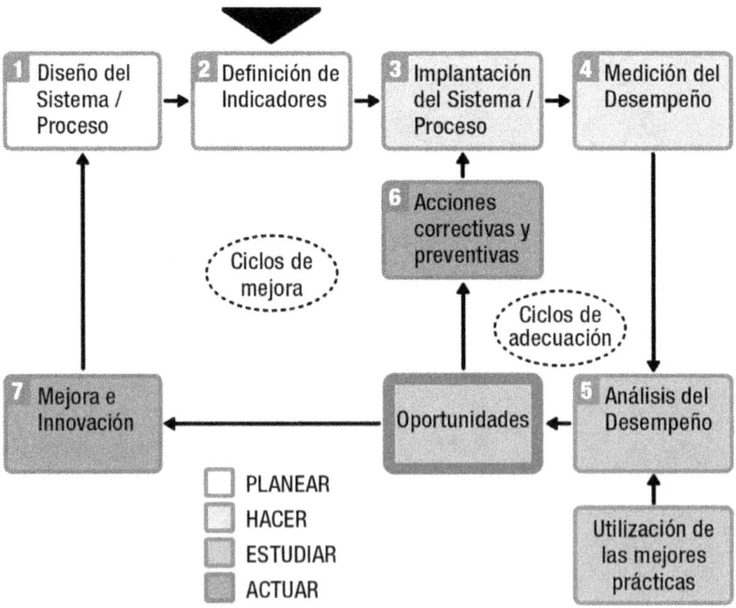

Figura 13.2

- **Entrenamiento directivo.** Se entrena en herramientas Lean al primer equipo implementador.
- **Estrategias:** se lleva a cabo el plan estratégico de la compañía. En él se definen e impulsan estrategias de mercadotecnia y ventas en el *hoshin kanri*. Se hace una valoración inicial, cuya finalidad es conocer el cuello de botella principal de la compañía y definir si la comercialización es la principal restricción para elegir este proceso como el piloto.

8.2   Definición de indicadores

Es muy importante definir los indicadores de comercialización para evaluar el desempeño y, sobre todo, motivar el cambio.

8.2.1   A nivel de compañía

- **Mercadotecnia**
  - Valor del mercado de los productos.
  - Porcentaje de participación del mercado.
  - Índice de recomendabilidad total *(net promoter score)*. Es un indicador propuesto por Fred Reichheld, que se basa en la pregunta: «¿estaría usted dispuesto a recomendar nuestro producto o servicio a un amigo o colega?». Establece valores de respuesta del 1 al 10, con los que clasifica como clientes detractores a quienes contestaron con notas del 1 al 6; como clientes neutrales a quienes contestaron con notas de 7 u 8, y como clientes promotores a quienes otorgaron notas de 9 o 10. NPS = porcentaje de clientes promotores − porcentaje de clientes detractores.

- **Ventas**
  - Total de ventas de la compañía.
  - Beneficio sobre las ventas, obtenido con las ventas totales menos los gastos antes de impuestos.

8.2.2   A nivel de la cadena de valor

- NPS de los clientes de la cadena de valor (si son clientes diferentes en cada cadena de valor).
- Rendimiento de la cadena de valor *(throughput):* ventas − costo totalmente variable.
- Beneficio de la cadena de valor.
- Retorno sobre ventas.

- Porcentaje de capacidad disponible para vender: es la capacidad actual de la cadena menos la demanda actual.

8.2.3   A nivel de proceso comercial

- Rendimiento comprometido: es el *throughput* de comprometido en pedidos de cierto periodo. En este caso no se está teniendo en cuenta el valor de los gastos de conversión porque, independientemente de lo que se venda, esos gastos tienen que pagarse. El único gasto que se considera cuando se vende es el totalmente variable (materiales, mano de obra, aranceles, transporte, etc.).
- Efectividad de ventas: rendimiento comprometido (venta comprometida menos gasto variable) en el periodo dividido entre la capacidad de ventas del mismo periodo.
- Productividad de ventas: es el rendimiento de comprometido dividido entre los gastos de venda.
- Ventas reales: ventas – devoluciones.
- Ingresos reales: ventas – devoluciones – (gastos de conversión – gastos variables).
- Efectividad de cierre de ventas: ventas cerradas / ventas presupuestadas.

8.3   Fase piloto

En la fase piloto, el proceso es el siguiente:

- **Implementar las herramientas básicas:**
  - Orden y limpieza (5 S) en el departamento comercial, incluyendo escritorios, ordenadores, automóviles, áreas comunes, etc.
  - Reuniones de equipo cada semana para analizar resultados en el *box score* de la cadena y continuamente en el equipo comercial para verificar el avance de los proyectos, las necesidades de los clientes y el seguimiento de nuevos negocios.
  - Administración del tiempo de los vendedores y personal de mercadotecnia, para utilizarlo de la mejor manera.
  - Tableros *kanban* para la administración de proyectos de mercadotecnia, como campañas de lanzamientos de productos, degustaciones, etc.

- **Valoración del proceso comercial:** se debe hacer un mapa del proceso comercial, iniciando con la forma en la que se desarrolla una campaña de marketing; también hay que analizar el proceso completo de ventas para identificar, en ambos casos, todos los limitantes de la productividad en los que debemos centrarnos:

– Ejemplo en mercadotecnia: desarrollar encuestas de mercado. Encontramos errores de diseño en las encuestas, demasiados tiempos de espera para las respuestas, exceso de transportes, movimientos innecesarios, tiempo perdido en búsqueda de documentos, sitios, información, etc.
– Ejemplo de ventas: tiempos de espera para recibir instrucciones; demasiadas reuniones sin necesidad; mala planificación de rutas, que genera demasiados

Ejemplo de tablero *kanban*

El tablero *kanban* sirve al área de mercadotecnia para definir las actividades, tanto secuenciales como en paralelo, cuando se debe organizar un evento de presentación de un nuevo producto. Cuando los integrantes del equipo seleccionan la tarea a realizar, simplemente mueven la tarjeta a la zona «en proceso», como señal de que ya se está trabajando en esa actividad, así todos los integrantes de equipo saben qué se debe hacer, qué se está haciendo y por qué; y también lo que ya se hizo. Asimismo, se requiere asignar secuencias para no iniciar una actividad si no se ha terminado otra, y asignar responsables específicos y prioridades.

Los tableros *kanban* sirven para administrar todo tipo de proyectos y, muy especialmente, en mercadotecnia, pretenden eliminar todo el tiempo perdido en esperar instrucciones, asignar tareas, informar sobre los avances, etc.

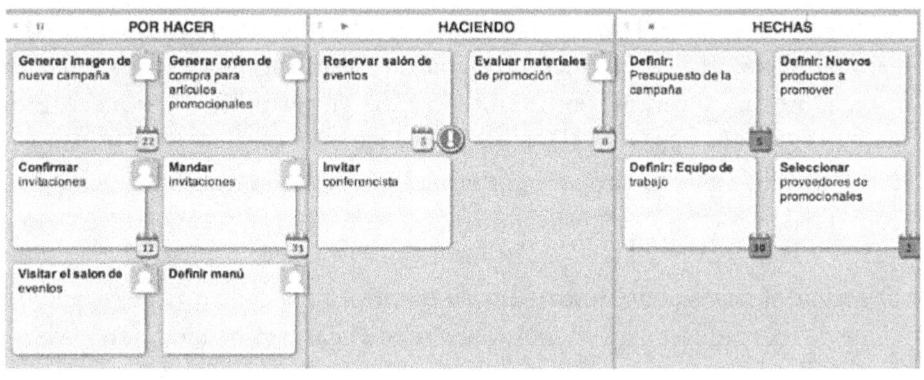

transportes para visitar a los clientes; errores al concertar la cita, que generan movimientos innecesarios, etc.

- Integración de ventas a las cadenas de valor.
- Uno de los pasos más importantes en Lean Company es el diseño de la estrategia.

8.4   Fase de despliegue

En la fase de despliegue, si el proceso comercial no fue parte del piloto, se lleva a cabo el desarrollo de ciclos de mejora e innovación y ciclos de adecuación para el control.

8.4.1   Acciones correctivas y preventivas

El proceso comercial tiene muchos riesgos de error que pueden causar el cierre de operaciones, si dichos errores no se detectan y se trabaja para desarrollar soluciones o acciones preventivas.

- **Acciones correctivas:** se utilizan las herramientas de las tres disciplinas para describir el problema comercial, identificar sus causas y presentar soluciones. Ejemplo: en un caso presentado en capítulos anteriores, el problema de los objetivos de venta no siempre alcanzados se resolvió desarrollando un ejercicio documentado de solución.

- **Diseño de la estrategia comercial:** el *hoshin kanri* desarrollado por el equipo directivo debe contener los objetivos comerciales, entre los que destacan la participación en el mercado y las ventas que desean alcanzarse.

- **Diseño de la estructura:** en el desarrollo de la compañía por cadenas de valor, generalmente vemos que cada cadena de valor asigna a sus responsables de mercadotecnia y ventas, pero también cabe la posibilidad de que, aunque se tengan diferentes cadenas de valor, todas ellas les vendan a los mismos clientes y en esos casos el proceso comercial podría ser una sola cadena de valor comercial.

- **Diseño del sistema de desarrollo de talento:** para cada una de las actividades clave de mercadotecnia y ventas, debe identificarse el conocimiento clave para desarrollar las campañas de mercadotecnia y los pasos del proceso de ventas. Entonces se prepara el material de capacitación, basado en las instrucciones de trabajo, para desarrollar a los entrenadores y llevar a cabo los programas de adquisición de talento y el entrenamiento para responsables de mercadotencia y vendedores. También podría desarrollarse un entrenamiento multihabilidades.

- **Estrategia:** se ha diseñado un *hoshin kanri* para planificar las estrategias del negocio y de cada cadena de valor. En él se definen las estrategias, indicadores y proyectos comerciales que soportarán a los objetivos financieros.

Capítulo 14
Logística

1 Objetivo

La misión de logística es mantener a la cadena de valor funcionando, con los materiales e información, desde los proveedores hasta el punto de venta.

Lean Logistics tiene como objetivo asegurar el correcto funcionamiento de la cadena de suministro mediante la eliminación de desperdicios en los procesos de:

- Planificación y programación.
- Compras.
- Almacenes.
- Envíos.

Lean Logistics se encarga de asegurar que los materiales y la información siempre se encuentren disponibles en el lugar preciso de la cadena de suministro al costo objetivo, con la finalidad de lograr el mejor servicio para el cliente al mínimo costo.

Lean Company tiene como objetivo integrar todas las funciones del negocio en un solo sistema, en el que se genere valor en los procesos de las cadenas de valor y estas a su vez se sustenten en los procesos de soporte, mediante el desarrollo de elementos básicos de gestión, herramientas de mejora, solución de problemas, prevención de riesgos y control.

2   Antecedentes

En las empresas tradicionales suele haber confusión respecto al alcance y las funciones de logística, ya que algunas consideran que solo se trata de la administración de los envíos al cliente, mientras que otras creen que también se ocupa de los almacenes de producto terminado y del transporte al cliente, entre otros. La logística tradicional generalmente no integra las funciones de planificación, programación, almacenes, transporte interno de materiales y productos, envíos al cliente, etc. Lo cierto es que esta confusión de funciones genera gran desperdicio de tiempo y recursos, además de altos costos de operación.

Se ha llegado a pensar que, simplemente comprando un avanzado y sofisticado *software* de administración de recursos (ERP), se puede lograr que los productos se programen adecuadamente, que el departamento de compras nunca deje de abastecer materiales en el momento adecuado y que los recursos se encuentren coordina-

Periodo histórico	Avance significativo	Precursor
1898	El término logística se da a conocer en el primer artículo	
1919	Inicio de la primera especialización en logística	Univerdidad de Syracuse
1927	Producción en masa requiere logística de proveedores	Ford Motor Company
1952	Se inventa el código de barras	Norman Woodland y Bernard Silver
1957	Se crea la sociedad americana de producción e inventarios	APICS
1961	Desarrollo de la planificación de requerimientos materiales (MRP)	Jay Forrester de IBM
1963	Se funda el consejo de administración y logísitca y distribución	CLM
1969	Desarrollo del concepto cliente/proveedor	Shaw Partner
1982	Se crea el término Administración de la cadena de suministro (SCM)	Keith Oliver de Allen and Hamilton Inc
1984	Se desarrolla la teoría de las restricciones con logística	Dr. Eliyahu Goldratt
1985	Primer análisis de la cadena de suministro en la industria textil	Kurt Salmon Associates
1988	Se introduce el término Lean Manufacturing	John Krafick
1991	Logística militar: operación militar "Tormenta del desierto"	Gobierno de Estados Unidos
1993	Reingeniería con la perspectiva en la logística	Michael Hammer y James Champy
1996	Se crea el consejo de cadena de suministro	Pittiglio Rabin Todd
1997	Se crea el concepto "Efecto látigo" en la logística	Hau Lee y Seungjin Whang
1997	Se desarrolla el concepto de reposición contínua. Campbell soup's	Gerard Cachon y Marshall Fisher
2000	Se crea la profesión de logística	Departamento del trabajo en Estados Unidos "13-1081"
2001	Creación del protocolo *"green supply chain"*	
2010	Desarrollo de SCM 2.0	W.P. Carey School de Arizona
2012	Se crea la estrategia nacional de seguridad de logística	Barak Obama
2012	Inicia el desarrollo de Lean Logistics en un concepto integral	Lean Six Sigma Institute LLC, San Diego California

Tabla 14.1

dos. Sin embargo, el desarrollo de la logística ha marcado una evolución continua en el que la tecnología y el avance en los sistemas de planificación, almacenes y transportes han tenido una significativa aportación.

3   Estrategias de suministro

Existen básicamente cuatro estrategias de suministro, que a continuación se presentan de mayor a menor tiempo de entrega:

- Ingeniería para el pedido: engloba desde el diseño, compra de materiales, manufactura y ensamble hasta el envío. Su tiempo de entrega es largo porque los productos se diseñan de acuerdo a las necesidades y especificaciones del cliente.
- Fabricar para el pedido: se requiere inventario de materiales, fabricación, ensamble y envío. El tiempo de entrega es menor, ya que se inicia desde un diseño definido.
- Ensamble para el pedido: requiere manufactura de partes, inventario de partes fabricadas, y cuando llega el pedido, simplemente se retiran de inventario, ensamblan y envían al cliente. En esta estrategia, el tiempo de entrega es menor que fabricar para el pedido, porque los subensambles son comunes y solo es necesario ensamblar cuando llega el pedido del cliente.
- Fabricar para inventario: se fabrica, ensambla y mantiene un inventario hasta que el cliente hace un pedido. El tiempo es mínimo, ya que solo se prepara el producto y se envía al cliente.

3.1   *Consideraciones de logística en empresas tradicionales*

- Logística no siempre es un departamento coordinado con planificación, ventas, compras, almacenes y envíos, lo que genera problemas de servicio al cliente cuando no se envía lo que necesita, no se produce lo que pide o no existen los materiales necesarios para cumplir con las necesidades.
- La comunicación entre el personal de logística y los demás departamentos no siempre se da con el suficiente tiempo para reaccionar ante situaciones de desabasto, cambios de demanda, etc.
- Los indicadores tradicionales no ayudan a la integración sistémica de logística con otras áreas de las empresas que requieren dar un servicio integral a los clientes.
- Las empresas tradicionales pueden tener alta tecnología de información y no necesariamente estar informadas para cumplir con las necesidades de los clientes en tiempo y forma.

- Generalmente no se evalúa correctamente el costo asociado con la logística para entender las áreas de oportunidad y las mejoras a realizar.

4   Costos relacionados con los procesos de logística

Lean Company tiene como objetivo reducir los desperdicios, variabilidad y sobrecarga en la cadena de suministro, para lo que deben identificarse correctamente los principales componentes del costo, que a continuación presentamos por categoría:

4.1   *Situación general de la cadena de suministro en empresas tradicionales*

- Entregas tardías.
- Baja rotación de inventarios.
- Baja precisión de inventarios.
- Reprogramación continua.
- Inventarios sin control.
- Comunicación deficiente.
- Desconocimiento de la demanda real de los productos.
- Utilización de modelos de pronósticos que rara vez funcionan.

Las cadenas de valor tienen normalmente una enorme cantidad de variabilidad en tiempos y costos debido a:

- Falta de conocimiento de las necesidades reales del cliente.
- Entregas tardías por parte de los proveedores.
- Pedidos mínimos excesivos.
- Entregas perdidas.
- Escasez de producto.
- Exceso de producto.

¿Qué hacen la mayoría de los fabricantes para minimizar esta variabilidad? Incrementan los inventarios de seguridad para cubrir situaciones inesperadas. Para ello, destinan dinero que podría ser utilizado para otras funciones vitales de la organización; sin embargo, debe ser sacrificado para permanecer en forma de inventarios y proteger el nivel de servicio ante las grandes ineficiencias en comunicación, medición, etc.

Los altos inventarios impactan a la cadena de valor incrementando los costos de inventario, los costos de almacenaje, la obsolescencia y los costos de transportación.

Categoría de Costos	Costos Totales (US$ Billions)	Porcentaje de las Ventas	Porcentaje de los Costos Logísticos
Transporte	856	6.2%	61.3%
Almacenamiento	111	0.8%	7.9%
Inventario	376	2.7%	26.9%
Administración	54	0.4%	3.9%
Total	1,397	10.1%	100.0%

Fuente: Rosalyn Wilson, 19th Annual State of Logistics Report, 2008

Tabla 14.2

	Planeación	Compras	Almacenes	Envíos
Sobre actividades	Exceso de análisis de información Planear antes de tener pronósticos Continua reprogramación	Comprar más de lo que se necesita Comprar antes de que se necesite	Almacenar más de lo que se necesita Tener más espacio del que se necesita	Enviar más de lo que se pidió Empacar más productos de los necesarios Tener más personal del que se necesita
Esperas y búsquedas	Información: de ventas, finanzas, operaciones Aprobaciones: dirección, ventas, operaciones Búsquedas: información, personas, etc.	Esperar cotizaciones del proveedor Esperar información: costos, inventarios, mkt, etc. Esperar instrucciones para generar cotizaciones, descuentos, pedidos. Búsquedas: de documentos, información, órdenes, clientes, proveedores, etc. Autorizaciones, juntas, resultados para tomar decisiones	Entregar Almacenar Captura de órdenes de recibo o entrega en lotes	Instrucciones para: enviar, almacear, entregar Transportistas Búsqueda de: materiales, archivos, productos, órdenes de entrega, etc.
Transporte y movimientos	E-mailing, demasiados correos electrónicos para planear y programar Movimientos en exceso del personal en el almacén Demasados transportes internos de material e información	E-mailing Demasiadas visitas a proveedores Circular órdenes de compra para firma o autorización Circular muestras para revisión	E-mailing Movimientos en exceso del personal en el almacén Demasiados transportes internos de material e información	E-mailing Acelerar los procesos Demasiados transportes internos de material e información
Procesos innecesarios	Demasiados reportes Almacenar materiales innecesarios Empaque o desempaque para recibir o mover materiales Juntas innecesarias Programar en todos los procesos y no sólo en el cuello de botella	Demasiados reportes Comprar algo que no es necesario Comprar de más Juntas innecesarias Cotizar cuando con otros proveedores cuando ya se ha seleccionado a uno Juntas demasiado prolongadas o continuas	Juntas innecesarias	Demasiados reportes Almacenar materiales innecesarios Empaque o desempaque para recibir. mover materiales, etc. Juntas innecesarias Inspecciones en exceso
Exceso de inventario o información	Exceso de datos Exceso de inventario por cambios continuos en la programación Exceso de personal de planeación y programación	Bandejas llenas de documentos/requisiciones/ e-mails, etc. Materiales en exceso por si acaso Materiales en exceso para aprovechar descuentos por volumen	Exceso de montacargas Exceso de racks Exceso de equipos de movimiento	Exceso de materiales de empaque Exceso de transportistas Exceso de equipo de envío
Defectos	Errores de planeación Errores de programación Errores de pronóstico Captura incorrecta de información en el MRP	Errores en pedidos (pedir de más o de menos) Órdenes de compra incorrectas Comprar al proveedor equivocado Comprar al precio/ momento equivocado	Errores en pedidos captura de entradas y salidas Errores de conteo Errores de ubicación Errores de localización	
Sub utilización Personas	Especialización de planeadores que no compran Tiempo de personas que afectan a la programación (gerentes, directivos) Expertos que no enseñan	Compradores especializados que no planean Compradores vs negociadores Negociadores dando seguimiento a compras Personal poco capacitado Expertos que no enseñan	Montacarguistas especializados Especialización de funciones de almacén Negociadores dando seguimiento a compras Personal poco capacitado Expertos que no enseñan	Personal especializado sólo en envío Jefes y gerentes expeditando por las urgencias Personal poco capacitado Expertos que no enseñan
Sobrecarga	Demasiado estrés y jornadas largas de trabajo Poca satisfacción de logro por tantos cambios Conflicto con otras áreas por no acertar en el programa o por los cambios	Demasiado estrés y jornadas largas de trabajo	Demasiado estrés y jornadas largas de trabajo Áreas inseguras	Demasiado estrés y jornadas largas de trabajo Trabajos pesados Áreas inseguras

Tabla 14.3. Limitantes de la productividad relacionados con la logística.

5 Administración de la cadena de suministro

Es la función integrada de comprar, producir y entregar productos terminados y servicios a los clientes. Incluye subproveedores, proveedores, operaciones internas, distribuidores, mayoristas y clientes finales.

En la administración de la cadena de suministro se debe considerar la correcta gestión de los tres flujos que una empresa debe controlar con mucho detalle:

- Flujo de materiales.
- Flujo de información.
- Flujo de dinero.

5.1 ¿Qué es la logística?

Son todas las acciones necesarias para que los procesos nunca se detengan por falta de material o información.

¿Qué es y qué no es logística?

- **En manufactura**
  - Es logística: recibir materiales, almacenarlos, trasladarlos a producción.
  - No es logística: manufacturar el producto.

- En aviación (servicios)
  - Es logística: trasladar el avión al andén, hacer que entren los pasajeros, recibir y trasladar el equipaje.
  - No es logística: pilotar el avión.

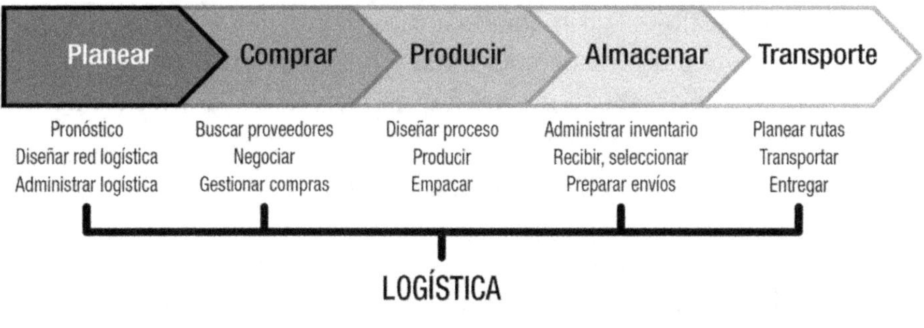

Figura 14.1

6   ¿Qué es Lean Logistics?

Es una filosofía de trabajo para eliminar todos los desperdicios de la cadena de suministro.

La cadena de suministro incluye los procesos de abastecimiento, desde obtener los materiales hasta entregar el producto o servicio al cliente, sin incluir la manufactura o el servicio. Lean Logistics integra los procesos necesarios para que los procesos de servicio o producción nunca se detengan. Esto ocurre a partir de una organización por cadenas de valor, que permiten un trabajo sistémico con  un enfoque en el que el cliente reciba lo que necesita con un costo mínimo, así como contribuyendo significativamente al cuidado y la conservación del medio ambiente.

Lean Logistics incluye cuatro procesos principales:

- **Planificación:** recibe los requerimientos del cliente y los convierte en plan de recursos, programas de trabajo y de compras.
- **Compras:** negocia y compra los insumos necesarios.
- **Almacenes:** reciben, manipulan y guardan materiales, productos en proceso y terminados.
- **Envíos:** preparar pedidos para enviarlos, planificación de rutas, transporte y entregas.

6.1   ¿Para qué sirve Lean Logistics?

Sirve para sincronizar la tasa de consumo y el ciclo de reabastecimiento para desarrollar una logística flexible, con la finalidad de que nunca se detenga el proceso de servicio o manufactura por falta de materiales o información. Para ello, se utiliza un sistema de comunicación clara y oportuna, que sincroniza todos los elementos de la cadena de suministro al mínimo costo.

Los principales beneficios de Lean Logistics son:

- Mantener inventarios mínimos en toda la cadena de suministro, lo que reduce la cantidad de dinero invertido en el negocio, que ahora se convertirá en dinero efectivo.

- Reducir la variación de los datos de demanda en toda la cadena de suministro, para que la planificación se haga basándose en las necesidades de la demanda real y no en el nivel de desconfianza de los proveedores.
- Mejorar el servicio de entrega al cliente reduciendo significativamente los tiempos de entrega y entregando las cantidades solicitadas.
- Reducir los costos asociados con la logística: transporte, almacenamiento, administración, inversión, etc.
- Reducir la sobrecarga de las personas que participan en logística.
- Reducir el impacto ambiental provocado por transportes excesivos o innecesarios que contaminan el medio ambiente.

7 ¿Quiénes participan?

- **Equipo de cadena de valor:**
  - Líder de cadena de valor: da soporte y guía en necesidades y objetivos.
  - Ventas: proporciona información de la demanda real de los clientes.
  - Planificador comprador: analiza información de la demanda y define *kanban* de la cadena de valor; asimismo, realiza convenios con proveedores para sincronizar la entrega de los materiales.
  - Almacenistas: desarrollan logística de recibo, almacenamiento, movimiento de materiales y logística de preparación de órdenes de entrega.
  - Ingeniero de procesos: documenta el proceso y conocimiento clave en el trabajo estándar; realiza el análisis de modo y efecto de errores de la cadena de valor, en el que incluye el proceso de logística, establece los puntos de control para evitar errores y asegura que el personal operativo los comprenda y cumpla las funciones de manera correcta.
  - Entrenadores (puede ser cualquiera de los antes mencionados): entrena en el trabajo a los involucrados en el proceso logístico.
  - Proveedores: aportan ideas y desarrollan su sistema de entregas según el proceso definido por el equipo.

- **Equipo implementador Lean Company**: es el equipo de expertos en Lean Company. Su responsabilidad es proporcionar entrenamiento y soporte en el desarrollo de proyectos para mejorar el proceso de logística en el uso de las metodologías y las herramientas.

  Junto con el equipo de logística de la cadena de valor, implementan los elementos básicos y desarrollan proyectos de mejora en los subprocesos logísticos

Ejemplo de Lean Logistics

El siguiente es un ejemplo de implementación de Lean Logistics en el que se desarrollaron mejoras en toda la cadena de suministro mediante la interacción de todos los eslabones (proveedores, fabricantes, distribuidores y detallistas).

Situación inicial:
- Grandes inventarios a lo largo de toda la cadena de suministro.
- Muy mala sincronización de la información.
- Poca certeza en los pronósticos.
- Desconocimiento de la demanda real del cliente final.

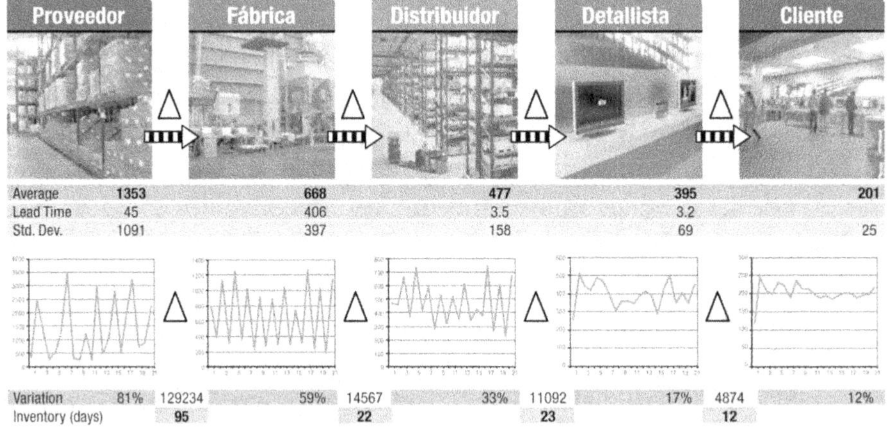

En el cuadro anterior podemos ver que la demanda promedio de cada uno de los participantes en la cadena de suministro es totalmente desconocida.

- El proveedor de los materiales de embalaje supone que son 1.353 unidades diarias.
- El fabricante supone que son 668 unidades diarias.
- El distribuidor supone que se consumen 477 unidades diarias.
- El detallista supone que son 395 unidades diarias.
- La demanda real del mercado es solo de 201 unidades diarias.

Las cadenas de suministro suponen la demanda mediante la utilización de pronósticos que generalmente no son acertados. En este caso, también podemos ver en las gráficas cómo la variación se va haciendo mayor a medida que se aleja del cliente final, en lo que llamamos el efecto látigo, provocado por una mala comunicación entre los integrantes de las empresas.

¿Qué hicimos?

- Definimos el equipo de trabajo con elementos de cada compañía; establecimos el objetivo de mejorar el servicio al cliente, así como de reducir los costos de logística y los inventarios.
- Medimos y mapeamos el proceso para identificar las actividades de valor y no valor agregado, incluyendo planificar, cargar, descargar, transportar materiales a almacenes y dentro de los procesos, etc., en toda la cadena de suministro.
- Analizamos los cuellos de botella y causas raíz de los problemas de suministro, y todos los limitantes de la productividad de la cadena de suministro en equipo.
- Mejoramos el tiempo de entrega de la mayoría de los procesos, implementamos el sistema *kanban* en cada uno de ellos y establecimos las reglas para utilizarlos, llevando a cabo reuniones semanales entre todos los responsables de abastecimiento para compartir los cambios de demanda real.
- Capacitamos al personal en el uso del sistema y establecimos controles para detectar problemas y errores.

Resultados obtenidos

En el siguiente cuadro podemos observar los resultados obtenidos:

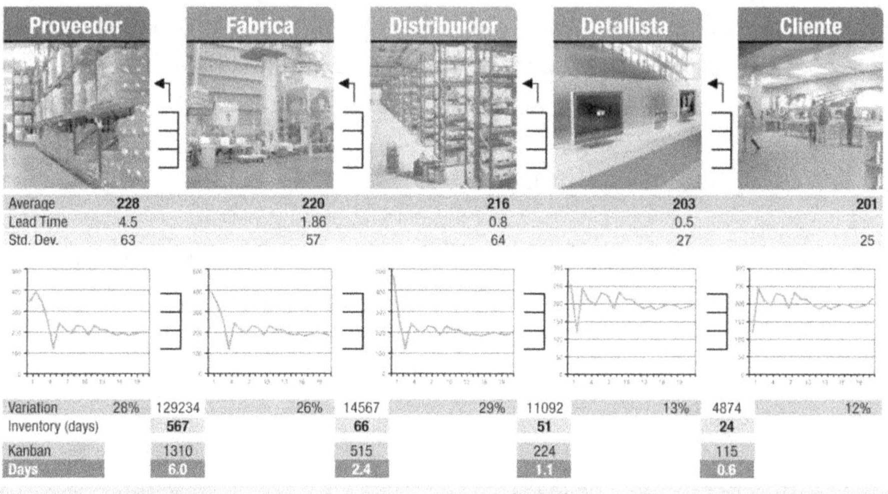

	Proveedor	Fábrica	Distribuidor	Detallista	Cliente
Average	228	220	216	203	201
Lead Time	4.5	1.86	0.8	0.5	
Std. Dev.	63	57	64	27	25
Variation	28%	129234 26%	14567 29%	11092 13%	4874 12%
Inventory (days)	567	66	51	24	
Kanban	1310	515	224	115	
Days	6.0	2.4	1.1	0.6	

> Reducción de inventarios de más de 120 días a no más de 15 días en toda la cadena.
>
> - Reducción significativa de los costos de transporte.
> - Reducción de la variación de la demanda del 81 % a solo el 28 %.
> - Mejor comunicación entre los integrantes de la cadena de valor.
> - Reducción de la contaminación.
> - Eliminación de sobrecarga en el personal de logística.
> - Incremento del flujo de efectivo al pasar de altos inventarios a inventarios suficientes.
> - Mejora del servicio al cliente con entregas fiables.

mediante la utilización de la metodología de mejora. Asimismo, apoyan en la resolución y prevención de problemas al equipo de la cadena de valor cuando se les necesita, de acuerdo con la complejidad de la situación.

- **Equipo directivo o gerencial:** es el equipo formado por el director general de la compañía o propietario, junto con los líderes de cadenas de valor y equipos de soporte. Su responsabilidad en Lean Logistics es generar estrategias y proyectos para lograr los objetivos financieros, desarrollar estrategias de logística, analizar los indicadores globales de desempeño, transmitir el plan estratégico, dar seguimiento a las iniciativas, eliminar barreras en la implementación y dar seguimiento mediante caminatas en el proceso logístico de la compañía y de cada cadena de valor, así como asegurar recursos para hacer posible la implementación correcta.

8   ¿Cómo se implementa Lean Logistics?

Se debe emplear el plan maestro de implementación de Lean Company para planificar el desarrollo de la implementación de Lean Logistics dentro del proyecto integral. Puede desglosar el plan con mucho más detalle.

8.1   Integración de la logística en la cadena de valor

La logística es un proceso clave de la cadena de valor y solo cuando se integra al proceso de la cadena de valor se genera la sinergia que requiere una empresa para ser competitiva.

Cadenas de valor						Prep.	Piloto										Despliegue																	Continúa
Fase	No.	Actividad	Entregable	Quién	Tiempo	1	2	3	4	5	6	7	8	9	10	11	12	13	14	15	16	17	18	19	20	21	22	23	24	25	26	27	28	
Ingeniería de valor	1	Básicos	Diagnóstico de la cadena de valor	E.V	1-3 semanas																													
			Value stream map	E.V E.I	1-3 semanas																													
			Box score	E.V	2-3 semanas				Continúa																									
			Tableros de información	E.V	2-3 semanas				Continúa																									
			Reuniones de trabajo	E.V - E.P	2-3 semanas																													
			Entrenamiento cruzado	E.V - E.P	4-8 semanas					Continúa									Continúa									Continúa					
			Trabajo estándar	E.V E.I	4-8 semanas								Continúa									Continúa									Continúa		
			Orden y limpieza (5 S's)	E.V E.I	8-12 semanas								Continúa									Continúa									Continúa		
	2	Ciclos de adecuación	Análisis de modos de falla	E.V - E.P	1-2 semanas					Continúa									Continúa									Continúa					
			Solución de problemas	E.V - E.P	1-2 semanas						Continúa									Continúa									Continúa				
	3	Ciclos de mejora	Eventos Kaizen - según restricción	E.V	3-4 meses																													
			Diseño - Lean Design	E.V E.I																														
			Comercial - Lean comercial	E.V E.I																														
			Logística - Lean Logistics	E.V E.I																														
			Manufactura - Lean Manufacturing	E.V E.I																														
			Servicio - Lean Service	E.V E.I																														
			Contabilidad - Lean Accounting	E.V E.I																														
			Calidad - Lean Quality	E.V E.I																														
			Mantenimiento - Lean Maintenance	E.V E.I																														

Tabla 14.4

Lean Company tiene su mayor impacto cuando la logística se integra a las actividades de la cadena de valor; es decir, que todos en la cadena de valor utilizarán la misma información para planificar, comprar, producir y entregar a los clientes sus productos o servicios.

Si se tiene más de una cadena de valor, entonces algunas funciones pueden realizarse como soporte; por ejemplo, almacenes para todas las cadenas de valor, negociación con proveedores para proveer materiales a todas las cadenas y algunas otras funciones, como planificar recursos y programación, que deberán estar integradas dentro de cada cadena de valor.

Esta integración puede variar en cada empresa y dependerá de qué procesos logísticos se pueden compartir, y también de cuáles es mejor integrar a las cadenas de valor.

8.2   Fase de preparación

En la fase de preparación, el proceso de diseño es el siguiente:

El desarrollo de la cadena de valor, conforme el modelo de crecimiento de las empresas, tiene en la logística una diferencia muy importante entre ganar o perder, dado que cuando el costo se ve afectado en gran medida por los materiales, la logística se convierte en una actividad dominante para el negocio total.

8.2.1   Diseño del sistema y proceso

- **Entrenamiento:** el equipo implementador y los colaboradores de logística se entrenan en Yellow Belt y en Lean Logistics para lograr un pleno entendimiento de las metodologías de solución de problemas, prevención, mejora y de las herramientas necesarias para implementar correctamente Lean Logistics.

Diagnóstico Lean Logistics

Nombre de la empresa

Nombre de la cadena de valor

	1	2	3	4	5	
Generales de logística	Tradicional	Inicio	Confiable	Competente	Excelencia	Calificación
Integración de logística	11-ene-13					1
Elementos básicos		11-ene-13				2
Solución de problemas			11-ene-13			3
Prevención de problemas		11-ene-13				2
Metodología de mejora	11-ene-13					1
Planeación	Tradicional	Inicio	Confiable	Competente	Excelencia	Calificación
Planeación de recursos	11-ene-13					1
Programación	11-ene-13					1
Seguimiento a las entregas	12-ene-13					2
Compras	Tradicional	Inicio	Confiable	Competente	Excelencia	Calificación
Negociación	11-ene-13					1
Clasificación		11-ene-13				2
Análisis de costos			11-ene-13			3
Coordinación		11-ene-13				2
Almacenes	Tradicional	Inicio	Confiable	Competente	Excelencia	Calificación
Diseño de los almacenes				11-ene-13		4
Establecimiento de las ubicaciones				11-ene-13		4
Recibo de materiales			11-ene-13			3
Manejo de materiales y productos		11-ene-13				2
Captura de entradas y salidas		12-ene-13				3
Conteos y precisión de inventario		13-ene-13				4
Envíos	Tradicional	Inicio	Confiable	Competente	Excelencia	Calificación
Preparación de envíos		15-ene-13				2
Coordinación de transporte		16-ene-13				2
Seguimiento		17-ene-13				2

Tabla 14.5

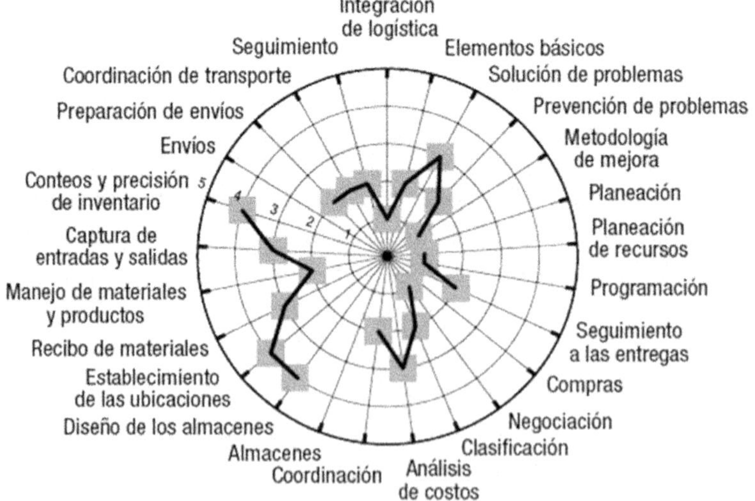

Figura 14.2

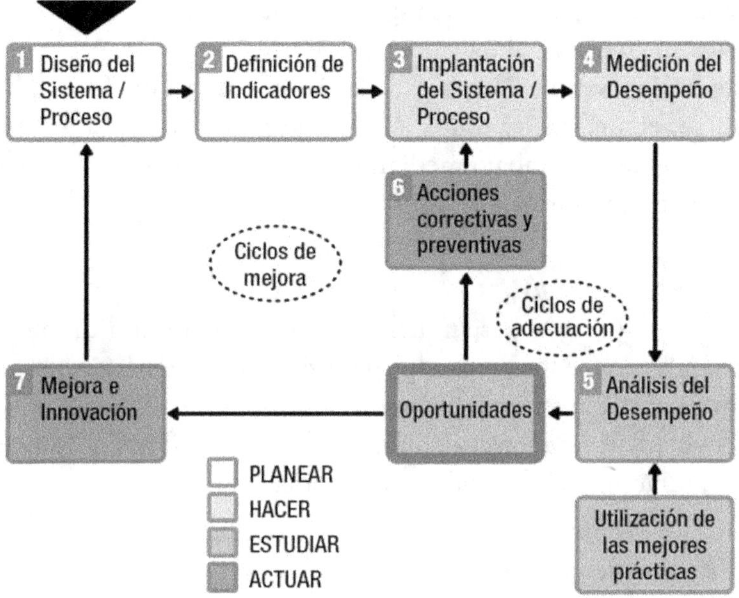

Figura 14.3

- **Desarrollo de talento:** la dirección de la compañía diseña la estrategia, la estructura y el sistema de desarrollo de talento.
- **Estrategia:** se establecen las directrices, objetivos y proyectos que afectan los procesos de logística y se identifican las relaciones causa y efecto para lograr los objetivos financieros.
- **Estructura:** en el capítulo de estructura, explicamos qué elementos deben tener las empresas organizadas por cadenas de valor. En el caso de la logística existen dos opciones para la estructura.
- **Logística en cada cadena de valor:** cuando los materiales, proveedores y entregas son muy específicos de cada cadena de valor, es mejor designar personas del proceso de logística para que trabajen dedicados a la cadena de valor.
- **Logística al servicio de todas las cadenas de valor:** cuando todas las cadenas de valor requieren los mismos materiales, proveedores compartidos y entregas consolidadas.
- **Desarrollo de talento:** en la matriz multihabilidades de la cadena de valor deben considerarse los siguientes conocimientos relacionados con la logística:
- **Lean Logistics:** entrenamiento de 40 horas para comprender todos los detalles de la implementación de la logística en las cadenas de valor y en la compañía entera.

- **Conocimientos específicos de logística:** conocimiento del producto, clientes, negociación, compras, almacenes, transporte, etc.
- **Valoración inicial:** se lleva a cabo el mapeo de valor de toda la cadena de suministro, el análisis de todos los desperdicios, variación y sobrecarga, y se establece un plan de trabajo mediante un mapa futuro y la definición de eventos de mejora necesarios.

8.2.2   Indicadores de logística

- A nivel de compañía, podrían definirse los siguientes indicadores:
  - Demanda real de los productos o servicios de las cadenas de valor.
  - Valor total del inventario en valor presente.
  - Efectividad de la cadena de suministro: efectividad de compras × efectividad de manufactura × efectividad de logística.

- A nivel de la cadena de valor:
  - Backlog: valor total en pedidos conseguidos, pero no entregados.
  - Inventario: valor total del inventario de material, producto en proceso y producto terminado a valor presente de la cadena de valor.
  - Costo de mantener el inventario: costo de oportunidad del valor del inventario + costo de servicios del inventario (seguros e impuestos) + costo del espacio + costo de riesgo (obsoletos y daños).

- A nivel del proceso de logística
  - Planificación de compras.
  - Porcentaje de envíos a tiempo en dinero ($): valor de los pedidos enviados a tiempo o antes/Valor total de envíos.
  - Porcentaje de envíos a tiempo en porcentaje: número de envíos antes o a tiempo/Número total de envíos.
  - Nivel de servicio de reemplazo: número de partes reemplazadas en < de 24 horas/Número de reemplazos.
  - Efectividad de compras: cantidad necesaria × calidad recibida.

- Almacenes
  - Valor del inventario: valor en el inventario: materiales, *wip* y productos terminados.
  - Vueltas de inventario en materia prima: valor de la M.P. consumida en el mes/valor del inventario de M.P. × 12.

- Vueltas de inventario en producto terminado: valor de los P.T. entregados en el mes/Valor del inventario de P.T. × 12.
- Precisión del inventario: número de partes acertadas en cantidad/Número de partes evaluadas.
- Tiempo de ubicación de partes: el tiempo desde la búsqueda en sistema hasta encontrarlo físicamente debe ser menor a un minuto para almacenes grandes y treinta segundos para almacenes pequeños.

- Entregas
  Efectividad de entregas: entregas a tiempo × calidad entregada.

8.3 Implementar las herramientas básicas

- **Valoración del proceso:** se lleva a cabo un mapeo del proceso logístico en el que se analiza el flujo de información y materiales en toda la cadena de suministro. Además, se analizan todos los posibles desperdicios y se diseña un estado futuro posible.
- **Orden y limpieza** (5 S) en el departamento, en almacenes, oficinas, andenes, áreas de recepción, áreas de equipo de transporte, computadoras, etc. Se implementa orden y limpieza para gozar de un mejor ambiente de trabajo, así como para aumentar la productividad de las personas mediante la capacidad de localizar cualquier material o producto del almacén en menos de un minuto, y en oficinas cualquier objeto, archivo o documento en menos de treinta segundos.
- **Reuniones de equipo** cada semana para analizar resultados en el *box score* de la cadena y continuamente en el equipo de logística para verificar las necesidades de los clientes. Diariamente para conocer el estado de los pedidos, recibo de materiales, entregas a producción o servicio y envíos.
- **Administración del tiempo:** para administrar correctamente los proyectos, gestión de la agenda de trabajo, tareas, correcto uso del correo electrónico y reuniones efectivas.
- **Instrucciones de trabajo** para documentar la manera correcta de llevar a cabo las actividades clave de los procesos logísticos, como base del entrenamiento, solución de dudas y estandarización de procedimientos.
- **Tableros de trabajo** para el desarrollo de las actividades de logística. Se pueden utilizar tableros tipo «aeropuerto» en pantallas visibles para los elementos de la cadena de valor. Pueden modificarse en la oficina de valor como si fuera una torre de control (véase el ejemplo de la tabla 14.6).

LLEGADAS				
Hora estimada	Proveedor	Orden	Andén	Nota
7 a 8 am				
8 a 9 am				
9 a 10 am				
10 a 11 am				
11 a 12 am				
12 a 1 pm				
1 a 2 pm				
2 a 3 pm				
3 a 4 pm				
4 a 5 pm				

SALIDAS					
Hora estimada	Cliente	Pedido	de entrega	Andén	Nota
7 a 8 am					
8 a 9 am					
9 a 10 am					
10 a 11 am					
11 a 12 am					
12 a 1 pm					
1 a 2 pm					
2 a 3 pm					
3 a 4 pm					
4 a 5 pm					

Tabla 14.6

8.4   Medición y análisis del desempeño

Se da cuando empezamos a medir el desempeño de la cadena de valor y de los indicadores de mantenimiento que afectan el desempeño de la cadena de valor como sistema.

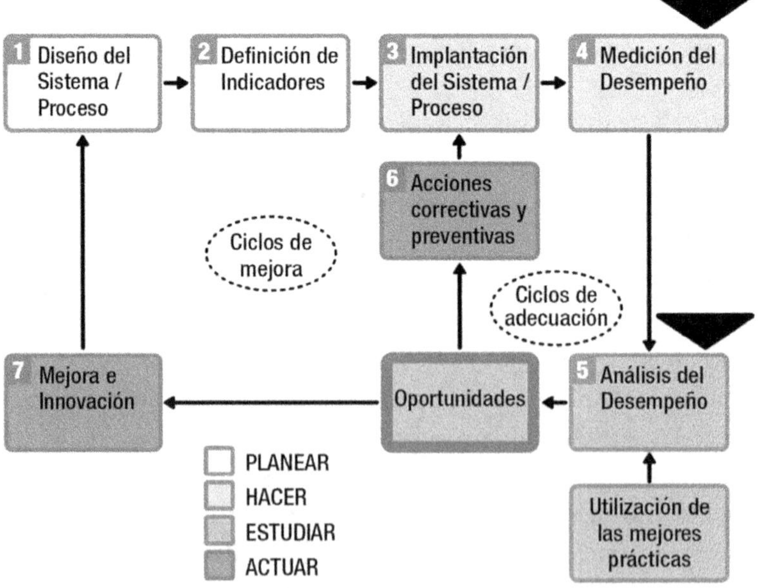

Figura 14.4

8.4.1 Herramientas para medición del desempeño

- ***Box score*** para analizar semanalmente los indicadores de la cadena de valor.
- ***Andon*** para analizar los resultados a nivel de proceso de logística. Pueden ser localizados en los almacenes en áreas de llegada, y con pantallas de llegadas y salidas tipo aeropuerto. Tablero de acciones de la cadena de valor.

- **Equipos operativos:** compuestos por personal del almacén y encargados de mover los materiales. Establecen el objetivo del día y cada hora miden el desempeño de logística. Cuando el equipo encuentra un problema o una oportunidad de mejora, inmediatamente debe capturarla en el tablero de acciones rápidas y hacer un seguimiento hasta que se haya resuelto.
- **Equipos de cadenas de valor:** se encuentran en la oficina de valor. Están compuestos por el líder de la cadena de valor y los responsables de los procesos de la cadena de valor. Ellos establecen los objetivos semanales y miden los resultados de la cadena de valor durante esta; después, los depositan en el *box score* semanal.

8.4.2 Análisis de desempeño

Cuando analizamos el desempeño de los indicadores, podemos realizar los siguientes tipos de acciones:

- Acciones preventivas para evitar problemas.
- Acciones correctivas para solucionar problemas.
- Acciones de control para sostener los métricos.
- Acciones de mejora para elevar el desempeño hacia un objetivo.

A partir del análisis del desempeño de los indicadores establecidos en el paso 2, el equipo de la cadena de valor y el personal operativo de logística toman decisiones respecto al tipo de acción y las documentan para hacer un seguimiento a su cumplimiento. Para ello pueden utilizar el documento de cuatro cuadrantes descrito en el capítulo 5, en el que cada indicador importante se analiza con detalle y se establecen acciones y responsables.

9 Acciones correctivas y preventivas

El proceso de logística tiene oportunidades de error que deben ser identificadas para analizar el riesgo y generar acciones.

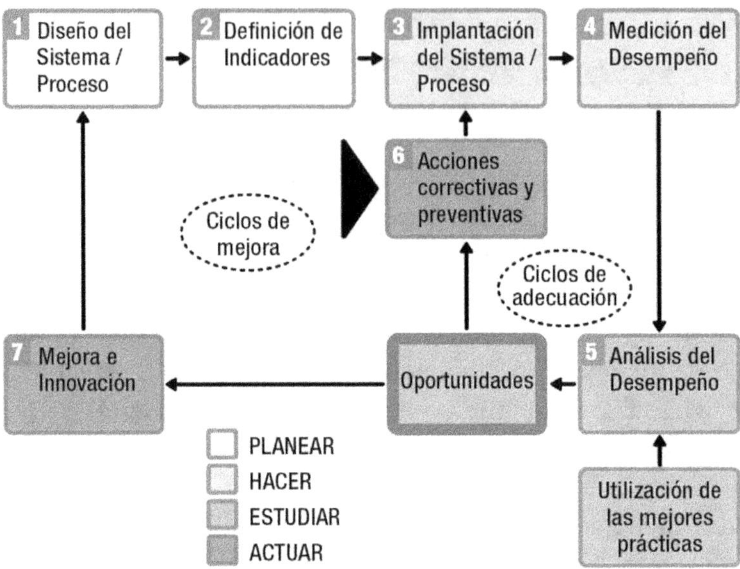

Figura 14.5

- **Acciones preventivas:** para cada cadena de valor se debe realizar un análisis de modo y efecto de fallas (AMEF) para determinar en cada fase de los procesos de la cadena qué podría fallar, cuál sería el efecto, la causa o causas potenciales y analizar los controles para detectarla. Asimismo, se debe evaluar la severidad,

Ejemplo de acciones preventivas

En este caso se analiza un error del proceso de logística de una cadena de valor. El error potencial es enviar un pedido incompleto; así, se analiza la severidad del error, sus consecuencias, las causas raíz, la ocurrencia y los controles para evitarlo.

No.	Proceso	Operación	Función	Falla potencial	Efecto	SEV	Causas potenciales	OCC	Control actual	DECT	Riesgo pot.
13	Logística	Preparar pedidos	Empacar y preparar el pedido para ser enviado al cliente	Enviar pedido incompleto	Molestia del cliente	3	Descuido del operador de envíos	3	Lista de verificación	5	**120**

ocurrencia y detectabilidad y documentar los errores repetitivos y clave de todos los procesos de la cadena de valor.

- **Acciones correctivas:** se utiliza la metodología de las tres disciplinas para resolver problemas de logística, definir el problema, encontrar causas raíz y proponer soluciones que llevar a cabo hasta asegurar que el problema se ha resuelto.

9.1   Herramientas

En cada etapa se utilizan herramientas:

- Definir problemas: gráfico de Pareto, gráfico de tendencias.
- Descubrir causas raíz y efectos: gráfico de *ishikawa* (pescado), árbol de realidad actual.
- Presentar soluciones: lluvia de ideas, árbol de realidad futura, etc.

9.2   Ciclos de mejora

Se realizan mediante la implementación de eventos de mejora:

- *Blitz:* para hacer mejoras inmediatas cuando se detecta una oportunidad. La duración de la implementación no supera un día.
- *Kaizen:* para la implementación de mejoras en el proceso de diseño o en el diseño mismo del producto. La duración es de entre tres y cinco días.
- **Sigma** *kaizen:* para implementar mejoras o resolver problemas complejos que requieren análisis estadístico y que normalmente se realizan entre cuatro y cinco semanas.

9.2.1   Metodología de mejora

- **Objetivo:** mejorar las operaciones de logística como planificación, compras, almacenes, movimiento interno de materiales y productos y envíos.

En esta metodología se utilizan las herramientas necesarias en cada fase, según la necesidad en el proyecto de mejora. No necesariamente deben utilizarse todas las herramientas.

- **Definir:** en esta fase se define el proyecto de mejora de logística. Pueden utilizarse las siguientes herramientas:

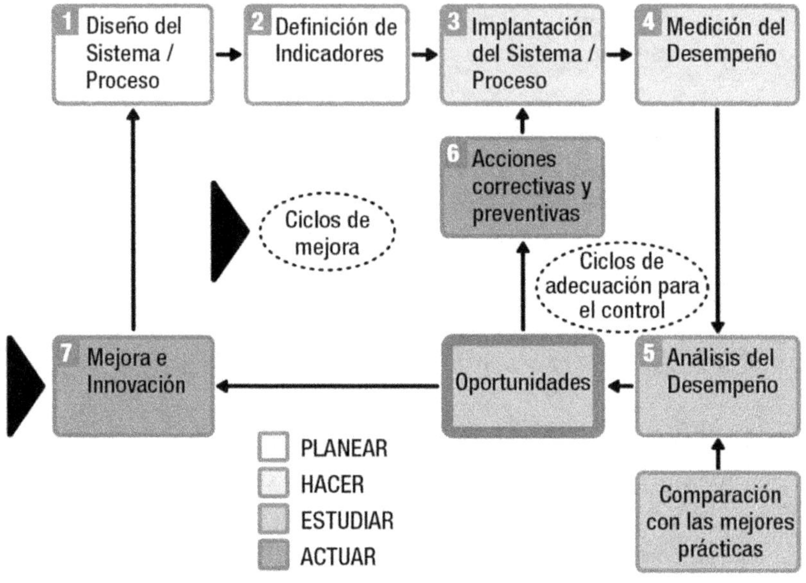

Figura 14.6

- Carta del proyecto para determinar el objetivo, alcance, equipo, caso de negocio, métricos, posible impacto, etc.
- *Gantt* y ruta clave para definir fases, tareas, responsables, tiempos y entregables.

- **Mapear y medir:** se recolecta la información necesaria para entender la situación actual y aclarar el enfoque en el esfuerzo de mejora de logística. Se utilizan las siguientes herramientas:
  - Mapa de valor de la cadena de suministro: para entender el flujo de materiales de información mediante la cadena de suministro, incluyendo a los proveedores, fabricantes, distribuidores, hasta llegar al cliente final.
  - Mediciones de la cadena de suministro: se identifica cada paso en toda la cadena de suministro, desde que los proveedores inician hasta que se entrega al cliente final, identificando tiempos y distancias como mostramos.

    Se determina la secuencia, interacción, tiempos y valor agregado en toda la cadena de suministro. Este trabajo se realiza en colaboración con proveedores, fabricantes, distribuidores y transportistas.
  - Evaluar el sistema de medición: para asegurar que las mediciones y los datos son fiables y que el análisis proporcionará resultados útiles.

– Analizar: para identificar causas de problemas, oportunidades y cuello de botella.
– Analizar cuello de botella y desperdicios: diagrama espagueti, gráfico de balance (para determinar el punto preciso de la cadena de suministro en el que se detiene el flujo), *kaizen* (se debe centrar en los proyectos de mejora).

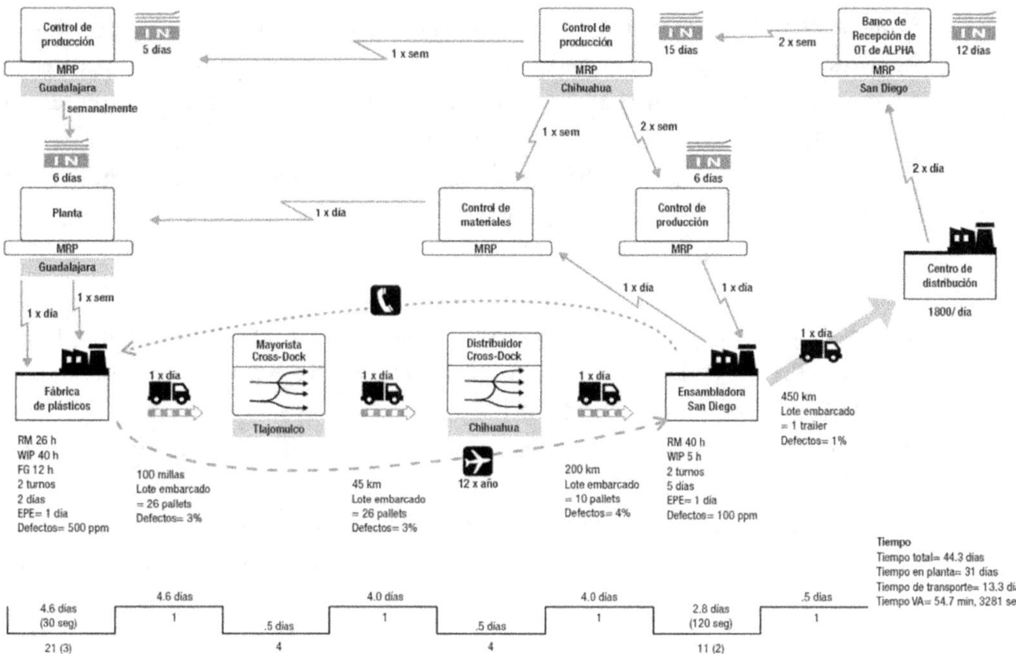

Figura 14.7

Total de pasos	Distancia	Pasos que agregan valor	Tiempo total	Tiempo que agrega valor
Proveedor de materia prima				
1. Cargar materiales 2 veces a la semana			20 min	
Conexión de transporte 1				
2. Embarque directo por trailer	450 km		6 horas	
3. Descarga materiales			20 min	
4. Recibir y capturar en sistema			10 min	
5. Almacenar materiales			12 días	
6. Transportar materiales al área de inyección	25 mts		10 min	
7. Cargar materiales para inyectoras			5 min	
8. Realizar inyección		1	3 seg	3 seg

Tabla 14.7

- Análisis de limitantes de la productividad logística: sobrecarga, variabilidad, desperdicios.
- Análisis ABC: identificar qué materiales y productos son los de mayor movimiento y menor costo, así como de mayor costo y menor movimiento, para que en la fase de mejora se haga una optimización de compras, almacenaje, entregas, etc.
- Análisis estadísticos: histogramas, análisis de capacidad, diseño experimental, pruebas de hipótesis, análisis de varianza, correlación, etc., cuando sea necesario, para determinar las variables logísticas más importantes en el desarrollo de nuevos clientes e incremento de ventas.
- Análisis de causa raíz: AMEF, *ishikawa*, árbol de realidad para determinar las causas de problemas o restricciones que pueden mejorar el flujo, la capacidad, inventarios y servicio al cliente.

- **Mejorar:** la cadena de suministro tiene una de las mayores oportunidades de mejora, con un impacto muy alto en ahorros, solo seguido del proceso de diseño. Pueden utilizarse los eventos de mejora:
  - *Blitz:* mejoras inmediatas que pueden hacerse utilizando de entre tres a cinco horas.
  - *Kaizen:* mejoras que requieren de entre tres a cinco días.
  - Sigma *kaizen:* mejoras complejas que requieren de entre tres a cinco semanas.

10   Herramientas Lean para la logística

- **Herramientas básicas**
  - Orden y limpieza: para ordenar, trabajar en un ambiente agradable y ser capaz de localizar cualquier objeto en menos de treinta segundos.
  - *Andon*: utilizando elementos visuales y auditivos para identificar situaciones normales y anormales en cualquier proceso y dar indicaciones para solucionarlos.
  - Trabajo estándar: para definir correctamente la secuencia del trabajo, los puntos clave y ser un medio para entrenar al personal.
  - Mapa de valor del estado futuro: para determinar cómo deberá realizarse.

- **Herramientas para mejorar el flujo**
  - Células de trabajo: en logística, consisten en equipos que realizan procesos continuos equilibrando el trabajo y eliminando esperas entre ellos.

- Preparaciones rápidas: en logística se trata de preparar embarques, cargar camiones, etc., en el menor tiempo, para no detener el flujo de los productos hacia su destino.
- *Kanban*: para implementar el flujo «-halar o tirar y evitar que los procesos se queden sin materiales o los clientes sin productos. Es un flujo continuo que mejora el servicio al cliente y reduce inventarios.
- *Heijunka*: para sincronizar el ritmo de la demanda con el ritmo de la producción y distribución.

- **Herramientas para mejorar la continuidad**
  - TPM (mantenimiento productivo total): para establecer los programas de mantenimiento autónomo, preventivo, predictivo y correctivo adecuados para reducir los costos de mantenimiento y aumentar la durabilidad de equipo de transporte y gestión de materiales y productos.

- **Herramientas estadísticas para mejorar la logística**
  - Diseño de experimentos: para generar estrategias mediante la determinación de la mejor combinación de variables logísticas y mejorar el servicio de entregas, transportes, compras, planificación, etc.
  - Análisis de regresión: para explicar el comportamiento de los datos en función de las acciones logísticas llevadas a cabo.
  - Controlar: para mantener las mejoras alcanzadas de manera sostenida en logística.
  - *Poka yoke:* para evitar errores en el proceso logístico que se conviertan en pedidos no entregados, falta de pedidos, envíos incorrectos, paros de plantas, etc.
  - Plan control: para establecer los puntos de control en el proceso logístico, en los que se tiene que evaluar la calidad y las características de desempeño.
  - Control estadístico: para detectar cambios o variación en los procesos.
  - Auditorías de trabajo estándar: para verificar que las instrucciones de trabajo estándar se cumplen tal como se diseñaron y para que el entrenamiento se lleve a cabo adecuadamente. Asimismo, auditar las reglas del *kanban* para asegurar que el sistema de materiales e información trabaja perfectamente.
  - Caminatas *gemba*: para que los líderes de la empresa aprendan y los operadores aumenten su compromiso y sean valorados por su contribución. Se realizan continuamente para evaluar la efectividad de las operaciones logísticas.
  - Torre de control: implementar una función de torre de control, como en los aeropuertos cuando coordinan las llegadas y salidas de vuelos, que en el caso de la logística se trata de llegadas de materiales y envíos de productos.

 Para cada uno de los pasos descritos en la metodología de mejora pueden utilizarse ideas y propuestas del equipo, así como herramientas tipo flujo continuo de procesos contables y *poka yoke*.

Citaremos a continuación algunos ejemplos de aplicaciones de los ciclos de mejora en el proceso de logística:

- **Mejoras en planificación y programación**
  - *Kaizen* de simplificación del proceso anual de presupuestos: eliminando gran cantidad de transacciones que no agregan valor y solo llevan tiempo y suponen costos.
  - *Kaizen* para sincronizar la planificación: determinar la demanda real en la cadena de suministro y compartir esta información con todos los involucrados (proveedores, fabricantes, distribuidores y transportistas) para producir y diseñar sistemas de entrega mediante *kanban* y *heijunka*, con la finalidad de mejorar el servicio al cliente, reducir el inventario y agilizar el transporte.

- **Mejoras en compras**
  - *Kaizen* de materiales en entrega: negociaciones con proveedores para definir cantidades mínimas de materiales en inventario (con un cálculo de *kanban* y manejo por reposición cuando se requiere el material), asegurando compras para el proveedor y abasto seguro para el productor.
  - *Kaizen* de mejoras en la calidad del proveedor: con las errores más comunes en calidad de los principales proveedores, se realizan eventos en las plantas para eliminar o reducir la posibilidad de defectos. Así, aseguramos que los materiales o productos que se envían no tengan que devolverse, con lo que se aumentaría el costo y se reduciría la fiabilidad.
  - *Kaizen* para reducir inspecciones de recibo: se definen los criterios de verificación con el proveedor, además de los planes de control. Se solicita que realicen y envíen certificados para que sean los proveedores los que aseguren la calidad de los materiales y se reduzcan o eliminen las inspecciones de recibo, permitiendo menores tiempos de inventario, gestión, inspecciones, etc. Sobre todo, entregando la responsabilidad a los proveedores de su propia calidad.
  - *Kaizen* para reducción de costos: evaluar constantemente opciones de precio, calidad y entrega de proveedores para retar a estos a que cobren precios sin carga de ineficiencias y altos inventarios, que generalmente se trasladan a los clientes.

- *Kaizen* de precios y alternativas: junto con contabilidad y el equipo de la cadena de valor, para hacer análisis de costos, evaluar los costos de materiales para identificar oportunidades de materiales alternos, similares y mejores, que permitan reducir el costo total y mejorar la calidad.
- *Kaizen* de consolidación: para realizar compras junto con otras empresas de materiales o productos comunes, cuando los pedidos mínimos requieren compras que exceden la capacidad y gestión de una sola compañía.

- **Mejoras en almacenes**
  - *Kaizen* de diseño de almacén: para mejorar la disposición de materiales y productos, reduciendo el transporte y tiempos de búsqueda, así como incrementar la precisión de los inventarios.
  - *Blitz* de captura: para mejorar la calidad de información que se captura cuando entran o salen materiales o productos a los almacenes, eliminando la espera en captura. De esta manera, se hacen al mismo tiempo que se reciben los materiales y no en lotes que causan la pérdida de los pedidos de entrada.
  - *Kaizen* de orden y limpieza: para implementar las 5 S y administrar de mejor forma los materiales y productos que entran y se almacenan, asignando un lugar a cada pieza y siendo capaces de localizar cualquier elemento en menos de un minuto o, incluso, treinta segundos.
  - *Kaizen* de preparación rápida: para reducir los tiempos de recepción y envío, asignando citas para la recepción de transportes de proveedores y para los transportistas de envío, reduciendo así el tiempo de espera para recepción o descarga de otras unidades. También asignando número de andenes y equipos de planta para descargar, registrar y acomodar materiales en flujo continuo, eliminando esperas de materiales o productos en planta. Todo ello se hace mediante equipos multifuncionales de gestión de materiales y productos, tanto en almacenes como en las áreas de producción; de este modo, se evita detener el flujo de valor por falta de material o, con los clientes, por falta de producto.

- **Mejoras en entregas**
  - *Kaizen* de rutas de transporte: para la sincronización y para hacer eficiente el transporte mediante una planificación de rutas óptima con la finalidad de reducir los costos de transporte y la contaminación.
  - Entregas inmediatas con *kanban:* implementar *kanban* de productos terminados. Utilizando medios electrónicos, podemos observar qué necesitan los clientes y el material disponible, así, mediante esta señal *(kanban)*, inmediatamente se preparan los envíos para mantener el flujo continuo de las operaciones.

- *Kaizen* de flujo continuo para preparar envíos: reducción de tiempos (desde que se recibe un pedido de entrega hasta que se tiene listo el embarque para cargar el camión) mediante la organización de equipos multidisciplinarios que procesan la orden. Estos localizan las piezas en el almacén, preparan el envío, lo capturan en el sistema, revisan la mercancía, solicitan el transporte y cargan los camiones.
- *Kaizen* de facturación: podemos eliminar la posibilidad de enviar productos que no coincidan con la lista de empaque y la factura, realizando esta en el área de envío o con la colaboración directa del área de contabilidad. Así, las cantidades enviadas coincidirán con las facturadas y se eliminará la posibilidad de detener el pago del cliente o hacer procesos adicionales, como generar notas de crédito, etc., porque la facturación no coincida con los pedidos.
- *Kaizen* para eliminar errores de envío *(poka yoke)*: para eliminar la posibilidad de embalar o embarcar materiales o productos que no coincidan con la solicitud, implementando códigos de barras y comprobando cada palé o caja mediante el código, que es parte del envío.
- *Kaizen* de mantenimiento de equipo de envío y gestión de materiales: para asegurar un correcto funcionamiento, la eliminación de paros inesperados y para lograr la continuidad del equipo de transporte mediante un mantenimiento adecuado.
- *Kaizen* de torre de control: para coordinar la sincronización con proveedores y clientes del transporte y los envíos. Así, se mantiene informado al cliente y a los colaboradores de la cadena de suministro del estado de las salidas y llegadas en cada etapa de la cadena de suministro.
- *Kaizen* de evaluación de equipo de transporte: para reducir emisiones y mejorar la capacidad de acuerdo con los volúmenes requeridos evitando enviar pedidos en camiones de alta capacidad con pocos productos.
- *Kaizen* de embalaje: para rediseñar el embalaje según el tamaño de los productos o materiales, manejo de palés y colocación en los vehículos de transporte. Asimismo, minimizar el costo de los productos mediante el mejor aprovechamiento de los espacios y materiales de embalaje, lo que se traducirá en menores costos de gestión y envío.

11   Conclusión

Está claro que la demanda de productos ha cambiado notablemente en las últimas décadas, pasando de altos volúmenes y baja mezcla a alta mezcla y bajos volúmenes, con la finalidad de mantener un inventario flexible y diverso.

El proceso de logística es una de las principales áreas de oportunidad de mejora en la industria. Aquí encontraremos las mayores oportunidades de ahorro, seguido del proceso de diseño, aunque es donde encontramos problemas de desabasto, altos inventarios de materiales y productos y, sobre todo, falta de comunicación continua y real respecto a las necesidades de los clientes en toda la cadena de suministro.

Hemos comprobado que la causa raíz de la mayoría de los problemas de sobre inventarios y desabasto es una inadecuada sincronización de las decisiones de compra y un uso poco adecuado de los sistemas de pronósticos, pues rara vez son acertados.

También encontraremos la solución a gran parte de dichos problemas en un sistema de comunicación eficiente respecto a las necesidades de los clientes finales. También podemos sincronizar cada eslabón de la cadena de suministro con sistemas *kanban* y *heijunka* para establecer los niveles adecuados de producto a ordenar y mantener en inventario, con la finalidad de que nunca se detenga el flujo y de sincronizar todos estos eslabones en un mismo ritmo.

Le sorprenderá lo sencillo que es resolver problemas tan complejos con soluciones tan sencillas, pero definitivamente así debería ser la forma de superar todo tipo de dificultades.

Capítulo 15
Lean Manufacturing

1 Objetivo

Fabricar productos de alta calidad, al costo más bajo y en el menor tiempo posible.

Lean Manufacturing tiene como objetivo eliminar la sobrecarga, la variación y los desperdicios de los procesos de manufactura para aumentar significativamente la calidad, reducir los costos y los tiempos de entrega y mejorar la calidad de vida de los empleados que trabajan en manufactura. A su vez, Lean Company tiene como objetivo integrar todas las funciones del negocio en un solo sistema; en él, el proceso de manufactura interactúa con los demás procesos para deleitar a los clientes y mantener una rentabilidad sostenida.

2 Antecedentes

La revolución industrial no solo creó la era de la manufactura, sino también la de la economía, basada en la producción y consumo de bienes. Esto trajo consecuencias positivas y negativas para la sociedad. Una de las consecuencias negativas fue la generación de trabajos repetitivos con baja remuneración y poco reconocimiento, y con ello, la degradación de las personas a un nivel de trabajar mucho y pensar poco.

Ahora que ha terminado la era de la manufactura y la era de la información está cambiando a la de la tecnología, debemos darles la oportunidad a las personas que trabajan todos los días en manufactura de participar en el desarrollo de mejoras significativas para lograr que las empresas sean un mejor lugar para trabajar. Ya no se puede pensar en sueldos mínimos, sino en sueldos justos, y para ello debemos ser conscientes de lo que necesita el proceso productivo para lograr objetivos de costos que permitan esa equidad de la que estamos hablando. En otras palabras, «haga de cada trabajo un negocio» (Tom Peters).

En la actualidad no más del 10 % de las empresas en el mundo están aplicando Lean Manufacturing para mejorar sus procesos productivos, y muy pocos de ellos lograrán una ventaja competitiva sobresaliente porque no han definido un

Periodo histórico	Avance significativo	Precursor	Avance en la industria
10,000-400 A.C	Producción de pirámides y edificaciones de alta precisión	Grandes civilizaciones	Coordinar la fabricación a gran escala
1698	Inventor de la máquina de vapor	Thomas Newcomen	Inicio de la manufactura moderna y la revolución industrial
1765	Invención del telar	Jamer Hargreaves	
1776	Máquina de vapor de doble acción	James Watt	Inicio de la manufactura moderna y la revolución industrial
1776	Fundación de la economía	Adam Smith	División del trabajo
1798	Piezas intercambiables	Ely Whitney	Dio mayor ímpetu a la producción en masa
1885	Inventa el primer automóvil motorizado por un motor de combustión interna	Carl Benz	Revoluciona el transporte y da inicio al desarrollo del automóvil
1878	Estudio del trabajo y la estandarización	Frederik Taylor	Trabajo repetitivo estandarizado, balanceo del trabajo, ciclos y elementos estudiables de cada trabajo
1890	Telares automáticos	Sakichi Toyoda	Inicio de la automatización y autonomización de los defectos
1923	Línea de ensamble	Henry Ford	Producción en masa
1935	Producción de automóviles en pequeñas cantidades	Kiichiro Toyoda	Producción de automóviles en Japón
1940-1950	Calidad total	W. Deming, J. Juran	Administración por calidad total
1960-1970	Justo a tiempo	Eiji Toyoda, Taiichi Ohno, Shigeo Shingo	Eliminación de desperdicios para producir bajo volumen y alta mezcla
1970	Total Productive Maintenance	Seiichi Nakajima	Evitar pérdidas por fallas de maquinaria y equipo
1980-1990	Reingeniería	Michael Hammer, James Champy	Rediseño fundamental de los procesos de negocio
1980-1990	Teoría de las restricciones	Ely Goldratt	Enfocarse en la restricción del sistema para solucionar los principales problemas
1980-1990	Six Sigma	Robert Galvin, Mikel Harry	Reducir la variación de cualquier proceso para mejorar la calidad
1990-2000	Lean	Bob Galvon, Mikel Harry	Reducir la variación de cualquier proceso para mejorar la calidad
2010	Lean Company	LSSI	Mejorar los procesos de toda empresa e integrarlos en un solo sistema

Tabla 15.1. Historia y eventos significativos en la historia de la manufactura.

plan estratégico a largo plazo ni cuentan con los directivos capaces de mantener activo el proceso de la mejora continua. Generalmente se fijan metas a muy corto plazo y se desesperan porque piensan que Lean Manufacturing solo es un proyecto de moda.

En los últimos quince años, hemos desarrollado proyectos de implementación con empresas de prácticamente todas las áreas de manufactura y servicios. Creo que las empresas pequeñas y medianas tienen la posibilidad de lograrlo mucho más rápido que las empresas grandes, principalmente porque en las primeras los directivos son casi siempre los dueños y eso eleva su nivel de interés por implementar un sistema de trabajo efectivo para afrontar los retos del futuro.

2.1 Consideraciones generales de la manufactura tradicional

Casi siempre las empresas tradicionales tratan a la manufactura como un departamento funcional cuya única responsabilidad es fabricar, pero en muy pocas ocasiones se le ha dado la importancia necesaria como elemento clave de un sistema diseñado para satisfacer las necesidades importantes de los clientes; por ello, los responsables de producir solo se centran en entregar los bienes al almacén porque consideran que, con ello, han logrado su objetivo.

Una de las grandes oportunidades en la manufactura contemporánea es integrarla como un elemento del sistema de generación de valor que toma decisiones y participa desde el diseño, la planificación de los recursos, programación, logística, finanzas y calidad, para conectar todas las piezas de la empresa en un solo sistema que permita una comunicación y comprensible para lograr los objetivos de la empresa, y no solo de un departamento.

2.2 Situación actual en manufactura

Actualmente, más del 80 % de las empresas de manufactura se consideran tradicionales, y en ellas encontramos los siguientes patrones:

- Poco entendimiento de la función integral del negocio.
- Comunicación limitada con procesos comerciales, logísticos, financieros, productivos, etc.
- Poco entendimiento del resultado financiero de la manufactura.
- Sistemas de planificación y programación obsoletos o inexistentes.
- Personal con limitados conocimientos en múltiples operaciones.

	Diseño
Sobreactividades	Fabricar más de lo que se necesita Fabricar antes que se necesite Trabajar por generar mayor eficiencias
Esperas y búsquedas	Instruccciones para: fabricar, mover materiales, inspecciones Aprobaciones: Calidad, producción, etc. para poder entregar Preparaciones de equipos Búsquedas de: Materiales, archivos, órdenes, personas
Transporte y movimientos	Transporte de materiales Movimientos de personas cuando van por materiales, instrucciones, herramientas Transportes de productos entre procesos
Procesos innecesarios / No agregan valor	Demasiados reportes Papeleos inútiles Empaque y desempaque entre procesos Juntas innecesarias Reprogramación contínua Paros contínuos de máquinas Retrabajos en recodificación de productos
Exceso de inventario / Recursos	Inventario de materiales por si acaso Inventarios innecesarios de productos en proceso Inventario de producto terminado sin control y en cantidades mayores a las necesarias
Defectos / Errores	Errores en selección de materiales Errores en manufactura Defectos de productos terminados Retrabajos cuando los productos no cumplen su función o especificación Aceptación de productos defectuosos
Sub utilización Personas	Personal especializado en cada estación Desbalance de procesos Personal poco capacitado en multihabilidades Expertos que no enseñan Maximización de eficiencias en recursos no cuellos de botella
Sobrecarga	Demasiado estrés Trabajos peligrosos Trabajos que requieren carga de productos pesados Trabajos sucios Trabajos difíciles
Variabilidad	Variabilidad en el costo Variabilidad en el tiempo de fabricación Diferencias constantes las características críticas del producto

Tabla 15.2. Limitantes de la productividad en la manufactura.

- Diseños de planta por departamentos especializados y no por procesos celulares.
- Especialización de funciones que impiden el trabajo en equipo.
- Indicadores conflictivos y confusos.
- Personal desmotivado, poco informado y sin objetivos integrales de calidad, costo y cantidad.

3   ¿Qué es Lean Manufacturing?

Es un sistema de trabajo colaborativo en el que la cadena de valor entrega productos de alta calidad dentro de un costo objetivo y en el que las operaciones de manufactura se llevan a cabo administrando correctamente las restricciones del sistema, evaluando los resultados de manera constante y tomando decisiones para mejorar, corregir y controlar el proceso.

3.1   Operaciones típicas de manufactura

Todo proceso está dividido en operaciones y cada operación, a su vez, está dividida en elementos del trabajo.

Las operaciones típicas de los procesos de manufactura son:

- **Obtener**
  - Extracción.
  - Recolección.

- **Preparar**
  - Limpieza.
  - Corte.
  - Mezcla.
  - Cribado.
  - Selección.
  - Moldeo.

- **Formar**
  - Troquelado.
  - Torneado.
  - Extrusión.
  - Fundición.
  - Inyección.
  - Doblado.
  - Maquinado.

- **Acabar**
  - Tratamiento térmico.
  - Recubrimiento.
  - Esmerilado.
  - Pintura.

- **Unir**
  - Soldadura.
  - Pegado.
  - Remachado.
  - Atornillado.
  - Fusión.

- **Ensamblar**
  - Manual.
  - Semiautomático.
  - Automatizado.

- **Embalar**

En gran parte de las empresas de manufactura se llevan a cabo combinaciones de las operaciones antes mencionadas para llevar el producto hasta las manos del cliente.

Lean Manufacturing pretende integrar todas las operaciones posibles en un solo sistema productivo en el que la comunicación sea efectiva para mantener la colaboración activa de todos los participantes y se centra en agregar valor sin distracciones ni conflictos. Se integra como un subproceso de la cadena de valor entera, por lo que ahora no se mide como un departamento sino como un sistema, y el resultado, bueno o malo, es responsabilidad de todos los elementos de la cadena, como ventas, finanzas, logística, diseño, mantenimiento, calidad, etc. Asimismo, funciona solo cuando todos los integrantes de la cadena de valor entienden las prioridades del mercado, del cliente y de la operación de la compañía, identificando el cuello de botella y tomando las mejores decisiones alrededor de este, sea interno o externo.

Los colaboradores de producción deben estar dispuestos a ser entrenados en todas las operaciones que componen el proceso de manufactura y es un requisito para Lean Manufacturing que sepan preparar y cuidar su equipo, disponer sus materiales, conocer los parámetros de operación y las especificaciones de los productos, además de asegurar que cada operación genere solo productos de calidad, ya que la verificación sucesiva de esta, realizada por cada colaborador, permite que se genere en el proceso y no en un departamento de calidad.

4 ¿Para qué sirve Lean Manufacturing?

Para lograr el costo objetivo del producto y la calidad mediante la eliminación de desperdicios que están presentes a lo largo de todo el proceso productivo.

Lean Manufacturing invita a que los ingenieros de proceso, líderes de producción y operadores conozcan con detalle cada elemento, cada operación, y todo el proceso, para que sean capaces de controlarlo, fabricar con calidad, solucionar problemas y mejorarlo de manera constante. Incluye una metodología de solución de problemas, una de prevención y una de mejora, las cuales utilizan herramientas para diferentes necesidades y propósitos. Estas deben ser aprendidas desde que se contratan nuevos colaboradores y perfeccionarse de manera continua como parte de su trabajo y no como una actividad adicional derivada de un proyecto.

Lean Manufacturing es la manera en la que las empresas deberían ser diseñadas cuando se han encontrado los factores y niveles que maximizan el resultado y minimizan los desperdicios. Así, servirá para diseñar las plantas del futuro basándose en los cambios que se necesitan en el presente para pasar de una manufactura por departamentos a una manufactura celular.

Los beneficios esenciales de Lean Manufacturing pueden resumirse en:

- Mejora significativa en la calidad de los productos.
- Reducción de los tiempos de entrega.
- Reducción del costo de producción.
- Mejora en la comunicación.
- Reducción de los inventarios de producto en proceso y producto terminado.
- Mayor flexibilidad de los procesos a cambios continuos de demanda.
- Reducción de los costos de no calidad.
- Capacidad de aumentar la mezcla de productos.

Ejemplo de Lean Manufacturing

En una ocasión, uno de nuestros clientes comentó que no necesitaba implementar Lean Manufacturing, ya que su problema no era la producción, sino la necesidad de vender más, pues sus ventas eran menores a la mitad de su capacidad.

Les preguntamos a sus clientes qué necesitaban, y la mayoría comentó que un mejor tiempo de entrega, porque casi todos los proveedores estaban entregando sus productos en 45 días. El precio no era el principal punto de decisión.

Nuestro cliente entregaba en 42 días la mayoría de las veces. Cuando realizamos la valoración del proceso (mapa de valor, diagrama espagueti, balance y análisis de desperdicios), vimos que, si eliminábamos desperdicios de lotificación, transporte y tiempo de cambio y formábamos una célula de manufactura, combinando trabajos de extrusión, impresión, corte y embalaje, podríamos lograr entregas en menos de trece días.

Cuando a los clientes principales se les presentó la nueva estrategia de entrega para productos de consumo continuo, inmediatamente empezaron a llegar pedidos que aumentaban la capacidad de utilización de la planta.

- Capacidad de producir menores cantidades de producto para adaptarse a lo que el cliente necesita, y no grandes lotes de producto.
- Eficiencia de balance muy alta.
- Aumento de la productividad.

Le pido que identifique, entre todos los beneficios mencionados, cuáles pueden dar a su empresa una importante ventaja competitiva comercial.

5   ¿Quiénes participan?

- **Equipo de la cadena de valor:** tiene la responsabilidad de analizar las necesidades de los clientes y programar la producción según las necesidades de cada uno. El ingeniero de procesos debe asegurar que todo el desarrollo de la cadena de valor se dé tal como se previó; también investiga modos de error y detecta oportunidades de mejora.

  El equipo de cadena de valor analiza la demanda semanalmente y apoyado en el responsable de logística de la cadena, fabrica de acuerdo con las órdenes que se establecen en las tarjetas *kanban* y evalúa las urgencias para decidir las acciones que deben realizarse.

  Continuamente el equipo de la cadena de valor evalúa el costo de producción, así como los recursos asignados a esta.

- **Equipo de producción:** está formado por operadores, líderes de producción y encargados de material, quienes se encargan de que la producción se realice con calidad, en el tiempo definido y al costo establecido. Cada día presenta su plan de producción y evalúa cada hora si se cumple o si deben tomarse decisiones durante la jornada de trabajo con la finalidad de cumplir con el objetivo. El equipo de producción debe resolver los problemas que se presenten siguiendo la metodología de solución de problemas.

- **Equipo implementador Lean Company:** está formado por expertos en Lean Manufacturing, quienes implementan las herramientas Lean en los diferentes procesos de la cadena de valor. Su responsabilidad es proporcionar el entrenamiento y el soporte en el desarrollo de proyectos, para mejorar el proceso de manufactura y asegurar el correcto uso de las herramientas y métodos establecidos. Este equipo tiene una interacción constante con el ingeniero de procesos asignado a cada cadena de valor, para apoyarlo cuando es necesario hacer cambios significativos, dirigir eventos de mejora, implementar herramientas y enseñarles los métodos Lean a los colaboradores de la cadena de valor.

- **Equipo directivo o gerencial:** está formado por el director general de la compañía o dueño y por los líderes de cadenas de valor y los equipos de soporte. Su responsabilidad es que las cadenas de valor tengan recursos, estrategias y estructura.

El equipo directivo contribuye con su apoyo a resolver problemas que no han podido ser resueltos por el equipo de las cadenas de valor a la que pertenece manufactura, así como eliminar cualquier barrera política que impida que manufactura produzca con mayor calidad, menor costo y menores inventarios.

También tiene la responsabilidad de caminar, siguiendo el proceso denominado caminatas *gemba*. En ellas el personal debe aprender, cuestionar y comprometerse en temas importantes de manufactura.

6   ¿Cómo se implementa Lean Manufacturing?

En el plan maestro de implementación descrito en capítulos anteriores, mostramos un ejemplo de las actividades a programar, en este debe basarse la integración del sistema de manufactura.

Es importante que se elabore un plan detallado para el desarrollo de la implementación de Lean Manufacturing, en el que se describan las actividades específicas, responsables y entregables con tiempos definidos.

Cadenas de valor

Fase	No.	Actividad	Entregable	Quién	Tiempo	1 (Prep.)	2 (Piloto)	3	4	5	6	7	8	9	10	11	12 (Despliegue)	13	14	15	16	17	18	19	20	21	22	23	24	25	26	27	28
Ingeniería de valor	1	Básicos	Diagnóstico de la cadena de valor	E.V	1-3 semanas																												
			Value stream map	E.V E.I	1-3 semanas																													
			Box score	E.V	2-3 semanas				Continúa																									
			Tableros de información	E.V	2-3 semanas				Continúa																									
			Reuniones de trabajo	E.V - E.P	2-3 semanas																													
			Entrenamiento cruzado	E.V - E.P	4-8 semanas					Continúa									Continúa									Continúa					
			Trabajo estándar	E.V E.I	4-8 semanas								Continúa								Continúa									Continúa		
			Orden y limpieza (5 S's)	E.V E.I	8-12 semanas									Continúa							Continúa									Continúa		
	2	Ciclos de adecuación	Análisis de modos de falla	E.V - E.P	1-2 semanas					Continúa									Continúa									Continúa					
			Solución de problemas	E.V - E.P	1-2 semanas						Continúa										Continúa									Continúa		
	3	Ciclos de mejora	Eventos Kaizen - según restricción	E.V	3-4 meses																													
			Diseño - Lean Design	E.V E.I																														
			Comercial - Lean comercial	E.V E.I																														
			Logística - Lean Logistics	E.V E.I																														
			Manufactura - Lean Manufacturing	E.V E.I																														
			Servicio - Lean Service	E.V E.I																														
			Contabilidad - Lean Accounting	E.V E.I																														
			Calidad - Lean Quality	E.V E.I																														
			Mantenimiento - Lean Maintenance	E.V E.I																														

Tabla 15.3

6.1   Fase de preparación

En la fase de preparación, el proceso de diseño es el siguiente:

- **Diagnóstico:** realice el diagnóstico de manufactura para identificar el nivel de desarrollo en el que se encuentre el proceso de esta.

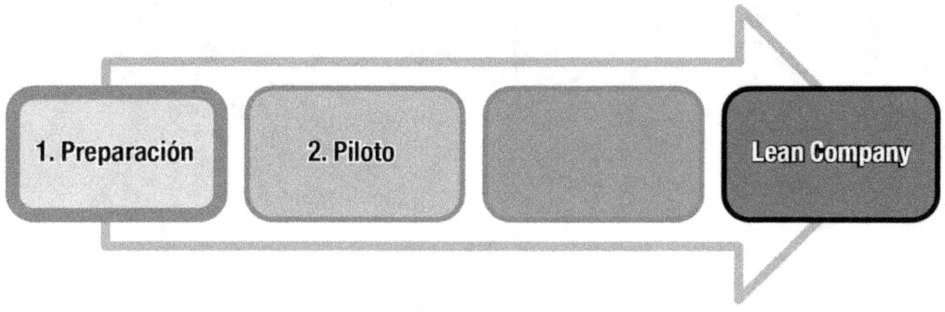

Figura 15.1

Diagnóstico Lean Manufacturing

Nombre de la empresa

Nombre de la cadena de valor

Elementos de manufactura	1 Tradicional	2 Inicio	3 Confiable	4 Competente	5 Excelencia	Calificación
Integración como cadena de valor	11-ene-13					1
Elementos básicos		11-ene-13				2
Valoración			11-ene-13			3
Solución de problemas		11-ene-13				2
Prevención de fallas	11-ene-13					1
Metodología de mejora	11-ene-13					1
Diseño del layout	11-ene-13					1
Materiales e información	11-ene-13					1
Secuenciación de la producción	11-ene-13					2
Balanceo	11-ene-13					1
Preparaciones y cambios	11-ene-13					1
Calidad en la fuente	11-ene-13					1
Cuidado de los equipos		11-ene-13				2
Flujo continuo			11-ene-13			3

Tabla 15.4

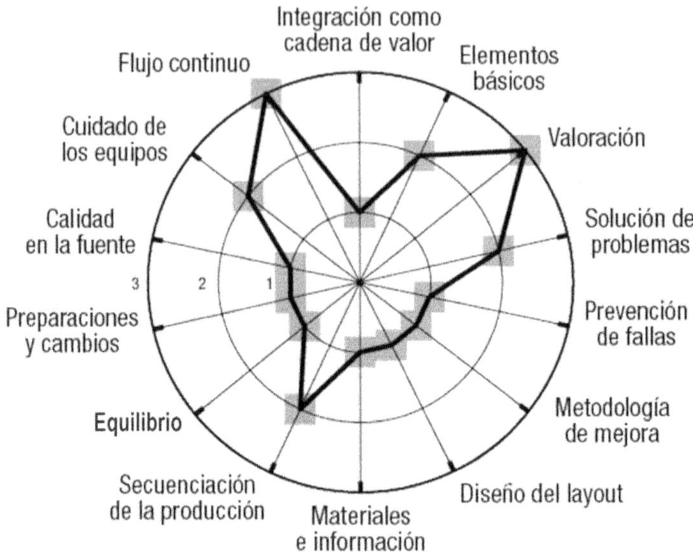

Figura 15.2

- **Entrenamiento:** se debe entrenar en el sistema Lean Company y Lean Manufacturing a un equipo implementador y a los responsables de cada área con la finalidad de comprender el uso de las herramientas y las metodologías necesarias para llevar a cabo la transformación de la empresa y, en este caso, de la manufactura. En el programa de desarrollo de talento, el personal de manufactura recibe el entrenamiento necesario para trabajar con calidad a la velocidad estándar, cuidar su equipo, hacer preparaciones rápidas y también aprender el método correcto para enseñarlo a otros compañeros.

- **Estructura:** en esta fase puede hacer un diseño preliminar de la estructura por cadenas de valor, pero si el área de manufactura será uno de los procesos que se iniciarán en el piloto, deberá seleccionar a los líderes de producción que participarán en el desarrollo de la implementación piloto. Se espera que al inicio ya exista un equipo operativo compuesto por operadores, técnicos, encargados de material y líderes de producción, que deberá trabajar en el proceso piloto; además, una oficina de valor en la que participen los integrantes de logística, ventas, calidad, ingeniería de procesos, etc.

- **Valoración inicial:** se debe conocer el proceso con detalle para detectar las oportunidades principales. La valoración debe contener un dibujo de la dis-

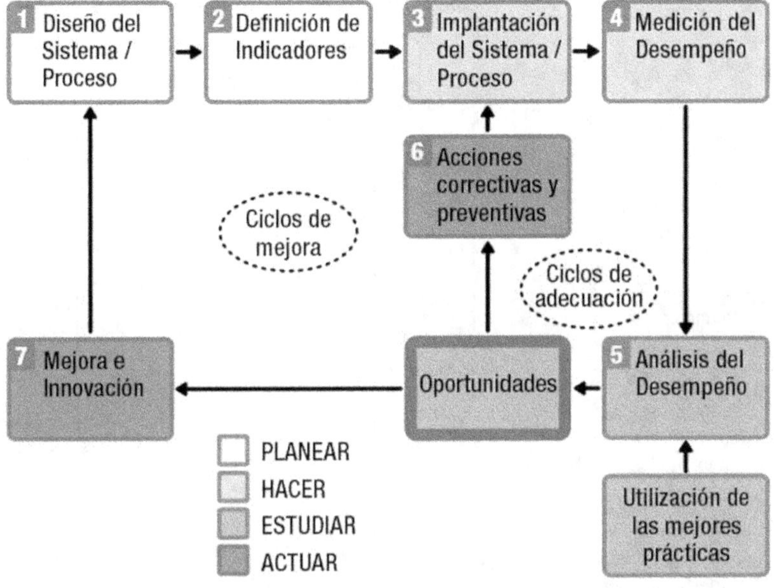

Figura 15.3

tribución actual *(layout),* en el que se analicen los recorridos de personas y materiales por todo el proceso productivo.

6.2 Herramientas

En cada etapa se utilizan herramientas:

- Gráfico espagueti, diagrama de flujo de recorrido para conocer los recorridos.
- Mapa de valor actual para identificar los tiempos de valor y no valor.
- Gráfico de balance para detectar el cuello de botella, *takt time* y capacidad de producción.
- Hoja de desperdicios para anotar todos los posibles limitantes de la productividad del proceso de manufactura.

6.3 Definición de indicadores

Los indicadores principales de la cadena de valor deben establecerse en el cuadro de resultados de la cadena de valor *(box score).*

BOX SCORE		Objetivo	7-ene	14-ene	21-ene	28-ene
Calidad	NPS					
	Calidad a la primera					
	DPMO					
Costo	Costo de no calidad					
	Costo promedio del servicio					
	Unidades por persona					
Entrega	Envíos a tiempo					
	Envíos a tiempo					
	Tiempo de entrega (días)					
Seg	Accidentes					
Mot.	Evaluación 5's					
	NPS de empleados					
Velocid.	*Takt time* (demanda del servicio)					
	Capacidad del servicio					
	Capacidad disponible					
Finanzas	Ingreso					
	Costo de Material					
	Costo de Conversión					
	Utilidad Bruta del Value Stream					
	Retorno de la cadena					

Tabla 15.5

- En el nivel de proceso de manufactura:
  - Pedidos enviados en dinero.
  - *Throughput* enviado al cliente: pedidos – materiales de las órdenes enviadas.
  - Tiempo de respuesta desde que se recibe el pedido hasta que se termina de producir.
  - Utilización de la restricción: horas utilizadas / horas disponibles.
  - Tiempo dedicado a rechazos de la restricción.
  - Desperdicios o rechazos de calidad en dinero.
  - Efectividad de manufactura: disponibilidad de la restricción × eficiencia × calidad.

6.4   Fase piloto

6.4.1   Implementar herramientas básicas Lean

- **Orden y limpieza** (5 S) para poder localizar cualquier objeto, documento o material en treinta segundos o menos, tanto en las áreas de producción como en las oficinas y áreas comunes de manufactura.
- **Administración del tiempo** para que los diseñadores utilicen de mejor manera el tiempo e inicien el camino a la eliminación de los desperdicios.

- **Tableros de cadena de valor** para establecer la estrategia, la estructura y el programa de desarrollo de talento, así como para dar a conocer el resultado de la valoración de la cadena de valor con el mapa de valor actual, el análisis de los limitantes de la productividad mediante un plan de acción determinado por el mapa de valor futuro y la lista de los eventos de mejora que se llevarán a cabo en la cadena de valor.

- **Tableros de planta** para cada célula de trabajo, con la finalidad de que cada célula de producción defina sus metas y evalúe sus resultados cada hora en calidad, tiempo perdido y cantidad producida. Estos tableros se diseñan en conjunto con el financiero asignado a la cadena de valor y son muy importantes para que cada equipo de operaciones tome decisiones y resuelva problemas.

Tabla 15.6

Estrategia
Estructura
Desarrollo de Talento
Conocimientos   Alberto Vázquez   Pedro Infante   Vicente Fdz   John Travolta
Seguridad
Prevención
Calidad
Procesos
Herramientas
Nuestro proceso
Nuestro futuro
Análisis Mu's oportunidades
1. Desbalance 54% desb.
2. Sobreinventarios 1,000,000
3. Transportes 2 km
4. Movimientos 14 km
5. Defectos 9%
6. Sobrecarga: 560 horas extra
7. Variabilidad: Cpk = 1.1
8. OEE 49%
9. Tiempos cambio > 4 horas
Programa Eventos
1. Evento TPM   5 abril
2. Evento SMED   22 mayo
3. Evento m. Celular 1 junio
4. Evento ahorro energía   2 julio
5. Sigma Kaizen   16 julio
Oportunidades por hacer
Oportunidades en proceso
Resultados
Calidad
Calidad a la primera
Rechazos del cliente % /ppm
Hoja de seguimiento a actividades
Costo
Productividad por persona
Costo de calidad
Hoja de seguimiento a actividades
Entrega
Entregas a tiempo %
Tiempo de cambio
Hoja de seguimiento a actividades
5S Fotos Antes
5S Resumen
5S Fotos Después
Seguridad

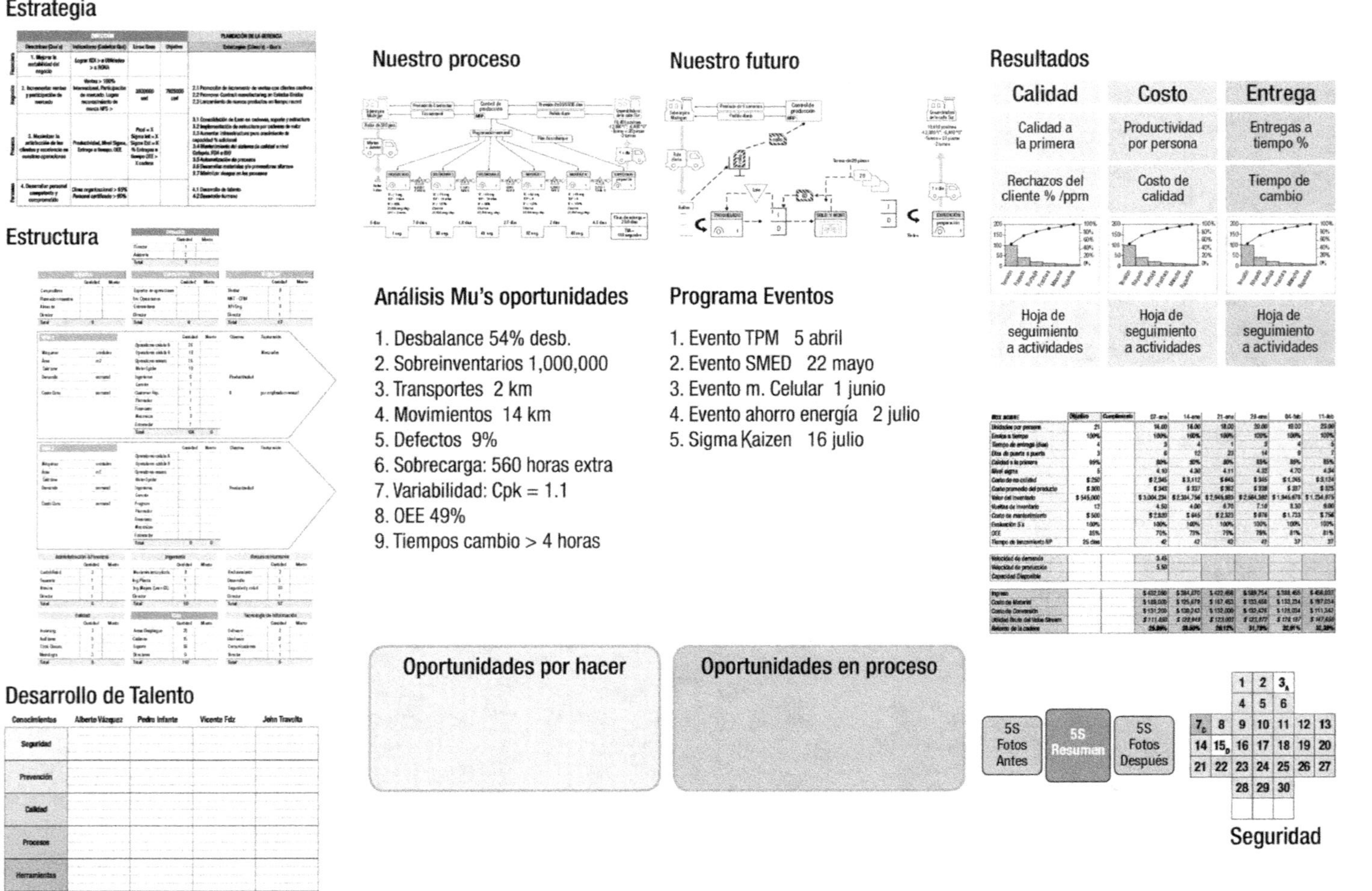

Figura 15.4

- **Lean Office** para eliminar papeleo, burocracia y mejorar el uso de los elementos de las oficinas.

- **Administración del tiempo.** Prácticamente todos los trabajos que se realizan en cualquier tipo de empresa u organización requieren que sepamos cómo administrar nuestro tiempo en:
  - Preparar la agenda.
  - Administrar el correo electrónico.
  - Gestionar proyectos y tareas.
  - Participar en reuniones efectivas.

Genera problemas de productividad en el trabajo y, por más preparados que estemos para este trabajo, si no sabemos cómo administrar nuestro tiempo, perdemos cada año más de 365 horas valiosas (al menos una hora cada día), que podríamos dedicar a nuestro desarrollo personal y familiar.

No.	SECUENCIA DE OPERACIONES	PUNTOS CLAVE	ILUSTRACIONES
1	Tome el material	Tome el material con la mano derecha	②
2	Fije el material en la mesa de trabajo	Utilice abrazaderas para matener fija la pieza	
3	Coloque las puntas en dirección al filo de la mesa	Cuide que la pieza esté bien balanceada de ambos lados	③
4	Corte la pieza a la medida establecida		
5	Ponga las piezas cortadas en la mesa siguiente		④

REGISTRO DE CAMBIOS					CONSIDERACIONES DE SEGURIDAD	FIRMAS			
Fecha	Rev	Descripción del cambio	Sup.	Aprob.	El equipo de seguridad debe ser utilizado en todo momento.	Fecha	Turno	Supervisor	Operador
12/01/13	00	Edición inicial	7	56					

Figura 15.5

- **Instrucciones de trabajo** para las actividades clave del proceso de manufactura, especialmente las del cuello de botella. El ingeniero de procesos debe desarrollar las instrucciones de trabajo de forma muy sencilla y clara. La base de la mejora está en la estandarización. Las instrucciones de trabajo serán un elemento clave en el desarrollo de la capacitación y en el entrenamiento de las operaciones del proceso de manufactura.

- **Integrar el equipo de la cadena de valor** en una oficina de valor para que todos los responsables de los procesos contenidos en cada cadena de valor estén en comunicación continua. Para la integración es muy importante la participación activa del equipo directivo con la finalidad de guiar y dar soporte.

6.5 Medición del desempeño

Se da cuando empezamos a medir el desempeño de la cadena de valor y de los indicadores de mantenimiento que afectan el desempeño de la misma como sistema.

6.5.1 Herramientas para medición del desempeño

- ***Box score*** para analizar semanalmente los indicadores de la cadena de valor. *Andon*, formado por tableros hora por hora, tableros de respuesta rápida, luces de aviso, cajas de llamada y tablero cadena-valor.

- **Equipos operativos:** compuestos por operadores, técnicos de mantenimiento y encargados de material. Establecen el objetivo del día, y cada hora miden el desempeño de entrega, calidad y paros. Cuando el equipo encuentra un problema o una oportunidad de mejora, inmediatamente debe capturarla en el tablero de acciones rápidas y hacer un seguimiento hasta que la haya resuelto.

- **Equipos de cadenas de valor:** se encuentran en la oficina de valor. Están compuestos por el líder de la cadena de valor y los responsables de los procesos de la cadena de valor. Ellos establecen las metas de la semana y miden los resultados de la cadena de valor durante esta; después, los depositan en el *box score* semanal.

6.5.2 Análisis del desempeño y oportunidades

Herramientas aplicables para el análisis *box score*, para analizar semanalmente los indicadores de la cadena de valor.

- ***Andon,*** conformado por tableros hora por hora, tableros de respuesta rápida, luces de aviso, cajas de llamada y tablero cadena-valor.

- **Reuniones de equipo:** 5 minutos, equipos operativos; 10 minutos, equipo de cadena de valor; 60 minutos, *box score* semanal.

- **Equipos operativos:** revisión de tableros *(andon)* hora por hora para identificar si por alguna razón de mantenimiento no se ha logrado el objetivo; así, de inmediato, se puede ejecutar una acción correctiva o preventiva. También se utilizan los semáforos, cajas de llamado y sonidos para identificar una desviación o problema y hacer que mantenimiento entre en acción.

- **Reunión de cinco minutos al final del turno.** En la planta, todos los días, el equipo de primer nivel, compuesto por operadores, técnicos y encargados de material, se reúne para analizar el resultado del turno y definir acciones de acuerdo con el resultado. Si hubo problemas generados por el equipo, mantenimiento establece acciones y las comunica al equipo; de este modo se establecen compromisos.

- **Equipos de cadenas de valor:** reunión diaria de diez minutos al inicio de turno. En la oficina de valor, el equipo de segundo nivel, compuesto por el líder de la cadena de valor y los responsables de los procesos de la cadena de valor, analizan los resultados del día de toda la cadena de valor y explican las razones de los resultados:
  - Si no se lograron resultados, se establecen acciones correctivas, preventivas o de mejora en las que mantenimiento define su participación.
  - Si se lograron los resultados, se felicita a todo el equipo y se establecen las prioridades del siguiente día.

- **Reunión semanal de *box score:*** en la oficina de valor, el equipo de segundo nivel, compuesto por el líder de la cadena de valor y los responsables de los procesos de la cadena de valor, analizan los indicadores comparándolos uno a uno con sus objetivos. Dependiendo del análisis, deben tomarse decisiones.

7 Acciones correctivas y preventivas

Cuando los indicadores de efectividad muestran un posible problema deben estudiarse las posibilidades de error en el análisis de modo y efecto del proceso y determinar acciones para evitar que esto ocurra.

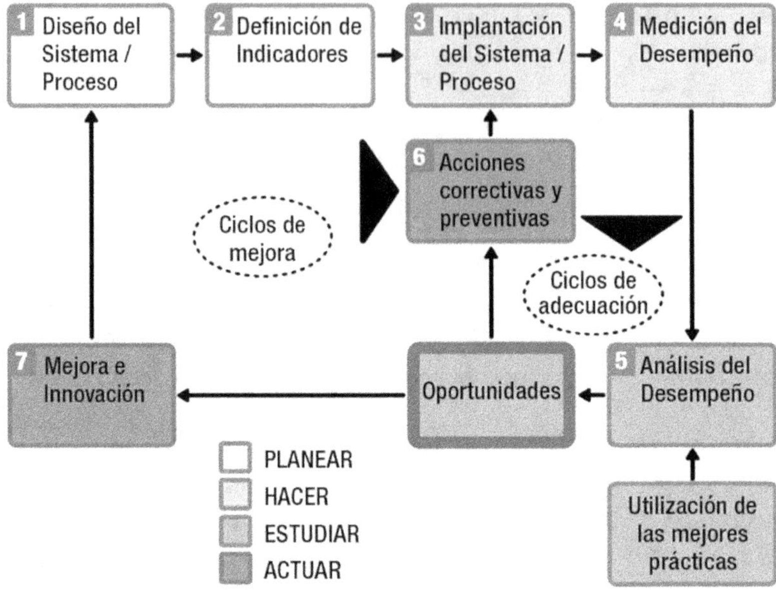

Figura 15.6

7.1   Herramientas aplicables para el análisis

- **AMEF de proceso:** los posibles errores del proceso de manufactura pueden preverse y anotarse en el documento de modo y análisis de errores de la cadena de valor. El ingeniero de proceso de cada cadena de valor deberá documentar y controlar cada error que genere altos riesgos, y con la ayuda de los involucrados y responsables, implementar acciones preventivas para reducir la posibilidad de que esto ocurra y con ello, el riesgo.

- **Disciplinas (3 D),** para solucionar problemas en la cadena de valor, que bien pueden generarse en la manufactura, en ventas, logística, diseño, etc.

- **El equipo operativo,** el equipo de cadena de valor o el equipo directivo utilizarán este método para resolver el problema y llevar sus procesos a un nivel normal de operación.

Artículo	Tablero Andon para control de *takt time*		
Compañía	Lean Shop Inc.	División	Hardware
Proyecto		Preparado por	Luis Scconini
Proceso	Fabricación de tableros takt		

AMEF de proceso
www.leansixsigmainstitute.org

AMEF / ANALISIS DE MODO Y EFECTOS DE FALLAS

| | | | | | | | | | | Preliminar RPN (4) = 1 x 2 x 3 | | | Resultados: Final RPN (8) = 5 x 6 x 7 | | | |
| | | | 1 | | 2 | | 3 | 4 | | | | 5 | 6 | 7 | 8 |
No.	Función del proceso	Falla Potencial	Efecto Potencial de Falla	SEV	Causas Potenciales Mecanismos de Falla	OCC	Control Actual del Proceso	DECT	RPN	Acciones Recomendadas (requerido si RPN>30)	Responsabilidad y fecha de terminación	Acciones tomadas desde fecha	SEV	OCC	DET	RPN
1	Cortar	Cortar de más	No se podrá armar el gabinete	8	Descuido del operador, falta de capacitación	4	Inspección final	4	128	Cambio de filtro y examen de agua periódicamente	J.P. (10/10/13)	Se integró punto de reorden mín.	5	3	8	120
1	Cortar	Cortar con el dado equivocado	Protuberancias leves en los bordes del tablero	4	Falta de orden y estandarización	6	Experiencia del operador	6	144	Programa de entrenamiento	L.S.					
2	Pintar	Utilizar color equivocado	Producto fuera de especificaciones	8	Descuido del operador, falta de capacitación	4	Revisar con pantone de colores	2	64	Rev. Fecha de caducidad y lote periódicamente	J.P. (10/10/13)	Se pide al proveedor plan de sustitución en cada fecha de caducidad	7	1	10	70

Tabla 15.7

Análisis y Solución de problemas con 3 D's

Proceso		Descripción		Fecha		Reporte #	

PROBLEMA			
1. Definición del problema	2. Acciones de emergencia	Responsable	Status
3. Describir el problema	4. Acciones de contención	Responsable	Status

	ES	NO ES		
CUANDO				
DONDE				
COMO				
CUANTOS				

CAUSA

SOLUCIÓN							
6. Acciones correctivas permanentes	Responsable	Fecha	Status	7. Acciones preventivas	Responsable	Fecha	Status

Preparado por:	Revisado por:	Aprobado por:	Miembros del equipo para la solución del problema:

Auditorías y registo de calidad y proceso.

Tabla 15.8

7.1.1   *En cada etapa se utilizan herramientas*

- Definir problemas: gráfico de Pareto, gráfico de tendencias.
- Descubrir causas raíz y efectos: gráfico de *ishikawa* (pescado), árbol de realidad actual.
- Presentar soluciones: lluvia de ideas, árbol de realidad futura, etc.

7.2 Ciclos de mejora

 Cuando los indicadores de efectividad muestran que no hemos alcanzado los objetivos, o los equipos operativos, implementadores de cadena de valor o directivos detectan áreas de oportunidad, es necesario realizar mejoras. Los principales tipos de mejora son:

- **Mejoras rápidas** *(kaizen blitz):* pueden realizarse de inmediato o máximo en un día.
- **Mejoras *kaizen:*** se llevan a cabo en un lapso de entre tres a cinco días y requieren un tiempo de preparación, una guía para la ejecución y un tema específico para su realización, por ejemplo, cambios rápidos, reducir paros, etc.
- **Mejoras Sigma *kaizen:*** se llevan a cabo en un tiempo de entre tres a cinco semanas y se utilizan generalmente para resolver situaciones complejas o reducir la variación en los procesos.

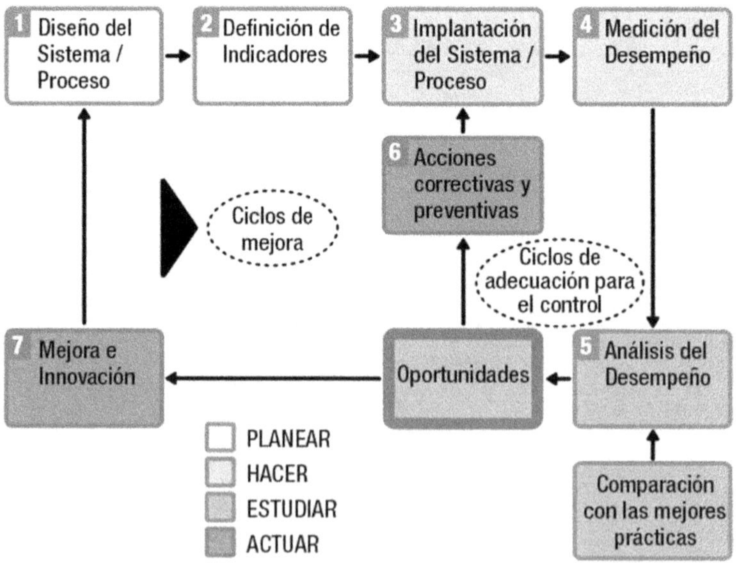

Figura 15.7

7.2.1 Metodología de mejora

Está demostrado que, para mejorar cualquier situación, es necesario seguir un proceso ordenado que generalmente tiene los siguientes elementos. Estos han sido establecidos en la metodología de mejora de Six Sigma, pero sugerimos utilizarlos en Lean Company:

- **Definir:** se define el proyecto de mejora a partir del indicador actual y la meta que se desea alcanzar; asimismo, se define el equipo de trabajo.
- **Medir y mapear:** conocer con detalle el proceso, mapear cada paso y medir su desempeño para recolectar información valiosa.
- **Analizar:** estudiar las causas raíz de los problemas y cuellos de botella para proponer las mejoras que deben realizarse.
- **Mejorar:** se implementan las mejoras en el proceso, en el producto o en el equipo para elevar el nivel de desempeño; además, se valida el impacto económico y de las condiciones de trabajo.
- **Controlar:** se establecen controles para mantener las mejoras en el nivel alcanzado.

8 Herramientas

Cada tipo de mejora requiere que se utilicen las herramientas necesarias, de acuerdo con la complejidad y los elementos necesarios; por eso, le pido que en la siguiente lista de herramientas solo considere la utilización de las que sean absolutamente necesarias y que mantenga un proceso de mejora lo más sencillo posible.

Es importante que el equipo implementador conozca todas las herramientas para que, cuando sea necesario, ayuden a los integrantes de las cadenas de valor con la enseñanza y aplicación de cada una de ellas; asimismo, se recomienda que el personal de la cadena de valor, equipo directivo y equipos de soporte conozcan la correcta utilización de las mismas y participen mejorando los procesos de manera continua.

8.1 Herramientas para la definición del proyecto

- **Selección del proyecto**
  - Diagramas matriciales y matrices de priorización, que se utilizan para seleccionar proyectos alineados con las metas y objetivos.
- Diagramas de Pareto, que se usan para identificar oportunidades significativas.

- Mapas de procesos, que se utilizan para tener medios visuales, definir procesos e identificar oportunidades.
- Diagramas SIPOC, que sirven para identificar actividades en los procesos, entradas y salidas clave, clientes y proveedores.

- **Calendarización del proyecto**
  - Gráficas de *Gantt* para comprender el programa, controlar los avances del proyecto y hacer el seguimiento.
  - Análisis de PERT (probabilístico) para determinar la ruta clave.
  - CPM (método de la ruta clave) es determinístico.

8.2 Herramientas para la definición del proceso

- **Definición del proceso**
  - Diagramas de flujo y mapas de proceso para conocer con detalle el proceso y definir el nivel en el que se trabajará el proyecto.
  - Técnicas de muestreo para recopilar los datos que se analizarán.
  - Mapa de necesidades para conocer los requerimientos clave de la calidad.
  - QFD *(quality function deployment)* para priorizar requerimientos técnicos.
  - Modelo de Kano para entender, analizar y clasificar, de acuerdo con su prioridad, los requerimientos de nuestros clientes.

- **Estimación de línea base**
  - Gráficas de control para investigar la estabilidad del proceso y evaluar su capacidad.
  - Histogramas para desplegar las salidas relativas al proceso.
  - Intervalos de confianza de la media y proporciones, para estimar el desempeño del proceso cuando no está estadísticamente bajo control.
  - Gráficas de probabilidad para verificar la distribución del proceso.
  - OEE (efectividad total de los equipos) para conocer la efectividad total.
  - Nivel sigma para establecer la probabilidad de error.

- **Análisis del sistema de medición**
  - Estudios R&R para cuantificar el error de medición asociado con el equipo, el personal y los procedimientos.
  - Análisis de regresión y linealidad para entender el error de medición.

8.3   Herramientas para la definición del proceso

- **Análisis de la cadena de valor**
  - *Value stream map* para conocer los procesos con detalle y validar las actividades que agregan valor.
  - Diagramas de flujo para identificar todas las actividades que intervienen en el proceso.
  - Diagrama espagueti para identificar movimientos innecesarios de material o personal.
  - Análisis de mudas para identificación y eliminación de desperdicios.

- **Análisis del proceso**
  - Diagramas *ishikawa* para identificar relaciones de causa y efecto.
  - Intervalos de confianza para comprobar hipótesis planteadas.
  - AMEF (análisis de fallas) para identificar errores potenciales en el proceso o producto.
  - Pruebas de hipótesis para comparar muestras de diferentes condiciones.
  - Diseño de experimentos para detectar factores y niveles de variación.
  - Gráficos de control para diferenciar causas comunes de causas especiales de variación.
  - Histogramas para desplegar gráficamente las salidas de los procesos.
  - Gráficas de multivariables para categorizar la variación e interrelación de factores.
  - Gráficos de Pareto para centrarse en las oportunidades.
  - Árboles de realidad para entender las relaciones causa-efecto de situaciones diversas.
  - Índice de capacidad del proceso (Cpk) para evaluar la capacidad del proceso.

8.4   Herramientas para la etapa de mejora

Las herramientas utilizadas en la etapa de mejora, según sean necesarias, son:

- **Determinar condiciones operativas**
  - *Value stream map* futuro para conocer los procesos mejorados.
  - Análisis PERT para verificar la reducción de tiempos del tiempo de ciclo.
  - Diagrama espagueti para identificar mejoras en movimientos de material o personal.
  - Simulación del proceso para conocer el comportamiento de los cambios.

- **Herramientas Lean**
  - 5 S para eliminar actividades que carezcan de valor agregado.
  - Flujo continuo para reducir tiempos de ciclo.
  - Nivelación para equilibrar procesos.
  - SMED para reducir tiempo de ciclo.
  - TPM para lograr máxima efectividad de los equipos.
  - *Kanban* para establecer el flujo de halar o tirar.

- **Mejorar condiciones operativas**
  - Matrices de priorización para asegurar que las soluciones están alineadas con las necesidades de los clientes.
  - Gráficas Box-Whisker para, gráficamente, comparar el antes y el después.
  - Diagramas causa-efecto para generar una cadena de supuestos que afecten la solución identificada.
  - Diseño de experimentos, análisis de regresión, análisis residual, gráficas de interacción para determinar dónde está la máxima o mínima respuesta esperada.

8.5 Herramientas para la etapa de análisis

- **Actividades de control**
  - Gráficos de control para observar variaciones en el proceso.
  - Análisis de modo y efecto de falla para documentar errores potenciales y prevenirlos.
  - Plan control para documentar los controles y minimizar la variación del proceso.
  - Diagramas de flujo para identificar todas las actividades que intervienen en el proceso.
  - Entrenamiento para que todos entiendan y apliquen nuevos métodos.
  - Documentación estándar para tener referencias documentadas.
  - Caminatas *gemba* para comprobar que los métodos se respetan y que el personal conoce sus responsabilidades.

9 Conclusiones

Aunque ha habido una revolución industrial y varias revoluciones tecnológicas, es cierto que muy pocas empresas de manufactura se han transformado en un sistema

Ejemplos de aplicaciones de los ciclos de mejora en la manufactura

- *Blitz*

  Mejorar el proceso de lubricación del equipo asignando una pistola de engrasado a cada máquina clave en lugar de tener que solicitarla a mantenimiento.

  Mejorar la seguridad mediante el uso de carritos para mover piezas entre operaciones.

  Implementar el uso de banderas de colores para indicar paro por descompostura y falta de materiales. Agregar sonidos para cada acción.

- *Kaizen*

  SMED: desarrollo de un evento de reducción de tiempos de preparación en el cuello de botella para aumentar la efectividad de los equipos del 63 al 79 %.

  TPM: implementar un programa de mantenimiento autónomo, preventivo y predictivo con el equipo que detiene al cuello de botella. Esto puede aumentar la efectividad total del 79 al 87 %

- **Manufactura celular:** diseñar e implementar una célula de manufactura para el proceso de fabricación de moldes y refacciones. Es necesario acercar lo más posible los equipos en una configuración celular, de manera que se necesiten tres operadores en lugar de cinco, hasta lograr que pueden producir 54 % más que en el pasado.

- **Poka yoke:** implementar mecanismos a prueba de errores para eliminar un proceso de inspección al final o en medio del proceso. Es necesario ubicarlos en cada etapa de manufactura con elementos de prueba de diámetros, como aros de acero en vez de comparadores de sombra. Así se reducen los defectos del 4,6 al 1,2 %.

- **Sigma kaizen**
  - Determinar las condiciones de mezcla de un componente adhesivo mediante diseño experimental, para reducir el tiempo de secado de 4 horas a 30 minutos.
  - Determinar las características clave de la pintura para mejorar la adhesión y evitar el desprendimiento en el manejo del producto.

integrado en el que todos los procesos de la compañía interactúen en tiempo real para lograr el máximo potencial de beneficios.

Ha llegado el momento de diseñar sistemas productivos de manufactura con un alto nivel de detalle en el desarrollo de operaciones ágiles, sin defectos, con un nivel claro de entendimiento de los costos, de la forma de comunicar objetivos, valores, requerimientos de los clientes y, sobre todo, de calidad.

Ya no debe haber espacio para gerentes negligentes que no estén dispuestos a asegurarse de que todos los factores de manufactura se evalúen para desarrollar acciones de corrección, control, prevención y mejora con metodologías probadas y documentando todos los cambios. Así se dará vida a un verdadero sistema de calidad, basado en el orden, la limpieza y el cuidado de los detalles, y la excelencia en cada acción y decisión.

Capítulo 16
Lean Service

1 Objetivo

Desarrollar experiencias altamente satisfactorias en la vida de los clientes. Lean Service tiene como objetivo desarrollar empresas altamente efectivas deleitando a los clientes con servicios de alta calidad y con un costo muy bajo mediante la eliminación de los desperdicios, sobrecarga y variabilidad. Lean Company integra todas las funciones de la compañía en un solo sistema para lograr la sinergia como resultado del trabajo colaborativo. Así, se logran excelentes servicios a un costo razonable y, por lo tanto, beneficios mayores a los de cualquier competidor.

2 Antecedentes

Generalmente se piensa que Lean solo se aplica a empresas de manufactura y la realidad es que las mayores oportunidades de aplicación están en los servicios, ya que en ellos los clientes vivimos el proceso y nos deleitamos, pero también sufrimos con su mala calidad.

Todas las empresas, aunque sean de manufactura, prestan servicios, ya sea directamente a sus clientes o a las personas que ahí trabajan. Por ejemplo, un departamento de administración debe pagar puntualmente y con la cantidad correcta la nómina de todos los trabajadores. Se espera un servicio interno de alta calidad.

- Actualmente tres de cada cuatro trabajadores (75 %) se dedican a los servicios.
- Los servicios crecen a un ritmo del 13 % anual; la manufactura solo al 3 % de promedio.

Categoría	Ejemplos
Servicios profesionales y personales	Doctores, abogados, constructores, consultores, analistas financieros, agentes de seguros, agencias aduanales, contadores, salones de belleza, agencias de viajes, etc.
Entretenimiento	Casinos, teatros, cines, comediantes, actores, etc.
Servicios de gobierno	Trámites de licencias, pasaportes, permisos, aduanas, etc.
Hospitalidad y alimentos	Hoteles, restaurantes, bares, discotecas, etc.
Soporte y representatividad	Departamentos, Call centers, Cámaras, Asociaciones, etc.
Mantenimiento y reparación	Agencias de autos, mantenimiento de casas, electrodomésticos, etc.
Servicios médicos	Hospitales, clínicas, centros de diagnóstico, consultorios, etc.
Transporte	Aerolíneas, aeropuertos, trenes, barcos, autobuses, etc.
Servicios de venta al detalle	Tiendas departamentales, farmacias, ventas en línea, etc.
Entrenamiento y educación	Universidades, escuelas, institutos tecnológicos, etc.
Servicios básicos	Agua, energía eléctrica, teléfono, gas, etc.
Servicios financieros	Bancos, casa de bolsa, aseguradoras, casa de cambio, etc.
Uso de equipo o instalaciones	Renta de autos, renta de salones, campos de golf, etc.

Tabla 16.1. Clasificación de las empresas de servicios

- De hecho, prácticamente todos ofrecemos un servicio; ya sea directo (a un cliente) o dentro de cualquier función en la compañía.
- Actualmente se ha aplicado Lean Six Sigma a manufactura solo en el 5 % de las empresas a escala mundial. Solo, como máximo, un 2 % de las empresas de servicios está empezando a aplicarlo.

En los servicios, a diferencia de la manufactura, existe un reto aún mayor. En las empresas de servicio se crean experiencias de vida, que los clientes satisfechos recordarán para siempre.

2.1 Ejemplos de organizaciones y empresas dedicadas a la prestación de servicios

- Hospitales, clínicas y profesionales de la medicina.
- Hoteles.
- Restaurantes y cafeterías.

- Cámaras y asociaciones.
- Lavanderías y tintorerías.
- Tiendas de autoservicio.
- Servicios de televisión, cable, internet.
- Alquiler de casas, automóviles, barcos y espacios.
- Aeropuertos.
- Gobiernos.
- Agencias.

Como podemos ver, estamos rodeados de organizaciones dedicadas a los servicios, pero también podemos estar seguros de que el consumidor moderno está mejor educado e informado y espera servicios:

- Más precisos.
- Rápidos.
- Cálidos.
- Más baratos.
- Fiables.

Implementar Lean Six Sigma en servicios incrementará el valor percibido en la experiencia que vive el cliente y, por lo tanto, hará que las organizaciones perduren. Ya no es aceptable que en los servicios suceda:

- Tener que dar la misma información más de tres veces cuando una vez debería ser suficiente.
- Esperar horas para recibir un servicio cuando las esperas deberían ser de segundos o minutos.
- Realizar un registro en una recepción con errores y falta de calidez.
- Recibir servicios sin valor agregado y tener que pagar por ellos un alto precio.
- No hacer un seguimiento a la satisfacción del cliente.

2.2 Situación actual en los servicios

Destacar ante sus competidores por la calidad del servicio que entregan a sus clientes, incluso en empresas de manufactura, es una gran oportunidad para las empresas de cualquier tipo, área y tamaño.

Estoy seguro de que quienes realicen el mejor servicio lograrán conquistar el mercado y las oportunidades que están esperando.

	Servicio
Sobreactividades	Hacer actividades que los clientes no necesitan de los servicios Hacer reportes que no se usan Juntas innecesarias Demasiado análisis sin necesidad
Esperas y búsquedas	Esperas para recibir instrucciones Esperas para ser atendido Esperas para pagar Búsquedas de: Materiales, archivos, órdenes, personas
Transporte y movimientos	Transporte de materiales Transporte excesivo de personas al realizar un servicio Transporte de materiales para realizar el servicio Transporte innecesario de clientes
Procesos innecesarios / No agregan valor	Demasiados reportes Papeleos inútiles Pedir información o documentos que no son necesarios Juntas innecesarias Solicitar la misma información varias veces al cliente
Exceso de inventario / Recursos	Exceso de materiales o insumos para realizar servicios Exceso de personal para prestar servicios Exceso de equipo necesario para realizar servicios Exceso de información que puede confundir a los clientes o empleados
Defectos / Errores	Errores al preparar el servicio: registro, reservaciones Errores al realizar el servicio (ej. cirugías mal realizadas) Omitir pasos en el servicio Servicios que no entregan lo que se prometió a los clientess Ofrecer más de lo que se puede realizar
Sub utilización Personas	Personal asignado a actividades con poco valor agregado al servicio Desbalance de procesos Personal sin el entrenamiento adecuado Expertos que no enseñan No escuchar las ideas de mejora de las personas
Sobrecarga	Demasiado estrés en el trabajo o cuando se realiza el servicio Mala administración del tiempo Horas extras para terminar servicios Trabajos de servicio con alto riesgo Areas inseguras, falta de equipo de seguridad para realizar el servicio
Variabilidad	Variabilidad en el costo de cada servicio Variabilidad en el tiempo de realización de los servicios Variación en la calidad en el servicio que reciben los clientes

Tabla 16.2. Limitantes de la productividad en los servicios.

Las mayores oportunidades en la implementación de Lean Company están en la eliminación y reducción de los desperdicios que no son visibles, como el tiempo perdido, las búsquedas, transportes, movimientos, etc. En los servicios existen mucho más que en la manufactura, ya que, aunque los servicios son intangibles, sí son perceptibles. Es por ello que, al implementar correctamente Lean Service, encontrará un paraíso de oportunidades: si aprovecha y elimina los desperdicios, la calidad y calidez del servicio traerán más ventas, reducirán los costos y generarán mayores beneficios que cualquier empresa competidora.

Lean Service será en poco tiempo el principal motor de las empresas, pues lograrán la mayor ventaja competitiva al integrar este concepto a sus servicios internos, comerciales y de logística.

Actualmente, muy pocos directivos se han dado cuenta de esta gran oportunidad y, por ello, lo invito a que sea un pionero en el desarrollo de servicios innovadores y creativos alrededor del producto o servicio principal que su compañía ofrece.

3   ¿Qué es Lean Service?

Es una filosofía para eliminar los desperdicios y la variación en los servicios, mejorando la experiencia del cliente y de los trabajadores. Asimismo, es una metodología para detectar todos los limitantes de la productividad en los procesos clave de los servicios (sobrecar-
ga, variación y desperdicios) para mejorar el desempeño y la experiencia de los clientes.

Lean Service es un sistema de trabajo en el que todo el equipo que presta servicios, así como las áreas de soporte, trabajan de manera colaborativa y en equipo con indicadores comunes; además, toman decisiones, resuelven problemas y mejoran continuamente sus procesos.

3.1   Procesos clave en los servicios

- Gestionar una cita.
- Recibir a los clientes.
- Rellenar un formulario .
- Proporcionar un presupuesto.
- Realizar un pedido.
- Realizar una consulta o trabajo específico de servicio.
- Generar una factura.
- Realizar un pago.

Cada uno de los procesos anteriormente mencionados son ejemplos de áreas de oportunidad de la aplicación de Lean Service para mejorar significativamente la calidad del servicio, el tiempo, el costo, la seguridad, etc.

4   ¿Para qué sirve Lean Service?

Sirve para diseñar y realizar servicios de alta calidad con el apoyo de un equipo de colaboradores altamente motivado.

Cuando aplicamos Lean Service a cualquier empresa o proceso de servicio podemos esperar que las ventas aumenten, que los costos bajen y, por lo tanto, que las empresas ganen mayor mercado, mejoren su reputación, cuenten con mejores lugares para trabajar y ganen más dinero; o, si se trata de organizaciones de servicios sin fines de lucro, entonces podrán servir a más número de personas.

4.1   Beneficios típicos de Lean Service

- Satisfacción del cliente.
- Reducción significativa del tiempo de atención.

Ejemplo de Lean Service

En un caso realizado en una clínica de atención médica, preguntamos a los clientes (pacientes y familiares) cuáles eran sus necesidades y la percepción del servicio, y llegamos a las siguientes conclusiones:

- Los pacientes ya no son tan pacientes.
- Cuando los tiempos de espera exceden las dos horas, es muy probable que nunca regresen.
- A medida que aumentan las ventas de la clínica también disminuye el nivel de atención al cliente.
- Cuando se asiste a una cita por urgencias, la espera puede ser de más de tres horas.

Cuando hicimos la valoración *(assessment)*, vimos mucho tiempo desperdiciado en la búsqueda de los expedientes médicos, en que las personas de recepción comuniquen que el paciente ha llegado, en la toma de los signos vitales y en la explicación de los síntomas a la enfermera. La consulta no era el cuello de botella, porque normalmente los doctores estaban atendiendo pacientes (agregando valor).

* Incremento de la capacidad para prestar servicios.
* Mejora en la satisfacción de las personas que trabajan en servicios.
* Reducción del costo de cada servicio.
* Aumento de la participación de mercado.
* Incremento en el índice de recomendabilidad.

5   ¿Quiénes participan?

* **Equipo de la cadena de valor:** tiene la responsabilidad de analizar las necesidades de los clientes y programar los servicios según la demanda real, así como asegurar los recursos humanos y materiales para lograr un alto nivel de servicio.

   Los equipos de la cadena de valor están compuestos por todos los responsables de los procesos que permiten llevar al cliente un servicio de alta calidad,

¿Qué hicimos?

Simplemente diseñamos un circuito de flujo continuo para pacientes con cita y otro para pacientes sin cita o urgencias, y creamos equipos de recepcionistas y enfermeras para que siguieran todo el proceso desde que el paciente llama para hacer su cita. Cuando el paciente llega, los expedientes deben estar listos conforme se tienen las confirmaciones de las citas; con la ayuda de un tablero, visualmente se pueden ver las ocupaciones de los consultorios en las horas especificadas para que todo el flujo esté centrado en que cada paciente llegue a la cita a la hora acordada (más o menos diez minutos de tolerancia) y todo el flujo se mantenga.

Cuando separamos los flujos de pacientes sin cita en un solo flujo continuo con un equipo de recepcionista, enfermera y médico, basada en la probabilidad de ocurrencia, nos dimos cuenta de que existía un 76 % de probabilidades de que los pacientes llegaran sin cita y que podrían convertirse en clientes regulares si se les daba la atención adecuada en un tiempo razonable.

¿Qué logramos?

* Aumentar la capacidad de atención a más del 90 %.
* Reducir el tiempo total de atención a menos de 55 minutos continuamente (era de dos horas).
* Aumentar el nivel de percepción de servicio del 45 al 79 % de recomendabilidad (NPS = net promoter score).

como ventas, planificación, logística, equipo operativo (los que prestan el servicio), finanzas, etc.

Continuamente el equipo de la cadena de valor evalúa el costo del servicio, así como los recursos asignados al mismo.

- **Equipo de servicio:** personas que realizan directamente el servicio a los clientes y que deben coordinarse para saber qué tipo de servicios darán durante la jornada laboral, así como asegurar, con su trabajo, exceder las expectativas de los clientes, resolver los problemas que se presenten y terminar cada jornada con una reunión de cierre, con la finalidad de determinar si se cumplieron o no los objetivos del día.

- **Equipo implementador Lean Company:** es el equipo de expertos en Lean Service que implementa las herramientas Lean en los diferentes procesos de la cadena de valor. Su responsabilidad es proporcionar el entrenamiento y el soporte en el desarrollo de proyectos para mejorar el proceso de servicios y asegurar el correcto uso de las herramientas y métodos establecidos. Este equipo tiene una interacción constante con el ingeniero de procesos de servicio asignado a cada cadena de valor, pues lo apoya cuando es necesario hacer cambios significativos, dirigir eventos de mejora, implementar herramientas y enseñar los métodos Lean a los colaboradores de la cadena de valor.

- **Equipo directivo o gerencial:** es el equipo formado por el director general de la compañía o dueño, en conjunto con los líderes de cadenas de valor y equipos de soporte. Su responsabilidad es que las cadenas de valor tengan los recursos y realicen sus proyectos con los recursos necesarios; ayudan a solucionar conflictos y problemas no resueltos por las cadenas de valor y aseguran que la estrategia, estructura y desarrollo de talento lleguen a todos los colaboradores de la compañía. Periódicamente caminan en el proceso de servicio para evaluar el desempeño, la calidad, seguridad, satisfacción, etc. (caminatas *gemba*).

6   ¿Cómo se implementa Lean Service?

De acuerdo con el plan maestro de implementación, se desarrolla el de Lean Service, tanto si se elige un proceso de servicio para la implementación piloto como si la compañía es pequeña y el servicio de la misma es en una sola cadena de valor.

Si la empresa tiene cadenas de valor de producto y de servicio, es recomendable

Cadenas de valor						Prep.	Piloto										Despliegue																		
Fase	No.	Actividad	Entregable	Quién	Tiempo	1	2	3	4	5	6	7	8	9	10	11	12	13	14	15	16	17	18	19	20	21	22	23	24	25	26	27	28	
Ingeniería de valor	1	Básicos	Diagnóstico de la cadena de valor	E.V	1-3 semanas																													
			Value stream map	E.V E.I	1-3 semanas																													
			Box score	E.V	2-3 semanas				Continúa																									
			Tableros de información	E.V	2-3 semanas				Continúa																									
			Reuniones de trabajo	E.V - E.P	2-3 semanas																													
			Entrenamiento cruzado	E.V - E.P	4-8 semanas					Continúa									Continúa									Continúa					
			Trabajo estándar	E.V E.I	4-8 semanas								Continúa									Continúa											Continúa	
			Orden y limpieza (5 S's)	E.V E.I	8-12 semanas								Continúa									Continúa											Continúa	
	2	Ciclos de adecuación	Análisis de modos de falla	E.V - E.P	1-2 semanas					Continúa									Continúa									Continúa					
			Solución de problemas	E.V - E.P	1-2 semanas						Continúa									Continúa									Continúa				
	3	Ciclos de mejora	Eventos Kaizen - según restricción	E.V	3-4 meses																													Continúa
			Diseño - Lean Design	E.V E.I																														
			Comercial - Lean comercial	E.V E.I																														
			Logística - Lean Logistics	E.V E.I																														
			Manufactura - Lean Manufacturing	E.V E.I																														
			Servicio - Lean Service	E.V E.I																														
			Contabilidad - Lean Accounting	E.V E.I																														
			Calidad - Lean Quality	E.V E.I																														
			Mantenimiento - Lean Maintenance	E.V E.I																														

Tabla 16.3

que no intente abarcar mucho en la fase piloto, porque será demasiada carga de trabajo para el equipo implementador y para el personal.

6.1 Fase de preparación

En la fase de preparación, el proceso de diseño es el siguiente:

- **Diagnóstico:** realícelo para identificar el nivel de desarrollo en el que se encuentre el proceso de servicio.

- **Entrenamiento:** se debe entrenar en el sistema Lean Company y Lean Service a un equipo implementador y a los responsables de cada área de servicio, con la finalidad de que comprendan el uso de las herramientas y las metodologías necesarias para llevar a cabo la transformación de la empresa. También se debe diseñar la matriz de habilidades de servicio para preparar a cada integrante de los equipos operativos en todas las fases de la ejecución, para evitar especialistas y preparar a los prestadores de servicio, en la medida de lo posible, en la mayor cantidad de operaciones de todo el proceso.

  Solo en caso de servicios muy complejos, los generalistas serán un apoyo para que los especialistas nunca detengan la generación de valor. Por ejemplo: profesionales de la medicina, cantantes, chefs, etc.

- **Estructura:** en esta fase puede hacer un diseño preliminar de la estructura por cadenas de valor, pero si el área de servicio será uno de los procesos que se

Diagnóstico Lean Manufacturing

Nombre de la empresa

Nombre de la cadena de valor

Elementos de manufactura	1 Tradicional	2 Inicio	3 Confiable	4 Competente	5 Excelencia	Calificación
Integración como cadena de valor	11-ene-13					1
Elementos básicos		11-ene-13				2
Valoración			11-ene-13			3
Solución de problemas		11-ene-13				2
Prevención de fallas	11-ene-13					1
Metodología de mejora	11-ene-13					1
Diseño del layout	11-ene-13					1
Materiales e información	11-ene-13					1
Secuenciación de la producción	11-ene-13					2
Equilibrio	11-ene-13					1
Preparaciones y cambios	11-ene-13					1
Calidad en la fuente	11-ene-13					1
Cuidado de los equipos		11-ene-13				2
Flujo continuo			11-ene-13			3

Tabla 16.4

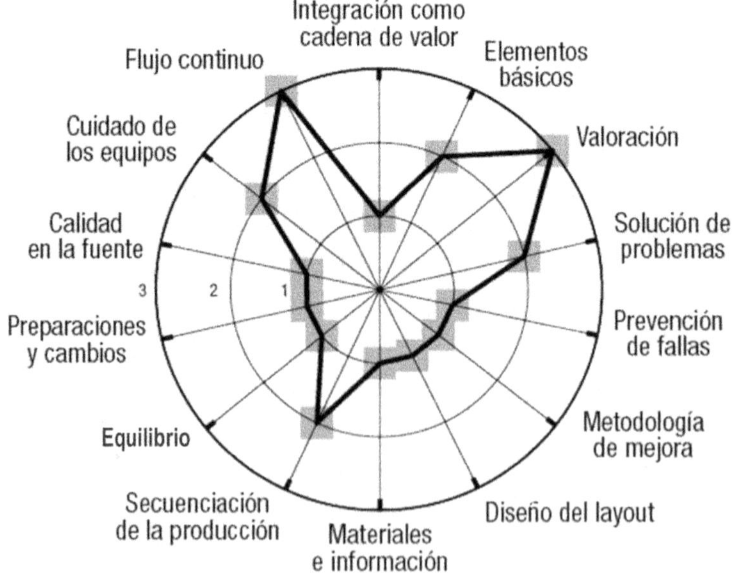

Figura 16.1

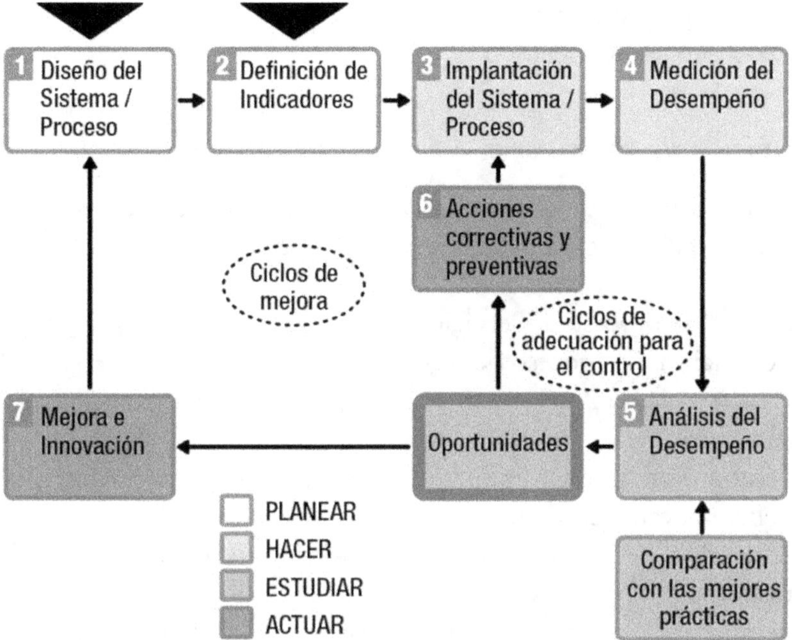

Figura 16.2

iniciarán en el piloto, deberá seleccionar a los líderes del proceso de servicio que participarán en el desarrollo de la implementación piloto.

- **Valoración inicial:** se debe conocer el proceso de servicio con detalle para detectar las oportunidades principales. La valoración debe contener un dibujo de la distribución actual *(layout),* en el que se analicen todos los recorridos de personas e insumos del servicio en todo el proceso, desde que se contrata el servicio hasta que termina y el cliente evalúa su experiencia.

6.2 Herramientas

Herramientas para la valoración inicial:

- Gráfico espagueti para conocer los recorridos de clientes y prestadores de servicios.
- Mapa de valor actual para identificar los tiempos de valor y no valor.
- Gráfico de balance para detectar el cuello de botella, *takt time* y capacidad de producción.

- Hoja de desperdicios para anotar todos los posibles limitantes de la productividad del proceso de servicio.

6.3   Definición de indicadores

Los indicadores principales de la cadena de valor deben establecerse en el cuadro de resultados de la cadena de valor de servicios *(box score)*.

- En el nivel de proceso de servicio:
  - Facturación del proceso de servicio en dinero.
  - *Throughput* en el servicio al cliente: pedidos − gastos totalmente directos del servicio.
  - Tiempo de respuesta desde que se recibe la petición del servicio hasta que el cliente evalúa el servicio y paga.
  - Utilización de la restricción: horas utilizadas/horas disponibles de la restricción.
  - Tiempo dedicado a retrabajos en servicios de la restricción.
  - Desperdicios o rechazos de calidad en dinero (costo de no calidad).
  - Efectividad de servicio: disponibilidad de la restricción × eficiencia × calidad.

6.4   Fase piloto

- **Orden y limpieza (5 S):** implementar orden y limpieza al menos hasta la cuarta S, estandarizar para poder localizar cualquier objeto, documento, material, etc., en treinta segundos o menos, tanto en las áreas de servicio como en las oficinas y áreas comunes.

- **Administración del tiempo:** para que el personal de la compañía aproveche mejor el tiempo ofreciendo mejores servicios a un menor costo. Se debe administrar una agenda, tareas, proyectos, correo electrónico, reuniones efectivas y gestión de situaciones que pueden reducir la productividad personal debido al mal uso del tiempo.

- **Tableros de cadena de valor:** para establecer la estrategia, estructura y el programa de desarrollo de talento, así como dar a conocer el resultado de la valoración de la cadena de valor con el mapa de valor actual, el análisis de los limitantes de la productividad y un plan de acción determinado por el mapa de valor futuro y la lista de los eventos de mejora que se llevarán a cabo en la cadena de valor.

- **Tableros de planta:** para hacer un seguimiento al desarrollo continuo de los servicios, se pueden utilizar tableros en los que se defina el objetivo por día y hora. Se analiza el avance, así como cualquier retraso, retrabajo o queja del cliente, para que el equipo pueda tomar decisiones continuamente.

- **Lean Office:** para eliminar papeleo, burocracia y mejorar el uso de los elementos de las oficinas.

- **Administración del tiempo:** prácticamente todos los trabajos que se realizan en cualquier tipo de empresa u organización requieren que sepamos cómo administrar nuestros tiempos en:
  - Preparar una agenda de actividades diarias.
  - Administrar el correo electrónico.
  - Gestionar proyectos y tareas.
  - Realizar reuniones efectivas.

- **Instrucciones de trabajo:** para las actividades clave del proceso de servicio y para realizar el entrenamiento en dichas actividades, se deben documentar los pasos principales, los puntos clave para realizar el servicio y las consecuencias que podría tener no realizarlo de manera adecuada. Las instrucciones serán de gran utilidad para los entrenadores y líderes de procesos, porque aseguran que se realicen los servicios como fueron diseñados.

- **Integrar al equipo de la cadena de valor:** se debe tener una misma finalidad en mente, que depende de la principal restricción del proceso de servicio. Cuando se identifica dicha restricción, el enfoque de todo el equipo se centra principalmente en los elementos que afectan el desempeño del cuello de botella y con ello se logran resultados en equipo que solo pueden resolverse cuando se integran todos los procesos que forman la cadena de valor de servicio.

El trabajo en equipo es el principal diferenciador de un servicio bueno y uno excelente, por ello los equipos que realizan el servicio deben reunirse todos los días durante 5 minutos antes de iniciar la jornada con la finalidad de definir las metas y los objetivos por hora. Se presenta la programación de servicios y se dan a conocer las consideraciones que deben tenerse en cuenta para satisfacer a los clientes.

Cadena de valor: Nombre

Estrategia

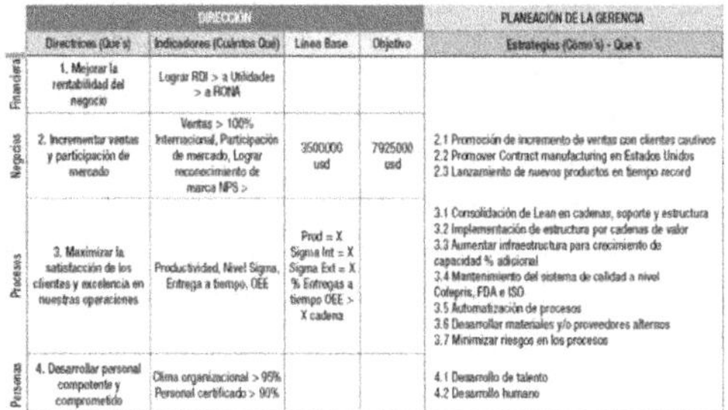

Estructura

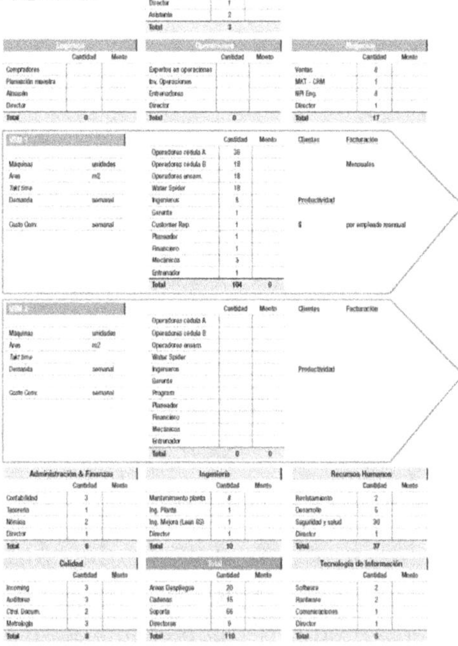

Desarrollo de Talento

Conocimientos	Alberto Vázquez	Pedro Infante	Vicente Fdz	John Travolta
Seguridad				
Prevención				
Calidad				
Procesos				
Herramientas				

Nuestro proceso

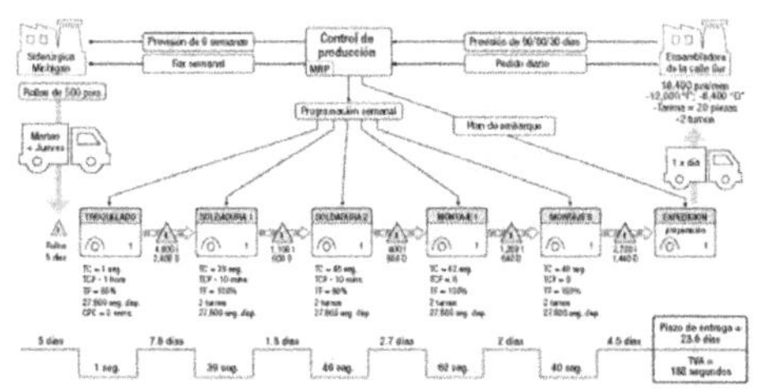

Análisis Mu's oportunidades

1. Desequilibrio 54% desb.
2. Sobreinventarios 1,000,000
3. Transportes 2 km
4. Movimientos 14 km
5. Defectos 9%
6. Sobrecarga: 560 horas extra
7. Variabilidad: Cpk = 1.1
8. OEE 49%
9. Tiempos cambio > 4 horas

Oportunidades pendientes

Nuestro futuro

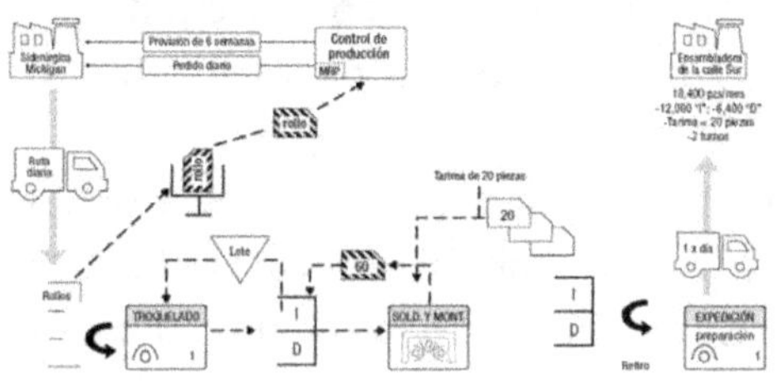

Programa Eventos

1. Evento TPM   5 abril
2. Evento SMED   22 mayo
3. Evento m. Celular 1 junio
4. Evento ahorro energía   2 julio
5. Sigma Kaizen   16 julio

Resultados

Calidad	Costo	Entrega
Calidad a la primera	Productividad por persona	Entregas a tiempo %
Rechazos del cliente % /ppm	Costo de calidad	Tiempo de cambio
Hoja de seguimiento a actividades	Hoja de seguimiento a actividades	Hoja de seguimiento a actividades

Box score	Objetivo	Cumplimiento	07-ene	14-ene	21-ene	28-ene	04-feb	11-feb
Unidades por persona	21		14.00	16.00	18.00	20.00	19.00	23.00
Envíos a tiempo	100%		100%	100%	100%	100%	100%	100%
Tiempo de entrega (días)	4		3	4	1	3	4	5
Días de puerta a puerta	3		6	12	23	14	9	7
Calidad a la primera	95%		80%	80%	80%	85%	85%	85%
Nivel sigma	5		4.10	4.30	4.11	4.32	4.70	4.34
Costo de no calidad	$ 250		$ 2,345	$ 3,112	$ 645	$ 345	$ 1,245	$ 3,124
Costo promedio del producto	$ 300		$ 343	$ 337	$ 362	$ 338	$ 337	$ 325
Valor del inventario	$ 545,000		$ 3,004,234	$ 2,334,756	$ 2,945,693	$ 2,564,392	$ 1,945,678	$ 1,234,975
Vueltas de inventario	12		4.50	4.00	6.70	7.10	8.30	9.00
Costo de mantenimiento	$ 500		$ 2,820	$ 645	$ 2,323	$ 976	$ 1,733	$ 756
Evaluación 5's	100%		100%	100%	100%	100%	100%	100%
OEE	85%		70%	73%	75%	79%	81%	81%
Tiempo de lanzamiento NP	25 días		42	42	42	42	37	37
Velocidad de demanda			3.45					
Velocidad de producción			5.50					
Capacidad Disponible								
Ingreso			$ 432,050	$ 384,870	$ 422,456	$ 380,754	$ 289,455	$ 456,032
Costo de Material			$ 180,000	$ 125,679	$ 167,453	$ 133,456	$ 133,234	$ 197,034
Costo de Conversión			$ 131,200	$ 130,242	$ 132,000	$ 132,426	$ 128,034	$ 111,342
Utilidad Bruta del Value Stream			$ 111,850	$ 128,940	$ 123,003	$ 123,872	$ 128,187	$ 147,656
Retorno de la cadena			25.89%	33.50%	29,12%	31,78%	32,01%	32,39%

Oportunidades en proceso

5S Fotos Antes — 5S Resumen — 5S Fotos Después

1	2	3A
4	5	6

7C	8	9	10	11	12	13
14	15D	16	17	18	19	20
21	22	23	24	25	26	27

28	29	30

Seguridad

Figura 16.3

Durante el trabajo, el equipo se ayuda y se comunica constantemente para asegurar la calidad en la realización del servicio y resuelve cualquier situación que llegue a presentarse. Al finalizar la jornada, el equipo se reúne nuevamente para verificar el resultado.

Los líderes de procesos que integran la cadena de valor (logística, ventas, finanzas, líderes de equipos de servicio, etc.) se reúnen al menos cada semana para analizar resultados de su cadena de valor mediante el uso del cuadro de resultados y proponen acciones de mejora, control y solución de problemas, entre otros.

Es muy importante la comunicación constante entre los líderes de los procesos que forman las cadenas de valor de servicio. Tienen que trabajar en equipo y comunicarse de manera continua y, si es posible, reunirse diariamente para analizar las metas y los resultados de cada jornada.

6.5 Medición del desempeño

Es la etapa en la que se debe medir el desempeño de la cadena de valor y de los indicadores de mantenimiento que afectan el desempeño de la cadena como sistema.

6.5.1 Herramientas para medición del desempeño

- ***Box score*** para analizar semanalmente los indicadores de la cadena de valor.
- ***Andon:*** tableros hora por hora, tableros de respuesta rápida, luces de aviso, botones de llamada cuando se requiere resolver una situación específica (falta de materiales para el servicio, problemas con el equipo, etc.).
- **Tablero de la cadena de valor** para conocer la estrategia, estructura, programa de desarrollo de talento, mapa de valor con las oportunidades de mejora y el programa de eventos de mejora.
- **Equipos operativos:** en planta, diariamente, el equipo operativo, compuesto por operadores, técnicos de mantenimiento y encargados de material, establece el objetivo del día y cada hora miden el desempeño de entrega, calidad y paros. Cuando el equipo encuentra un problema o una oportunidad de mejora, inmediatamente debe capturarla en el tablero de acciones rápidas y hacer un seguimiento hasta que lo hayan resuelto.
- **Equipos de cadenas de valor:** en la oficina de valor, el equipo compuesto por el líder de la cadena de valor y los responsables de los procesos de la cadena de valor establecen los objetivos, miden los resultados de la cadena de valor y los depositan en el *box score* semanal.

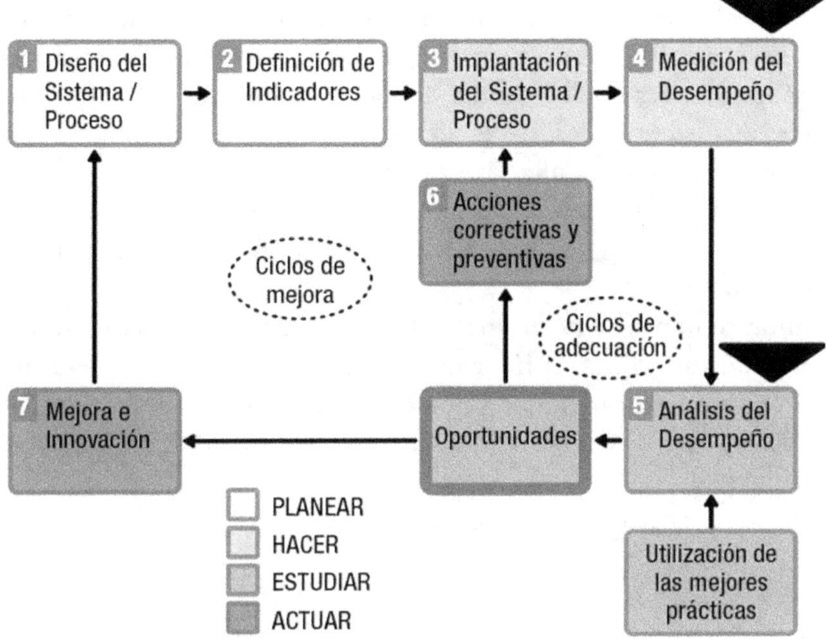

Figura 16.4

6.5.2 Análisis del desempeño y oportunidades

- *Box score* para analizar semanalmente los indicadores de la cadena de valor.
- *Andon*, tableros hora por hora, tableros de respuesta rápida, luces de aviso, cajas de llamada, tablero cadena de valor.

- Reuniones de equipo: cinco minutos equipos operativos, 10 minutos de equipo de cadena de valor, 60 minutos de *box score* semanal.
- Equipos operativos. Revisión de tableros *(andon)* cada hora para identificar si por alguna razón de mantenimiento no se ha logrado el objetivo por hora para inmediatamente ejecutar una acción correctiva o preventiva; también se utilizan los semáforos, cajas de llamado y sonidos para identificar una desviación o problema en el que mantenimiento tiene que entrar en acción.
- Reunión de cinco minutos al final del turno. En la planta, diariamente, el equipo de primer nivel, compuesto por operadores, técnicos y encargados de material se reúnen para analizar el resultado del turno y definir acciones de acuerdo con el resultado. Si hubo problemas generados por el equipo, mantenimiento establece acciones y las comunica. Así, se establecen compromisos.
- Equipos de cadenas de valor. Reunión diaria de diez minutos al inicio de tur-

no: en la oficina de valor el equipo de segundo nivel, compuesto por el líder de la cadena de valor y los responsables de los procesos de la cadena de valor, se analizan los resultados del día de toda la cadena de valor y se explican las razones de los resultados.

- Si no se lograron los resultados, se establecen acciones correctivas, preventivas o de mejora, en las que mantenimiento define su participación.
- Si se lograron los resultados, se felicita a todo el equipo y se dan las prioridades del siguiente día.
- Reunión semanal de *box score*: en la oficina de valor, el equipo de segundo nivel, compuesto por el líder de la cadena de valor y los responsables de los procesos de la cadena de valor, analizan los indicadores comparándolos uno a uno con sus objetivos. Dependiendo del análisis, se deben tomar decisiones.
- Ciclos de adecuación para el control.

7   Acciones correctivas y preventivas

Cuando los indicadores de efectividad muestran un posible problema, se deben analizar las posibilidades de error en el análisis de modo y efecto del proceso y determinar acciones para evitar la que esto ocurra.

7.1   Herramientas aplicables para el análisis

- **AMEF de proceso:** para determinar errores potenciales, se deben analizar todos las posibles errores del proceso de servicio en el documento de modo y análisis de errores de la cadena de valor. El ingeniero de proceso de cada cadena de valor deberá documentar y controlar cada error que genere altos riesgos, y con la ayuda de los involucrados y responsables, implementar acciones preventivas para reducir la posibilidad de que esto ocurra y con ello, el riesgo.

El análisis de errores debe ser una actividad cotidiana para realizar acciones antes de que ocurran problemas que puedan afectar a la empresa y que pongan en riesgo a los clientes o a los empleados.

El desarrollo del AMEF de procesos de servicio debería ser una actividad para todas las empresas. Así, evitarían gastar tiempo, recursos y credibilidad en problemas a los que solo se les da la importancia debida una vez ya han pasado.

No.	Proceso	Operación	Función	Falla potencial	Efecto	SEV	Causas potenciales	OCC	Control actual	DECT	Riesgo pot.
5	Servicio: Servir café	Servir	Llenar el vaso con café	Vertir cantidad inadecuada	No hay suficiente café	9	Obstrucción en el ducto donde pasa el agua para el café	4	No hay	10	**360**

Tabla 16.5

Análisis y Solución de problemas con 3 D's

Proceso [   ]   Descripción [   ]   Fecha [   ]   Reporte # [   ]

PROBLEMA

1. Definición del problema	2. Acciones de emergencia	Responsable	Status

3. Describir el problema		4. Acciones de contención	Responsable	Status
ES	NO ES			

CUANDO
DONDE
COMO
CUANTOS

CAUSA

SOLUCIÓN

6. Acciones correctivas permanentes	Responsable	Fecha	Status	7. Acciones preventivas	Responsable	Fecha	Status

Preparado por: Revisado por: Aprobado por: Miembros del equipo para la solución del problema:

Auditorías y registo de calidad y proceso.

Tabla 16.6

- **3 disciplinas (3 D):** para solucionar problemas en la cadena de valor, que pueden generarse en el servicio, en ventas, logística, diseño, etc., el equipo operativo, el equipo de cadena de valor o el equipo directivo utilizarán este método para resolver el problema y llevar sus procesos a un nivel normal de operación.

Se utiliza el formato para documentar y hacer un seguimiento a todas las acciones correctivas. Se recomienda llevar una base de datos de todos los problemas que han sido resueltos para que, cuando vuelvan a suceder, el proceso de solución sea muy claro y específico.

Las empresas que no documentan la solución de los problemas dependen de la buena memoria o de las personas que los resolvieron, pero cuando esas personas ya no están en la empresa, se tiene que volver a empezar de cero.

Es una forma de mantener el conocimiento que se genera en las empresas y crear un sistema de administración del conocimiento.

7.2   Ciclos de mejora

Se lleva a cabo cuando los indicadores de efectividad muestran que no hemos alcanzado los objetivos, o los equipos operativos, implementadores, de cadena de valor o directivos detectan áreas de oportunidad y realizan mejoras. Los principales tipos de mejora son:

- **Mejoras rápidas** *(kaizen blitz)*: se pueden realizar inmediatamente o máximo en un día.
- **Mejoras *kaizen:*** se llevan a cabo en tiempos de entre tres a cinco días y requieren un tiempo de preparación, una guía para la ejecución y un tema específico para su realización, por ejemplo, cambios rápidos, reducir paros, etc.
- **Mejoras Sigma *kaizen:*** se llevan a cabo en tiempos de entre tres a cinco semanas. Se utilizan generalmente para resolver situaciones complejas o reducir la variación en los procesos.

En cuanto a la metodología de mejora, está demostrado que, para mejorar cualquier situación, proceso o área, es necesario seguir un proceso ordenado que generalmente tiene los siguientes elementos.

Estos han sido establecidos en la metodología de mejora de Six Sigma, pero en Lean Company sugerimos utilizarlos para aplicar mejoras.

- **Definir:** se define el proyecto de mejora a partir del indicador actual y el objetivo que se desea alcanzar; asimismo, se define el equipo de trabajo y el proyecto de mejora.

- **Medir y mapear:** conocer con detalle el proceso, mapear cada paso y medir su desempeño para recolectar información valiosa para mejorar.
- **Analizar:** hacer un estudio de las causas raíz de los problemas y cuellos de botella para proponer las mejoras que se deben realizar.
- **Mejorar:** se implementan las mejoras en el proceso, en el producto o en el equipo para elevar el nivel de desempeño. Asimismo, se valida el impacto económico y de las condiciones de trabajo.
- **Controlar:** se establecen controles para mantener las mejoras en el nivel alcanzado.

8 Herramientas

Cada tipo de mejora requiere que se utilicen herramientas que dependen de la complejidad y de las necesidades. Por ello, es recomendable que en la siguiente lista de herramientas solo considere la utilización de aquellas que sean absolutamente necesarias y que mantengan el proceso de mejora lo más sencillo posible.

Es importante que el equipo implementador conozca todas las herramientas para que, cuando sea necesario, ayude a los integrantes de las cadenas de valor con la enseñanza y aplicación de cada una de ellas. Asimismo, se recomienda que el personal de la cadena de valor, equipo directivo y equipos de soporte conozcan la correcta utilización de las mismas y participen mejorando los procesos continuamente.

8.1 Herramientas para la definición del proyecto

- **Selección del proyecto**
  - Diagramas matriciales y matrices de priorización. Se utilizan para seleccionar proyectos que estén alineados con las metas y objetivos.
  - Diagramas de Pareto, que se usan para identificar oportunidades significativas.
  - Mapas de procesos, que se utilizan para tener medios visuales que sirvan para definir procesos e identificar oportunidades.
  - Diagramas SIPOC, que sirven para identificar actividades en los procesos, entradas y salidas clave, clientes y proveedores.

- **Calendarización del proyecto**
  - Gráficas de *Gantt* para comprender el programa y controlar los avances del proyecto.
  - Análisis de PERT (o CPM) para determinar la ruta clave.

8.2   Herramientas para la definición del proceso

- **Definición del proceso**
  - Diagramas de flujo y mapas de proceso para conocer con detalle el proceso y definir el nivel en el que se trabajará en el proyecto.
  - Técnicas de muestreo para recopilar los datos que se analizarán.
  - Mapa de necesidades para conocer los requerimientos clave de la calidad.
  - QFD «Despliegue de la función de calidad» *(quality function deployment)*, para priorizar requerimientos técnicos, de diseño, proceso y calidad.
  - Modelo de Kano, para entender, analizar y clasificar, de acuerdo con su prioridad, los requerimientos de nuestros clientes.

- **Estimación de línea base**
  - Gráficas de control para investigar la estabilidad del proceso y evaluar su capacidad.
  - Histogramas para desplegar las salidas relativas al proceso.
  - Intervalos de confianza de la media y proporciones para estimar el desempeño del proceso cuando no está estadísticamente bajo control.
  - Gráficas de probabilidad para verificar la distribución del proceso.
  - OEE (efectividad total de los equipos) para conocer la efectividad total.
  - Nivel Sigma para establecer la probabilidad de errores.

- **Análisis del sistema de medición**
  - Estudios R&R para cuantificar el error de medición asociado con el equipo, el personal y los procedimientos.
  - Análisis de regresión y linealidad para entender el error de medición.

8.3   Herramientas en la etapa de análisis

- Análisis de la cadena de valor.
- Análisis de desperdicios, variación y sobrecarga, para determinar el tipo, la cantidad y la magnitud de las oportunidades de todos los limitantes de la productividad de los servicios.
- Diagramas de flujo para identificar todas las actividades que intervienen en el proceso.
- Diagrama espagueti para identificar movimientos innecesarios de material o personal.
- Análisis de mudas para la identificación y eliminación de desperdicios.

- **Análisis del proceso**
  - Diagramas *ishikawa* para identificar relaciones de causa y efecto.
  - Intervalos de confianza para comprobar hipótesis planteadas.
  - AMEF (análisis de fallas) para identificar errores potenciales en el proceso o producto.
  - Pruebas de hipótesis para comparar muestras de diferentes condiciones.
  - Diseño de experimentos para detectar factores y niveles de variación.
  - Gráficos de control para diferenciar causas comunes de causas especiales de variación.
  - Histogramas para desplegar gráficamente las salidas de los procesos.
  - Gráficas de multivariables para categorizar la variación e interrelación de factores.
  - Gráficos de Pareto para enfocar las oportunidades.
  - Árboles de realidad para entender las relaciones causa-efecto de situaciones diversas.
  - Índice de capacidad del proceso (Cpk) para evaluar la capacidad del proceso de servicio.

8.4 Herramientas para la etapa de mejora

Las herramientas utilizadas en la etapa de mejora, según sean necesarias, son:

- **Determinar condiciones operativas.**
  - *Value stream map* futuro para conocer los procesos mejorados.
  - Diagrama espagueti para identificar mejoras en movimientos de material o personal.
  - Simulación del proceso para conocer el comportamiento de los cambios.
  - Árbol de realidad futura para conocer las relaciones de causa y efecto de las soluciones presentadas y mejorar la propuesta de mejora, considerando los efectos positivos y negativos que se generarán a partir de las acciones de solución propuestas.

- **Herramientas Lean**
  - 5 S para eliminar actividades de no valor agregado.
  - Flujo continuo para reducir tiempos de ciclo en procesos de servicio.
  - Nivelación para equilibrar procesos de servicio.
  - SMED para reducir el tiempo de ciclo.
  - TMP para lograr la máxima efectividad de los equipos.
  - *Kanban* para establecer un flujo de halar o tirar.

Ejemplos de aplicaciones de los ciclos de mejora en el proceso de servicio

- **Gestionar una cita**
  - *Kaizen* para generar citas por internet: para automatizar el proceso de gestionar citas para servicios profesionales o personales. Por ejemplo: Great clips, una empresa de servicios de peluquería, recibe citas por internet desde aplicaciones en teléfonos inteligentes.

- **Recibir a los clientes**
  - *Kaizen* de recepción: para dar una recepción personalizada a los clientes que tienen una cita, o a los que se espera para otorgarles un servicio. Ejemplo: en un taller de automóviles, cuando los clientes piden una cita para servicio, se captura la matrícula. Así, cuando llega a la recepción se le identifica y se le recibe de manera personalizada, sin tener que preguntar el motivo de su visita. De este modo, el cliente siente que ha sido recibido de manera especial.
  - *Kaizen* multihabilidades: para recepción en hoteles, hospitales, agencias de alquiler de coches, etc. Se puede mejorar el servicio de la recepción cuando los empleados de recepción son multifuncionales y pueden atender clientes, hacer registros, cobrar, etc., nivelando la carga y haciendo recepciones más ágiles.

- **Rellenar un formulario**
  - *Kaizen* de rellenado de formularios en línea: para que los clientes puedan introducir la información necesaria desde la comodidad de su casa antes de recibir el servicio. Ejemplo: hoteles, hospitales, aseguradoras, gobierno, etc.
  - *Kaizen* de solicitar solo la información necesaria: muchos formularios o aplicaciones piden información que nunca se necesita; por ello, pueden eliminarse todos los campos innecesarios o repetitivos. Esto es muy común en hospitales, aseguradoras, centros de servicio de automóviles, etc.

- **Proporcionar un presupuesto**
  - *Kaizen* de presupuestos en línea: desarrollar una hoja de presupuestos en línea o formularios de todos los requerimientos para un presupuesto.
  - *Kaizen* de formularios de presupuestos y banco de presupuestos: para reducir el tiempo de rellenado y, por lo tanto, de envío de presupuestos a los clientes. Si no somos capaces de enviar presupuestos muy bien hechos y en menos de dos

horas a partir de la solicitud, es probable que perdamos al cliente. Recordemos que el 80 % de los presupuestos tienen información común y sencilla y solo un 20 % pertenecen a situaciones especiales que nos ocupan más tiempo y son más detallados. No todos los presupuestos pueden tratarse de la misma forma, pero la falta de agilidad puede reducir la oportunidad.

- **Realizar un pedido o un servicio**
  - *Kaizen* de preparaciones rápidas: tener los materiales y el personal listo para atender pedidos de servicio cuando se tienen citas. Ejemplo: en el taller de reparaciones de automóviles se preparan los kits de refacciones y herramientas y se tiene al personal listo para la atención de clientes con cita y que llegan a tiempo. Esto reduce el tiempo de servicio en más de tres horas.
  - *Kaizen* de preparación de pacientes: un médico dentista tiene un equipo de recepción y preparación de pacientes en dos consultorios separados, para que, cuando están listos, él solo tenga que entrar a hacer la intervención; cuando termina, el segundo paciente ya está listo. Así se sincronizan los pacientes y el tiempo del doctor es valor agregado. De este modo, su capacidad aumenta un 50 %.

- **Generar una factura**
  - *Kaizen* para anticipar facturas: se tiene la factura lista cuando se considera que el cliente ha terminado su servicio; de este modo, cuando el cliente la solicite, simplemente se le entrega para que proceda a hacer el pago. Ejemplo: en algunos restaurantes, la cuenta está lista antes de que el cliente la solicite, desde el momento en el que el camarero le pregunta si desea algo más.
  - *Kaizen* de facturación en línea: se preparan las facturas por anticipado y se entrega un código para que cada cliente descargue sus facturas de un sistema en línea.

- **Realizar un pago**
  - *Kaizen* de facturación remota: se preparan estaciones móviles de recepción de pagos, como teléfonos inteligentes con accesorios de procesamiento de tarjetas de crédito, para que el vendedor reciba el pago desde su propio teléfono o terminal móvil.
  - *Kaizen* de realización de pago con tarjeta: de crédito o débito. Se captura previamente la información de pago y solo se introduce una contraseña para recuperar las compras con la información previamente capturada.

- **Mejorar condiciones operativas**
  - Matrices de priorización para asegurar que las soluciones están alineadas con las necesidades de los clientes.
  - Gráficas de cajas y bigotes *(box-whisker)* para, gráficamente, comparar el antes y después de la variación de los procesos de servicio.
  - Diagramas causa-efecto para generar una cadena de supuestos que afecten la solución identificada.
  - Diseño de experimentos, análisis de regresión, análisis residual, gráficas de interacción para determinar dónde está la máxima o mínima respuesta esperada.

8.5   Herramientas para la etapa de análisis

- **Actividades de control**
  - Gráficos de control para observar variaciones en el proceso.
  - Análisis de modo y efecto de falla, para documentar errores potenciales y prevenirlas.
  - Plan de control para documentar los controles para minimizar la variación del proceso.
  - Diagramas de flujo para identificar todas las actividades que intervienen en el proceso.
  - Entrenamiento para que todos entiendan y apliquen nuevos métodos.
  - Documentación estándar para tener referencias documentadas.
  - Caminatas *gemba* para comprobar que los métodos se respetan y que el personal conoce sus responsabilidades.

9   Conclusión

La mayoría de los trabajos que se realizan son servicios, tanto directos como de soporte, para cualquier tipo de empresa e incluso en la vida misma. Las personas recibimos gran cantidad de servicios todos los días y en gran variedad de formas; por ello, Lean Service se ha convertido en una nueva forma de diseñarlos, capacitar al personal para realizarlos, medirlos y mejorarlos mediante un sistema integral definido en Lean Company.

Generalmente se piensa en Lean como en una metodología de manufactura, pero ahora vemos que simplemente se trata de mejorar procesos, lo que puede aplicarse a todo lo que hacemos. Por ahora hay muchos desperdicios que hacen que estos servicios sean lentos, caros y poco competitivos.

En un futuro muy cercano, los servicios que no sean competitivos serán la gran diferencia entre mantenerse o seguir trabajando. Aunque se trate de una empresa de manufactura, sin excepción, se diferencia de sus competidores por los servicios que otorga a sus clientes: calidad, calidez y costo.

Capítulo 17
Contabilidad y administración

> *«Dime cómo me mides y te diré cómo me comporto.»*
>
> Eliyahu Goldratt

1 Objetivo

Desarrollar procesos administrativos y contables altamente efectivos para que la empresa y las cadenas de valor sean ágiles.y altamente rentables.

La función de administración y contabilidad es asegurar que tanto acreedores internos como externos tengan la información y los recursos correctos para la continuidad del negocio y la generación de valor para los clientes.

Lean Accounting tiene como objetivo eliminar el desperdicio, la sobrecarga y la variación que existe en los procesos contables y administrativos para desarrollar un sistema de trabajo que beneficie a la cadena de valor entera. Busca la integración del proceso contable y financiero dentro de la cadena de valor y de toda la compañía para unificar el sistema de trabajo, la toma de decisiones y el pensamiento sistémico.

2 Antecedentes

En la actualidad, solo del 5 al 10 % de las empresas en el mundo está haciendo esfuerzos para cambiar o mejorar de manera significativa sus operaciones. De todas ellas solo un 10 % está implementando Lean Accounting. Esto significa que muchas harán cambios, pero pocas sabrán el verdadero impacto de las mejoras.

Tanto si se trata de empresas de manufactura o de servicio, siempre se requieren servicios de administración y contabilidad.

Los acreedores internos son los empleados, quienes requieren pagos correctos y a tiempo. Asimismo, la compañía necesita que los clientes paguen de manera correcta y a tiempo; para ello, se necesita elaborar las facturas y el registro correspondientes para que la empresa obtenga los beneficios y con ello, las operaciones no se detengan por falta de dinero.

Los proveedores son acreedores que requieren que se les pague de manera correcta y a tiempo, ya que son parte clave de la operación de cualquier compañía, sea de manufactura o servicios. Para ellos es necesario que los procesos administrativos funcionen perfectamente.

El gobierno es también un acreedor, ya que gracias a los impuestos que pagan las empresas pueden ofrecer servicios útiles a la sociedad. Los dueños y accionistas también son beneficiarios de un buen proceso contable y financiero, pues requieren claridad en los resultados de la compañía y que sus inversiones generen beneficios.

Las empresas tradicionales, organizadas por departamentos, carecen de un entendimiento global del negocio, porque generalmente el personal de finanzas y contabilidad no entiende las operaciones y el personal de operaciones no entiende las finanzas. Son dos mundos completamente desconectados, aunque sabemos que, en un negocio, no saber a corto plazo si ganamos o perdemos es como conducir un vehículo con los ojos vendados.

Generalmente se pone énfasis en la mejora de procesos de manufactura y servicios, pero muy pocas veces los procesos administrativos y contables han sido mejorados o intervenidos por los proyectos estratégicos de la compañía, aunque sabemos que son de gran importancia.

Lo cierto es que, si fabricamos o hacemos un servicio de gran calidad, y la administración no emite correctamente una factura o no hace el cobro como se espera, el negocio completo no funciona: se generan muchos problemas y hasta pérdidas de clientes.

Los programas de las universidades poco han cambiado o mejorado en relación con la contabilidad y la administración; aunque la industria, las empresas, los mercados y los clientes ahora se comportan completamente diferente. Existe gran vacío de actualización de los métodos de trabajo en la contabilidad tradicional, que Lean Accounting busca equilibrar con los conocimientos de los contables y financieros de las empresas.

2.1   Situaciones preocupantes en la contabilidad tradicional

- Escaso conocimiento de los productos y procesos de manufactura o servicios.
- Poco entendimiento de las necesidades de los clientes. Parece que es solo asunto de ventas.
- Desconocimiento del costo real de los productos.

Periodo histórico	Necesidades	Tecnología Disponible	Avances en la contablidad
Las grandes civilizaciones	Conocer los ingresos y los gastos	Papiro, escritura cuneiforme, ábaco	Utilizar la partida simple
El inicio del comercio	Registrar cada movimiento	Papel	Surge la partida doble, y los primeros libros contables
La revolución industrial	Importancia de los activos y conocer el beneficio o utilidades	Papel, imprenta	Se perfecciona la partida doble, inicia el uso de estados financieros
1960. Comercio mundial	Manejer más información y con mayor rapidez	Primeras computadoras corporativas	Se automatizan los sistemas contables manuales
1980. La era de la información	Obtener información financiera útil para la toma de decisiones	Computadoras personales, la informática se expande	Sistemas de información contable integrados mediante bases de datos, informes, relaciones contables, gráficos
2000. La era del análisis de la información	Información en tiempo real, comercio electrónico, medir activos intangibles para gestionar el conocimiento	Redes computacionales con sistemas ERP que integran la información y transacciones de toda la compañía	Se automatiza la captura de datos, intercambio electrónico de datos, desaparece el papel, transacciones modernas con procesos contables tradicionales
2010. La era de la toma de decisiones basada en sociedades colaborativas (cadenas de valor)	Integración de las empresas en sistemas de cadenas de valor, información compartida y entendible	Integración de redes con dispositivos móviles con posibilidad de compartir datos de procesos en tiempo real	Transacciones en tiempo real, análisis financieros semanales, contabilidad Lean (ágil) para la toma de decisiones en equipos de cadena de valor, ya no departamental

Tabla 17.1. Evolución de los sistemas contables.

- Incapacidad para explicar las variaciones de los costos.
- Incapacidad para entender, cuando aumentan las ventas, por qué a veces perdemos en lugar de ganar.
- Subestimación del valor de los inventarios en relación con los resultados del negocio.
- Tardanza de la información para la toma de decisiones. A veces es simplemente una autopsia, ya que se analizan los resultados cuando ya no hay nada que hacer.
- Lentitud de los procesos administrativos, lo que afecta el desarrollo del negocio en su totalidad.

2.2 *Limitantes de la productividad relacionadas con la contabilidad y la administración*

En los procesos contables hay muchas oportunidades que dan apertura al desarrollo de mejoras sustanciales. Así las empresas pueden organizarse en un solo sistema de trabajo en el que la contabilidad sea el instrumento de conexión de la información operativa y de negocio.

En contabilidad encontramos los siguientes ejemplos de limitantes de la productividad.

	Administración y contabilidad
Sobreactividades	Demasiados reportes y burocracia Planeación financiera con poca creatividad Demasiados controles Duplicar: reportes, recibos, actividades, solicitudes, etc.
Esperas y búsquedas	Esperas para obtener autorizaciones Esperas para iniciar juntas Esperas para recibir la información y poderla procesar Búsquedas de materiales, documentos, archivos, órdenes, personas Esperar a que otros terminen actividades preliminares para poder comenzar otras
Transporte y movimientos	Traslados del personal a diversas áreas Movimientos de personas para trasladarse a diferentes departamentos E-mailing, demasiados correos que no resuelven nada Movimientos para buscar personas, documentos, etc.
Procesos innecesarios / No agregan valor	Demasiados reportes Papeleos inútiles Procesamiento de firmas que detienen los procesos y que siempre se autorizan Juntas innecesarias Revisiones múltiples para aprobación de pagos Exceso de llamadas Exceso de juntas
Exceso de inventario / Recursos	Exceso de personal Procesamiento por lotes de trabajo contable Exceso de equipo: computadoras, copiadoras, etc. Exceso de materiales contables: papelería, cartuchos, etc.
Defectos / Errores	Facturas incorrectas Pagos incorrectos Cobranza atrasada por errores internos, falta de comunicación, etc. Planeación financiera mal calculada Errores en contabilidad, pago de impuestos, etc.
Sub utilización Personas	Personal especializado en ciertas áreas de la contabilidad Desbalance de actividades y tiempos Personal poco capacitado en multihabilidades Expertos que no enseñan Participación limitada sólo en contabilidad y no en cadenas de valor
Sobrecarga	Demasiado estrés Mala administración del tiempo Largas jornadas para completar estados financieros Cierres contables con mucha presión
Variabilidad	Variabilidad de información: costos, utilidades, ingresos, etc. Variabilidad de resultados financieros, contables, impuestos, etc. Poca uniformidad y estandarización de los métodos de trabajo en contabilidad

Tabla 17.2. Principales limitantes de la productividad relacionados
con la contabilidad y la administración.

3   ¿Qué es Lean Accounting?

Es el desarrollo de las mejores prácticas en el proceso contable y administrativo, para dar continuidad a la cadena de valor y contribuir a que los productos o servicios logren su objetivo en calidad, costos y tiempo de entrega, así como en la seguridad de las personas.

3.1   Integración con la cadena de valor

Lo más importante para que Lean Company funcione es que se logre una completa integración de las funciones administrativas en la cadena de valor, aunque ya no como departamento aislado de las operaciones. Por ello, Lean Accounting integra los procesos administrativos y contables en un solo enfoque de negocio, que genera productos o servicios de alto valor para el cliente y ganancias para la empresa.

Lean Company requiere que se diferencien los subprocesos contables que se integrarán a las cadenas de valor, como parte de sus actividades cotidianas, de los subprocesos que se realizarán como soporte de todas las cadenas de valor.

- Subprocesos clave de contabilidad y finanzas que Lean Accounting puede mejorar:
    - Seguimiento de las estrategias.
    - Planificación y presupuestos.
    - Seguimiento del beneficio de los productos.
    - Costos.
    - Nómina.
    - Inventarios.
    - Análisis de las cadenas de valor.
    - Facturación.
    - Cuentas pendientes de pago y compras.
    - Cuentas pendientes de cobro.
    - Crédito.
    - Estados financieros.

4 ¿Para qué sirve Lean Accounting?

Sirve para desarrollar procesos contables más ágiles y efectivos, para entender el mundo de los costos y las operaciones en un mismo sistema, que permita avanzar a las empresas más rápido que sus competidores dada la calidad de sus decisiones en equipo.

- **Beneficios de Lean Accounting**
  - Eliminar desperdicios de los procesos administrativos y contables.
  - Entender los costos reales de los productos o servicios.
  - Desarrollar mejores estrategias de mercadotecnia y ventas.
  - Agrupar a los integrantes de las cadenas de valor en un solo equipo y con objetivos compartidos.
  - Guiar la toma de decisiones en relación con el valor creado en los clientes y en beneficio del negocio.
  - Entregar estados financieros en plazos cortos, que contengan la información necesaria para la mejor toma de decisiones.
  - Eliminar burocracia que impide mejor comunicación y, por lo tanto, mejores resultados.
  - Calcular los beneficios de la implementación de Lean Company.

5 ¿Quiénes participan?

- **Equipo de la cadena de valor:** líderes de cada subproceso, incluyendo contabilidad. Tiene la responsabilidad de analizar las necesidades de los clientes y de la compañía, así como desarrollar actividades de sostenimiento de los costos.

- **Equipo de contabilidad:** contables y su líder. Puede estar asignado a una cadena de valor o brindar servicios contables y administrativos a un grupo de cadenas de valor. Es el responsable de analizar los objetivos estratégicos financieros de la compañía o de la cadena de valor, desarrollar el *box score* semanal de la cadena de valor y los procesos de facturación, crédito, cobro, pagos, elaboración de estados financieros; finalmente, suministra la información necesaria para la correcta toma de decisiones en la empresa.

- **Equipo implementador Lean Company:** expertos en Lean Company. Ayudan a implementar Lean Accounting en cada cadena de valor, dedicando tiempo específico a enseñar los métodos y trabajar con el equipo contable y financiero, con la finalidad de hacer ciclos de mejora y de adecuación para el control.

- **Equipo directivo o gerencial:** formado por el director general de la compañía o dueño, en conjunto con los líderes de cadenas de valor y equipos de soporte. Su responsabilidad en Lean Accounting es generar objetivos estratégicos financieros, impulsar estrategias como Lean Accounting y hacer un seguimiento a los proyectos de mejora en los subprocesos administrativos y contables.

  El equipo directivo también es responsable de integrar los resultados contables de todas las cadenas en un cuadro de resultados globales de la compañía.

6 ¿Cómo se implementa Lean Accounting?

En el plan maestro de implementación, se define la fecha y arranque de las fases de Lean Accounting.

Además del plan maestro, debe hacerse un plan detallado con todas las actividades de la implementación de Lean Accounting. A continuación, encontrará una recomendación de estructura, que puede modificarse de acuerdo con las condiciones y recursos con los que cuente para la implementación.

6.1 Fase de preparación

En la fase de preparación, el proceso de diseño es el siguiente:

- **Diagnóstico:** se lleva a cabo el diagnóstico de los procesos administrativos y contables.

- **Entrenamiento:** se realiza el entrenamiento directivo y se inicia el entrenamiento al equipo implementador. Puede incluir el entrenamiento de Lean Accounting. Se lleva a cabo el entrenamiento cruzado en el que los colaboradores aprenden varias funciones (contabilidad y otras), que son necesarias para desarrollar procesos ágiles. También se desarrolla un programa de salarios basado en las competencias y programas de reconocimiento basados en resultados Lean Company.

- **Estrategias:** se lleva a cabo el plan estratégico de la compañía en el que se establecen los objetivos financieros y se impulsan estrategias financieras.

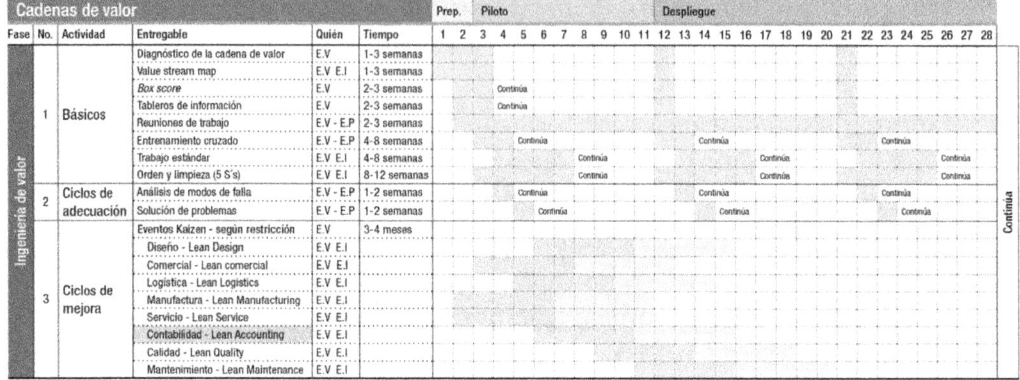

Cadenas de valor						Prep.	Piloto	Despliegue
Fase	No.	Actividad	Entregable	Quién	Tiempo	1 2 3	4 5 6 7 8 9 10 11	12 ... 28
Ingeniería de valor	1	Básicos	Diagnóstico de la cadena de valor	E.V	1-3 semanas			
			Value stream map	E.V E.I	1-3 semanas			
			Box score	E.V	2-3 semanas		Continúa	
			Tableros de información	E.V	2-3 semanas		Continúa	
			Reuniones de trabajo	E.V - E.P	2-3 semanas			
			Entrenamiento cruzado	E.V - E.P	4-8 semanas		Continúa	Continúa ... Continúa
			Trabajo estándar	E.V E.I	4-8 semanas		Continúa	Continúa ... Continúa
			Orden y limpieza (5 S's)	E.V E.I	8-12 semanas		Continúa	Continúa ... Continúa
	2	Ciclos de adecuación	Análisis de modos de falla	E.V - E.P	1-2 semanas		Continúa	Continúa ... Continúa
			Solución de problemas	E.V - E.P	1-2 semanas		Continúa	Continúa ... Continúa
	3	Ciclos de mejora	Eventos Kaizen - según restricción	E.V	3-4 meses			
			Diseño - Lean Design	E.V E.I				
			Comercial - Lean comercial	E.V E.I				
			Logística - Lean Logistics	E.V E.I				
			Manufactura - Lean Manufacturing	E.V E.I				
			Servicio - Lean Service	E.V E.I				
			Contabilidad - Lean Accounting	E.V E.I				
			Calidad - Lean Quality	E.V E.I				
			Mantenimiento - Lean Maintenance	E.V E.I				

Tabla 17.3

Diagnóstico Lean Accounting

Nombre de la empresa

Nombre de la cadena de valor

	1	2	3	4	5	
Elementos de servicio	Tradicional	Inicio	Confiable	Competente	Excelencia	Calificación
Integración	11-ene-13					1
Elementos básicos		11-ene-13				2
Solución de problemas		11-ene-13				2
Prevención de fallas	11-ene-13					1
Metodología de mejora	11-ene-13					1
Contabilidad administrativa	Tradicional	Inicio	Confiable	Competente	Excelencia	Calificación
Seguimiento a estrategia		11-ene-13				2
Planeación y presupuestos			11-ene-13			3
Utilidad de los productos			11-ene-13			3
Contabilidad operativa	Tradicional	Inicio	Confiable	Competente	Excelencia	Calificación
Costos	11-ene-13					1
Nómina	11-ene-13					
Inventarios	11-ene-13					1
Análisis de las cadenas de valor		11-ene-13				2
Contabilidad financiera	Tradicional	Inicio	Confiable	Competente	Excelencia	Calificación
Facturación	11-ene-13					1
Cuentas por pagar & compras	11-ene-13					1
Cuentas por cobrar		11-ene-13				2
Crédito	11-ene-13					1
Estados financieros		11-ene-13				2

Tabla 17.4

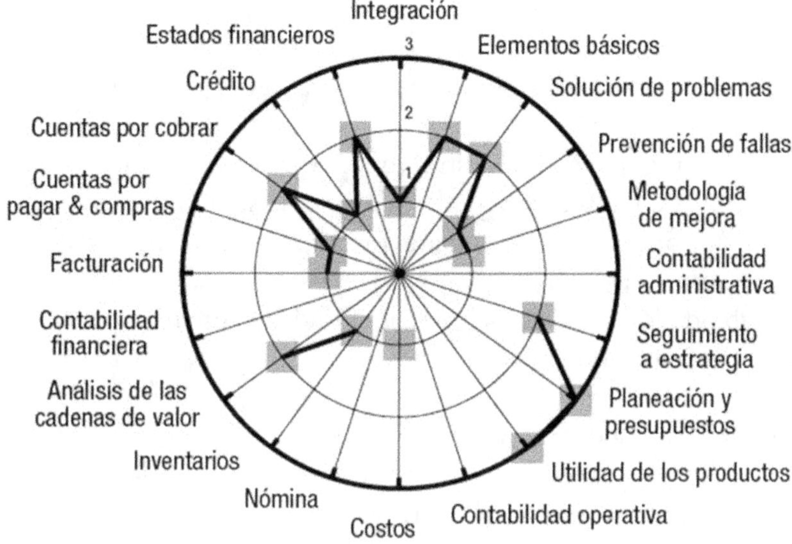

Figura 17.1

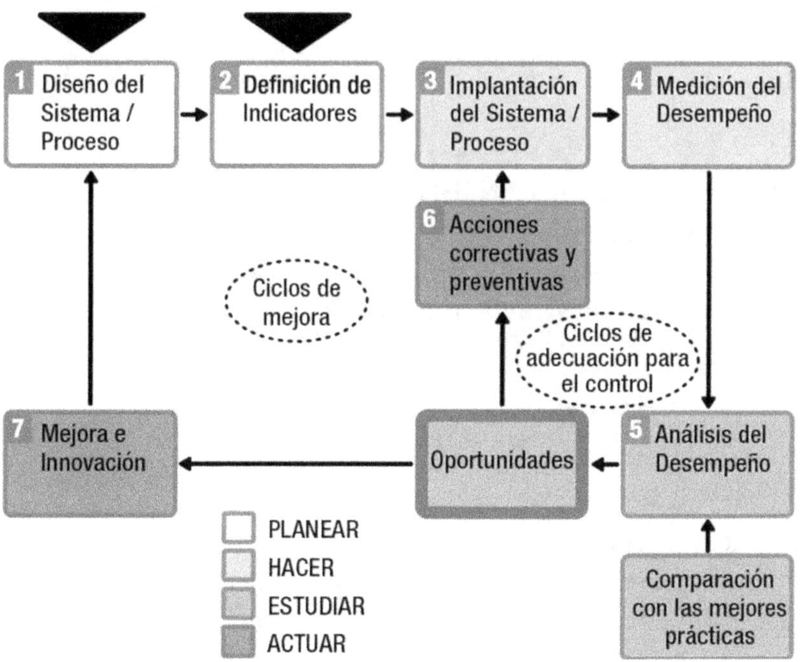

Figura 17.2

- **Estructura:** se realiza el primer borrador de la estructura por cadenas de valor, en el que se definen las funciones contables de la cadena de valor y las funciones contables de servicios compartidos para llevar la contabilidad de toda la empresa.

  Con la configuración de la estructura por cadenas de valor, cada cadena tendrá elementos contables integrados. Seguirá existiendo un proceso financiero global de la compañía, que integre el resultado de todas las cadenas de valor en estados financieros de la compañía. Asimismo, se definen las funciones y responsabilidades del personal de contabilidad y finanzas alrededor de la estructura por cadenas de valor.

- **Desarrollo de talento:** se lleva a cabo el entrenamiento cruzado, en el que los colaboradores aprenden varias funciones (no solo de contabilidad, sino de aquellas que son necesarias para desarrollar procesos ágiles). También se desarrolla un programa de salarios basado en las competencias, además de programas de reconocimiento basados en resultados Lean Company.

- **Valoración inicial:** para conocer el cuello de botella principal de la compañía y definir si los procesos administrativos y contables afectan directamente la restricción.

Cuando se realiza el mapa de valor y la gráfica de balance, Lean Accounting debe preguntarse:

- ¿Cuál es el ritmo de ganancia del cuello de botella?
- ¿Cuál es el punto de equilibrio?
- ¿Con qué productos ganamos y con cuáles perdemos?
- ¿Cuál será el máximo valor de ganancia en el mapa de valor futuro?

6.2   Definición de indicadores

Se realiza para medir los siguientes niveles.

- **A nivel de empresa**
  - Retorno sobre inversiones (ROI), para saber cuánto rendimiento tiene mensualmente cada dólar invertido en el negocio.
  - Ganancias de valor agregado (EVA), para saber cuántos puntos porcentuales por encima del retorno de la industria obtiene la empresa, lo que califica a

los equipos directivos en su capacidad de generar mayores beneficios que el promedio.
- Flujo de caja: es el efectivo disponible al final del pago de impuestos.
- Rotación sobre las inversiones: es el porcentaje de las ventas sobre el valor de los bienes netos.

- **A nivel de cadena de valor**
  - Ventas de la cadena de valor: es el total del valor de las ventas facturadas en cada periodo.
  - Costo de conversión: es el valor pagado en todos los insumos de la cadena de valor excepto los costos variables (generalmente material).
  - Costos de variables: es el valor de los materiales y cualquier otro gasto que aumente cada vez que se produce y vende una unidad.
  - Retorno sobre ventas: es el beneficio dividido sobre las ventas semanalmente.
  - Valor del inventario: es el valor presente del dinero invertido en inventarios de materiales, producto en proceso y terminado.
  - Rotación del inventario: es el número de veces al año en que el valor del inventario se convierte en dinero.
  - Porcentaje de efectivo no aplicado a cuentas pendientes de cobro.
  - Porcentaje de efectivo rechazado por el sistema de aplicación automática de efectivo.

- **A nivel de proceso contable**
  - Cobro sobre ventas: es la cantidad de dinero pendiente de cobro dividido entre las ventas del periodo.
  - Efectivo no aplicado a cuentas pendiente de cobro: es la cantidad de dinero que fue facturada pero que todavía no es considerada dentro de la cantidad pendiente de cobro.
  - Días de inventario.
  - Tiempo que tarda el proceso de producción desde la recepción del material hasta su embarque al cliente.
  - Porcentaje de producción terminada que no requiere reprocesos o sin errores.
  - Embarques a tiempo o puntuales.
  - Costo de las compras respecto de los costos totales.
  - Precisión en la lista de materiales y en la ruta de mano de obra.
  - Días que transcurren entre una y otra revisión de crédito con cada cliente.

- Niveles inadecuados de cuentas pendientes de cobro.
- Días transcurridos desde el cierre del periodo contable al momento en el que son enviados.
- Porcentaje de errores encontrados en los estados financieros durante su revisión.

6.3 Fase piloto

 En la fase piloto, el proceso es el siguiente:

- **Implementar los elementos básicos Lean**
  - Orden y limpieza (5 S).
  - Administración del tiempo.
  - Tableros de conteo en piso *(andon)*.
  - Reuniones de seguimiento en equipo.
  - Lean Office.

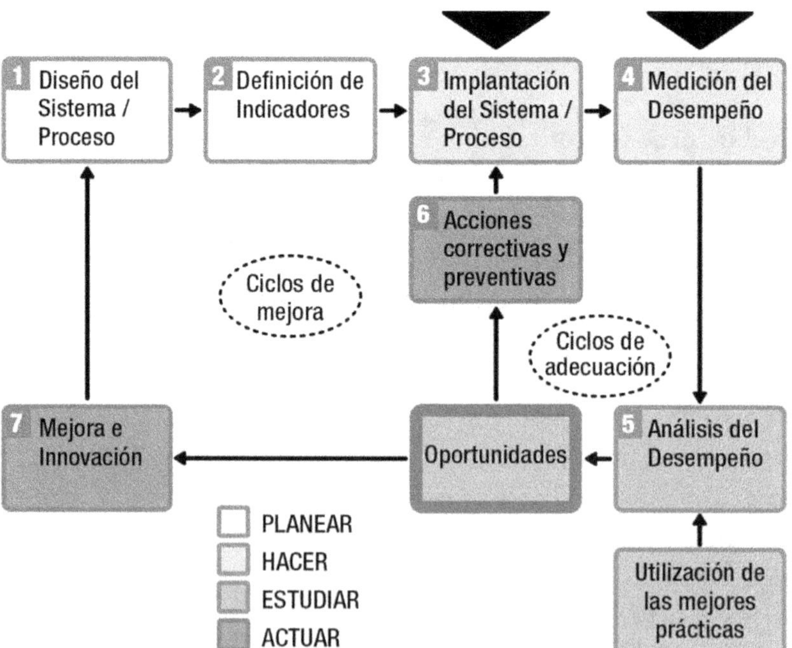

Figura 17.3

- **Integrar la contabilidad de las cadenas de valor**
  - *Box score* de cadenas de valor.
  - Costos de la cadena de valor.

- **Medición y análisis del desempeño. Se mide y analiza el desempeño del proceso:**
  - Cada día y hora en la operación.
  - Cada semana y día en cadenas de valor.
  - Cada mes en toda la empresa.

6.4   Ciclos de adecuación

6.4.1   Acciones preventivas y correctivas

El proceso contable se analiza para detectar las principales oportunidades de error, en las que el riesgo puede generar graves problemas. Para ello se deberá prevenir antes de que sucedan o resolverlas si suceden.

- **Acciones preventivas:** para cada cadena de valor se debe realizar un análisis de modo y efecto de fallas (AMEF). Así, se puede determinar en cada fase de los procesos de la cadena qué podría fallar, cuál sería el efecto, la causa o causas

Figura 17.4

potenciales y analizar los controles para detectarla. Asimismo, se debe evaluar la severidad, ocurrencia y detectabilidad, y documentar los errores repetitivos y clave de todos los procesos de la cadena de valor.

- **Acciones correctivas:** se utiliza la metodología de las 3 disciplinas para resolver problemas. Así, un equipo se reúne para definirlos, encontrar causas raíz y proponer soluciones. Debemos asegurarnos de que el problema sea resuelto.

6.5   Herramientas

En cada etapa se utilizan herramientas:

- Definir problemas: gráfico de Pareto, gráfico de tendencias.
- Descubrir causas raíz y efectos: gráfico de *ishikawa* (pescado), árbol de realidad actual.
- Presentar soluciones: lluvia de ideas, árbol de realidad futura, etc.

Ejemplo de acción preventiva

En el siguiente ejemplo se analiza un error del proceso contable de una cadena de valor. La falla potencial es enviar facturas que no corresponden con la mercancía. Se analiza la severidad del error, sus consecuencias, las causas raíz, la ocurrencia y los controles para evitarla.

No.	Proceso	Operación	Función	Falla potencial	Efecto	SEV	Causas potenciales	OCC	Control actual	DECT	Riesgo pot.
5	Contabilidad	Facturar	Procesar el cobro al cliente	Facturar mercancía diferente a la enviada	Retraso en el pago	7	Falta de comunicación entre contabilidad y envíos	6	Ninguno	10	**420**

6.6   Ciclos de mejora

Se realizan mediante la implementación de eventos de mejora:

- ***Blitz:*** para hacer mejoras inmediatas cuando una oportunidad es detectada y su duración en la implementación es de no más de un día.
- ***Kaizen:*** para la implementación de mejoras en el proceso de diseño o en el diseño mismo del producto. La duración es normalmente de tres a cinco días.
- **Sigma** *kaizen:* para implementar mejoras o resolver problemas complejos que requieren análisis estadístico y que normalmente se realizan en tiempos de entre cuatro y cinco semanas.

Se inician mediante la implementación de eventos de mejora *kaizen*. La metodología de mejora incluye los siguientes pasos:

- **Definir:** se encarga el equipo de trabajo, que define la situación a mejorar en el proceso contable. Esta puede ser:
  - Facturación.
  - Crédito.

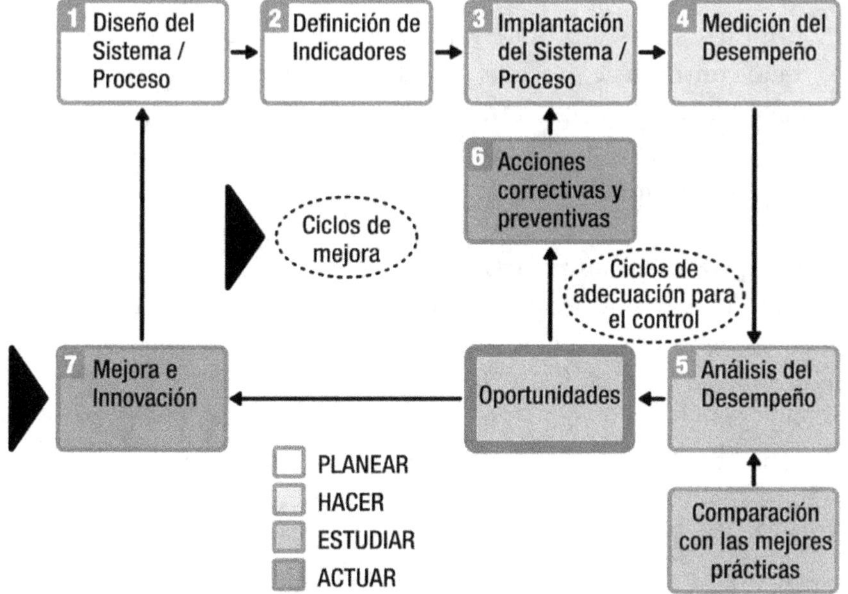

Figura 17.5

- Pago a proveedores.
- Pago de nómina.
- Gestión y valoración de inventario.
- Cierres contables.
- Sistema de costeo.

- **Preparación de estados financieros**
  - Medir: se mapea el proceso seleccionado y se mide el desempeño para validar la situación actual.
  - Analizar: utilizando un árbol de causa y efecto, se analizan las causas de los problemas; asimismo, todas las oportunidades en sobrecarga, variabilidad y desperdicios.
  - Mejorar: optimizar el flujo de la información y la secuencia de las actividades; se eliminan los desperdicios analizados (esperas, búsquedas, rechazos, tiempos muertos, etc.) del elemento de contabilidad que requiere mejorarse.
  - Controlar: para toda mejora, siempre debe validarse el impacto y también establecer controles que a su vez deben documentarse en el plan de control.

 Para cada uno de los pasos descritos en la metodología de mejora pueden utilizarse ideas y propuestas del equipo, así como herramientas como flujo continuo de procesos contables, *poka yoke*, preparaciones rápidas de estados financieros, *kanban* para administrar proyectos, etc.

Citaremos a continuación algunos ejemplos de aplicaciones de los ciclos de mejora en el proceso de contabilidad:

- ***Kaizen* de procesos administrativos**
  - Lean Office: es el proceso mediante el que se pretende reducir al mínimo el archivo de informes y documentos impresos. La mayoría se digitaliza para posteriores consultas.
  - Reducción de informes: eliminar la mayoría de los informes de fin de periodo una vez el año fiscal ha concluido para liberar espacio de archivo.
  - Eliminación de copias: evitar imprimir duplicados de información con la finalidad de que no haya problemas de archivo.
  - Destrucción de documentos: utilizar métodos estandarizados para la eliminación de documentos.
  - Archivos externos: contratar espacios especiales fuera de la empresa.

- Ubicación de archivadores: deben estar tan cerca como sea posible de quienes los utilizan.
- Archivadores móviles: para guardar los documentos que los empleados necesitan tener a mano para reducir movimientos y transportes.
- Orden y limpieza (5 S): ordenar el archivo de manera que pueda localizarse cualquier documento en menos de treinta segundos.
- Digitalización de documentos: para mejorar su archivo y acceso.
- Administración del tiempo: evitar utilizar más del necesario para completar tareas.

- **_Kaizen_ de seguimiento a las estrategias**
  - Planificación y presupuesto de recursos: está formado por la planificación de ventas, operaciones y finanzas. Es un concepto que debe integrar las necesidades de la compañía (presupuesto, operaciones y finanzas) en cuanto a las cadenas de valor.
  - Análisis del cumplimiento de la estrategia y las metas de la organización: para identificar oportunidades y distinguir riesgos, se utilizan métodos estadísticos con la finalidad de analizar las causas de variabilidad de los resultados del negocio y de las cadenas de valor.

- **_Kaizen_ de planificación y presupuestos**
  - Simplificación del proceso anual de presupuestos, mediante la eliminación de la mayoría de los centros de costo y asignando el presupuesto a las cadenas de valor.
  - Definición de presupuestos continuos: creación de un sistema que permita elaborar presupuestos continuos de cada cadena de valor para analizar el funcionamiento financiero y operativo, incluyendo objetivos de la cadena y de la compañía, con la finalidad de aprovechar la capacidad de cada cadena y superar las restricciones continuamente.
  - Flujo de valor por célula: eliminación total de presupuestos departamentales detallados, para manejar el flujo de valor, sustentándose en los objetivos de las células de cada cadena de valor.
  - Integración: el análisis de cada cadena de valor se lleva a cabo en todo el proceso, desde la venda hasta la entrega; para ello, la contabilidad se integra a las cadenas para evaluar los resultados de manera semanal y entender de forma sencilla y práctica dónde están los costos mediante el uso del cuadro de resultados *(box score)*. Se asignan cuentas de gastos a cada cadena de valor para hacer más sencilla la contabilidad por cadena de valor.

- **Control[3] de calidad**
  - Analizar los presupuestos, asegurando que los datos y las sumatorias están correctas; además, hacer una revisión detallada del presupuesto maestro para evitar inconsistencias. Asimismo, revisar que se tengan contempladas todas aquellas partidas que harán posible el cumplimiento del plan estratégico.
  - Realizar sumas en diversas direcciones para localizar posibles errores.
  - Revisar mensualmente el presupuesto maestro para detectar errores o situaciones que puedan hacerlo insostenible.
  - Generar la capacidad de verificación para que se tengan contempladas todas aquellas partidas que permitan que el negocio alcance sus niveles óptimos de ingresos.
  - Identificar los momentos en los que pueden intensificarse los costos para evitar que se detenga el flujo de valor por falta de efectivo.
  - Asegurar flujo de efectivo: para evitar que deje de ejercerse el presupuesto por falta de efectivo, deben calcularse los flujos de este.
  - Simplificar presupuesto: se reduce el número de partidas y cuentas al mínimo necesario para hacerlo realmente útil y sencillo, pues en muchos casos solo se hacen presupuestos como requisito y no necesariamente se utilizan para determinar las diferencias significativas en las áreas establecidas.

- ***Kaizen* blitz para administrar el beneficio de los productos**
  - Eventos continuos de análisis del beneficio de los productos: mediante el costeo de la cadena de valor, se determinan los costos de cada familia de producto y se analiza su impacto en el beneficio de cada producto y con cada cliente.
  - Beneficio de los productos: se evalúa el beneficio de cada producto y con cada cliente para identificar los más rentables y los que requieren repensar sus estrategias; para ello, se trabaja en colaboración con todos los integrantes de la cadena de valor, con la finalidad de generar estrategias de mercadotecnia, ventas, manufactura y mejoras, entre otras.

- ***Kaizen* de costos**
  - *Kaizen blitz:* para determinar costos reales por semana con el equipo de la cadena de valor e identificar variaciones, oportunidades comerciales, etc.
  - Definición costos objetivo: se evalúa cada producto desde una perspectiva de precio, beneficio y costo objetivo para determinar las acciones que deben

---

[3] Asegurar.

llevarse a cabo en términos de mejora del proceso, con la finalidad de alcanzar un costo que permita llegar al beneficio deseado y necesario.

– *Kaizen blitz* para establecer precios de venta: con la contabilidad de la cadena de valor pueden establecerse precios mediante técnicas de análisis de variación de la demanda, capacidad, oportunidad, etc. El equipo de la cadena de valor está integrado por ventas, mercadotecnia, logística, etc. Tienen mucho mayor impacto trabajando en equipo que en departamentos separados.

– Sigma *kaizen* para el cálculo de costo con regresión en las operaciones: se utilizan las listas de materiales y los costos de conversión, lo que incluye la mano de obra directa, quitando la asignación para eliminar las variaciones de costos con el sistema de costeo estándar.

– Utilizando las listas de materiales y de la programación de mano de obra directa: para llegar al costo de producción real.

– Costeo en tiempo real: generar informes en tiempo real de cada célula de manufactura o servicio para conocer el costo real por día y semana. De este modo, eliminar informes mensuales que no siempre son exactos.

- **Análisis de las cadenas de valor**
  – Del cuello de botella: analizar los costos en relación con el cuello de botella para introducir la mentalidad sistémica. De este modo, se eliminan los cuellos de botella basándose en la aportación por hora de ganancias.

- *Kaizen* **de inventario**
  – Sistema de inventario perpetuo: para mantener seguro y fiable el conteo del inventario.

  – Conteos de inventario: se deben hacer todos los días, en pequeñas proporciones, para corregir errores de manera continua.

  – Captura inmediata: para mantener actualizado el inventario cuando se hace el movimiento de entrada o salida del material o producto.

  – *Kanban* de materiales: para iniciar la producción y resurtir solo los materiales faltantes para cada proceso productivo, para reducir al mínimo necesario el valor de los inventarios.

  – Regresión de operaciones: multiplicar la lista de materiales por las unidades producidas para llegar al monto de materias primas utilizadas y deducir automáticamente esta cantidad del inventario.

  – Estimación del inventario final: utilizar una metodología de estimación que derive en la valuación del inventario final.

- ***Kaizen* en facturación**
  - Generación de facturas: las facturas se elaboran según la mercancía enviada y entregada; tradicionalmente la factura no coincide con las órdenes de compra y, por ello, se generan ajustes como notas de crédito y actividades que no agregan valor.
  - *Software* de integración: implementar *software* con interfaces en todos los departamentos para compartir la información de facturación con todos los integrantes de la cadena de valor. Así se evitan confusiones, como que cada departamento tenga información diferente. Al elaborar facturas contamos con campos que permiten seleccionar la información previamente capturada, como nombre del cliente, condiciones de pago, fecha automática, etc., para evitar errores.
  - Sistemas de extranet: cuando los clientes cuentan con sistemas de captura remota de facturas, el proceso se simplifica. Toda la información la capturan los proveedores y de este modo se evitan demoras al procesar la factura y los pagos.
  - Diseño de la factura: diseñar la factura con la información necesaria para evitar errores y confusiones. En ella debe incluirse la fecha de vencimiento, información precisa para realizar el pago, descuentos por pronto pago y también teléfono o correo para que el cliente se comunique con el responsable en caso de dudas o aclaraciones. En muchos casos el proceso de pago se demora por el tiempo que el cliente tarda en contactar a un responsable de la empresa.
  - Elaboración de facturas: la factura se elaborará según la mercancía enviada y entregada al cliente y no según el pedido de compra, así se evitarán errores, se optimizará el tiempo y los recursos para no generar demoras en los pagos debido a que las facturas no coinciden con los pedidos de compra. También la elaboración de la factura podría hacerse directamente en el área de embarque para asegurar que la mercancía coincide con lo enviado.
  - Separación de facturas: si estas son muy complejas y cuantiosas, podrían elaborarse varias, con la finalidad de distribuir el pedido en diversos pagos, lo que podría evitar que se atasquen en el proceso. Esto tendría que hacerse mediante acuerdo previo con el cliente.
  - Control de calidad: para facturas complejas o de alto valor, una persona diferente al capturista debe revisarlas para evitar mandarlas al cliente con errores. Cada vez que hay equivocaciones, el proceso de pago se demora por el tiempo necesario para volver a mandar la factura y procesarla.

* ***Kaizen* y eventos blitz en cobro**
    - Pagos anticipados: ofrecer ventajas a los clientes que paguen por anticipado, para que lo que se factura y entrega sea lo que se cobre, es menos caro que los ajustes, el cobro y la espera de pagos.
    - Captura de cuentas pendientes de cobro: al terminar de hacer la factura, el equipo multidisciplinario de la cadena de valor o el equipo financiero captura inmediatamente la cuenta pendiente de cobro para agilizar y evitar errores u omisiones en el proceso.
    - Depósitos electrónicos de cheques: algunos bancos reciben cheques escaneados y mediante envío electrónico para evitar la mensajería.
    - Conciliación continua: en lugar de hacer mensualmente la conciliación bancaria, diariamente se revisan las operaciones y se comparan con los registros contables.
    - Motivación de clientes para pago con tarjeta: ofrecer servicios, productos adicionales o descuentos por pagar con tarjeta de crédito o débito para reducir tiempo de espera y costo de cobro.
    - Transferencias bancarias: motivar a los clientes a realizar transferencias bancarias con pago programado en el tiempo de pago estipulado.
    - Pagos anticipados: motivar al cliente a pagar por anticipado y ofrecerle un beneficio en el tiempo de entrega o precio, entre otros, para evitar en lo posible el proceso de cobro.
    - Enfoque 80-20 %: centrarse en el 20 % de las facturas pendientes de cobro que generan el 80 % del monto pendiente de cobro.
    - Eliminar facturas pequeñas: enviar a cuentas incobrables las facturas que no se han pagado y cuyos montos son menores al costo de una transacción de cobro.
    - Comunicación con clientes y nuevos clientes: con la finalidad de dejar muy claras las nuevas políticas de cobro.
    - Equipo de valor: ventas y cobro deben ser procesos de la cadena de valor altamente relacionados, por eso la integración de funciones en una cadena de valor permitirá que la comunicación y gestión de cobro se haga de manera más ágil.

* ***Kaizen* para recibos de caja**
    Es el proceso mediante el que el efectivo y los cheques ingresan a la cuenta de la empresa. El objetivo es eliminar desperdicios, cuellos de botella, exceso de controles y retrasos:
    - Caja de seguridad del banco: delegar y facultar al personal bancario para la recepción de cheques de la compañía.

- Aplicación inmediata de los ingresos: registrar en flujo continuo las cuentas pendientes de cobro de cierto cliente para evitar retrasos y olvidos en el sistema contable.
- Utilización de copias de cheques: realizar la captura sin esperar los cheques, haciéndolos llegar al banco lo antes posible. De este modo, se evitan demoras y búsquedas.
- Captura remota: enviar una copia o foto del cheque para hacer el registro contable sin necesidad de mandar a un mensajero con él. Así se evitan transportes y actividades innecesarias.
- Conciliación bancaria: realizar comparaciones continuas de las operaciones del banco con los registros contables para evitar atrasos en los informes financieros y grandes lotes que procesar al final de cada mes.
- Descuentos por pago con tarjeta: funciona para eliminar transacciones de procesamiento de cheques, lo que a veces cuesta más que un descuento. Asimismo, se evita la gestión de efectivo, que puede resultar arriesgada.
- Transferencias bancarias: utilizar aplicaciones tecnológicas para registrar las ventas, procesar el pago y mandar el recibo al cliente vía correo electrónico.

- *Kaizen* **y blitz para mejorar crédito**
  - Tablas de políticas de crédito: desarrollar una tabla de decisión sobre el monto de crédito otorgado o pendiente de otorgar, que genere consistencia y elimine acciones burocráticas, esperas, búsquedas de personas, etc.
  - Acopio de información de los clientes: actualizar la información de los clientes en sus respectivos expedientes y analizar periódicamente su estado de crédito y si se debe aumentar, disminuir o cancelar. Se puede hacer un análisis de Pareto para evaluar en qué clientes centrarse o a quiénes darles prioridad.
  - Nuevos clientes: contactar desde el principio a los clientes para exponer una política de crédito con la que estén de acuerdo desde antes de hacer negocios. Así se evitan problemas futuros.
  - Riesgos: intercambiar el riesgo de crédito por seguros especializados en este, con la finalidad de evitar pérdidas de clientes, problemas y gastos de cobro, etc.

- **Inventarios**
  El objetivo es el incremento en la precisión del registro del inventario.

- **Estados financieros**
  Es el proceso mediante el que se pretende acelerar el cierre del periodo contable. El objetivo es la mejora en el tiempo del cierre, migrando del sistema de inventarios periódicos al sistema de inventarios perpetuos:

- Conciliación de cuentas: inicio de la conciliación tres o cuatro días antes del cierre.
- Ajuste anticipado de reservas, para evitar hacerlo en el cierre.
- Revisión anticipada de embarques, para evitar omitir facturas.
- Cálculo ágil de las depreciaciones: determinar cantidades y hacer los registros con anticipación.
- Estandarizar el sistema contable, para evitar duplicidad de actividades y funciones.
- Centralizar el sistema contable, para mantener el flujo continuo del proceso y la completa comunicación entre sus miembros.

7 Conclusión

El proceso contable es una de las actividades de mayor impacto en los negocios, simplemente porque nos ayuda a entender si realmente las empresas están haciendo dinero o no.

Lo cierto es que el desarrollo y la innovación de los procesos contables se ha limitado al avance en tecnologías de *hardware* y *software* para capturar y administrar la información de los negocios, pero todavía hay gran oportunidad para los contables del futuro: rediseñar las empresas y sustentar sus cambios en mejores métodos para entender el valor que se crea para los clientes en términos financieros.

Lean Accounting será en este siglo una de las innovaciones más importantes que llevarán a cabo todas aquellas empresas que realmente deseen mantenerse funcionando y generando más y mejores oportunidades de negocio, y para ello deberá preparar a su personal y a sus procesos en un nuevo esquema de procesamiento de decisiones mejor sustentadas en números reales de la compañía y en la participación activa de los contables en las decisiones de las cadenas de valor.

Lean Company proporciona una nueva perspectiva de trabajo en equipos integrados por personal de diferentes especialidades. Estos tomarán mejores decisiones porque ahora ya no estarán midiendo personas, sino procesos. Además, los números que utilizan para dichas decisiones serán entendidos por todos y conformarán la base para diseñar ciclos de mejora en el nivel de la compañía y de las cadenas de valor.

Capítulo 18
Lean Maintenance

1 Objetivo

Prácticamente todo lo que usamos a diario requiere mantenimiento, incluso nosotros mismos. El mantenimiento tiene como objetivo lograr la continuidad de los negocios, e incluso de las personas, en óptimas condiciones para desempeñar el trabajo de la manera más efectiva y eficiente.

Lean Maintenance ofrece una metodología de gestión sustentada en el mantenimiento productivo total y con un enfoque en la eliminación de todos los desperdicios, sobrecarga y variación continuas para mantener los costos de mantenimiento en su mínimo necesario y la fiabilidad de la compañía en un alto nivel.

Lean Company busca integrar todos los procesos de negocio, incluyendo el del mantenimiento, con enfoque en el servicio que recibe el cliente final, en la seguridad de los empleados y en un sistema muy sencillo y completo para sostener la fiabilidad de empresas de todo tipo y tamaño.

2 Antecedentes

El costo de las pérdidas en los equipos:

- Los costos de mantenimiento representan entre el 15 y el 40 % de los costos totales de manufactura.
- Las reparaciones de emergencia cuestan por lo menos tres veces más que si las mismas reparaciones hubieran sido planeadas.

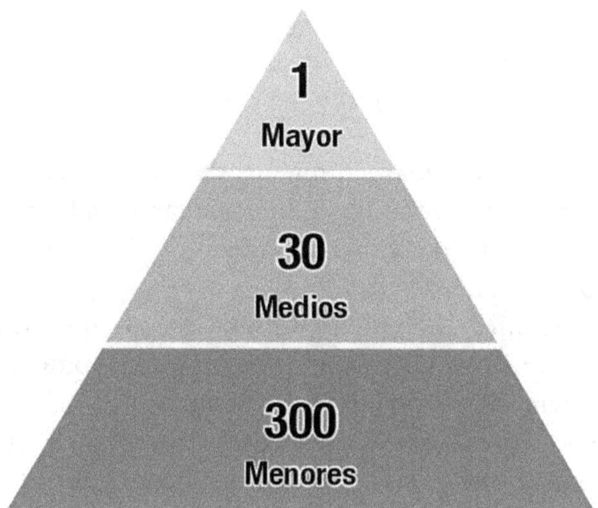

Figura 18.1. La pirámide de los defectos.

- El 58 % del costo del mantenimiento es provocado por la mala operación.
- El 17 % del costo del mantenimiento es provocado por la mala lubricación.

La ignorancia es la principal causa de un excesivo costo del mantenimiento y, a su vez, esto es causado principalmente porque en las empresas tradicionales no se desarrolla al personal para cuidar sus instalaciones y equipos de manera adecuada.

Analizando las causas de los problemas de manera estadística, encontramos que, por cada trescientos problemas menores, se generan treinta problemas medios, y por cada treinta problemas medios, se genera un problema mayor.

El problema es que en muy pocas ocasiones les prestamos atención a los problemas menores, como pueden ser:

- Polvo y suciedad.
- Falta de lubricación.
- Tornillos y rondanas faltantes.
- Piezas sueltas o flojas.

2.1 El mantenimiento personal

De igual forma, las personas también prestamos poca atención a los detalles mínimos que podrían convertirse en problemas crónicos o complejos:

- Dolores esporádicos.
- Pérdida o aumento de peso.
- Manchas o decoloración en la piel.

Quiero resaltar el tema del mantenimiento de las personas porque, para que funcionen las empresas, necesitamos que funcionen también las personas; para ello, la pregunta ya no es «¿qué requiere mantenimiento?», sino «¿qué y quién requiere mantenerse en buenas condiciones?».

La causa raíz de que muchas empresas no funcionen es que las personas que las administran tampoco funcionan correctamente; por ello, le pido que considere este capítulo como un sistema de mantenimiento integral.

Lo cierto es que no nos enseñaron adecuadamente cómo deberíamos cuidarnos y quizás ahora tenemos problemas de salud porque no hicimos suficiente énfasis en el *mantenimiento* personal.

2.2 Evolución e historia

El mantenimiento productivo total (TPM, por sus siglas en inglés) tiene sus orígenes en Estados Unidos y Europa, donde muchas empresas manufactureras aplicaban ciertas prácticas para prevenir errores y con ello, impedir paros inoportunos y reparaciones de emergencia, especialmente en la industria militar.

En la posguerra, mientras Japón reconstruía su economía, varios gerentes e ingenieros japoneses visitaron estas plantas para tomar ideas y llevarlas a la práctica en su país. Ahí realmente replantearon el concepto del mantenimiento, haciéndolo pasar de un concepto del cuidado del equipo a un sistema que mantiene la continuidad del valor que se otorga al cliente mediante un cuidado preventivo y predictivo del equipo, instalaciones, etc.

Nippondenso, una fábrica proveedora de partes de automóvil para Toyota, implementó por primera vez el concepto de mantenimiento productivo total, haciendo participar a todos los empleados de la organización (no solo a los especialistas en mantenimiento). Se hacía especial énfasis en la implantación de prácticas en las que los operadores se hacen responsables del mantenimiento y cuidado de las condiciones de operación y mantenimiento de sus equipos.

Por eso, la empresa ganó por primera vez el premio a la planta más distinguida, otorgado por el Instituto Japonés de Mantenimiento de Plantas, en 1971. Fue entonces cuando Seiichi Nakajima publicó el proceso de implementación de este sistema en el libro titulado *Introducción al TPM*, en el que explica los elementos que lo componen y la forma en la que se debe implementar.

Pocos años después, el círculo histórico se cerró cuando regresó este sistema a su tierra de origen, siendo Kodak, en 1987, la primera empresa en implementar TPM como un sistema integral. De ahí en adelante, gran número de empresas lo han implementado con enorme éxito, ya que lo han hecho un sistema integral de gestión.

3 Las seis grandes pérdidas por mantenimiento inadecuado

Los limitantes de los equipos, que finalmente afectarán los resultados de la empresa, se encuentran listados a continuación:

- Tiempos muertos por paros inesperados.
- Tiempos muertos por cambio de productos.
- Paros menores.
- Reducciones de velocidad.
- Defectos en el proceso.
- Defectos por arranque y cambio de productos.

3.1 *Situación actual*

En las empresas tradicionales, el cuidado personal y el mantenimiento no son prioridad y por ello, generalmente, no se destinan recursos para:

- Desarrollar programas de cuidado y concienciación.
- Formular un plan adecuado de mantenimiento y conservación.
- Dar el mantenimiento preventivo y predictivo adecuado.
- Capacitar a los usuarios en el cuidado básico.
- Formar profesionales de mantenimiento.
- Comprar los insumos que se requieren para el correcto mantenimiento.
- Tener las herramientas necesarias para realizar el trabajo.

Lo cierto es que el proceso no puede detener su entrega de valor al cliente por falta de personal o equipo; por ello, cuando las personas y equipo fallan tienen que gastar grandes cantidades en devolver la continuidad de la salud y de los equipos.

Las personas que trabajan en mantenimiento sufren gran estrés debido a que dedican más tiempo a solucionar problemas y reparar que a planificar y mejorar las instalaciones. La realidad es que, en muchos casos, han caído en un círculo vicioso de reparar los equipos cuando fallan y asignar las prioridades de acuerdo con el nivel de los gritos de quien los necesita.

3.2   Empresas tradicionales

Las estructuras funcionales han impedido que el mantenimiento sea productivo porque se han organizado en departamentos separados con objetivos y métricos diferentes y con responsabilidades centradas en cumplir programas o quedar bien con el jefe, en lugar de cuidar el valor en el cliente.

Tampoco se ha hecho énfasis en el desarrollo de estrategias de sustento a los procesos, como la del desarrollo de programas de mantenimiento integral y la de las habilidades y conocimientos del personal para cuidar el equipo que utiliza.

Lamentablemente, no necesariamente se da prioridad a las restricciones principales de las cadenas de valor, por eso se encuentra personal de mantenimiento arreglando equipos que tienen exceso de capacidad, mientras están detenidos los equipos que representan cuellos de botella, debido a la inconsciencia respecto a cuáles deben ser las prioridades.

A la vista de ello, es posible considerar algunas cuestiones en relación al mantenimiento en empresas tradicionales:

- Constantes paros por falla de equipo, instalaciones y personas.
- Incumplimiento de especificaciones.
- Baja utilización y bajo aprovechamiento de los equipos y personas.
- Imposible realizar ciertas tareas a tiempo.
- Mantenimiento culpa a producción por descomponer los equipos.
- Producción culpa a mantenimiento por descomposturas constantes.
- Mantenimiento no es una prioridad y, por ello, no se le asignan los recursos necesarios.

Cuando un problema se ha solucionado, ocurre otro inmediatamente y las causas raíz de los problemas de mantenimiento rara vez son analizadas y solucionadas para evitar tener que reparar varias veces el mismo equipo.

	Mantenimiento
Sobreactividades	Dar mantenimiento en frecuencias inadecuadas Cambiar repuestos cuando todavía no se necesitan Juntas innecesarias
Esperas y búsquedas	Esperas para recibir instrucciones Esperas para poder iniciar el mantenimiento Esperas para recibir materiales Búsquedas de documentos, repuestos, herramientas, etc.
Transporte y movimientos	Transporte de herramientas Transporte de personal de mantenimiento para realizar un servicio Transporte de repuestos para realizar el mantenimiento Movimientos de personal de mantenimiento a equipos, almacenes, oficina, etc.
Procesos innecesarios / No agregan valor	Demasiados reportes Instrucciones sin entenderse Pedir repuestos o documentos que no son necesarios Inspecciones de supervisores de mantenimiento Reparar equipos que no lo requieren
Exceso de inventario / Recursos	Exceso de herramientas o repuestos para mantenimiento Exceso de personal para dar mantenimiento Exceso de equipo necesario para realizar el mantenimiento Exceso de información que puede confundir al personal
Defectos / Errores	Errores de realización del mantenimiento Errores de operación de equipos que generan descomposturas No dar mantenimiento adecuado Realizar reparaciones y descomponer otras cosas Dañar los equipos por desconocimiento o error
Sub utilización Personas	Personal que sólo repara cierto tipo de equipos Desbalance de asignación de trabajos Personal sin el entrenamiento adecuado Expertos que no enseñan No escuchar las ideas de mejora de las personas
Sobrecarga	Demasiado estrés en el trabajo o cuando se realiza el mantenimiento Mala administración del tiempo Horas extras para terminar mantenimiento Altos riesgos al reparar o mantener los equipos Areas inseguras, falta de equipo de seguridad para realizar el servicio
Variabilidad	Variabilidad en el costo del mantenimiento Variabilidad en tiempo de realización de los servicios de mantenimiento Variación en la calidad del servicio de mantenimiento

Tabla 18.1. Principales limitantes de la productividad relacionados con el mantenimiento.

4 Qué es Lean Maintenance

Es el desarrollo de las mejores prácticas en el proceso de mantenimiento integral para dar continuidad a la cadena de valor y contribuir a que el costo de los productos o servicios logre su objetivo en calidad, costo y tiempo de entrega, así como en la seguridad de las personas.

Lean Maintenance es un sistema integral de cuidado de la empresa mediante métodos que involucran a las personas en el cuidado de sí mismas y de todos los elementos que requieren para su trabajo, en un sistema compuesto por actividades de prevención, corrección y mejora, apoyado de herramientas

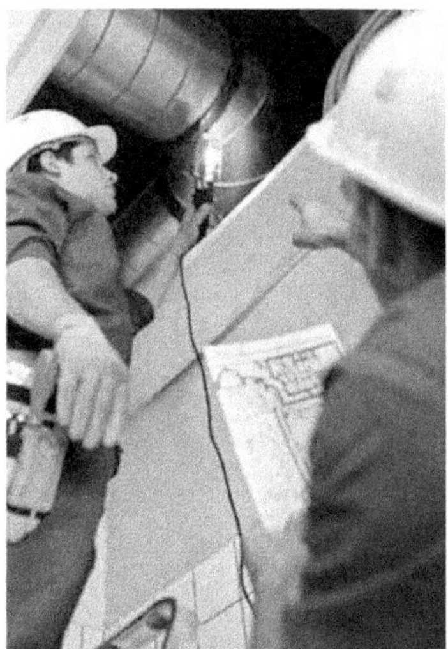

- **Procesos clave en Lean Maintenance**
  - Mantenimiento autónomo.
  - Mantenimiento preventivo.
  - Mantenimiento predictivo.
  - Mantenimiento correctivo planeado y no planeado.
  - Administración del mantenimiento.
  - Almacén de repuestos.

- **Los seis pilares del mantenimiento productivo total**
  MPT se compone de los siguientes seis pilares para que realmente se implemente de manera integral (de otra manera no sería TPM).
  1. Mejoras enfocadas.
  2. Mantenimiento autónomo.
  3. Mantenimiento planeado.

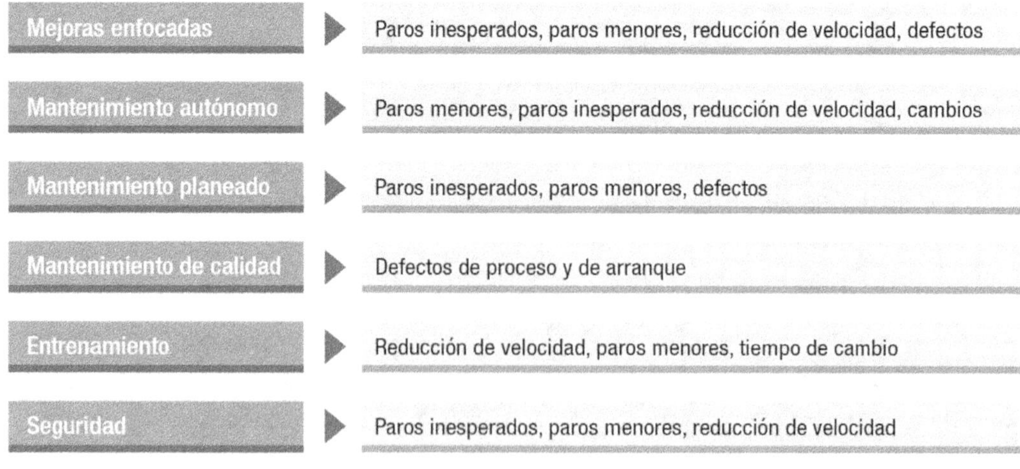

Figura 18.2. ¿Cómo combatir las seis grandes pérdidas?

4. Mantenimiento de calidad.
5. Entrenamiento.
6. Seguridad.

5 ¿Para qué sirve Lean Maintenance?

Para mantener en óptimas condiciones a todos los factores que componen el negocio para lograr la continuidad en la entrega de valor.

- **Beneficios de Lean Maintenance**
  - Lograr el máximo potencial de las instalaciones y del equipo.
  - Reducir significativamente los riesgos.
  - Mejorar la calidad de los productos o servicios.
  - Asegurar la integridad de las personas con una mayor seguridad.
  - Reducir los costos asociados con reparaciones, descomposturas, tiempos muertos, etc.
  - Maximizar la efectividad de la empresa.
  - Incrementar la vida útil.
  - Eliminar el desgaste forzado.
  - Eliminar las seis grandes pérdidas de los equipos.
  - Reducir el consumo energético.

- **Integración de mantenimiento en la cadena de valor**
  Para poder desarrollar una cadena de valor integral, debemos asegurar que tanto personas como equipos, instalaciones, etc., sean parte de un mismo sistema y, por ello, deben estar disponibles siempre que se necesitan para entregar el valor que requieren los clientes. En el caso personal, hablamos de nuestras propias familias en lugar de clientes.

6 ¿Quiénes participan?

- **Equipo de la cadena de valor:** es el equipo de líderes de cada subproceso de la cadena de valor, entre los que se encuentra el ingeniero de mantenimiento. Este equipo tiene la responsabilidad de hacer que su cadena de valor sea un negocio productivo y analizar en subconjunto las necesidades del mercado y específicas de cada cliente.

El equipo de la cadena de valor analiza constantemente las restricciones del sistema. Si la restricción es interna, y el equipo o instalaciones son clave, entonces se debe poner énfasis en que el sistema nunca se detenga por falta de mantenimiento de equipo, ya que puede poner en riesgo la continuidad de la cadena de valor.

- **El equipo de mantenimiento:** compuesto por un líder de mantenimiento asignado a la cadena de valor, que generalmente se conoce como ingeniero de mantenimiento, y los técnicos dedicados a la ejecución.

  También existen equipos de mantenimiento general que dan servicio a todas las cadenas de valor en actividades como mantenimiento de calderas, subestaciones, edificio, etc., y equipos de mantenimiento de proyectos especiales, que también cuentan con un líder y personal técnico.

  La ventaja de tener equipos dedicados a las cadenas de valor y equipos de soporte es que no se pierde el enfoque en la continuidad del negocio de la cadena de valor, sobre todo en la asignación inconsistente de recursos en empresas tradicionales.

  Los equipos de mantenimiento pueden ayudarse entre ellos, pero lo importante es que el líder de la cadena de valor sea quien tenga la responsabilidad y autoridad sobre su cadena.

  Los técnicos asignados a las cadenas de valor y al equipo de soporte general llevan a cabo las actividades de mantenimiento planeado, predictivo y correctivo, capacitan a los operadores en el mantenimiento autónomo y consistentemente desarrollan acciones preventivas y de mejora.

  Los operadores de las cadenas de valor participan en el cuidado de sus equipos mediante la ejecución de actividades de limpieza, verificación de parámetros, lubricación y ajustes menores.

- **Equipo implementador Lean Company:** es el equipo de expertos en esta materia. Su responsabilidad es proporcionar el entrenamiento y el soporte en el desarrollo de proyectos para mejorar el proceso de mantenimiento tanto en el uso de las metodologías como en las herramientas.

  Junto con el equipo de mantenimiento de cada cadena de valor y de soporte general, desarrollarán los programas de mantenimiento planeado, autónomo y predictivo; también apoyan en la implementación de un sistema de administración del mantenimiento y de los insumos que se necesitan.

- **Equipo directivo o gerencial:** es el equipo formado por el director general de la compañía o dueño, en conjunto con los líderes de cadenas de valor y equipos de soporte. Su responsabilidad en Lean Maintenance es generar estrategias y proyectos para apoyar la implementación de los programas de mantenimiento productivo y proporcionar los recursos para su realización.

7 ¿Cómo se implementa Lean Maintenance?

7.1 Fase de preparación: planificar

En la fase de preparación, la planificación sigue el siguiente proceso:

7.1.1 Diseño del proceso de mantenimiento

- **Diagnóstico:** se aplica el diagnóstico del proceso de mantenimiento para identificar el punto inicial de la implementación Lean Maintenance como parte del sistema Lean Company.

  Para entender el nivel de desarrollo de la empresa se debe realizar el diagnóstico de la cadena de valor para determinar el nivel en el que se encuentra como sistema, así como el nivel del proceso de mantenimiento.

  Basándose en el diagnóstico de la cadena de valor, se deben implementar los elementos básicos del sistema; asimismo, según los indicadores, se realizarán ciclos de adecuación para el control y ciclos de mejora en mantenimiento.

  El desarrollo de la cadena de valor tiene en el mantenimiento un elemento clave para desarrollar procesos que no fallen en calidad ni se detengan por falta de mantenimiento.

- **Entrenamiento:** se realiza el entrenamiento directivo en el que se explica la importancia del mantenimiento y de la forma en la que se implementará en las cadenas de valor y en el mantenimiento de soporte integral.

- **Diseño de la estructura:** cuando se diseña la compañía por cadenas de valor, se le asigna un líder de mantenimiento a cada cadena de valor y un equipo de técnicos, según las necesidades de cada caso. Además, se designa un líder para el equipo de mantenimiento con su equipo de técnicos.

  En empresas pequeñas no es necesario asignar un líder a cada cadena, simplemente puede haber un ingeniero de mantenimiento que diseñe y supervise los programas de mantenimiento de cada equipo.

- **Desarrollo de talento:** para que funcione una compañía Lean es muy importante capacitar a todos los empleados en el cuidado y mantenimiento autónomo de sus equipos.

El sistema Lean Company considera de vital importancia que cada usuario sea responsable de mantener en óptimas condiciones el equipo con el que trabaja, ya sean máquinas, ordenadores, teléfonos, etc. No se puede detener el flujo de valor porque algo no funcione correctamente.

En el desarrollo de talento se capacitarán entrenadores para llevar a cada puesto el conocimiento necesario de conservación, limpieza y cuidado de lo que necesitamos para cumplir nuestras labores. Es esencial cuidar lo que nos ayuda a realizar nuestro trabajo, porque ponemos en riesgo nuestra fuente de ingresos.

Diagnóstico Lean Maintenance

Nombre de la empresa

Nombre de la cadena de valor

	1	2	3	4	5	
Elementos generales	Tradicional	Inicio	Confiable	Competente	Excelencia	Calificación
Integración	11-ene-13					1
Elementos básicos		11-ene-13				2
Solución de problemas		11-ene-13				2
Prevención	11-ene-13					1
Metodología de mejora	11-ene-13					1
Mantenimiento autónomo	Tradicional	Inicio	Confiable	Competente	Excelencia	Calificación
Limpieza inicial		11-ene-13				2
Eliminación de causas por falta de limpieza			11-ene-13			3
Lubricación			11-ene-13			3
Inspección de los líderes operativos		12-ene-13				2
Inspección autónoma	11-ene-13					1
Organización y aseo	11-ene-13					
Mantenimiento autónomo integral	11-ene-13					1
Mantenimiento prevent. y predictivo	Tradicional	Inicio	Confiable	Competente	Excelencia	Calificación
Análisis de fallas y actividades	11-ene-13					1
Definición de acciones y frecuencias	11-ene-13					1
Planeación de recursos	11-ene-13					1
Programa de mantenimiento		11-ene-13				2
Almacén de repuestos y herramientas	11-ene-13					1
Administración del mantenimiento	11-ene-13					1
Mantenimiento correctivo	Tradicional	Inicio	Confiable	Competente	Excelencia	Calificación
Correctivo por emergencia	11-ene-13					1
Correctivo planeado	11-ene-13					1

Tabla 18.2

Figura 18.3

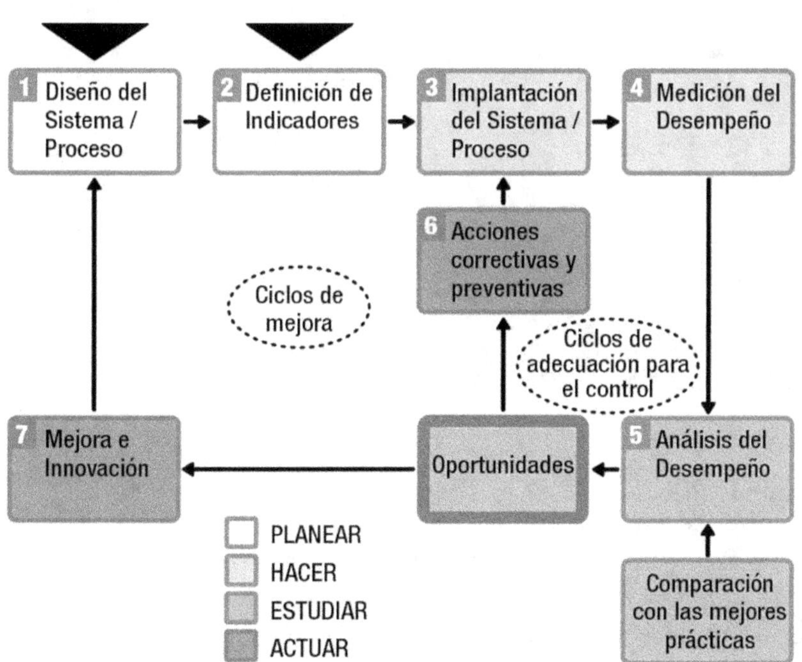

Figura 18.4

El personal operativo debe aprender a dar el mantenimiento básico a sus equipos para que no toda la responsabilidad sea del área de mantenimiento. Los técnicos de mantenimiento de cada cadena de valor deben desarrollar habilidades para mejorar su capacidad de prevenir y solucionar problemas.

- **Conocimientos a desarrollar:** mantenimiento mecánico, eléctrico, electrónico, funcionamiento de los equipos de la cadena de valor.

- **Matriz multihabilidades:** el equipo de mantenimiento de cada cadena de valor debe ser entrenado en las habilidades necesarias para cubrir todas las necesidades del equipo e instalaciones.

- **Valoración inicial:** para conocer el cuello de botella principal de la compañía y definir si mantenimiento aporta riesgos a la principal restricción. A partir de ello, valoraremos si este proceso puede elegirse como el piloto. Para la de-

Ejemplo de matriz de multihabilidades

Matriz multihabilidad de mantenimiento de la cadena de valor

Nombre	Cortadora	Troqueladora	Soldadora	Cabina pintura	Total
Pedro Infante	1	1	2	4	8
Juan Escutia	6	6	6	6	24
Pedro Vargas	2	4	5	6	17
Heriberto Montes	0	0	1	1	2

Puntuación

1 = Trabajo cumple calidad
2 = 1 + Conoce y enseña el mantenimiento autónomo
3 = 2 + Conoce y aplica el mantenimiento preventivo
4 = 3 + Conoce y aplica el mantenimiento predictivo
5 = 4 + Puede reparar sistema mecánico y electrónico
6 = 5 + Conoce funcionamiento y es capaz de instalar y mejorar

Puntuación:

1 = Aplica procedimientos de seguridad del equipo.

2 = 1 + Conoce y enseña el mantenimiento autónomo.

3 = 2 + Conoce y aplica el mantenimiento preventivo.

4 = 3 + Conoce y aplica el mantenimiento predictivo.

5 = 4 + Puede reparar el sistema mecánico y electrónico.

6 = 5 + Conoce el funcionamiento y es capaz de instalar y mejorar.

finición se realiza un mapa de valor en el que se determinan las actividades y tiempos de valor y no valor; también se analizan las oportunidades de eliminación de todos los desperdicios, variación y sobrecarga, y se establece el cuello de botella y el lugar en el que se debe mejorar la cadena de valor, estableciendo un enfoque para todo el equipo.

- **Integración en equipo:** con una estructura bien diseñada por cadenas de valor, el proceso de mantenimiento se integra al equipo de la cadena de valor o al soporte de todas las cadenas de valor mediante el análisis de la efectividad total de los equipos del *box score*. Así, se determina si la empresa o cadena de valor tiene su principal cuello de botella en un equipo o instalación que puede detener el cuello de botella.

7.2   Definición de Indicadores de mantenimiento

En el *box score* de la cadena de valor hay indicadores que evalúan el desempeño de toda la cadena de valor; sin embargo, hay algunos que son afectados directamente por el trabajo o la omisión de actividades de mantenimiento. Para el diseño de los indicadores se recomienda que se mida solo aquello que afecte la cadena de valor completa, para evitar que el personal de mantenimiento solo busque mejoras y comportamientos departamentales.

- **A nivel de negocio**
  Costo del mantenimiento.

- **A nivel de cadena de valor**
  Efectividad total de la cadena de valor: se afecta la disponibilidad del equipo cuando por falta de mantenimiento se detiene el proceso.

$$OEE = disponibilidad \times eficiencia \times calidad.$$

Esta medición es indispensable para darnos cuenta de la capacidad real para producir sin defectos, a su capacidad estándar. Para obtenerla es necesario recaudar la información necesaria todos los días para procesarla y obtener los siguientes cálculos:

Fórmulas:

- Tiempo Total = Tiempo total – Tiempo planeado (comida, reuniones, etc.).
- Tiempo disponible = Tiempo total – Tiempo planeado.

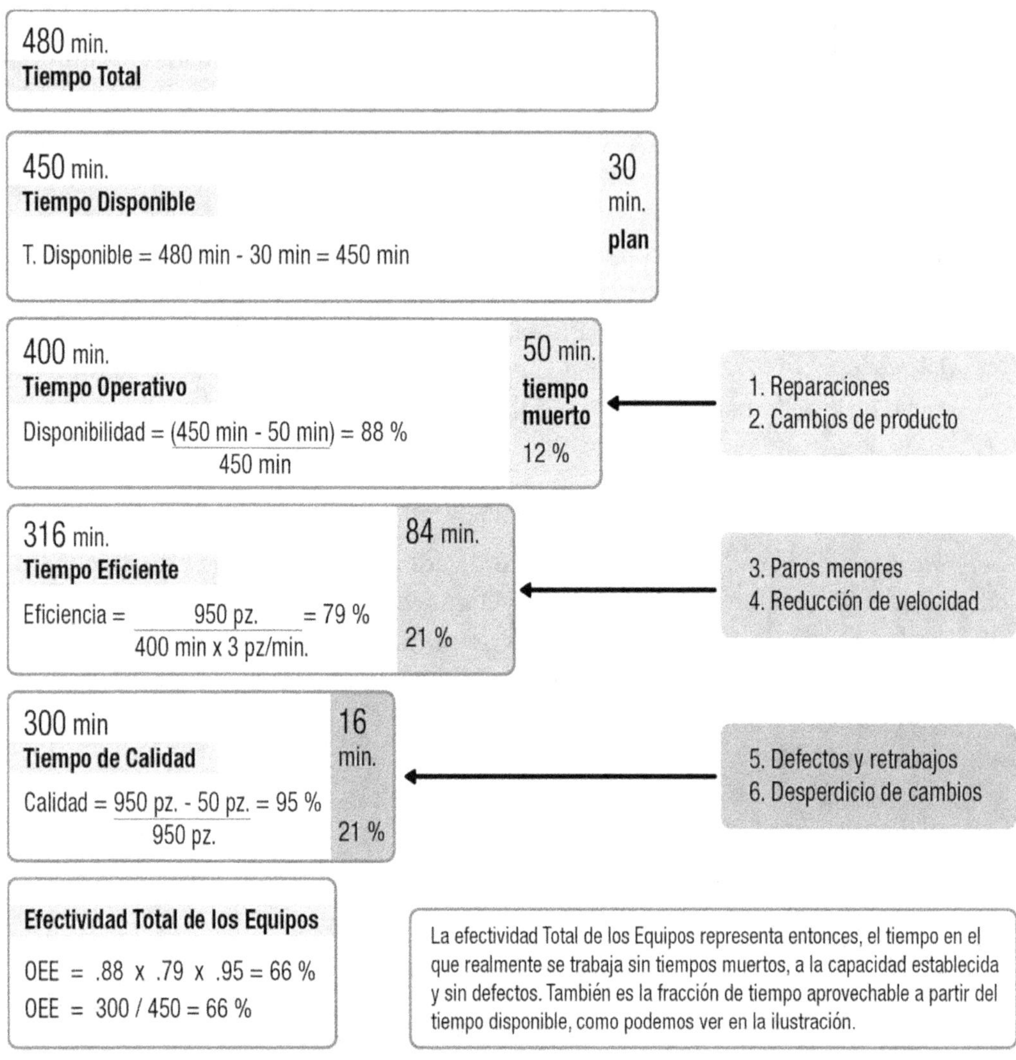

Fórmulas:

Tiempo Total = Tiempo total – Tiempo planeado (comida, juntas, etc)
Tiempo disponible = Tiempo total – Tiempo planeado
Tiempo operativo = Tiempo total – Tiempo planeado – Tiempo muerto
Tiempo muerto = Tiempo de descomposturas + tiempo de cambio de producto
Disponibilidad = (Tiempo disponible – Tiempo muerto) / Tiempo disponible
Eficiencia = Producción total / (Tiempo operativo x capacidad)
Calidad = (Producción total – Defectos y retrabados) / Producción total
OEE = Disponibilidad x Eficiencia x Calidad

Figura 18.5

- Tiempo operativo = Tiempo total – Tiempo planeado – Tiempo muerto.
- Tiempo muerto = Tiempo de descomposturas + tiempo de cambio de producto.
- Disponibilidad = (Tiempo disponible – Tiempo muerto) / Tiempo disponible.
- Eficiencia = Producción total / (Tiempo operativo × capacidad).
- Calidad = (Producción total – Defectos y retrabados) / Producción total.
- OEE = Disponibilidad × Eficiencia × Calidad.

- **A nivel de proceso de mantenimiento**
    - Tiempo medio entre errores MTBF *(mean time between failure)*.

        Es un indicador que se obtiene sumando todos los tiempos en los que el sistema funciona sin errores y dividiéndolo entre el número de periodos. Este número indica el periodo aproximado que una máquina funcionará sin fallar.
    - Tiempo medio entre reparaciones MTTR *(mean time through repair)*.

        Es un indicador que se obtiene sumando todos los tiempos de reparación de un equipo y dividiéndolos entre el número de reparaciones realizadas. Este número indica el tiempo estimado que un equipo estará parado mientras es reparado.

- **Otros indicadores específicos del proceso de mantenimiento:**
    - Valor del inventario de refacciones.
    - Tiempo medio entre errores del equipo (principalmente del equipo cuello de botella).
    - Tiempo medio entre reparaciones (principalmente del equipo cuello de botella).
    - Costo por hora del paro de la cadena de valor o proceso por falla de equipo o instalación.

7.3 Fase piloto

7.3.1 Implementar las herramientas básicas

- Orden y limpieza (5 S) en el departamento de mantenimiento, incluyendo almacén de refacciones, taller, cajas de herramientas, oficina, computadoras, etc.
- Reuniones de equipo: cada semana, para analizar resultados en el *box score* de la cadena. Continuamente el equipo de mantenimiento se reúne para verificar el avance de sus proyectos, las necesidades y las prioridades.

- Administración del tiempo: el personal de mantenimiento se entrena y da soporte en el desarrollo de técnicas de administración del tiempo para que lo utilicen de la manera más efectiva, mediante la asignación de prioridades, uso de agenda, utilización correcta del correo electrónico y reuniones efectivas.
- Instrucciones de trabajo: para documentar la manera correcta de realizar las actividades clave de los procesos comerciales. Esto es la base del entrenamiento, solución de dudas y estandarización de procedimientos.
- Lecciones de un punto: para capacitar a los usuarios de equipos de todo tipo en el correcto uso y mantenimiento autónomo.
- Análisis de la cadena de valor: *value stream* de toda la cadena de valor, en el que el equipo de mantenimiento entienda la necesidad de centrarse en el cuello de botella.
- Diseño del plan de mantenimiento preventivo: para todos, pero inicialmente para equipos cuello de botella y equipos clave que pueden detener todo el proceso (por ejemplo, calderas o transformadores).
- Diseño de los requisitos de personal, herramientas y refacciones: para contar solo con el personal necesario para mantener funcionando la cadena de valor.
- El mapa de valor debe estar visible para todos los integrantes de la cadena de valor. Podremos observar la efectividad de cada una de las operaciones que la componen para evaluar el nivel de riesgo de ser cuellos de botella, debido a la disponibilidad que ofrecen la cadena y el departamento de mantenimiento. Se debe centrar en los equipos que ponen en riesgo la principal restricción, para que nunca fallen.
- Orden y limpieza en almacén de refacciones, cajas de herramientas y equipos.
- Instructivos de mantenimiento para cada proceso de mantenimiento.
- Plan anual de mantenimiento preventivo.

7.4 Medición del desempeño

Cuando empezamos a medir el desempeño de la cadena de valor y de los indicadores de mantenimiento que afectan el desempeño de la cadena de valor como sistema.

7.4.1 Herramientas para medición del desempeño

- ***Box score:*** para analizar semanalmente los indicadores de la cadena de valor *andon:* tableros hora por hora, tableros de respuesta rápida, luces de aviso, cajas de llamada, tablero cadena valor.

- **Equipos operativos:** en planta, diariamente, el equipo operativo, compuesto por operadores, técnicos de mantenimiento y encargados de material, establece el objetivo del día. Cada hora mide el desempeño de entrega, calidad y paros.

- **Equipos de cadenas de valor:** en la oficina de valor, el equipo compuesto por el líder de la cadena de valor y los responsables de los procesos de la cadena de valor establecen los objetivos de la semana y miden los resultados de la cadena de valor durante este tiempo. Así, los depositan en el *box score* semanal.

7.5 Estudiar: análisis del desempeño y oportunidades

7.5.1 Herramientas aplicables para el análisis

- ***Box score:*** para analizar semanalmente los indicadores de la cadena de valor y el detalle de cada indicador en el análisis de cuatro cuadrantes descrito en capítulos anteriores.

- ***Andon:*** tableros hora por hora, tableros de respuesta rápida, luces de aviso, cajas de llamada para atender problemas de mantenimiento, calidad, etc., tablero cadena de valor.

- **Reuniones de equipo**: cinco minutos de equipos operativos, diez minutos de equipo de cadena de valor, 60 minutos de *box score* semanal.

- **Niveles de evaluación** en análisis de desempeño.

- **Nivel de proceso de operaciones**
  - Revisión de tableros *(andon)* cada hora para identificar si por alguna razón de mantenimiento no se ha logrado el objetivo. Así, inmediatamente podemos ejecutar una acción correctiva o preventiva. También se utilizan los semáforos, cajas de llamado y sonidos para identificar una desviación o problema en el que mantenimiento tiene que entrar en acción.

    Reunión de 5 minutos al final del turno. En planta, diariamente, el equipo operativo, compuesto por operadores, técnicos y encargados de material, se reúne para analizar el resultado del turno y definir acciones de acuerdo con el resultado. Si hubo problemas generados por el equipo, mantenimiento establece acciones, las comunica al equipo y se establecen compromisos.

BOX SCORE	Objetivo	Cumplimiento	07-ene	14-ene	21-ene	28-ene	04-feb	11-feb
Unidades por persona	21		14.00	16.00	18.00	20.00	19.00	23.00
Envíos a tiempo	100%		100%	100%	100%	100%	100%	100%
Tiempo de entrega (días)	4		3	4	1	3	4	5
Días de puerta a puerta	3		6	12	23	14	9	7
Calidad a la primera	95%		80%	80%	80%	85%	85%	85%
Nivel sigma	5		4.10	4.30	4.11	4.32	4.70	4.34
Costo de no calidad	$ 250		$ 2,345	$ 3,112	$ 645	$ 345	$ 1,245	$ 3,124
Costo promedio del producto	$ 300		$ 343	$ 337	$ 362	$ 338	$ 337	$ 325
Valor del inventario	$ 545,000		$ 3,004,234	$ 2,334,756	$ 2,945,893	$ 2,564,392	$ 1,945,678	$ 1,234,975
Vueltas de inventario	12		4.50	4.00	6.70	7.10	8.30	9.00
Costo de mantenimiento	$ 500		$ 2,820	$ 645	$ 2,323	$ 976	$ 1,733	$ 756
Evaluación 5's	100%		100%	100%	100%	100%	100%	100%
OEE	85%		70%	73%	75%	79%	81%	81%
Tiempo de lanzamiento NP	25 días		42	42	42	42	37	37
Velocidad de demanda			3.45					
Velocidad de producción			5.50					
Capacidad Disponible								
Ingreso			$ 432,050	$ 384,870	$ 422,456	$ 389,754	$ 389,455	$ 456,032
Costo de Material			$ 189,000	$ 125,679	$ 167,453	$ 133,456	$ 133,234	$ 197,034
Costo de Conversión			$ 131,200	$ 130,242	$ 132,000	$ 132,426	$ 128,034	$ 111,342
Utilidad Bruta del Value Stream			*$ 111,850*	*$ 128,949*	*$ 123,003*	*$ 123,872*	*$ 128,187*	*$ 147,656*
Retorno de la cadena			**25.89%**	**33.50%**	**29,12%**	**31,78%**	**32,91%**	**32,38%**

Tabla 18.3

- Cadena de valor: reunión diaria de diez minutos al inicio de turno. En la oficina de valor, el equipo de segundo nivel, compuesto por el líder de la cadena de valor y los responsables de los procesos de la cadena de valor, analiza los resultados del día de toda la cadena de valor y explica las razones de los resultados.

  Si no se lograron resultados, se establecen acciones correctivas, preventivas o de mejora, y mantenimiento define su participación.

  Si se lograron los resultados, se felicita a todo el equipo y se dan las prioridades del siguiente día.

- Reunión semanal de *box score:* en la oficina de valor, el equipo de segundo nivel, compuesto por el líder de la cadena de valor y los responsables de los procesos de la cadena de valor, analiza los indicadores comparándolos cada uno con sus objetivos. Dependiendo del análisis, se deben tomar decisiones.

- El *box score:* se deben considerar mediciones específicas que afecten a la cadena de valor por efecto del buen desempeño del mantenimiento; ejemplo, la efectividad total de los equipos.

8 Ciclos de adecuación para el control. Acciones correctivas y preventivas

Cuando los indicadores de efectividad muestran un posible problema deben analizarse las posibilidades de error en el análisis de modo y efecto del proceso y determinar acciones para evitar que esto ocurra.

- **Herramientas aplicables para el análisis**
  - AMEF de mantenimiento para determinar errores potenciales de los equipos 3 D para solucionar problemas de mantenimiento.

8.1 Acciones de mejora

Se inician los ciclos de mejora mediante la implementación de eventos de mejora *kaizen*. Con ello se inicia el mantenimiento productivo de cada equipo, comenzando por los equipos cuello de botella y clave; es decir, todos aquellos que pueden detener el proceso. Por ejemplo, subestaciones, compresores, etc.

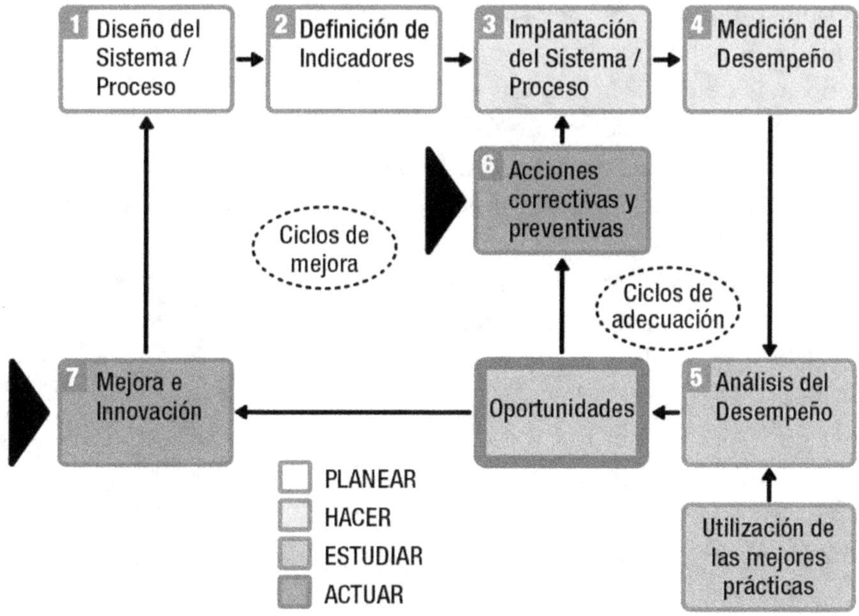

Figura 18.6

- **Procedimiento para llevarlo a cabo.** Antes de realizar el evento *kaizen:*
  - Definir la máquina o equipo en el que se llevará a cabo el evento *kaizen* de MPT.
  - Crear el equipo de implementación.
  - Capacitar al personal en relación con los temas de MPT.
  - Crear planes y políticas para la implementación.
  - Preparar documentos (tarjetas de oportunidad, registros, instrucciones, manuales, etc.).
  - Durante el evento de mejora (4-5 días): hacer una limpieza profunda a la máquina y su área.

En este paso inicial se explica a todos los integrantes del equipo el procedimiento general de la aplicación de MPT y sus beneficios, también se realiza una limpieza a fondo del equipo y área seleccionada, utilizando telas o trapos con desengrasante.

Mientras se lleva a cabo la limpieza a fondo, el líder del equipo explica a los integrantes que todos participarán, no solo limpiando, sino utilizando el momento como una manera de detectar oportunidades: condiciones inseguras, falta de lubricante en las máquinas, elementos dañados, piezas flojas o rotas, motores desalineados, falta de lubricantes, fugas de aire, elementos faltantes, riesgos de seguridad, etc. Siempre que se encuentre algo, debe registrarse en el formato de oportunidad y colocarlo a la vista.

Cada oportunidad deberá ser clasificada como A, B o C. Esto significa que las oportunidades A deben resolverse en el tiempo en el que se lleva a cabo el evento; es decir, no más de una semana. Las oportunidades de tipo B deben resolverse en un plazo no mayor a dos semanas. Y, las de tipo C, en un plazo no mayor de dos meses. Esta clasificación se asigna para dar una formalidad a los tiempos de ejecución.

Implementar mantenimiento autónomo:

Para este paso es básico tener implementadas las 5 S en el área, ya que la base del mantenimiento autónomo es el orden y la limpieza.

Para la tarde del primer día y durante el segundo día, se inicia con el programa de mantenimiento autónomo, que representa el corazón del mantenimiento productivo total. Ahora los operadores serán responsables del cuidado diario de sus equipos y deberán conocerlo, cuidarlo y detectar errores antes de que ocurran.

Para implementar el mantenimiento autónomo, el equipo debe reunir información relevante tanto de los manuales de las máquinas como de la experiencia y conocimiento de operadores, ingenieros, técnicos, etc., con la finalidad de establecer un programa diario que contempla básicamente las siguientes actividades:

- Lubricación
- Limpieza del equipo
- Revisiones de sus niveles, parámetros, etc.
- Ajustes menores

Entonces, se prepara un registro que el operador deberá llenar diariamente cuando realice estas actividades. En él deberá anotar su número o firma como señal de que ha cumplido.

Este registro deberá estar cerca de la máquina o en ella para que el operador pueda verla. Al llevar a cabo las actividades, deberá registrarlas escribiendo su número de nómina en el cuadro correspondiente a la actividad y el día del mes en el que se ejecuta, para saber quién realizó la actividad. Además, será evaluado por el supervisor o líder para comprobar que cada día se realizó la actividad correspondiente.

Asimismo, es muy importante crear instrucciones para que las actividades se realicen sin ninguna duda y siguiendo los pasos correctos. Estas instrucciones serán de gran ayuda para que el operador entienda el detalle del registro de mantenimiento autónomo.

Estas instrucciones se realizan en el evento de mejora.

Se establece un programa de mantenimiento preventivo y predictivo.

Para asegurar la eliminación del desgaste forzado, el programa de actividades preventivas y predictivas será clave en la aplicación del mantenimiento productivo total.

Para la realización del plan, el equipo lleva a cabo, durante el tercer día del evento, un plan de actividades periódicas basándose en la documentación de manuales, recomendaciones del fabricante, la experiencia de mecánicos y expertos, así como la aportación de los operadores. Cuando se establecen las frecuencias de mantenimiento se analizan también las refacciones necesarias que deberá tener el almacén para anticipar la disponibilidad cuando se tiene programada la utilización de las mismas.

Para llevar a cabo el plan de mantenimiento será necesario contar con el personal suficiente y preparado para realizar estas tareas preventivas, intentando que cuenten con conocimientos de mecánica, electricidad y electrónica. Por eso, la aplicación de este pilar se realizará mediante la coordinación de planificación de producción, con la finalidad de que se haga de manera disciplinada y se le dedique el tiempo necesario.

Capacitar y certificar al personal en los métodos desarrollados. Esto se aplica tanto para el personal de operaciones como para el de mantenimiento.

Se realiza una presentación de los logros obtenidos.

Cuando se llevan avances del evento durante la semana de aplicación, se van registrando las oportunidades, las fotografías de los hallazgos encontrados y las actividades que se realizan, así como la documentación que se va generando. El último día del evento se prepara una presentación para el director o gerente de planta con la finalidad de observar los resultados del evento. Básicamente la presentación se divide en tres partes:

- Situación actual: cómo estaba el área, las condiciones, oportunidades, etc.
- Qué hicimos: se describen las acciones realizadas durante el evento.
- Qué logramos: se exhiben los alcances (actividades, planes, capacitación, etc.).

9   Conclusión

El proceso de mantenimiento es clave en el sostenimiento de todo el sistema y tiene que dársele importancia. Sin equipo, instalaciones y edificios es imposible desarrollar productos o servicios que cumplan los requisitos de valor para el cliente en tiempo, costo y calidad.

Capítulo 19
Conclusión

El éxito o fracaso de las empresas no solo está ligado con el talento o capacidad de quienes las dirigen. En este libro hemos probado que el principal factor de éxito es la manera en la que se han diseñado y cómo operan los procesos clave de negocio.

Está demostrado que solo los procesos de transformación, encabezados por los presidentes y directores generales, están destinados al éxito. Por eso solo del 7 al 10 % de las implementaciones funcionan.

Resulta casi imposible trabajar en un ambiente en el que los errores en la comunicación no permiten lograr el máximo potencial de las personas y, por lo tanto, de las empresas, así como tampoco es posible que los clientes sigan pagando por productos o servicios:

- Caros.
- Defectuosos.
- Con mala atención y poca amabilidad.
- Que se entregan tarde.
- Que su precio no supera el valor percibido.

Lean Company es un sistema que requiere un equipo integrado, preparado y dispuesto a pensar de diferente manera respecto a la forma en la que las empresas deben funcionar, y que esté dispuesto a cambiar los viejos paradigmas por fórmulas sencillas y poderosas que mejoren significativamente el funcionamiento y los resultados de las empresas.

Ya no es posible mejorar solo un área, como manufactura o logística, porque tendría impacto e implicaciones en otros procesos que normalmente no se integran.

Lean Company es un sistema que integra los procesos clave de la organización en un único y funcional esquema de colaboración entre:

- Dirección.
- Adquisición y desarrollo de talento.
- Contabilidad.
- Diseño.
- Ventas.
- Mercadotecnia.
- Logística.
- Manufactura.
- Servicio.
- Mantenimiento.

Todo esto con el fin de interactuar en un ambiente de colaboración y comunicación continua, donde los equipos toman decisiones y ejecutan acciones de alto impacto en todos los niveles.

También es importante mencionar que es un sistema de trabajo sumamente sencillo que suplirá a los complejos y caros sistemas tradicionales. Sin embargo, hay que

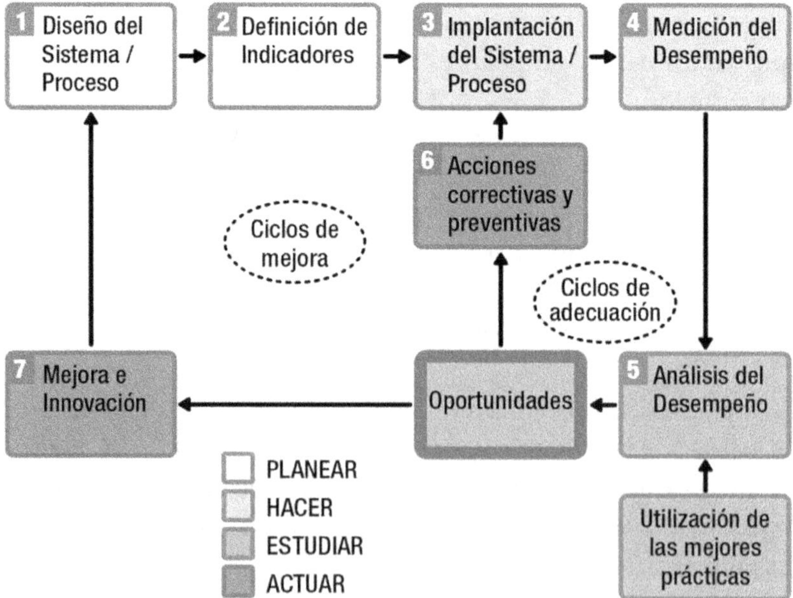

Figura 19.1

preparar al personal mentalmente para el cambio y enseñarle a utilizar los métodos y herramientas, lo que requiere tiempo y dedicación.

Generalmente nos encontramos con que nunca hay tiempo para hacer las cosas bien a la primera, pero siempre se puede dedicar el tiempo necesario cuando algo ha salido mal o existe un problema complejo.

El objetivo ya no es comparar el vaso medio vacío con el vaso medio lleno, sino simplemente utilizar el vaso con la medida necesaria.

Hemos aprendido que, para que una empresa funcione perfectamente, debe implementar un sistema operativo altamente efectivo, compuesto de siete pasos para lograr el máximo potencial de cada persona y del equipo entero (véase la figura 19.1).

1 Diseñar el sistema correctamente

- Estrategia de negocio: utilizando *hoshin kanri* y dándolo a conocer a todo el personal.
- Estructura organizacional: utilizando estructuras por cadenas de valor y diseño de Layout Lean.
- Sistema de desarrollo de talento: preparando instructores a todos los niveles y asegurando que los conocimientos clave se enseñan correctamente y que se forma al personal con buenos valores de trabajo.

2 Definir indicadores adecuados

- A nivel de compañía: con un *box score* global e indicadores que se analizan mensualmente.
- A nivel de cadena de valor: con un *box score* de cada unidad de valor, que se analiza cada semana para tomar decisiones acertadas continuamente.
- A nivel de proceso de la cadena de valor: con un tablero por día y hora para detectar situaciones que requieren decisiones y soluciones inmediatas.

Cada proceso debe establecer sus sistemas de medición, como se explica en el libro. Con todo, se debe tener en cuenta que los indicadores son palancas que, desde los procesos básicos, mueven los resultados de cadenas de valor y ellos, a su vez, mueven los resultados globales.

3   Implementar elementos básicos en todas las áreas

- Orden y limpieza (5 S) para encontrar cualquier elemento en menos de treinta segundos.
- Control visual *(andon):* tableros de información visual en cada uno de los niveles antes mencionados, para que los resultados y situaciones sean visibles.
- Trabajo estándar para documentar, de manera sencilla, la forma correcta de hacer el trabajo.
- Administración del tiempo para aumentar la productividad personal, sabiendo manejar su agenda, tareas, proyectos, correo electrónico, reuniones y proyectos.

4   Medición del desempeño

- A nivel de compañía: el equipo directivo reúne la planificación de las cadenas de valor en un plan anual y mide el desempeño mensualmente, reuniendo los indicadores de las cadenas de valor en resultados corporativos.
- A nivel de cadenas de valor: cada equipo de cadena de valor compuesto por líderes de procesos planifica sus ventas, operaciones y finanzas mensualmente y mide el desempeño de su cadena de valor de manera semanal (en algunos casos diariamente).
- A nivel de procesos: cada proceso de las cadenas de valor establece y mide sus resultados diariamente y por hora.

5   Análisis del desempeño

- La compañía realiza análisis constantemente mediante la participación en las reuniones diarias de cada cadena de valor. Además, analiza los tableros de cada cadena.
- Las cadenas de valor analizan su desempeño cada día mediante reuniones de equipo de cadena de valor. Utilizan un análisis de cuatro cuadrantes para cada indicador, en el que analizan las tendencias, separan los vitales de los triviales mediante un gráfico de Pareto, analizan causas y efectos y toman decisiones sobre las acciones que hay que llevar a cabo.

6   Ciclos de adecuación

- Cuando el análisis muestra que hay un problema o se desea evitar que lo haya, es esencial ejercitar las siguientes acciones:

- Acciones correctivas: resuelve problemas utilizando una metodología definida y documentada para lograr el mejor resultado y evitar que vuelva a ocurrir.
- Acciones preventivas: analiza todas las posibles maneras en las que pueden ocurrir errores en todo el proceso de valor e identifica los efectos, causas y controles, evaluando la severidad, ocurrencia y grado de detección, para establecer el nivel de riesgo y ejecutar acciones que eviten los errores.

7 Ciclos de mejora e innovación

Cuando se determina que los indicadores no han alcanzado los objetivos establecidos se llevan a cabo mejoras en los procesos, utilizando:

- *Kaizen blitz:* mejoras inmediatas (35 horas).
- Eventos *kaizen:* mejoras Lean (3-5 días).
- Eventos sigma *kaizen:* mejoras complejas (3-5 semanas).

Para la implementación de dichos eventos se cuenta con gran cantidad de herramientas. De acuerdo con la necesidad, se hace una selección de las mismas.

El conocimiento crea entendimiento, pero solo la práctica crea la confianza. Para hacer todo esto posible, se debe entrenar a todo el personal en la filosofía y herramientas, y dedicar a una persona o equipo de personas a tiempo completo, según sea el tamaño de la organización.

Los conocimientos han sido definidos en los siguientes niveles:

- Directivos: entrenamiento Lean Management, 8 horas.
- Todos: entrenamiento White Belt con los elementos básicos, 8-16 horas.
- 20-50 % de la empresa: Yellow Belt para el entendimiento Lean.
- 10-20 % de la empresa: Green Belt para el entendimiento Six Sigma.
- 1-3 % de personal dedicado: Black Belt, líder implementador.
- Un Master Black Belt por cada diez cinturones negros dedicados a la mejora.

8 El camino sin regreso hacia una vida mejor

Cuando transformamos las empresas, realmente estamos provocando un beneficio social, ya que las personas de todos los niveles podrán disfrutar de un mejor sitio para pasar un tercio de sus vidas profesionales, con sistemas de planificación, ejecución, evaluación del desempeño y organización muy sencillos, eliminando la gran burocracia que hace más complicado el trabajo, ya no solo por el trabajo mismo, sino por toda la política interna que provocan los sistemas mal diseñados y complejos.

Ahora podremos ver a profesionales satisfechos con sus actividades cotidianas, que llegan a su casa a tiempo para convivir con la familia; además, son un medio para crear ambientes familiares integrales de desarrollo, en los que la empresa es una fuente de inspiración y orgullo, y no de tensión y depresión.

Asimismo, cuando desarrollamos empresas altamente efectivas, también estamos contribuyendo a una economía de alto nivel.

No importa si se trata de una empresa de servicios o de manufactura, de un colegio o del gobierno, todas sin excepción son susceptibles de ser transformadas en compañías Lean.

Lo invito a que se abra a este nuevo potencial en el que las empresas se empiezan a preparar. Sea un pionero en el desarrollo de esta nueva generación de personas satisfechas con la vida, quienes trascienden creando mejores lugares para trabajar y un mundo mejor. Y, sobre todo, disfrute mucho de esta jornada de trabajo altamente satisfactoria.

¡Construyamos juntos lugares de trabajo excepcionales!

Glosario Lean

5 ¿Por qué?
Uno de los métodos utilizados para el análisis de la causa raíz que implica cuestionar de manera progresiva los ¿por qué?, por lo menos cinco veces o hasta que la causa raíz quede establecida.

5 Ws y 1 H
Una herramienta de investigación en la que se cuestiona ¿quién? *(who?)*, ¿qué? *(what?)*, ¿cuándo? *(when?)*, ¿dónde? *(where?)*, ¿por qué? *(why?)* y ¿cómo? *(how?)*.

5 S
El principio de la eliminación del desperdicio mediante el orden y la limpieza del área. Derivado de las palabras japonesas *seiri, seiton, seiso, seiketsu* y *shitsuke,* que han sido traducidas al español como seleccionar, ordenar, limpiar, estandarizar y seguimiento (soles).

A prueba de error *(error-proofing)*
Ver *poka yoke.*

A3
Formato de informe de una sola página, llamado de esta manera por la medida europea del papel. Contiene, en una página, información clave sobre un tema, como descripción, costo, tiempo, solución y resolución prevista.

Amplificación de la demanda
Ver efecto látigo *(bull whip-effect).*

Análisis de modo y efecto de falla (AMEF)
Método utilizado para identificar, evaluar y mitigar riesgos asociados con modos potenciales de error en un producto, proceso o sistema.

Análisis Therblig
Método para analizar los micromovimientos que un operador realiza durante un proceso, basado en 18 estándares. El análisis se utiliza continuamente para eliminar el desperdicio causado por movimientos innecesarios.

Andon

Señal visual y/o auditiva para identificar situaciones anormales y alertar a las personas sobre problemas o eventos de un lugar específico o un proceso.

Autonomación

Automatización con un toque humano. Está relacionado con *jidoka*. Inteligencia que se añade a los equipos para prevenir la producción de productos defectuosos, eliminar la sobreproducción y detener el proceso de manera automática cuando se detectan anomalías en producción. Este tipo de automatización aumenta la disponibilidad de las personas para realizar actividades más valiosas.

Balance *scorecard*

Estructura para la identificación de métricos de la empresa, que va más allá de los indicadores financieros básicos normalmente utilizados. La estructura incluye clientes, personas, métricos financieros y objetivos estratégicos basados en métricos de operación.

Equilibrio de línea

Consiste en equilibrar los tiempos de ciclo y personal con el *takt time* del proceso.

Célula

Módulo de trabajo celular.

Cadena de valor

Flujo de materiales e información, a través del proceso o servicio, que será liberado para el cliente.

Calidad en el proceso (calidad en la fuente)

Proceso que asegura el nivel de calidad de un producto o servicio después de que este haya dejado la estación de transformación. La implementación de un *poka yoke* y *jidoka* son clave para crear calidad en el proceso.

Cambio rápido de modelo

SMED (por sus siglas en inglés, *single minute exchange of die),* terminología para describir la compilación de herramientas y técnicas utilizadas para reducir dramáticamente el tiempo de cambio de un producto a otro.

Cellular Manufacturing (manufactura celular)

Una distribución en la que los centros de trabajo tienen las capacidades necesarias para producir una unidad o grupo similar de unidades en forma de «U». Está orientada a productos, lo que permite el flujo de una pieza a la vez o en lotes pequeños.

Ciclo de Deming

Planificar, hacer, revisar (evaluar), actuar.

Ciclo de Shewhart

Ver planificar-hacer-evaluar-actuar.

Cliente

Persona o entidad destinataria de lo que se produce o sirve, ya sea dentro o fuera de la organización.

Comparación de procedimientos *(benchmarking)*

Es una técnica utilizada para medir el rendimiento de un sistema o componente de este, frecuentemente en comparación con algún parámetro de referencia. Se refiere específicamente a la acción de ejecutar un *benchmark* (anglicismo traducible al castellano como comparativo).

Consumidor

Persona o entidad que obtiene bienes o servicios para su propio uso.

Cuello de botella

Proceso u operación que limita el flujo de un proceso general.

Defectos

Uno de los 7 desperdicios. Son aquellas salidas que no cumplen con el estándar o con las especificaciones requeridas.

Desperdicio

Es todo aquello que no agrega valor y por lo que el cliente no está dispuesto a pagar. Los 7 tipos de desperdicio son sobreproducción, espera, transporte, sobreprocesamiento, inventario, movimiento, defectos o retrabajos.

Diagrama causa-efecto

Diagrama ilustrativo que muestra las causas variables que pueden estar afectando un proceso o salidas. También conocido como diagrama C&E.

Diagrama de afinidad

Organización de ideas individuales mediante el agrupamiento o categorías más generalizadas.

Diagrama de flujo de un sistema

Representación gráfica de todas las actividades de un proceso, incluyendo tareas, retrasos, decisiones, movimientos, etc.

Diagrama de pescado *(ishikawa)*

Diagrama causa-efecto.

Dueño del proceso

Persona que es responsable de la ejecución del proceso y recursos. Además, suministra soporte, recursos y experiencia en los proyectos. El dueño del proceso es indispensable para la implementación de un proceso de mejora.

Efectividad

La utilización del mínimo número de recursos, con la menor cantidad de desperdicio, para crear un valor definido para el cliente.

Efecto látigo *(bull whip-effect)*

La ampliación progresiva de la demanda del cliente en el mapa de valor.

Eficiencia

La optimización de un proceso que resulta del uso de un mínimo de recursos. No está necesariamente vinculada con un valor del cliente, pues un proceso puede ser eficiente, pero no efectivo.

Familia de productos
Grupo de productos o servicios que requieren la misma o la mayor parte de las operaciones de un proceso para su terminación.

Flujo
Movimiento de un producto o servicio a lo largo del mapa de valor, desde el inicio hasta el cliente.

Flujo continuo
El estado ideal en el que los productos pasan a través del proceso de manufactura o las personas se mueven en un proceso de servicio, uno a la vez, sin paros ni esperas.

Flujo de información
Progreso ininterrumpido de soporte de información e instrucciones a lo largo de la cadena de valor.

Flujo de material
Movimiento del material y producto a través de los procesos de la cadena de valor.

Flujo de producción
Ver flujo continuo.

Gemba
Lugar de los hechos.

Genchi genbutsu
Ir y observar.

Gráfica de barras
Método gráfico para representar datos agrupados por categoría. Los valores pueden ser representados en barras horizontales o verticales.

Gráfica de control
La herramienta más poderosa de control estadístico de procesos. Se trata de una gráfica de lanzamientos de series de tiempo, con límites de control estadísticos inferior, central y superior.

Gráfica de dispersión
Gráfica en la que una variable se grafica frente a otra para observar o determinar la relación entre ellas.

Gráfica de Pareto
Gráfica de barras en la que la clasificación de la frecuencia es representada en orden descendente. El principio del Pareto establece que el 80 % de los datos se sitúen en el 20 % de las categorías.

Gráfica de espagueti
Representación gráfica del movimiento de los materiales o personas en un proceso. Se utiliza para reducir el desperdicio de movimiento o de transporte.

Gráfica de lanzamiento
Herramienta gráfica para representar el desempeño de un carácter en función del tiempo.

Heijunka box
Herramienta utilizada para el control de volumen y mezcla de productos a través de la distribución controlada de *kanban* con intervalos fijos de tiempo estándar.

Heijunka (nivelación de producción)
Una calendarización de la producción y herramienta de nivelación de carga de trabajo, esencialmente para distribuir tarjetas *kanban* de manera eficiente.

Histograma
Gráfica de barras que representa la frecuencia de ocurrencia. La altura de las barras representa la categoría de los datos.

Hoja de control *(check sheet)*
Manera estandarizada que nos ayuda a recopilar datos y ver el comportamiento de una actividad cuando esta sucede. Normalmente es una hoja de papel o gráfica en la que alguien indica una actividad y controla cuando esta sucede.

Hoshin kanri
Sistema de planificación estratégica en la que se definen objetivos, estrategias, indicadores clave y proyectos asociados y sirve para que todos en las compañías sepan las prioridades y hacia dónde se dirige la organización.

Inspección
Acción de comparar un producto o servicio con un estándar predeterminado. No es una actividad que agregue valor, sobre todo cuando esta ocurre una vez que se ha transformado el producto.

Inventario
La materia prima, productos comprados, productos en proceso y productos terminados que no han sido vendidos al cliente. El inventario es uno de los 7 desperdicios, cuando las cantidades exceden el nivel mínimo requerido para mantener un sistema de estirar *(pull)*.

Jidoka
Transferencia de inteligencia humana a las máquinas mediante la automatización. La automatización permite al equipo detectar defectos y detenerse hasta que alguien vaya a reparar el problema. Da soporte de calidad en la fuente y prevención de defectos progresivos a lo largo de la cadena de valor. Adicionalmente, la persona a cargo de esa operación en la cadena de valor es la responsable de resolver el tema o detener el flujo para obtener ayuda.

Justo a tiempo (just in time o JIT)
Proveer lo que se necesita, cuando se necesita, en la cantidad que se necesita y con la calidad requerida.

Kaikaku/Kakushin
Un cambio rápido y radical en el proceso. Se usa algunas veces como precursor para las actividades *kaizen*.

Kaizen
Mejora continua para incrementar la efectividad de una actividad, agregando más valor y menos desperdicio.

Kaizen blitz (evento *kaizen)*
Implementar un método de la manufactura esbelta, en un área particular, en un periodo de tiempo corto.

Kanban

Señal que desencadena la reposición o retiro de producto en un sistema halar o tirar. *Kanban* normalmente se encuentra en forma de tarjeta en un contenedor del entorno de producción. La señal regula el flujo de producción en la cadena de valor.

Kanban de producción

Tarjeta que indica el número de partes que deben producirse para sustituir lo que se ha tomado.

Kanban withdrawal (retiro constante)

Sistema de tarjeta para mover solo pequeñas cantidades de productos de una operación o proceso a otro, en intervalos de tiempo iguales para el *takt time*.

Lead time

Lapso de tiempo desde la estación inicial del proyecto o política hasta la aparición de los resultados. En el caso del entorno de producción es el lapso desde que se recibe el pedido del cliente hasta que se embarca el producto.

Lean

Metodología de mejora basada en el enfoque al cliente mediante la provisión de valor de la manera más efectiva posible, por medio de la eliminación de desperdicio, motivación y participación en el trabajo.

Lote y cola

Método de procesamiento en el que el material se acumula en lotes y se empuja a través del proceso, independiente de la demanda o requerimiento.

Métricas o mediciones

Medidas que se consideran indicador clave del rendimiento.

Módulo de trabajo

Reubicación de operaciones en secuencia del proceso para crear un producto o servicio. Generalmente, las estaciones de trabajo en esas áreas forman una «U» con un flujo en sentido contrario a las manecillas del reloj.

Mantenimiento total productivo

Dirigido a la maximización de la efectividad del equipo durante toda la vida del mismo. El TPM involucra a todos los empleados de un departamento y de todos los niveles; motiva a las personas para el mantenimiento de la planta a través de grupos pequeños y actividades voluntarias, e involucra educación y entrenamiento en el mantenimiento básico.

Mapa de cadena de valor

Representación gráfica de cada operación de la línea de producción y del flujo de información, en la que se identifican las actividades que agregan y no agregan valor. Sirve para identificar el cuello de botella de un proceso.

Mapa de estado actual

Mapa de valor que representa la situación actual en la cadena de valor.

Mapa de estado futuro

Mapa de la cadena de valor que representa una mejora futura de la cadena de valor.

Mapa de estado ideal

Mapa de la cadena de valor que representa una cadena de valor compuesta solo de actividades que agregan valor.

Milk run

Método de consolidación de embarques de material que incluye el ruteo de camiones para la recolección de materiales de diversos proveedores. Se basa en señales en *kanban*, rutas fijas y tiempos fijos.

Muda de espera

Personas en un proceso retrasado o detenido por un desperdicio de proceso o un diseño de proceso no efectivo.

Muda de movimiento

Cualquier movimiento del cuerpo de las personas que no agregan valor al proceso. Uno de los 7 desperdicios.

Muda de transporte

Movimientos innecesarios de material o de otros artículos de un lugar a otro, usualmente para el almacenamiento. Ver 7 desperdicios.

Muda

Cualquier actividad que consume recursos, pero no agrega valor. La muda se clasifica de dos maneras: necesaria para el proceso pero que no agregue valor o no necesaria para el proceso y que no agregue valor.

Mura

Es la variación de cualquier proceso provocado por la variación en las entradas (mano de obra, métodos, materiales, máquinas, mediciones, ambiente).

Muri

Es cuando a las personas o las máquinas se les exige que produzcan más allá de sus límites naturales o sus capacidades (trabajos pesados, peligrosos, sucios, estresantes, etc.).

Nivel de programación

Práctica del promedio de volumen y mezcla de productos en el programa de producción. Nivelación que permite un flujo continuo, reduciendo la fluctuación de la demanda del cliente con el objetivo de ser capaces de producir cada producto todos los días en función de la demanda.

Nivel de venta

Método de ventas caracterizado por la eliminación de ventas ficticias, creado por los incentivos de venta y promociones. El proceso de ventas resultante, junto con un proceso Lean, es capaz responder a fluctuaciones reales causadas por la demanda del cliente.

OEE

Eficiencia total de los equipos, por sus siglas en inglés. Métrico de la efectividad del equipo que se utiliza. Se calcula en porcentaje, la fórmula es Disponibilidad × Eficiencia × Calidad.

Pacemaker process

Operación que establece el ritmo de producción de un producto o servicio.

PDCA

Un ciclo corto iterativo de mejora dentro del esquema del proceso *kaizen*. Los cuatro pasos de *plan-do-check-act* (planificar-hacer-evaluar-actuar) o *plan-do-study-act* (PDSA) incluyen (1) definir objetivos, causas y soluciones potenciales; (2) llevar a cabo el plan en modo de prueba; (3) evaluar y estudiar los resultados obtenidos; (4) aplicar el proyecto en su totalidad y estandarizar.

PEPS

Primeras entradas, primeras salidas. Proceso para gestionar los pedidos de un inventario con la finalidad de que el producto más antiguo se procese primero.

Pitch

Cantidad de tiempo utilizada en la producción de lotes pequeños (basada en el *takt time*), requerida para que las operaciones realicen unidades que formen paquetes con cantidades predeterminadas de trabajo en proceso (WIP).

Poka yoke

Sistema de prevención de errores en el trabajo. Dispositivo a prueba de errores.

Proceso

Conjunto de actividades, material o flujo de información que transforma un conjunto de entradas en salidas previamente definidas.

Procesos innecesarios

Trabajo que se realiza más allá de lo que se necesita para satisfacer al cliente. Ver 7 desperdicios.

Producto en proceso

WIP *(work in process)*, por sus siglas en inglés. Inventario que se encuentra en proceso.

Producto terminado

Inventario de producto en estado final de transformación, listo para embarcarse o venderse.

Proveedor

Entidad o individuo que proprociona una entrada (materia prima) para el proceso en forma de recurso o información.

QFD

Despliegue de la función de calidad *(quality function deployment)*. Proceso sistémico para identificar e integrar los requerimientos del cliente dentro de cada aspecto del diseño y el desarrollo del producto o servicio.

Reserva *(buffer stock)*

Cantidad de inventario acumulado entre procesos, que tiene la finalidad de proteger el proceso de una escasez de material debido a un desequilibrio de línea.

Retrabajo

Actividades que requieren correcciones de defectos ocasionados por el proceso.

Rotación de inventario
Métrico financiero del costo de los bienes vendidos en un periodo dividido entre el inventario promedio del mismo periodo.

Sensei
Maestro o profesor en el contexto de Lean.

Shojinka
Optimizar continuamente el número de trabajadores polivalentes (entrenados para múltiples actividades), en un centro de trabajo en forma de U, con la finalidad de satisfacer el tipo y volumen de la demanda que requiere el centro de trabajo.

Sistema de producción Toyota
TPS por sus siglas en inglés. Sistema desarrollado por Toyota Motor Corporation, basado en la filosofía de que las condiciones ideales para producción son creadas cuando las máquinas, los recursos y las personas trabajan en conjunto, agregando valor sin crear desperdicios. Los dos pilares del TPS son *just in time* y *jidoka*.

Sistema de estirar o halar *(pull)*
Sistema de producción que es activado por la demanda del cliente mediante actividades previas de la cadena. Su finalidad es reemplazar el producto que ha sido utilizado. Las actividades previas no son activadas hasta que estas reciben la señal de la actividad posterior.

SMED *(single minute exchange of die)*
Literalmente, cambiar un dado en una máquina de estampado o moldeo en un minuto o menos. Se trata de la habilidad para desempeñar alguna actividad de preparación y cambio de herramienta en maquinaria, instalaciones o proceso en corto tiempo

Sobreproducción
Producir más de lo que el cliente requiere. Uno de los 7 desperdicios.

Soikufu
Significa capitalizar las sugerencias de los trabajadores. Se necesita tener recursos disponibles para responder a esas sugerencias.

Supermercado
Ubicación en la que cierta cantidad predefinida de inventario es controlada y liberada dentro de un sistema halar o tirar por *kanban*.

Takt time
Takt, palabra alemana para ritmo. En Lean, *takt time* es el ritmo al que el cliente está dispuesto a comprar. Su fórmula es tiempo disponible/demanda, en un periodo de tiempo dado.

Tecnología de grupos
Proceso de análisis y clasificación de productos, piezas y ensambles que tiene la finalidad de simplificar diseño, manufactura, compra y otros subprocesos de negocio. Las categorías resultantes forman el modelo de desarrollo de la empresa.

Tiempo de cambio *(changeover)*

Tiempo transcurrido entre una actividad o producto y una nueva actividad. En el ambiente de producción, es el tiempo transcurrido desde que sale la última pieza buena del producto A hasta que sale la primera pieza buena del producto B. Otro ejemplo, relacionado con una carrera de autos: el tiempo transcurrido desde que el auto llega a los *pits* por llantas y combustible hasta que está de regreso en la pista.

Tiempo de ciclo

La cantidad de tiempo total para realizar una tarea, proceso, actividad o servicio, desde que inicia hasta que se completa.

Tiempo inactivo

Paro de un proceso por causas planeadas o no planeadas, como mantenimiento de equipo o error, material, cuestiones de calidad, entrenamiento, falta de personal, etc.

Trabajo estándar

Definición de una operación caracterizada por el *takt time*, estableciendo una secuencia de trabajo e inventario en proceso. Una desviación en el trabajo estándar se considera como anormal y se presenta como una oportunidad de mejora.

Two dime

Regla de mnemotecnia para recordar los 7 desperdicios.

Valor agregado o añadido

Definido por el cliente. Debe cumplir los siguientes criterios:
- El cliente debe estar dispuesto a pagar por él; el pago, generalmente mediante términos monetarios, también puede incluir tiempo y otros recursos.
- El producto o servicio debe ser completado correctamente a la primera.
- El producto o servicio debe ser transformado.

Valor no agregado o añadido

Cualquier actividad, producto o proceso que no agrega valor de acuerdo con los criterios del cliente.

Valor

Es el nivel de percepción asociado a productos o servicios de acuerdo con la importancia que tienen para resolver necesidades

Voz del cliente

VOC, por sus siglas en inglés. Conjunto de necesidades y deseos de los receptores de las salidas de un proceso, producto o servicio. Puede o no ser expresado por el cliente. La voz del cliente usualmente se representa en especificaciones, requerimientos o expectativas.